北京师范大学刑事法律科学研究院

刑法学研究总整理文库

总主编　赵秉志

刑罚消灭制度专题整理

赵秉志　彭新林　张伟珂　编著

中国人民公安大学出版社

·北　京·

图书在版编目（CIP）数据

刑罚消灭制度专题整理/赵秉志，彭新林，张伟珂编著．—北京：中国人民公安大学出版社，2011.8

（北京师范大学刑事法律科学研究院刑法学研究总整理文库）

ISBN 978－7－5653－0543－6

Ⅰ. ①刑…　Ⅱ. ①赵…②彭…③张…　Ⅲ. ①刑罚—研究　Ⅳ. ①D914

中国版本图书馆 CIP 数据核字（2011）第 166236 号

北京师范大学刑事法律科学研究院刑法学研究总整理文库

刑罚消灭制度专题整理

赵秉志　彭新林　张伟珂　编著

出版发行：中国人民公安大学出版社
地　　址：北京市西城区木樨地南里
邮政编码：100038
经　　销：新华书店
印　　刷：北京泰锐印刷有限责任公司

版　　次：2011 年 8 月第 1 版
印　　次：2011 年 8 月第 1 次
印　　张：11.125
开　　本：880 毫米×1230 毫米　1/32
字　　数：334 千字

书　　号：ISBN 978－7－5653－0543－6
定　　价：35.00 元

网　　址：www.cppsup.com.cn　www.porclub.com.cn
电子邮箱：zbs@cppsup.com　zbs@cppsu.edu.cn

营销中心电话：010－83903254
读者服务部电话（门市）：010－83903257
警官读者俱乐部电话（网购、邮购）：010－83903253
法律图书分社电话：010－83905745

北京师范大学刑事法律科学研究院
刑法学研究总整理文库
编 委 会

北京师范大学刑事法律科学研究院
刑法学研究总整理文库
编　辑　部

总　序

新中国刑法学在新中国成立初期创建之后，虽然曾因政治运动出现过一段时间的停滞，但在党的十一届三中全会后开始复苏，并逐步走上繁荣发展的道路。尤其是晚近20多年来，刑法学研究更是突飞猛进，成果迭出，成就斐然，从而成为公认的我国法学领域最为发达的主要学科之一。在新中国刑法学创建以来的近60年间，共出版著作3000多部，发表论文数万篇。面对如此丰硕的研究成果，总结其成就，反思其得失，从而为刑法学的进一步开拓发展提供导向，显得异常迫切。这就需要对数十年来刑法学的研究成果进行系统整理，将体现刑法学发展和具有重要学术价值的代表性研究成果，从发表在数以百计的报刊和文集上的论文精选出来按照专题汇集成册，从而为今人的研究、学习提供便利，也为后人保留有代表性的研究资料。

以高铭暄、赵秉志教授为首的北京师范大学刑事法律科学研究院的刑法学研究团队，在潜心刑法理论研究的同时，历来都非常重视刑法学研究资料的整理和汇集，多年来在此方面曾推出了数部非常有影响的学术资料荟萃书籍。例如，《新中国刑法学研究综述（1949—1986）》（高铭暄主编，河南人民出版社1986年版）、《刑法修改研究综述》（赵秉志主编，中国人民公安大学出版社1990年版)、《刑法争议问题研究》(赵秉志主编，河南人民出版社1996年版)、《新中国刑法学研究历程》(高铭暄、赵秉志编著，中国方正出版社1999年版)、《新中国刑法学五十年》(高铭暄、赵秉志主编，中国方正出版社2000年版)、《刑法学的新动向》(刘志伟主编，中国人民公安大学出版社2004、2005、2006年版)等。“删繁就简三秋树，标新立异二月花”，这些书籍简明扼要地概括了中国刑法学理论研究的实际状况，反映出刑法学理论研究的最新动态，揭示了刑法学术研究的前沿问题，既为刑法学理论研究提供了资料方面的便利，免除了研究者披沙拣金、查找适合资料这一皓首穷经的辛苦，又汇集各家学说，避免了研究者冥思苦想的观点却是前人已有之说的无谓劳动，从而有利于研究者激发学术思想的火花。

为承袭前述著作的成功经验，荟集近年刑法学术的前沿论述，赵秉志教授等学者在中国人民大学刑事法律科学研究中心工作时，即曾酝酿编撰一套系统整理新中国成立以来刑法学研究成果的著作，但因故未能付诸实施。2005年8月，赵秉志教授、卢建平教授等数位学者首批加入北京师范大学并创建了全国首家实体性的刑事法律科学研究院。随后，经过多次研究和论证，决定组织精干队伍，编撰出版“北京师范大学刑事法律科学研究院刑法学研究总整理文库”。该套文库将刑法学各个重要问题的有关内容分别编辑成册，系集专题述评、代表性论文精选、研究论著索引为一体的大型学术工具书。它既是全面展示新中国刑法学研究成果的重要窗口，也是刑法学研究者、学习者从事刑法学研究和学习的捷径，还将为刑事法实务工作者集中提供权威或有价值的指导或参考。为保证本文库高质量地及时出版，北京师范大学刑事法律科学研究院刑法学研究团队给予了高度的重视，精诚团结，投入了大量的时间和精力，并聘请研究院名誉院长高铭暄教授，研究院特聘顾问教授王作富、储槐植先生担任本文库的学术顾问，组成了由院长赵秉志教授担任主任，常务副院长卢建平教授、中国刑法研究所所长李希慧教授为副主任，黄风教授、张远煌教授、吴宗宪教授、刘志伟教授、王秀梅教授、王志祥教授、左坚卫教授、阴建峰教授等为成员的编委会，负责文库的策划、作者的确定以及指导解决编写过程遇到的重要问题。设立由刘志伟教授兼任主任，副教授黄晓亮博士、讲师张磊博士为副主任，副教授刘科博士、副教授袁彬博士、讲师李山河博士、副教授苏明月博士、副教授蒋娜博士、副教授周振杰博士为成员的编辑部，负责协调有关编辑与出版事宜。文库的编写队伍主要由北京师范大学刑事法律科学研究院的研究人员和部分博士后、博士生以及中国人民大学法学院刑法专业部分博士生组成。其每一专题均由对相应专题有研究专长或研究兴趣的教师、博士生或近年毕业的博士担任编著者。考虑到本文库涉及刑法学总论、各论中的数十个专题，编著工程浩大，耗费时间也长，经过与中国人民公安大学出版社协商，决定根据各个专题的性质、完成的进度、文稿的规模分批出版，成熟一批出版一批。近几年来，基于各位编著者、审定者的辛勤工作，在中国人民公安大学出版社的大力支持下，刑法研究总整理文库已有35个专题先后问世，成为刑法学理论研究的重要参考，受到了刑法学界诸多专家学者以及读者朋友的热烈欢迎与好评。我们将以此为动力，一如既往地勤勉工作，不断推出高质量的专题整理作品。

最后，需要说明的是，“北京师范大学刑事法律科学研究院刑法学研究总整理文库”是以公开发表的论文和出版的著作作为基础编写而成的，没有广大论文与著作原作者的辛勤劳动，就不会有这套书的问世，在此向他们表示衷心的感谢与崇高的敬意；受编写者的学术素养、概括与总结能力以及编写和出版时间等因素的限制，书中“研究述评”部分对论著原作者观点的概括和介绍难免有不准确、不妥当之处，尚祈广大作者和读者谅解。书中“代表性论文精选”部分是编著者经过认真比较后选取的有关各专题的有学术见解和参考价值的代表性论文。基于尊重作者的著作权之考虑，凡入选论文都要求编写者征得作者的同意，但难免有少数确有入选价值的论文因与作者不易联系而未联系上，尚祈有关作者见谅并能及时与编者或文库编辑部联系，以便请教与赠书。同时，也欢迎广大读者多提宝贵意见，以便我们在今后的编写修订工作中不断改进。

“北京师范大学刑事法律科学研究院
刑法学研究总整理文库”编委会
2006年12月撰
2008年8月18日第一次修订
2010年12月第二次修订

目　录

上编　研究述评

下编　代表性论文精选

上编　研究述评

第一章　刑罚消灭制度的研究概况

刑罚消灭，作为一项基本的刑法制度，为世界各国所普遍认可和采纳，也是刑罚体系中不可或缺的一个重要环节，具有重要的理论价值和深远的现实意义，长期以来亦是国外刑法理论研究的重要领域之一。而在我国，情况则有较大的不同，这一制度在 1997 年刑法颁布之前并未得到应有的重视和关注，理论研究非常薄弱，成果也十分匮乏，在刑事立法和司法实践中亦长期备受冷落，以致立法设置残缺不全且自相矛盾，司法实践无所适从而弃之不用。1997 年刑法颁布后，刑法学界对刑罚消灭制度的研究状况发生了较大的改观，学者们对此的研究兴趣日渐浓厚，并出现了一大批可喜的富有学术含量的科研成果。据不完全统计，改革开放 30 余年来，刑法学界专门研究刑罚消灭制度相关问题的著作共有 8 部，其中对刑罚消灭制度进行全面研究的著作 1 部，研究时效制度的著作 2 部，研究赦免制度的著作 5 部。此外，在学术刊物上公开发表的专门研究刑罚消灭制度相关问题的论文 120 余篇，其中研究时效制度的论文 60 余篇，研究赦免制度的论文 20 余篇，研究复权制度的论文 5 篇，研究前科消灭制度的论文 40 余篇。从刑罚消灭制度的研究状况和深入程度来看，大致可以以 1997 年刑法颁布为分界点，将我国刑法学界对刑罚消灭制度的研究历程划分为探索和发展两个阶段。

一、探索阶段（1997 年之前）

在这一阶段，由于我国对刑罚消灭制度的重视和关注不够，加之研究起步较晚，所以研究的基础显著薄弱，有模有样的研究成果屈指可数。既没有见到专门研究刑罚消灭制度的著作问世，也没有探讨刑罚消灭制度宏观问题的论文发表。就时效、赦免、复权、前科消灭等具体的刑罚消灭制度的理论研究而言，也只有少数文章探讨了时效制度和前科消灭制度，而对于赦免制度、复权制度问题的探讨则没有专门的论文公开发表。具体来说，这一阶段研究刑法中时效制度相关问题的文章共计有18篇，第一篇研究时效制度的文章是高铭暄教授发表在《法学杂志》1980年第2期上的《刑法中为什么要规定时效?》一文。在此后的时间里，追诉时效问题的探索在刑法学界逐渐展开，代表性的论文有廖福钱的《正确理解和掌握追诉时效》（载《法学》1984年第3期）；黄天伏的《时效原则与并罚原则发生“冲突”怎么办?》（载《法学》1985年第2期）；杜利的《谈谈追诉时效期限的确定》（载《现代法学》1986年第2期）；李金声的《谈追诉时效的若干问题》（载《甘肃政法学院学报》1986年第3期）；田少明的《刑法追诉时效几个问题的探讨》（载《法学家》1988年第5期）；高憬宏的《如何理解我国刑法的“时效延长”》（载《法学杂志》1990年第5期）；周恩惠的《略论我国刑事追诉时效超期适用》（载《法学评论》1993年第2期）；李希慧的《论刑法时效的立法完善》（载《法学家》1995年第5期）等。而同一时期，研究前科消灭制度的文章只有两篇：一篇是鲍遂献的《论前科》（载《法学评论》1987年第1期），虽然该文的研究内容侧重于对前科问题的探讨，但也涉及了前科消灭制度的相关内容，具有较大的开拓意义；另一篇是专题研究前科消灭制度的论文，即孙韶平发表在《青少年犯罪问题》1995年第5期上的《有条件地消灭前科（污点）》一文。该文结合我国对待未成年人犯罪刑事处罚的基本方针，从前科种类、考察期、表现状况和消灭情况等角度对未成年人前科消灭制度进行了较为深入的探讨，推动了前科消灭制度的研究向纵深发展。

从上述我国刑法学界对刑罚消灭制度的研究状况不难看出，这一阶段的研究主要有以下两个特点：

第一，对刑罚消灭制度的理论研究尚显苍白，研究水平严重滞后。从1979年我国第一部刑法诞生到1997年刑法修订颁布近20年间，我国刑法学界对刑罚消灭制度的理论研究可以说基本上处于空白状态，仅10多篇研究时效制度等的注释刑法学文章，而对于刑罚消灭制度的概念、特征、内容、价值和理论根据等基础性问题却无人问津，对于赦免、复权、前科消灭等重要刑罚消灭制度的研究也是“门庭冷落鞍马稀”。由此不难看出，当时我国对刑罚消灭制度的理论研究何其不足。事实上，刑罚消灭制度虽然作为刑罚宏观体系中一个不可缺少的环节，但长期以来并不为刑法理论界所关注和重视，不能不说是我国刑法理论研究中的一个莫大缺憾。诚如有学者所言：“在一个‘以刑为主’传统的社会中，对于一些刑法理论问题尚存在如此苍白的研究区域，无疑可以说是理论界急功近利思想的一种变相表现。理论研究的薄弱乃至真空，不仅导致了刑法理论研究整体性不完整或者说欠缺，也导致了对其他刑法问题研究的泛化或者说研究的重复。这是中国刑法学界目前存在的一个值得关注的研究倾向。”①

第二，对时效制度虽有所关注，但深受传统注释刑法学理论的影响，研究深度和广度都存在较大的局限性。我国1979年刑法第76条至第78条规定了追诉时效制度，此后，陆续有学者对这一制度的相关问题进行了探讨，但研究的重点大都限于对刑法规定的追诉时效制度的注释性研究，如探讨如何计算或如何确定或如何理解追诉时效以及个罪的追诉时效的论文占了这一时期研究时效制度文章的绝大多数，而对于追诉时效制度的价值、功能和根据，应否增设行刑时效、单位犯罪追诉时效等诸多深层次的重要问题则没有人探讨，因而使得这一时期我国对刑罚消灭制度研究的水平整体上处于较低的层次。

二、发展阶段（1997年至今）

从1997年刑法颁布至今10余年间，我国刑法学界对刑罚消灭制度的研究进入了一个新的阶段。相比于前一阶段，此阶段有关的研究成果无论是数量还是质量都有了质的飞跃，取得了突破性的显著发展。这一阶段专门研究刑罚消灭制度的著作共有8部，分别是于志刚的《追诉时效制度比较研究》（法律出版社1999年版）；于志刚的

---

① 参见于志刚著：《刑罚消灭制度研究》，法律出版社2002年版，第761页。

《追诉时效制度研究》（中国方正出版社 1999 年版）；于志刚的《刑罚消灭制度研究》（法律出版社 2002 年版）；郭金霞、苗鸣宇的《大赦特赦：中外赦免制度概观》（群众出版社 2003 年版）；陈东升的《赦免制度研究》（中国人民公安大学出版社 2004 年版）；阴建峰的《现代赦免制度论衡》（中国人民公安大学出版社 2006 年版）；王娜的《刑事赦免制度》（法律出版社 2008 年版）；陈春勇的《赦免及其程序问题研究》（中国人民公安大学出版社 2010 年版）。在学术刊物上公开发表的相关论文有 100 余篇，博士学位论文 5 篇，硕士学位论文则达 40 余篇，研究的内容涉及时效制度、赦免制度、前科消灭制度、复权制度和刑罚消灭制度的一些基础性问题。

综观这一时期刑法学界对刑罚消灭制度的研究成果，其内容大体可以分为以下几个类别：一是对刑罚消灭制度进行宏观的研究。代表性的论著有于志刚的《刑罚消灭制度研究》（法律出版社 2002 年版）；彭新林的《改革开放 30 年刑罚消灭制度研究述评》（载《甘肃政法学院学报》2009 年第 9 期）。二是对时效制度的研究。代表性的论著有于志刚的《追诉时效制度研究》（中国方正出版社 1999 年版）；于志刚的《追诉时效制度比较研究》（法律出版社 1999 年版）；侯国云的《新刑法有关追诉时效的几个问题》（载《国家检察官学院学报》1998 年第 2 期）；赵秉志、于志刚的《论追诉时效的停止制度》（载《法学评论》2001 年第 2 期）；马启华的《建立我国行刑时效制度之思考》（载《当代法学》2002 年第 11 期）；刘仁文的《新旧刑法交替的法律适用与时效计算》（载《法学杂志》2003 年第 4 期）；房清侠的《我国刑法时效制度之立法检视》（载《河北法学》2005 年第 7 期）等。三是对赦免制度的研究。代表性的论著除了前文提到的 5 部关于赦免制度的著作之外，还有刘健的《我国赦免制度的激活与完善——基于限制死刑的思考》（载《现代法学》2004 年第 4 期）；赵秉志、阴建峰的《和谐社会呼唤现代赦免制度》（载《法学》2006 年第 2 期）；常宁的《死刑赦免制度探析》（载《法学杂志》2008 年第 3 期）等。四是对前科消灭制度的研究。代表性的论著有房清侠的《前科消灭制度研究》（载《法学研究》2001 年第 4

期)；马长生、彭新林的《关于我国刑事政策改革的一点构想——论社会主义法制理念下的前科消灭制度》（载《法学》2007 年第 2 期)；彭新林的《中国前科消灭制度构建论纲》（载《西部法律评论》2008 年第 6 期)；赵秉志、彭新林的《我国确立未成年人前科消灭制度的难点及对策》（载《法制日报》2008 年 8 月 31 日）等。五是对复权制度的研究。代表性论著有于志刚的《复权制度适用问题研究》（载《法学》2002 年第 2 期)；刘德法、王冠的《论刑法中的复权制度》（载《河南师范大学学报》2003 年第 6 期)；彭新林的《略论刑法中的复权制度》（载《中国青年政治学院学报》2006 年第 2 期）等。

这一阶段刑法学界对刑罚消灭制度问题的研究，主要呈现出以下特点：

第一，刑罚消灭制度的理论研究受到了相当的重视和关注。1997 年刑法颁布以来，我国对刑罚消灭制度的研究状况发生了较大的变化，理论界与实务界不少有识之士认识到，如果没有刑罚消灭制度，刑罚的发展过程就有始无终。如果不研究刑罚消灭制度，对刑罚论中许多重要问题的研究也就无法深入、扩展下去。因此，在这一阶段，刑法学界对于刑罚消灭制度的理论探索给予了相当的重视和关注，不少博士学位论文和硕士学位论文也纷纷以刑罚消灭制度的相关问题作为研究主题，投入了较大的精力，取得了不少既富有学术含量又具有实践价值的科研成果，尤其是对于赦免制度和追诉时效制度的集中研究，大大地丰富了刑罚消灭制度的研究内容，有力地推动了刑罚消灭制度的理论研究向纵深层次拓展。此外，在这一阶段还有学者关于刑罚消灭制度的相关研究成果①在法学界产生了较大影响，引起了中央政法领导机关的重视，对于我国相关刑罚制度的改革和完善，起到了

---

①　其中，较具代表性的研究成果，如《关于我国刑事政策改革的一点构想——论社会主义法制理念下的前科消灭制度》（载《法学》2007 年第 2 期，《法学文摘》第 26 期），在法学界产生了一定影响，促进了中央政法领导机关对我国构建富有中国特色的前科消灭制度的关注和重视。

积极的促进作用。概括来说，这一阶段刑法学界对刑罚消灭制度的研究呈现出深入发展的态势，从基本范畴到理论根基，再到具体的制度构建，学者们都进行了有益的探讨，使得这一原本比较灰暗的刑法理论研究领域在10余年间整体研究面貌有了大的改观，取得了长足的进步。

第二，研究成果较为丰硕，但仍有所侧重。总的来说，这一阶段我国刑法学界关于刑罚消灭制度的研究成果是比较丰硕的，光是相关专著就有8部，公开发表的学术论文达100余篇，可见呈现出蓬勃发展的态势。但需要强调的是，这一阶段对刑罚消灭制度问题的研究仍有所侧重，相对而言，对追诉时效制度和前科消灭制度的研究较多，成果纷纭迭出，林林总总，研究内容广泛而深入。但是，对赦免制度和复权制度的理论的研究，相对要少得多，在刑罚消灭制度理论研究的蓬勃发展趋势中明显处于被冷落的境地。尽管关于赦免制度有几部相关的专题著作，但是赦免制度本身值得理论拓展和挖掘的地方还有不少，而目前公开发表的关于赦免问题的论文数量也是很有限的。从这个意义上讲，"赦免作为介乎刑法与宪法之间的冷僻话题，以往无论刑法学界还是宪法学界对之均鲜有涉及，而只有部分历史学者力图从中国丰富广博的法律文化遗产中挖掘出历朝关于赦免制度之宝贵财富。"① 就复权制度而言，作为一种专属于资格刑的刑罚消灭制度，刑法学界对其的研究才刚刚开始，相关论文不过5篇，研究内容也多涉及复权的概念、种类和适用等基础问题，而对于复权制度的理论定位、价值目标及其在我国的本土化和现实化问题，则研究非常薄弱，有不少问题尚是有待开垦的处女地，极有加强研究的必要。

---

① 参见阴建峰著：《现代赦免制度论衡》，中国人民公安大学出版社2006年版，第6页。

第二章　刑罚消灭制度的主要争议问题要览

一、刑罚消灭制度的基础性问题

（一）刑罚消灭的概念与特征

1. 刑罚消灭的概念

何谓刑罚消灭？我国刑法中既没有明文规定“刑罚消灭”的概念，也没有“刑罚消灭”类似的用语，但基于各种法定或事实方面的原因而引起刑罚消灭的情况却是客观存在的。因而有必要先对刑罚消灭的概念进行澄清和界定。关于刑罚消灭的概念，国内外刑法理论界久存争议，见仁见智。据粗略统计，相关观点不下 10 种，具有代表性的观点主要有以下几种：

在刑法学界，绝大多数学者是赞同和认可使用“刑罚消灭”这一概念的，但也有学者对刑罚消灭的概念提出了质疑，认为以“法律后果消灭”取代“刑罚消灭”才比较合适。该学者指出，我国刑法理论一直使用刑罚消灭的概念。言下之意，出现超过追诉时效、被告人死亡等事由时，代表国家的司法机关不得行使刑罚权。可是，在出现这种事由时，不仅不能行使刑罚权，而且也不能施加非刑罚的法律后果，如超过追诉时效时，不能适用刑法第 37 条，也不能作有罪宣告的判决。所以，以“法律后果消灭”取代“刑罚消灭”较为合适。①

第二种观点认为，所谓刑罚消灭，是指由于法定的或事实的原

① 参见张明楷著：《刑法学》（第三版），法律出版社 2007 年版，第 481 页。

因，致使代表国家的司法机关不能对犯罪人行使具体的刑罚权。[①] 这也是刑法理论界的通说。

第三种观点认为，刑罚消灭是指由于某种法定的或事实的原因，对于特定犯罪人的刑罚权归于消灭。[②]

对于上述第三种观点，有学者提出，在实践中发生的刑罚消灭的具体情形，当然是对于特定的犯罪人而言的，但是，作为刑罚消灭的一般定义中所涉及的犯罪人，应该是全称的犯罪人，而不应有所限制，这是定义的逻辑要求。故而，这种观点认为可以对刑罚消灭作如下界定：由于法定的或事实的原因，致使国家对犯罪人的刑罚权归于消灭。[③]

第五种观点认为，刑罚消灭是指由于一定的法定原因致使国家针对特定犯罪人的刑罚权归于消灭。[④]

第六种观点指出，对于刑罚消灭的概念，应当分析以下两个问题：首先，刑罚权能的消灭范围，即四种权能是否都可以消灭；其次，刑罚消灭的实质，即是否需要以犯罪成立为前提。基于上述认识，刑罚消灭制度是指基于特定犯罪的成立而产生的刑罚权，由于法律或事实原因的出现而归于消灭。其应当区别于刑事责任消灭。[⑤]

此外，还存在一些类似的表述，但大都大同小异，在此不再一一赘述。但是整体来看，刑法学界对刑罚消灭概念的探讨，主要是围绕以下三个角度展开：（1）引起刑罚消灭的原因究竟是只限于法定原

---

① 参见高铭暄、马克昌主编：《刑法学》，北京大学出版社、高等教育出版社 2000 年版，第 320 页。

② 参见赵秉志、吴振兴主编：《刑法学通论》，高等教育出版社 1993 年版，第 467 页；赵秉志主编：《刑法总论》，中国人民大学出版社 2007 年版，第 552 页；陈明华主编：《刑法学》，中国政法大学出版社 1999 年版，第 341 页。

③ 参见马克昌主编：《刑罚通论》，武汉大学出版社 1999 年版，第 656 页。

④ 参见赵秉志主编：《刑法学》（上册），中央广播电视大学出版社 2003 年版，第 285 页。

⑤ 参见于志刚著：《刑罚消灭制度研究》，法律出版社 2002 年版，第 29 页。

因，还是也包括事实原因在内。上述第五种观点认为引起刑罚消灭的原因只能是法定原因，而其余几种观点都承认事实原因也可以引起刑罚消灭。（2）刑罚权能消灭的范围如何。上述多数观点概括表述为“刑罚权”，未对刑罚权能消灭的具体范围进行限定，当然在具体运用上会作出一定的限制。也有观点直接对刑罚权能消灭的具体范围加以明确限定，认为归于消灭的刑罚权是指国家的刑罚追诉权、刑罚裁量权与刑罚执行权。[①]（3）应否在“犯罪人”的前面加上“特定”一词进行限制。除了前述第三、第五种观点对此持肯定态度，其余几种观点则没有作出明确限制。对此有学者认为，作为刑罚消灭的一般定义中所涉及的犯罪人，应该是全称的犯罪人，而不应有所限制，这是定义的逻辑要求，所以不应当以“特定”一词加以限制。[②]

2. 刑罚消灭的特征

特征是某一客体内在本质的系统概括，是事物之间彼此区别的重要表现。刑罚消灭制度作为一项基本的刑法制度，其具有哪些特征，对于客观、准确地认定刑罚消灭的具体内容，合理涉及并促进制度的健康运行具有重要的理论意义。不过，从目前理论界的研究成果来看，学术界并没有达成统一的认识，主要有下述争议观点：

一是四特征说。这种观点认为，刑罚消灭制度的共性特征包括：（1）在法律后果上，均导致刑罚的非自然消灭；（2）均是刑罚权某一具体权能的消灭；（3）在权益保护上，总体上倾向于受刑人；（4）立法上已经制度化。[③]

二是三特征说。这种观点又有四种不同的理论主张：

第一种意见认为，刑罚消灭的特征包括：（1）刑罚消灭的前提是对犯罪人应当适用或执行刑罚或者正在执行刑罚。（2）刑罚消灭意味着代表国家的司法机关丧失其对犯罪人行使具体的刑罚权。换言

---

① 参见赵秉志主编：《刑法总论》，中国法制出版社 2008 年版，第 466 页。

② 参见马克昌主编：《刑罚通论》，武汉大学出版社 1999 年版，第 656 页。

③ 参见于志刚著：《刑罚消灭制度研究》，法律出版社 2002 年版，第 33～34 页。

之，刑罚消灭即一定刑罚权的消灭。（3）刑罚消灭必须基于一定的原因。引起刑罚消灭的原因可分为两类：一类是法定原因，即法律所规定的引起刑罚消灭的原因，如超过追诉时效。另一类是事实上的原因，即某种特定事实的出现自然地导致刑罚的消灭，如正在执行刑罚的犯罪人死亡，使刑罚执行的对象不存在，自然导致刑罚执行权的消灭。①

第二种意见认为，刑罚消灭具有以下几个特征：（1）行为构成犯罪乃是刑罚消灭的必要前提。（2）刑罚权的消灭是刑罚消灭的内容。刑罚权消灭包括刑罚请求权消灭和刑罚执行权消灭。（3）刑罚消灭是刑罚权归于消灭的一种结果，这种结果是由一定事由引起的，没有这种事由的存在，就不发生刑罚消灭的问题。因此，一定的事由是刑罚消灭的根据。②

第三种意见认为，刑罚消灭具有以下特征：（1）刑罚消灭只意味着司法意义上的刑罚权的消灭。（2）刑罚消灭意味着刑事法律关系的消灭。（3）刑罚消灭必须基于法律规定可以引起刑事法律关系消灭的事由。通常认为，能引起刑事法律关系产生变更和消灭的原因可分为两类：一类是享有权力的主体没有行使权力，如超过追诉时效；另一类是承担义务的主体消失或者丧失履行义务的能力，如正在被执行刑罚的人死亡，使刑罚执行的对象不存在，自然导致刑罚执行权的消灭。上述第一类属于行为，第二类则属于事实。③

第四种意见认为，刑罚消灭的特征应当包括以下三个方面：（1）刑罚消灭的前提是行为人的行为已构成犯罪。具体而言是对犯罪人应当适用刑罚，对犯罪人应当执行刑罚，犯罪人正在被执行刑罚

① 参见高铭暄、马克昌主编：《刑法学》，北京大学出版社、高等教育出版社 2000 年版，第 320 页；赵秉志主编：《刑法总论》，中国人民大学出版社 2007 年版，第 552 页。

② 参见陈兴良著：《规范刑法学》，中国政法大学出版社 2003 年版，第 209 页；李福芹等主编：《刑法学》，华南理工大学出版社 2006 年版，第 196 页。

③ 参见齐文远、刘艺兵主编：《刑法学》，人民法院出版社、中国社会科学出版社 2003 年版，第 225 页。

之中。（2）刑罚消灭系由法定或事实的原因所导致。前者如告诉才处理的犯罪没有告诉或撤回告诉的，后者如正在执行刑罚的犯罪人死亡，使刑罚执行的对象不存在的。（3）刑罚消灭的实质是国家针对特定犯罪人的一部分刑罚权归于消灭。谓之“一部分刑罚权”，主要是指刑罚权内含四种权能，即制刑权、追诉权、量刑权和行刑权。而作为立法权的组成部分，对于特定的犯罪人而言，制刑权在任何情况下都是不可能消灭的，因此，刑罚消灭实质上只能是追诉权、量刑权或行刑权的消灭。①

（二）刑罚消灭的理论根据和价值

关于刑罚消灭的理论根据，有学者作了深入分析，认为主要表现在以下几方面：（1）刑罚目的已经达到。刑罚消灭的理论根据之一，就是刑罚的特殊预防目的与一般预防目的已经实现，刑罚的继续存在将成为“过剩刑罚”，已经没有实际意义而可能存在负面影响。基于此种根据而导致的刑罚消亡，包括多种形式，如复权制度、假释制度等。（2）刑法功能已经实现。刑罚消灭的理论根据之一，也在于刑法的功能已经实现：对犯罪人而言，人身危险性大为降低或已经消除；对社会而言，由于犯罪行为所导致的社会秩序紊乱和社会心理失衡状态已经恢复正常；对被害人及其家属而言，得到相应的安抚，私力报复的可能性大为降低甚至已经消除。（3）法律功能不足之弥补。刑罚消灭制度的存在根据之一，就是对某些犯罪人适用刑罚，已经不符合社会主体意志的根本要求，尤其从社会整体利益的角度（如基于国家安全、外交利益等考虑）来看，故而以刑罚消灭制度来弥补法律惩罚、保护功能之一时不足。（4）对稳定社会秩序的尊重。一般认为，一个正常而有序的社会有着其自我净化机制，无论是战争的破坏、自然灾难的冲击，还是人为的破坏（犯罪行为），社会生产及生活的有序状态虽然可能在一段时间被迫变异，但其自我恢复能力是极强的。在此基础上，就有必要尊重社会自我调整和净化能力，谋求

① 参见赵秉志主编：《刑法总论》，中国法制出版社 2008 年版，第 466 ~ 467 页。

法律与事实的调和：对于社会已消除负面影响的犯罪行为，对于不再具有社会危害性的犯罪人，不再加以追究。这也是刑罚消灭制度的存在根据，在告诉才处理犯罪的刑罚消灭上体现得尤为明显。[①]

关于刑罚消灭制度的价值，有学者对其进行了归纳，认为主要包括以下三个方面的价值：（1）刑事立法价值。主要体现在以下几个方面：首先是刑事责任实现和终结的立法体现；其次是对刑法真空现象的一种补救措施；再次是刑法社会效应的实现方式之一；最后它也是刑罚人道主义的体现。（2）刑事司法价值。其表现在两个方面，即刑罚消灭可以有效降低司法成本，体现刑罚的效益性，同时还是督促刑罚权及时行使的有效方式。（3）社会秩序价值。除去尊重社会的自我净化能力之外，刑罚消灭制度还可以满足社会的其他需求，如它是对罪犯自我改造、自我约束效果的承认，是节约社会财富的必要措施，也体现了对社会稳定秩序的承认。[②]

但是，从刑法学界研究的整体状况看，对于刑罚消灭理论根据和价值的研究并没有过多的争鸣，其程度不仅逊于刑罚产生的理论根据之研究，而且即使同追诉时效制度根据的研究相比，也略显沉闷。

（三）刑罚消灭的类型与事由

关于刑罚消灭的类型与事由，我国学者的认识并不一致，主要有以下几种观点：

第一种观点认为，刑罚消灭的事由只有一类，即刑罚执行权消灭事由。[③]

第二种观点认为，刑罚消灭事由可分为以下两类：（1）刑罚请

---

① 参见于志刚著：《刑罚消灭制度研究》，法律出版社 2002 年版，第 9～15 页。

② 参见赵秉志主编：《刑法总则要论》，中国法制出版社 2010 年版，第 661 页。

③ 参见张灏编著：《中国刑法理论及实用》，台湾三民书局 1980 年版，第 412 页。

求权消灭事由；（2）刑罚执行权消灭事由。[①]

第三种观点认为，刑罚消灭事由也可分为两类：（1）求刑权（即刑罚请求权）与量刑权（即刑罚裁量权）消灭的事由；（2）行刑权（即刑罚执行权）消灭的事由。[②]

第四种观点认为，刑罚消灭的事由，分为在判决确定前使观念的刑罚权消灭的事由与在判决确定后使现实的刑罚权消灭的事由，其中有些事由兼有双重性质。概括起来，刑罚消灭事由有：（1）超过追诉时效；（2）经特赦令免除刑罚；（3）告诉才处理的犯罪，没有告诉或者撤回告诉；（4）犯罪嫌疑人、被告人死亡；（5）其他法定事由。[③]

第五种观点认为，刑罚消灭的事由应分为以下四大类：（1）刑罚请求权消灭事由。包括犯罪人死亡；追诉时效完成；告诉乃论之罪；犯罪后、起诉前，法律已废止其刑的；大赦。（2）刑罚裁量权消灭事由，即犯罪人死亡；告诉乃论之罪；因犯罪情节轻微而不起诉；犯罪后、判决确定前，法律已废止其刑的；大赦；前科消灭。（3）刑罚执行权消灭事由。其分别是大赦；特赦；在犯罪人被判处刑罚的判决确定后，刑罚尚未执行或未执行完毕前，法律已废止其刑；免除刑罚；行刑时效完成；缓刑期满；减刑；假释期满；刑罚执行完毕；犯罪人死亡；减、免刑罚执行；复权。（4）刑罚后遗效果消灭事由。诸如大赦；前科消灭；复权；战时犯罪军人宣告缓刑后确有立功表现。[④] 还有赞同这种观点的学者根据上述四种类型，对刑罚消灭的原因作了另外的详细分类：（1）求刑权丧失导致的刑罚消灭，其具体原因可细分为：免罪性赦免；追诉时效完成；免予起诉；受害

---

① 参见高仰止著：《刑法总则之理论与实用》，台湾五南图书出版公司1986年版，第565页。

② 参见赵秉志、吴振兴主编：《刑法学通论》，高等教育出版社1993年版，第468页。

③ 参见张明楷著：《刑法学》（第二版），法律出版社2003年版，第481页。

④ 参见马克昌主编：《刑罚通论》，武汉大学出版社1999年版，第660页。

人放弃求刑权；法律变更；事实情况变更；犯罪人死亡；法人的消亡；缓期起诉；刑罚的法定免除制度。（2）量刑权丧失导致的刑罚消灭，其具体原因可细分为：犯罪人死亡；法人的消亡；告诉权人撤回告诉；法律变更和事实变更；免刑性赦免；前科消灭；犯罪人丧失应诉能力；法定免除刑罚；满足“刑罚消灭制度本质要求”的刑罚消灭；缓期宣告；量刑情节的可能性影响。（3）行刑权丧失导致的刑罚消灭，具体原因可细分为：缓刑和推迟刑罚执行；战时缓刑与战时推迟刑罚执行；赦免；减刑；复权；行刑时效完成；法律变更；假释期间经过；刑罚执行完毕；罚金刑的减免；犯罪人死亡；法人的消亡；犯罪人丧失行刑能力；已受外国刑罚处罚；重大立功。（4）刑罚后遗效果的消灭，其具体原因可细分为：免罪性赦免；战时缓刑；前科消灭。①

二、关于时效制度

刑法上的时效，是指刑事法律所规定的国家对犯罪人行使刑罚追诉权或刑罚执行权的有效期限。国家超过时效而未对犯罪人行使刑罚追诉权或刑罚执行权的，刑罚追诉权或刑罚执行权即归于消灭，国家不能再追究犯罪人的刑事责任。时效分为追诉时效与行刑时效两种。各国刑法一般既规定追诉时效，也规定行刑时效。我国刑法只规定了追诉时效，而没有规定行刑时效。关于追诉时效制度的争议问题很多，下文择主要问题予以综述。

（一）追诉时效的概念问题

刑法理论界对追诉时效的概念探讨之丰富程度足以反映追诉制度内容的宽泛。迄今学界关于追诉时效的内涵界定不胜枚举，这里仅举出代表性的定义予以介绍。（1）追诉时效制度，是指犯罪人实施犯罪后，经过法律规定的时间未被追诉的，司法机关便不再进行追诉的

① 参见于志刚著：《刑罚消灭制度研究》，法律出版社2002年版，第35页。

制度。[1]（2）追诉时效，是指法律规定的对犯罪分子追究刑事责任的有效期限。超过了时效，司法机关就无权再追究行为人的刑事责任。因此可以说，追诉时效是对司法机关刑事审判权的一种限制。[2]（3）追诉时效的含义，即对于一定的犯罪行为，超过了法律规定的期限未予追诉，其追诉权即行消灭，不得再追诉的制度。[3]（4）追诉时效，是指法律规定的行使追诉权的有效期限。[4]（5）我国刑法规定的对犯罪分子追究刑事责任的有效期限。[5]（6）追诉时效，又称起诉权时效、求刑权时效，是指刑法所规定的追诉的时间效力。[6]（7）追诉时效制度，是指犯罪发生后，经过法定期限不提起公诉或者自诉，求刑权即归于消灭的制度。[7]

对于学界观点繁多的研究现状，有学者认为追诉时效概念的表述应当包含以下几个要素：第一，立法实质在于求刑权的取得与丧失。追诉时效制度之概念确定，应当明确表述出追诉时效的实质，即国家求刑权的取得与丧失。第二，应当从国家的角度加以表述，而不应当从犯罪人的角度出发进行界定，否则容易引起用语上的误解。第三，对于法律后果的合理表述，不宜表述为“司法机关不再追诉”，事实上法律后果应当是求刑权的丧失，前一表述存在缺漏。第四，关注求刑权人的不同类型，注意区分告诉才处理的犯罪和公诉犯罪。第五，

---

① 参见赵秉志、吴振兴主编：《刑法学通论》，高等教育出版社 1993 年版，第 472 页。

② 参见侯国云、白岫云：《新刑法有关追诉时效的几个问题》，载《国家检察官学院学报》1998 年第 2 期。

③ 参见李金声：《谈追诉时效的若干问题》，载《甘肃政法学院学报》1986 年 3 期。

④ 参见高铭暄主编：《刑法学原理》（第三卷），中国人民大学出版社 2005 年版，第 633 页。

⑤ 参见马克昌主编：《刑罚通论》，武汉大学出版社 2007 年版，第 669 页。

⑥ 参见陈兴良著：《本体刑法学》，商务印书馆 2001 年版，第 877 页。

⑦ 参见于志刚著：《刑罚消灭制度研究》，法律出版社 2002 年版，第 111 页。

应当体现罪刑法定原则，即表明追诉时效应当是由法律明确规定的[①]。事实上，对概念构成要素的拆分有助于对追诉时效内涵的把握，在说明“是什么”的同时，也应阐明“为什么是”这一内在根据。

（二）追诉时效的根据

关于追诉时效的根据，也即时效确立的根据何在，这在刑法理论上有诸种不同的学说：

1. 怠于行使说

该说认为，既然国家怠于对犯罪人的追诉或对犯罪人所判刑罚的执行，那么刑罚权则应予消灭。

2. 证据湮灭说

该说认为，犯罪之证据因为时间的流逝而散失，因而难以达到正确处理案件的目的。

3. 改善推测说

该说认为，犯罪后既经长久时间，可预想犯罪人的恶性业已改善，无再加处罚之必要。

4. 社会遗忘说

此说认为，犯罪事实因经过长久时间而为社会所遗忘，社会秩序也随之恢复，此情之下，如再对犯罪人追诉处罚，反而会扰乱社会秩序。

5. 刑罚同一说

此说认为，犯罪人犯罪后，经过长时间的逃避，时时提心吊胆，惧怕被发觉，这种无形痛苦，实际上与执行刑罚所遭受的痛苦无异。

6. 法律与事实调和说

此说认为，法律之目的在于恢复因犯罪所扰乱社会秩序之事实，时效制度则意在谋取法律与事实的调和。[②]

---

① 参见于志刚著：《刑罚消灭制度研究》，法律出版社2002年版，第111页。

② 参见高仰止著：《刑法总则之理论与实用》，台湾五南图书出版公司1986年版，第570页。

7. 综合说

综合说中又有多种观点。

一种观点认为，时效制度的根据可以概括为以下几个方面：一是基于犯罪人的根据。一个人犯罪后，经过一定期间虽然未被追诉或执行刑罚，但没有实施新的犯罪，据此可以推断其已经具有悔改的表现，不致再危害社会。对于这样的犯罪人再去追诉或执行刑罚，已经没有什么意义了。二是基于刑罚效果的根据。犯罪人在经过一定期间后未犯新罪的情况下，如果不对其进行追诉或执行刑罚，则可能感念国家的政策，彻底地弃恶从善，成为一个真正的守法公民。三是基于司法审判的根据。一个犯罪案件发生后，由于经过一定的期限没有追诉、审理，证据的收集会困难重重，侦查、起诉和审判工作就不可能顺利进行，从而使案件难以得到正确处理。在这种情况下，与其增加司法程序上的麻烦，使案件的处理存有疑虑，不如设立时效制度，让刑罚权归于消灭。四是基于社会秩序的根据。罪案发生经过一定时期后，因犯罪而遭破坏的某一方面的社会秩序以及因犯罪而引起的人们心理的失衡状态已经得到恢复，在这种情况下，如果重新追究旧案，往往会使积怨重提，容易引起新的不安定因素，不利于社会秩序的稳定。①

另一种观点认为，刑法中规定追诉时效，具有以下几方面的根据：一是符合我国刑罚的目的要求。在一定期限内没有再犯罪，说明其再犯罪的危险性已经消除，这就达到了适用刑罚所要达到的目的。二是有利于司法机关集中精力办理现行的刑事案件。如果没有追诉时效的规定，司法机关必将为陈年旧案所累，从而影响现行案件的处理，妨碍对犯罪的及时打击和对国家与人民利益的及时保护。三是可以节省人力、物力和财力。对那些经过一定期限不再犯罪的犯罪人不予追诉，可以节省大量的人力、物力和财力，使我们国家有限的人力、物力和财力用在最需要的地方。四是有利于社会的稳定。犯罪人

① 参见马克昌主编：《刑罚通论》，武汉大学出版社 1999 年版，第 668 ~ 669 页。

经过一定期限后没有再犯罪，其对社会的危险性已经消除，社会已逐渐遗忘其犯罪行径，被害人对他的仇恨也因时间的流逝而消解，犯罪人的家庭生活亦步入正轨。这种情况下，不再追诉犯罪人的犯罪行为，有利于社会的稳定。①

还有观点认为，刑法设置追诉时效制度的目的主要在于：一是节约刑事司法资源。由于经过相当长的时期以后，犯罪证据很可能已经灭失。在这种情况下进行刑事侦查、起诉、审判，不仅可能劳而无获，而且会影响司法机关对现行犯罪的追诉，从而形成恶性循环，使大量现行案件因积压、拖延而成为“旧案”，降低司法效率，造成司法资源的浪费。时效制度的设置则可以使司法机关从上述被动局面中解脱出来，摆脱陈年旧案的纠缠，提高刑事司法效率，节约刑事司法资源。二是维护刑事法律的权威和尊严。因为对陈年旧案进行刑事追诉，司法机关“无功而返”的可能性较大，这会损害刑事法律的尊严和权威、伤害公众的法律情感和法律信仰，这显然是立法者所不愿看到的。三是确保刑事案件的及时解决。刑事诉讼程序的及时终结是一项与实现实体正义同样重要的独立价值目标。从最一般意义上讲，国家设置刑事追究制度的目的在于确保个人之间以及个人与国家之间的利益冲突能够以和平和权威的方式得到解决。而追诉时效制度的存在，则能够促使刑事司法机关积极追究犯罪行为人的刑事责任，促使刑事自诉人及时控诉犯罪行为人，以确保刑事案件的及时解决。四是维护社会秩序的稳定。那些已经过了法定期限、行为人未再犯罪的案件，本身就说明了行为人“人身危险性”已不明显，追究其刑事责任也就没有多少实际意义了；而对于那些自诉人与犯罪人之间的隔阂已消除的案件而言，“旧账重提”只会破坏当事人之间业已稳定了的关系。五是强化社会公众的法律意识。对于那些没有在法定期限内提出控诉的自诉案件而言，导致案件超过法定追诉期限的原因本身就说明刑事自诉人对自己所受侵害的漠视。对此，刑事追诉时效的存在，

---

① 参见高铭暄、马克昌主编：《刑法学》，北京大学出版社、高等教育出版社 2000 年版，第 322 页。

就避免了法律对这些“权利的睡眠者”进行无原则的保护和宽容，避免对社会公众“法律惰性”的助长，强化社会公众的法律意识，①等等。

8. 人的可改造性和社会性说

有学者认为追诉时效制度的理论根据，包括两个层次的内容：一是追诉时效制度的理论基础，即追诉时效制度赖以存在的人性基础、社会学基础；二是追诉时效制度的理论依据，即追诉时效制度的可行性。笔者认为，追诉时效制度的理论基础，在于人的可改造性和社会性；而理论依据，在于个别预防理论中的刑罚所体现的心理强制作用。②

（三）追诉时效期限

1. 追诉时效期限的划分

各国刑事法律关于追诉时效的规定，大多根据犯罪的法定刑轻重不同划分为时间长短有异的几个档次。具体来说，主要有以下几种划分法：三分法、四分法、五分法和六分法。例如，我国刑法第 87 条对追诉时效期限的规定就是采取四分法，即以犯罪的法定最高刑为标准，确定了以下四个不同档次的追诉时效期限：其一，法定最高刑为不满 5 年有期徒刑的，5 年；其二，法定最高刑为 5 年以上不满 10 年有期徒刑的，10 年；其三，法定最高刑为 10 年以上有期徒刑的，15 年；其四，法定最高刑为无期徒刑、死刑的，20 年。如果 20 年以后认为必须追诉的，须报请最高人民检察院核准。

也有的国家根据犯罪的轻重分类划分追诉时效期限的不同档次，如法国刑事诉讼法规定的重罪、轻罪和违警罪的追诉时效期限分别为 10 年、3 年和 1 年。

还有的国家采取的是以罪和刑的混合标准来确定追诉时效期限不

① 参见张武举：《如何理解我国刑事追诉时效中的几个问题》，载《河北法学》2004 年第 4 期。

② 参见于志刚著：《刑罚消灭制度研究》，法律出版社 2002 年版，第106～107 页。

同档次的，即有的档次的追诉时效期限是以犯罪的种类为根据予以确定的，有的则是以处刑的轻重为根据而划分的。

关于我国刑法第87条规定的追诉时效期限，学术界争议较大的主要是以下两个问题：

（1）如何理解条文中所说的“法定最高刑”的含义？

一种观点认为，此处的“法定最高刑”是指刑法分则相应条文的最高刑，而不是同条中某款某项的最高刑。理由如下：某款某项的法定刑是适应某种犯罪的不同情节而规定的，只有经过实际审理才能确定其适用，如果以此作为追诉时效期限的衡量根据，就会使案件的追诉时效问题长期处于不稳定的状态，对于侦查机关和司法机关的工作不利。①

另一种观点认为，此处的“法定最高刑”是指刑法分则相应条款规定的最高刑。这种观点也得到了最高人民法院相应司法解释的支持。持这种观点的学者认为，首先，将“法定最高刑”理解为犯罪相应条款或相应的量刑幅度的最高刑符合我国刑法关于追诉时效期限的立法精神。其次，也能使我国追诉时效制度收到积极的效果。再次，按照法定最高刑是犯罪相应条款或相应量刑幅度的最高刑的观点处理案件，并不会使案件的追诉时效问题处于不稳定的状态，不存在对司法工作不利的问题。②

（2）法定最高刑为无期徒刑或者死刑的犯罪，哪些情况属于经过20年以后必须追诉的？

有学者认为，解决这一问题，一般应综合犯罪人所犯罪行的严重程度，犯罪人在20年以内没有再犯罪的原因，以及犯罪人20年以后是否再犯罪等方面的情况予以考虑。具体来讲，以下几类法定最高刑为无期徒刑或者死刑的犯罪案件，属于经过20年以后必须追诉的案

① 参见梁世伟主编：《刑法学教程》，南京大学出版社1987年版，第372页。

② 参见马克昌主编：《刑罚通论》，武汉大学出版社1999年版，第672～674页。

件：一是所犯罪行特别严重的。例如，故意杀害多人，放火、投放危险物质、决水造成严重后果的等犯罪，20 年以后就必须追诉。二是潜伏在社会上伺机再犯罪的。当有事实表明犯罪人潜伏在社会上伺机作案时，就说明犯罪人并没有弃恶从善，所以，20 年以后仍要予以追诉，否则，就违背了追诉时效制度确立的根据。三是 20 年以后又犯罪的。犯罪人 20 年后又犯罪，这说明犯罪人的恶念还没有放弃，具有很大的人身危险性，所以，应予以追诉。①

另有学者认为，20 年以后“认为必须追诉的犯罪”应限于那些社会危害性极其严重、犯罪人的人身危险性特别大、所造成的社会影响极坏，经过 20 年以后仍然没有被社会遗忘的重大犯罪。不能将适用这种追诉时效的犯罪的范围随意扩大化。②

2. 量刑情节对追诉时效的影响

量刑情节的重要价值在于为人民法院确定被告人刑罚的轻重或者是否免除刑事处罚时提供据以考虑的事实。在这个意义上，量刑情节能确定被告人刑事责任程度，尤其与宣告刑的确定具有密不可分的关系。正是基于量刑情节与刑罚确定的紧密关系，使作为求刑权行使界限的追诉时效制度与量刑情节之间的关系为一些立法例和学者所关注。

从量刑情节对追诉时效期限确定的影响予以立法选择的立场上来看，根据有关学者的梳理，存在三种观点，即完全否定、部分否定和肯定。存在第一种主张的立法例，如我国台湾地区“刑法典”第 82 条规定，本刑应加重或减轻者，追诉权之时效期间，仍依本刑计算。持第二种立场的立法，如澳门刑法典第 111 条第 2 款规定的确定在对每一犯罪科处之刑罚之最高限度时，须考虑属罪状的要素，但不考虑加重情节或减轻情节。而以第三种立场作为立法基础的，如意大利刑法典第 157 条第 2 款规定，时效期间应斟酌加重规定之最高度或减轻

① 参见马克昌主编：《刑罚通论》，武汉大学出版社 1999 年版，第 675 页。

② 参见高铭暄、马克昌主编：《刑法学》，北京大学出版社、高等教育出版社 2000 年版，第 323 页。

规定之最低度，及考虑就既遂或者未遂所定之最高度。就上述三种立法例的个中优劣，该学者进行了相关评述，并认为各种量刑情节对追诉时效的时间长短的影响力之确定，关键在于判断该情节是否属于本刑型情节，即如果该情节的存在直接导致法条不得不专为该情节而设立独立的刑罚适用幅度，从而在法条上成为一个新的量刑幅度的话，则该情节就应当被视为具有法定影响力；反之，如果仅仅是对某一刑罚适用的从严或从轻适用性倾向，而不一定影响到量刑幅度的跨越性或者跳跃性适用的话，则不具有影响追诉时效长短的法律效力。[①]

当然，也有学者对此持不同观点，有学者立足于法定刑与宣告刑的区别，认为追诉时效期限的依据是法定刑（更准确地说是法定最高刑），而不是宣告刑。量刑情节的功能是在既定法定刑下影响宣告刑，而定罪情节的功能是影响法定刑。因此，定罪情节是计算追诉时效期限的根据，量刑情节不能作为追诉时效期限的计算根据。[②]

（四）一般犯罪追诉时效期限的计算

按照我国刑法第89条的规定，一般犯罪的追诉期限是从“犯罪之日”起计算。至于如何理解“犯罪之日”，我国刑法学界在此问题上存在较大的争议：第一种观点认为，犯罪之日就是犯罪行为实施之日。[③] 第二种观点认为，犯罪之日应理解为犯罪行为发生之日。[④] 第三种观点认为，犯罪之日宜解释为犯罪行为成立之日。[⑤] 第四种观点

① 参见于志刚著：《刑罚消灭制度研究》，法律出版社2002年版，第206页。

② 参见高庆盛：《量刑情节能否作为计算追诉时效期限的依据》，载《人民检察》2007年第7期。

③ 参见高格主编：《刑法教程》，吉林大学出版社1987年版，第228页。

④ 参见林准主编：《中国刑法教程》，人民法院出版社1989年版，第269页。

⑤ 参见高铭暄、马克昌主编：《刑法学》，高等教育出版社、北京大学出版社2000年版，第323页。

认为，犯罪之日应当理解为犯罪行为完成之日。[①] 第五种观点认为，犯罪之日应界定为犯罪行为停止之日。[②] 目前刑法学界的通说是第三种观点，认为犯罪之日应是犯罪行为成立之日，也即行为符合犯罪构成之日。有学者分析指出，除上述第三种观点之外，其他几种观点都将解释“犯罪之日”的落脚点放在犯罪行为上，这就使得他们难以运用于解决以下两类案件的追诉期限计算问题：一是犯罪行为发生在我国领域外，犯罪结果发生在我国领域内的案件。当犯罪行为发生在我国领域外，而犯罪结果发生在我国领域内时，要搞清楚犯罪行为的实施、发生、完成、停止之日，是十分困难甚至是不可能的。所以，无论是以犯罪行为的实施之日，还是犯罪行为发生之日，抑或以犯罪行为完成或停止之日为标准，都会使这类案件的追诉期限的起算问题陷入困境。二是结果犯案件。结果犯以某种危害结果的发生为法定必备要件，危害结果不存在，犯罪就不能构成。换言之，在结果犯的情况下，离开了危害结果，行为本身还不能说是犯罪行为。[③]

（五）追诉时效的延长

我国刑法第 88 条规定：“在人民检察院、公安机关、国家安全机关立案侦查或者在人民法院受理案件以后，逃避侦查或者审判的，不受追诉期限的限制。被害人在追诉期限内提出控告，人民法院、人民检察院、公安机关应当立案而不予立案的，不受追诉期限的限制。”这表明，我国追诉时效延长有上述两种情况。关于追诉时效延长制度，我国刑法学界有争议的主要是以下三个问题：

1. 应否取消追诉时效延长制度？

关于应否取消刑法典中的追诉时效延长制度，我国刑法学界有如下三种观点：

---

① 参见唐大森主编：《现代刑法学》，安徽人民出版社 1990 年版，第 317 页。

② 参见周伯森主编：《中国刑法学教程》，兰州大学出版社 1988 年版，第 287 页。

③ 参见马克昌主编：《刑罚通论》，武汉大学出版社 1999 年版，第 677 页。

（1）肯定说。例如，有学者指出，刑法第 88 条在很大程度上否定了或者说是架空了第 87 条。这样规定有没有必要呢？我们认为是没有必要的。因为这与规定追诉时效的目的正好相背离，而且必将导致司法机关将大量的人力、物力投入到对陈年旧案的侦破和审理上。将大量精力投入到陈年旧案上，势必会影响现行犯罪的侦破速度和质量，从而使不少现行案件再变为陈旧案件，这样就会形成恶性循环。从整体上看，并未提高对犯罪的打击力度，反而增加了司法机关的工作难度，显然得不偿失。由此看来，1997 年刑法对第 88 条的规定，并不比原 1979 年刑法第 77 条的规定科学。① 另有学者指出，鉴于现行时效延长制度本身的缺陷，与追诉时效期间的规定相冲突，与世界刑法发展趋势相悖，故主张取消时效延长制度，以保证追诉时效制度得到切实可行的实施，充分发挥刑法的时效机能。② 还有学者认为，时效延长虽然是时效制度中一个具体的制度，但各国刑事立法采用得并不普遍。主要原因是这种规定比较死板，一旦出现了某种法定的事由就必须延长时间，显得不够灵活。而且一般来讲，有了时效中断和时效中止，实现时效目的就不会发生太大的困难，因此客观上不太需要。③

（2）否定说。这种观点认为，追诉时效延长制度具有以下价值，当予维持：第一，预防犯罪，有力地打击犯罪。追诉时效延长的规定，从立法上给罪犯以心理的强制，打消其逃逸的侥幸念头，使其感到法网恢恢，逃而无用，从而因恐惧而避免犯罪。即使在司法实践中罪犯千方百计逃避，由于追诉时效延长制度的设立，也不致因追诉时效的超过而使其逍遥法外，损害刑法的秩序、正义。第二，保证刑法

---

① 参见侯国云、白岫云：《新刑法有关追诉时效的几个问题》，载《国家检察官学院学报》1998 年第 2 期。

② 参见蒋兰香：《刑法时效延长制度质疑》，载《天津政法管理干部学院学报》2000 年第 4 期。

③ 参见李金声：《谈追诉时效的若干问题》，载《甘肃政法学院学报》1987 年第 4 期。

基本原则和自首、时效等制度的落实。虽然刑法对定罪有详尽的规定，虽然犯罪后自首、立功可以从宽处理，但对穷凶极恶的狡猾罪犯而言，未必能起到应有的作用。追诉时效延长的规定，实际上是对追诉主体的追诉权行使期限的延展，它使罪犯在时效上无空可钻，强化了自首等制度的实效性，有利于刑法目的的实现。第三，维护被害人的合法权益，实现刑法的人权保障功能。被害人是受犯罪直接侵害的人。犯罪的侵害，直接造成了被害人人身、财产乃至精神方面的损失，本来就是很令人同情的事情。如若被害人在追诉期限内提出了控告，有关机关迟迟不予立案，从而造成追诉期限的超过，使被害人有冤无处申，犯罪得不到追究，那将是更大的不公平。同时，还可能助长犯罪，社会安全遭受更大的威胁。通过延长时效期限，能更好地保障被害人的人权，实现刑法的正义与人道。第四，督促公安司法机关及时履行职责，防止司法腐败导致追诉时效的延长，从侧面加大了公安司法机关的责任，督促其及时履行刑事诉讼义务，防止其推诿扯皮，形成腐败。①

（3）折中说。这种观点认为，追诉时效的延长，从各国立法体例看，主要是针对犯罪人在被采取强制措施后逃避侦查或审查的情形而制定的。但是，追诉时效的延长并未被世界各国普遍采用。在司法实践中，犯罪人在被司法机关依法采取强制措施后，会实施逃避侦查的行为，致使司法机关不能实际继续行使追诉权。在这种情况下如果没有追诉时效延长之规定，在追诉时效期间过后，追诉权丧失，对该犯罪不可再起诉，这不仅对保护国家与人民的利益，维护社会秩序不利，同时还会鼓励犯罪人逃避侦查。所以，时效延长之规定是完全必要的。但是，我国刑法在规定这个问题时采用逃避侦查或起诉的不受追诉时效限制的做法。对于这一规定，我们认为是不合适的。对于那些不思悔改、逃避侦查的犯罪分子在时效上作一些规定是必要的，这样有利于犯罪人诚实履行自己的义务，消除其侥幸心理，主动向国家

① 参见李双宇：《关于我国刑法追诉时效的思考》，载《成都行政学院学报》2005年第2期。

交代罪行，接受处罚。但是，对时效的延长不作任何限制却又走向了另一个极端。因为：首先，这意味着对于任何犯罪，不论轻罪或重罪，只要是司法机关对其采取强制措施时逃跑的，在其死亡之前的漫长岁月里总是要承担着时刻被起诉的精神负担。这种负担对于一般的犯罪人来说过于严厉。其次，是将司法机关过错强加到犯罪人身上。犯罪人之所以得以逃避侦查与审判，一个重要原因就是他有这个条件，这个条件在很大程度上是由于司法机关防范不力造成的。如果不考虑这一点，只是着眼于对犯罪人从严而无限期地延长追诉时效期间，却忽略司法机关应该承担的责任，显然不尽合理。最后，从司法机关行使追诉权方面看，犯罪后经过时间越长，案情就越难以查清。在这种情况下，追诉权虽仍有效，但实际上难以行使。同时，侦破陈年旧案，其现实意义、社会影响也会大大降低。①

2. 如何理解条文中的“立案侦查”？

关于这个问题，长期以来一直争论很大。一种意见认为，“立案侦查”是指立案并侦查，如果只是立案但还没有开始侦查的，就不存在时效延长的问题。② 另一种意见认为，刑法第 88 条第 1 款中的“立案侦查”应理解为立案。其理由是：第一，案件从司法机关立案后，行为人就可能逃避侦查或审判，并不是要待侦查后，才能逃避侦查或审判；第二，由于立案后就开始侦查，故“立案侦查”有时就是立案决定侦查的意思，或者说是立案的意思。③ 有学者虽然赞同上述第二种意见，但认为将“立案侦查”直接解释为立案的意思，显得有点牵强。在该学者看来，将刑法第 88 条第 1 款中的“立案侦查”解释为“立案并侦查”是一种文理解释，而这种文理解释与立

① 参见黄龙照、姜福先：《追诉时效中断及延长问题初探》，载《山东审判》2000 年第 3 期。

② 参见陈兴良著：《刑法疏议》，中国人民公安大学出版社 1997 年版，第 194 页。

③ 参见张明楷著：《刑法学》（第三版），法律出版社 2007 年版，第 485 页。

法精神是相违背的。就立法精神而言，应该将刑法第 88 条第 1 款中的“立案侦查”解释为“立案”，这种解释属于论理解释。当文理解释与论理解释相冲突时，应采论理解释。①

3. 如何理解条文中的“逃避侦查或者审判的”？

有学者认为，这里的“逃避”并不以被追诉人知道自己已经被追诉为前提，即在侦查机关立案侦查或者人民法院受理案件后，只要司法机关不能发现被追诉人，那么在任何时候都可以对其进行追诉。另有学者对上述看法提出了异议，认为上述观点在理论上有违刑法的公正精神，在实践中易于造成对被追诉人权利的侵害，故而不足为取。因为确认被追诉人是否构成“逃避刑事追诉”，应当以其主观上是否认识到自己已经被刑事追诉为前提，即只有当被追诉人知道自己已经被司法机关追诉而采取各种手段来逃避追诉的，方能够无限延长其追诉时效；相反，在被追诉人不知自己已经被刑事追诉而实施了某些行为的情况下，就不能够仅仅因为刑事司法机关的追诉活动在客观上受到被追诉人的行为的影响，而对其进行无限期追诉。否则，就可能罪及无辜，侵害被追诉人的合法权益，损害刑事法律的公正价值。②

有学者认为，确定行为人的行为是否构成“逃避侦查或者审判”需要满足以下几个条件：其一，行为人的行为在客观上对司法机关对其进行的刑事追诉活动造成了妨碍。这是确认行为人是否“逃避侦查或者审判”的客观条件。其二，“逃避”行为须发生在侦查机关立案侦查或者人民法院受理案件之后，这是认定行为人是否属于“逃避侦查或者审判”的时间条件。其三，行为人须是出于“逃避侦查或者审判”的故意，即明知自己的行为会妨碍司法机关对其犯罪事实的追诉，却希望或者放任这种结果的发生。这是确认行为人构成

① 参见马克昌主编：《刑罚通论》，武汉大学出版社 1999 年版，第 683 页。

② 参见张武举：《如何理解我国刑事追诉时效中的几个问题》，载《河北法学》2004 年第 4 期。

"逃避侦查或者审判"的主观条件。①

有学者指出，要确定是否逃避侦查或者审判，应该以犯罪人的行为是否使人民检察院、公安机关等的侦查活动或者人民法院的审判活动无法进行为标准。凡犯罪人的行为使上述机关的侦查活动或者审判活动无法进行时，即认为是逃避侦查或者审判的行为。此外，逃避侦查或者审判的行为也是主客观相统一的，即犯罪人的行为在客观上逃避了侦查或者审判，同时犯罪人在主观上具有逃避侦查或者审判的故意和目的。②

还有学者分析了犯罪分子逃避侦查或审判的手段的种类：第一，犯罪之后畏罪潜逃或隐藏；第二，在司法机关立案之后畏罪潜逃或隐藏；第三，在司法机关对之采取强制措施之后逃跑或隐藏；第四，在人民法院通知其应诉之后逃跑或隐藏。犯罪分子犯罪之后，正常地外出经商、打工，并不隐姓埋名，也未隐瞒打工地地址的，不应以逃避侦查或审判论处。假如犯罪分子犯罪之后，没有逃跑、隐藏，而是仍然在原居住地照常生产和生活。虽然司法机关立案之后长时间内破不了案，直到追诉时效过了之后，才侦破案件的，也不能按逃避侦查或审判论处，不能再追究犯罪人的刑事责任。因为在追诉期限内不能破案，是司法机关的工作方法和工作能力问题，并不是犯罪分子的问题。③

（六）我国时效制度的完善

1. 单位犯罪追诉时效的完善

按照我国刑法的规定，对犯罪单位只能判处罚金，不能像对自然人犯罪那样判处自由刑或生命刑，而罚金刑既不是可以以刑期长短划分的自由刑，也不是作为例外的生命刑，故而如何确定单位犯罪中对

---

① 参见张武举：《如何理解我国刑事追诉时效中的几个问题》，载《河北法学》2004年第4期。

② 参见马克昌主编：《刑罚通论》，武汉大学出版社1999年版，第683页。

③ 参见侯国云、白岫云：《新刑法有关追诉时效的几个问题》，载《国家检察官学院学报》1998年第2期。

犯罪单位的追诉时效就成为刑事司法实践中的一道难题。

如何解决这一难题，理论界与实务界主要有以下三种看法：(1) 现行刑法第87条第1项规定，"法定最高刑为不满五年有期徒刑的，经过五年"，根据本项精神，罚金显然属于"法定最高刑为不满五年有期徒刑的"范畴，因此，对犯罪单位的追诉时效应当限于5年，即单位犯罪的，经过5年后不应再追诉；(2) 现行刑法的追诉时效是以主刑为基础的，由于罚金属于附加刑，因此可以说刑法没有明确规定关于单位犯罪中对犯罪单位的追诉时效；考虑到罚金刑是一种财产刑，而参考刑法第53条"人民法院在任何时候发现被执行人有可以执行的财产，应当随时追缴"的有关刑事政策精神，对单位犯罪中的犯罪单位的追诉时效不应受到时效的限制；(3) 对单位犯罪中犯罪单位的追诉时效，应当按照有关单位犯罪法条中对其犯罪直接负责的主管人员和其他责任人员所应判处的自由刑或生命刑来确定。[①]

有学者对上述三种见解进行了详细评析，第一、第二两种见解虽然各有道理，但不合理之处显而易见。第一种观点不加分析地把一切单位犯罪中的对犯罪单位的追诉时效理解为5年，显然有违刑法的公平精神。第二种观点的错误更为明显。首先，认为我国现行刑法没有规定对单位犯罪中犯罪单位的追诉时效是不正确的。因为刑法第87条规定的追诉期限适用于任何犯罪，把单位犯罪中的犯罪单位排除在此之外是没有法律依据的。其次，主张"对单位犯罪中的犯罪单位的追诉时效不应受到时效的限制"，违反了设立时效制度的精神。最后，至于"人民法院在任何时候发现被执行人有可以执行的财产，应当随时追缴"的规定，是针对罚金刑的执行而言的，不能将其与刑事追诉混为一谈。第三种见解则较符合现行刑法的立法精神。我国刑法规定对单位犯罪采取"双罚原则"，这就意味着在判处犯罪单位罚金的同时，对单位犯罪直接负责的主管人员和其他责任人员在单位

---

① 参见谢望原：《论对犯罪单位的追诉时效》，载《法学杂志》2000年第4期。

犯罪的情况下，对自然人所判处的自由刑或生命刑与对犯罪单位本身所判处的罚金是一个犯罪的刑事责任的两个方面，该刑事责任虽然由两种责任主体来共同承担，但它却是一个不可分割的整体。正因为如此，单位犯罪中对犯罪单位的追诉时效，应当按照有关单位犯罪法条中对其犯罪直接负责的主管人员和其他责任人员所规定的自由刑或生命刑来确定的主张是正确的。① 另有学者也赞同上述看法，认为对单位犯罪追诉时效期限的设置宜以对单位犯罪负责的主管人员和直接责任人员所判刑期的长短为标准。因为在对单位犯罪采取“两罚制”追究刑事责任的原则之下，随着单位犯罪社会危害性程度的增大，对直接责任人员所判的刑罚就逐渐加重，对单位判处的罚金也就相应增加。也就是说，对单位犯罪的社会危害性程度大小与直接责任人员的刑期长短和对其所处罚金多少之间是正比例关系。因此，可以考虑以单位犯罪直接责任人员的刑期长短为标准来设置单位犯罪的追诉时效。这样既填补了我国刑事立法在单位犯罪追诉时效上的空白，有利于打击单位犯罪，又保持了现有追诉时效制度设置标准的统一。② 还有学者提出，除对单位犯罪追诉时效期限的设置应以对单位犯罪负责的主管人员和直接责任人员所判刑期的长短为标准外，为了解决确定犯罪单位的追诉时效期限的法律依据问题，有必要考虑在刑法第 87 条中增加如下内容，作为该条的单独一款：“对犯罪的单位，按照刑法规定的其直接负责的主管人员和其他直接责任人员的法定刑来确定追诉时效期限。”如果有了这样的规定，相信将会有助于解决目前存在的对犯罪单位可以无期限追诉的不合理局面，并且也有了明确的法律依据。需要顺便提及的是，在我国刑法对犯罪单位的追诉时效期限问题修改之前，不宜通过刑法的司法解释来解决。因为对于法无明文规定的刑法问题，是不能通过司法解释来添加其含义的，它只能通过

① 参见谢望原：《论对犯罪单位的追诉时效》，载《法学杂志》2000 年第 4 期。

② 参见姚国艳：《完善我国刑事时效制度初探》，载《安徽工业大学学报》（社会科学版）2003 年第 6 期。

修改法律的方法来弥补。①

2. 关于行刑时效的增设

我国现行刑法中，没有行刑时效的规定，但是，这是否就意味着没有规定的必要呢？传统观点持肯定态度，主要理由是：第一，司法实践中没有遇到被判刑而未予执行的情况，规定行刑时效没有现实意义；第二，规定行刑时效害多利少，可能对被判刑的犯罪分子起到鼓励逃跑的作用；第三，规定行刑时效制度不利于打击罪犯；第四，规定行刑时效会引起罪刑不均衡，难以体现法律最高理念——公平、公正；第五，不能因为世界多数国家规定行刑时效制度，我国便非得规定。目前我国治安形势严峻，不适宜规定行刑时效。② 对此，不少学者不以为然，认为在我国刑法中建立行刑时效制度具有非常重要的意义。下面试择代表性的观点予以介述。有学者首先分析了我国建立行刑时效制度的必要性，认为：第一，有利于刑罚制度的完善。刑法中不规定行刑时效制度则是立法者缺乏先见性的表现。第二，我国刑罚目的需要。如果犯罪人在被判刑后，由于种种原因没有被执行，过了相当长的时间，没有再重新犯罪，我们就可以推定行为人已经改过自新了。如是，同样实现了刑罚目的。第三，有利于社会秩序的稳定。对于那些因时过境迁而没有再犯罪的行为人如果再予执行刑罚，只会扰乱正常的社会秩序。第四，符合刑罚的经济性。如果对那些已过了一定期限而没有再重新犯罪的人不执行刑罚，从而把有限的人力和物力用在刀刃上，既节约了改造成本，又减轻了国家的负担，何乐而不为呢？第五，有利于体现公平原则，使其真正悔罪，重新回报社会。③ 另有学者提出，在我国确立行刑时效制度，是司法实践提出的

---

① 参见周振晓：《刑法应增设犯罪单位的追诉时效期限》，载《政治与法律》2005 年第 1 期。

② 参见马启华：《建立我国行刑时效制度之思考》，载《当代法学》2002 年第 11 期。

③ 参见魏娟玲：《我国应该建立行刑时效制度》，载《检察实践》2001 年第 6 期。

迫切要求，也有利于全面体现刑法的价值。总之，确立行刑时效制度，是现实给我们提出的不容回避的重要课题，是适应我国建构法治国家的刑法文化的制度创新，是实现刑罚公正与效率的必然要求。[①]等等。关于行刑时效在我国的建立，还有学者提出了具体的构想，认为我国刑法关于行刑时效的规定应该包括以下几个方面的内容：(1) 关于行刑时效的期限及起算。规定的具体内容如下：行刑时效判决自判决确定或被判刑人逃避刑罚执行之日起算；判处缓刑被裁定撤销的，行刑时效期限自撤销缓刑、新的判决确定之日起计。(2)行刑时效的中断。我国刑法规定行刑时效时应当对行刑时效中断的条件作出全面的规定，其条文可作如下表述：行刑时效因被判刑人重新犯罪而中断；罚金、没收财产的行刑时效还因采取执行而中断。(3)行刑时效的停止。关于行刑时效停止的条件，各国立法一般限制在依照法律规定不能开始执行其刑罚或继续执行其刑罚的范围内，确立我国行刑时效停止的条件时，可予以参照。[②]

三、关于赦免制度

(一) 赦免的概念和特征

1. 赦免的概念

如何界定赦免之概念，学者们仍有不同之看法。概括而言，主要有以下几种观点：第一种观点认为，赦免是指国家宣告对犯罪人免除其罪、免除其刑的法律制度。[③] 第二种观点指出，赦免又称恩赦，是指国家免除或减轻犯罪人之罪责或刑罚的制度。[④] 第三种观点认为，

---

① 参见赖德亮：《我国应当设立行刑时效制度》，载《人民检察》2003 年第 1 期。

② 参见李希慧：《论刑法时效的立法完善》，载《法学家》1995 年第 5 期。

③ 参见高铭暄、马克昌主编：《刑法学》，北京大学出版社、高等教育出版社 2000 年版，第 326 页。

④ 参见马克昌主编：《刑罚通论》，武汉大学出版社 1999 年版，第 692 页。

赦免通常是指国家对犯罪人免除或者减轻其刑罚的一种制度。[①] 第四种观点主张，根据其刑法特征，赦免是指通过国家权力，消除法律规定之刑事追诉，也即放弃刑事执行权或刑事追诉权。[②] 第五种观点认为，所谓赦免，是指以国家的名义对已经确认为有罪的人免除其罪和刑或者虽然不能免除其罪但是免除或者减轻其刑的一种制度。[③] 第六种观点认为，所谓赦免（恩赦），就是以行政权消灭刑罚权的全部或者一部分，削弱其效果的制度。[④] 第七种观点主张，所谓赦免，是指行政权根据法律之规定，而介入刑事司法，以舍弃法律规定之刑事追诉与处罚。[⑤] 第八种观点认为，赦免者，乃国家元首依其特权作用为变更罪刑之行政处分。[⑥] 第九种观点主张，赦免应是指国家元首或者最高权力机关宣告对犯罪人免除其罪，或者虽不能免除其罪，但免除或者减轻其刑，进而消除刑事追诉权、刑罚裁量权或者刑罚执行权的法律制度。[⑦]

对此，综合有关学者对赦免概念的研究成果，其观点的分歧主要集中在四个方面：（1）关于赦免的主体，即为国家元首所专属还是由其他国家机关行使。（2）关于赦免的内容。赦免是否仅限于免除，能否减轻罪刑；是否仅针对刑罚，能否指向罪责；赦免是消灭刑罚权

---

① 参见高铭暄主编：《刑法学原理》（第三卷），中国人民大学出版社 1994 年版，第 672 页。

② 转引自阴建峰著：《现代赦免制度论衡》，中国人民公安大学出版社 2006 年版，第 116 页。

③ 参见力康泰、韩玉胜著：《刑事执行法学》，中国人民大学出版社 1998 年版，第 244 页。

④ 参见大谷实著：《刑法总论》，黎宏译，法律出版社 2002 年版，第 399 页。

⑤ 参见林山田著：《刑法通论》，台湾 1998 年增订 6 版，第 797 页。

⑥ 参见高仰止著：《刑法总则的理论与实用》，五南图书出版公司 1986 年版，第 583 页。

⑦ 参见阴建峰著：《现代赦免制度论衡》，中国人民公安大学出版社 2006 年版，第 123 页。

的一部还是全部。(3)关于赦免的对象，即是否需要明确为“已经确认为有罪的人”抑或“犯罪人”，甚至是一切犯罪人。(4)关于赦免的属性。赦免应当属于行政权还是刑法的一种制度。(5)赦免是否可以适用于一切犯罪。①

2. 赦免的特征

有学者认为赦免具有以下特征：(1)赦免的对象是犯罪分子，必须是先有犯罪事实才会有赦免问题，无论该犯罪分子是否受刑之追诉或执行，都可赦免；(2)只有国家才握有赦免权，赦免通常由代表国家的机关作出；(3)赦免的内容是罪和刑。有的是既赦罪又赦刑，有的是只赦其刑不赦其罪。② 亦有学者主张赦免特征涵盖三个方面：(1)补充性，即有其他法律手段可以避免因法律的划一性、固定性而引起的弊端时，一般不应适用赦免。在适用不起诉、缓期行刑、假释、暂时解除保护观察、再审等制度可以弥补法律的僵化性缺陷时，也不应实施赦免。(2)强制性，即适用对象不得予以拒绝，也不得享有在接受赦免之同时提出上诉、再审的权利。(3)象征性，即在现今人类社会还有比法更高价值的东西。③ 当然也有学者并没有对赦免的特征加以总的概括，而是根据赦免的具体类型的不同加以分别把握。

在法学研究中，概念与特征是一对密切相关的范畴，特征以概念为基础，是对概念这一事物本质的进一步阐释。从这个角度讲，赦免的特征必然因研究者对其概念的理解不同而有所差异，因此出现不同的观点是正常的。

(二)赦免制度的类型

在现代各国立法乃至理论中，往往会根据不同的标准对赦免进行

---

① 参见阴建峰：《论赦免的概念及其属性》，载《法学家》2005年第4期；于志刚著：《刑罚消灭制度研究》，法律出版社2002年版，第476~481页。

② 参见孙仁丕：《简论刑法上的豁免与赦免》，载《湖北三峡学院学报》1999年第3期。

③ 参见阴建峰：《论赦免的概念及其属性》，载《法学家》2005年第4期。

不同的分类。分类的方法有两种：一是概括分类法，通常是在学理上将各种具体的赦免制度予以归纳分类。具体包括以下几种分类方法：(1) 赦免法上之赦免与刑法上之赦免，这是以赦免权的来源为标准，对赦免所进行的区分；(2) 政令恩赦与个别恩赦，这是日本刑法理论中根据执行方法的不同，对于恩赦所作的区分；(3) 普通赦免与军事赦免，这是根据赦免权归属、赦免适用时间的不同而进行的分类；(4) 常时赦免与特别赦免，这是根据赦免是否受到一定时间的限制而进行的分类；(5) 绝对赦免与有条件赦免，这是根据赦免是否附加有条件而进行的分类。二是具体分类法，即基于法律之规定，将每一种具体的赦免形式作为赦免之不同类型。[①] 至于有哪些具体的表现形式，学术界又有不同分类，有的分为大赦、普赦、特赦、免罚、缓刑、减刑和复权；有的分为大赦、特赦、减刑、复权等形式；有的分为大赦、特赦、赦免性减刑、刑罚执行的免除和赦免性复权等形式。第三种分类是最常见的分类方法，但对于其中的各种赦免形式，各国或地区根据自身的情况在法律规定中也有所不同。[②]

(三) 赦免权的属性

赦免权的属性体现了赦免制度的本质特征。能否准确揭示和把握赦免权之属性，对于正确行使赦免权，充分发挥赦免制度之功能，具有相当重要的意义。综观我国刑法学界对赦免权属性的探讨，可谓见解纷呈，观点不一，远未达成共识。主要有以下五种观点：

1. 立法权说

这种观点主张，赦免权乃立法权。其理由在于在法治国家，一切皆应依法行事。任何法律均须由立法机关首先制定。无论是原则法，还是例外法，概莫能外。换言之，立法机关所制定的法律，立法机关也有权修正，甚至作出例外之决定。既然刑事法为立法机关所制定，

---

① 参见阴建峰著：《现代赦免制度论衡》，中国人民公安大学出版社 2006 年版，第 213 页。

② 参见陈东升著：《赦免制度研究》，中国人民公安大学出版社 2004 年版，第 113 页。

而赦免乃属刑事法之例外，因而当然亦应由立法机关实施，行政机关、司法机关等其他机关均不可毫无拘束地作出例外之决定，排除法律之适用。

2. 司法权说

此说主张，赦免权属于司法权。该观点认为，“司法独立”是法治国家之基石，但赦免权之行使则不仅会影响审判程序的进行，甚至可以动摇确定判决之执行力，若由其他机关实施赦免，必将损害司法独立，破坏司法尊严，故而应由司法机关决定“刑罚”与“赦免”。

3. 行政权说

此一观点主张，赦免权属于行政权。该说认为，基于三权分立之原则，赦免既非司法权，又非立法权，则必为行政权无疑。因为赦免的效力可以阻止刑罚之完全执行，而“刑之执行”并非司法权，乃系司法行政的权限，属于行政权之范畴。

4. 混合说

此说法分为两种观点：一种观点认为，既不能将赦免权一概归诸立法权之范畴，也不能将赦免权全部视为司法权或行政权，而应该从大赦一般赦免和特赦个别赦免之不同角度分别研究赦免权之归属。据此，大赦权属于立法权，而特赦权则属于行政权。① 另一种观点认为，赦免权的属性与赦免之功能密切相关，两者之间当为实质与形式之关系。赦免权的属性决定其具体的功能，而赦免之功能则体现其属性。只有全面地把握赦免之功能，才能准确揭示其属性。基于赦免所具有的纠正司法错误之功能，可以把赦免权归诸司法权；基于赦免具有排除法条适用、救济法律之穷的功能，可将其视为立法权；基于赦免所具有的免除刑罚、鼓励犯人改过迁善之功能，则可将其归于行政权。而由于赦免具有多元化功能，因此赦免权即同时包含着立法权、司法权与行政权之意蕴，这也正是权力制衡之当然结

---

① 转引自阴建峰著：《现代赦免制度论衡》，中国人民公安大学出版社2006年版，第131～136页；陈东升著：《赦免制度研究》，中国人民公安大学出版社2004年版，第138～141页。

果。如果将赦免之功能仅仅局限于某一个方面，便会得出有失偏颇的结论。①

5．本质属性与基本属性说

这种观点主要是我国学者陈东升提出来的，其认为，探究赦免制度的本质属性，是为了找出赦免所具有的特质和其内在的矛盾的质的规定性，从而使赦免与其他事务区分开来。而探究赦免制度的基本属性，则是为了研究其本质属性在不同领域发挥功能和作用的外在表现形式。从本质属性上看，赦免不是根据立法程序或司法程序来行使立法权或司法权，而是根据行政程序消灭全部或一部分刑罚权，使国家刑罚中求刑权、量刑权、行刑权的某一具体权能丧失。因此，赦免的根本内容是国家刑罚权的主动放弃，是对赦免对象的一种行政处分，本质上是行政权对司法权的干预和制约。从基本属性上看，主要表现在以下三个方面：（1）赦免具有效力上的强制性；（2）赦免具有适用上的补充性；（3）赦免具有价值上的妥协性。②

（四）赦免的正当性根据

赦免制度自其产生以来，可以说是非议不断。尤其是启蒙时期的许多思想家们，都明确反对赦免制度。赦免制度在各国的命运也因此历经波折，时废时存。然而，在现代许多国家都有赦免的规定，赦免制度还在实践中发挥着巨大的作用。那么其有无存在的正当性根据？正当性根据何在？学者间的认识颇有分歧。赦免制度的反对者认为，赦免是对犯罪人无原则的宽大，会降低国家的威信，破坏法律的尊严，助长受刑者的侥幸心理，对教育改造罪犯不利，同时由于被害人没有得到慰藉而求助于私力报复，导致犯罪率上升。支持者则认为，赦免制度有其存在的必要性，具有维护国家安全和缓和社会矛盾、救济法律之不及、纠正司法错误、鼓励犯罪人自新、缓和刑罚的严厉性

① 参见阴建峰：《论赦免的概念及其属性》，载《法学家》2005 年第 4 期。

② 参见陈东升著：《赦免制度研究》，中国人民公安大学出版社 2004 年版，第 144～149 页。

程度、疏减监狱囚犯，以及表示与民众同乐同悲等功能。[①] 折中学者则认为，赦免制度对罪刑法定主义起破坏或削弱作用，对法的稳定性也有一定的削弱作用，所以应当采取慎重的态度，少适用或不适用。更有学者对现代赦免制度的应用取舍提出了较为明确的选择，即弃大赦而留特赦，存特赦而慎用。[②]

有学者指出，赦免从提出到实施，涉及社会生活中伦理、政治、经济、司法等方方面面的问题，找寻赦免的合理内涵，研究赦免的正当性根据和历史必然性，也只能从这些方面着手：（1）赦免的伦理学根据。正是伦理学关于善恶、怜悯、仁慈、宽容的研究，为赦免制度的产生和发展奠定了情感上的基础。（2）赦免的社会学根据。符合互动论、犯罪有益论和冲突理论等这些社会学的理论不仅为赦免制度的正当性提高了理论基础，而且也对社会消除对赦免的心理障碍有着诸多的助益。（3）赦免的宪法学与政治学根据。在宪政制度下，赦免体现了行政权对司法权的制约，是一种根据行政权消灭全部或部分刑罚执行权，削弱其效果的制度。因此，赦免的正当性根据还应该在宪法学和政治学的视野中进行考量。据体而言，包括三个方面：一是司法权的行政制约的正当性；二是人权行政保障的正当性；三是赦免制度的存在和适用是三权分立原则的体现，而不是对三权分立原则的破坏。（4）赦免的经济学根据。在一定社会条件下，如果将一些犯罪或犯罪人予以赦免，必然可以节约有限的司法资源，减轻司法机关的负担，使司法机关得以集中精力打击对社会危害更为严重的犯罪，更好地维护社会治安稳定。[③]

还有学者从刑法学、宪法学和法理学等三个维度分析了赦免制度

---

① 参见于志刚著：《刑罚消灭制度研究》，法律出版社 2002 年版，第 455 页。

② 参见于志刚著：《刑罚消灭制度研究》，法律出版社 2002 年版，第467 ~ 472 页。

③ 参见陈东升著：《赦免制度研究》，中国人民公安大学出版社 2004 年版，第 196 ~ 229 页。

的正当性根据：（1）刑法学根据。学者分别从刑法的价值和罪刑法定原则两个方面论证了赦免制度存在的必要性和正当性。（2）宪法学根据。学者分别从宪政与分权两个方面分析了赦免制度的宪法学根据。（3）法理学根据。学者亦从法治和人权保障两个方面进一步论证了赦免制度存置的理论根据。①

另有学者认为，赦免的正当性根据首先是弥补法律社会功能的不足，维护国家安全与缓解社会矛盾；其次在于补救法律规范功能的不足；最后，赦免制度还有多方面的实际效应。比如，适用赦免制度可以和社会感情的变化相适应，缓和宣告刑的效力；适用赦免制度有利于缓解监狱压力，节约社会资源与司法成本；适用赦免制度还可以鼓励犯罪人自新，体现人道主义精神，等等。②

由上可知，第一种观点和第二种观点分别从不同学科的角度论证了赦免制度的正当性根据，应当说，上述学者的理论探索是值得充分肯定的。第三种观点所指涉的理论根据实际上是指赦免的刑事政策意义，将赦免的正当性根据与赦免的刑事政策意义混同，似乎并不妥当。

（五）赦免制度的适用范围

赦免制度的效力范围主要涉及赦免制度能够适用的犯罪类型和犯罪主体类型。从目前刑法学界的研究状况来看，争议问题主要集中在以下几个方面：

1. 赦免的犯罪类型

关于赦免的犯罪类型，主要涉及哪些犯罪可以适用赦免。

其一，危害国家安全犯罪能否赦免？

在世界范围内，危害国家安全犯罪的严重性为大多数国家所承认并规定了相对较重的法定刑。由于该类型犯罪对国家安全这一国家最

---

① 参见阴建峰著：《现代赦免制度论衡》，中国人民公安大学出版社2006年版，第181～196页。

② 参见林志强等：《赦免制度的法理分析》，载《成都理工大学学报》（社会科学版）2004年第4期。

大法益的侵犯，使得赦免制度能否适用于相关犯罪存在一定的争议。但是，多数国家未对此加以反向的排除性规定（美国有关法律规定，叛国罪不得赦免），比如在我国就没有禁止对危害国家安全犯罪的赦免禁止。[①] 在理论上对于危害国家安全罪能否适用赦免制度，学者间也存在不同的见解。

有学者认为，危害国家安全罪的赦免涉及诸多因素，比如民族问题等，因此应当根据各国的具体国情加以考虑。原则上对于本国公民所实施的叛国行为不应当赦免，对于犯罪人非属于我国公民的，则可以例外。[②] 也有学者对该问题作了更为细致的阐释。例如，陈东升博士认为，应根据赦免时的具体意旨衡量能否对国事犯罪予以赦免。具体来讲，如果赦免旨在赢取民众“向心力”，以期共同从事国家建设，则往往会专以国事犯为赦免对象；如果宗旨是为了顺应社会变迁、纠正立法错误，则不能禁止赦免国事犯；相反，如果目的在于矜恤难民，怜其困窘，而于大战前后、饥馑之中实施赦免，则往往以一般刑事犯为对象，而不包括国事犯；如果意在奖励自信，则尚未悔改之国事犯当然不能获得赦免，但已经悔改的国事犯应予赦免；如为了化解外患或交换人质，事出胁迫，则不论犯罪人所犯何罪，皆可赦免，亦不排除国事犯。[③]

其二，藐视法庭罪能否赦免？

由于我国刑法中并没有明确藐视法庭罪的罪名，因此有关学者对该问题的研究往往是从国外尤其是美国关于此问题的分析展开并进而阐述自己的主张的。就美国关于藐视法庭罪能否赦免的争议，存在着

① 参见于志刚著：《刑罚消灭制度研究》，法律出版社 2002 年版，第 534 页。

② 参见于志刚著：《刑罚消灭制度研究》，法律出版社 2002 年版，第 535 页；阴建峰著：《现代赦免制度论衡》，中国人民公安大学出版社 2006 年版，第 157 页。

③ 参见阴建峰著：《现代赦免制度论衡》，中国人民公安大学出版社 2006 年版，第 264 页。

否定论和肯定论的观点。[①] 否定论认为如果给予赦免，将严重破坏三权分立之宪法基本原则，使联邦法院丧失独立性，并将使法院借以维护其尊严与权威的必要手段形同虚设。肯定论则认为三权绝对分立是不可能的，司法权作为最弱的一环，为维护其独立，应当依靠与其他二权的合作与配合。允许赦免该罪正是要试图弥补司法程序的不公，因为藐视法庭罪的审判程序是无陪审团，而且不受人权宣言人之保障，犯罪人毫无救济途径以对抗可能出现的不公正审判。

对于该问题，有关学者进一步指出，赦免制度是无条件的，并且往往发生在司法机关对于藐视法庭罪加以定罪科刑之后，司法机关实际上对于侵犯司法权尊严的行为已经加以惩罚，不能因为犯罪人侵犯过司法权就剥夺其享有宪法权利的自由，所以该罪是可以赦免的，但是也可以加以适当的限制。[②] 也有学者主张，在我国刑法中，藐视法庭的行为仅可使用扰乱法庭秩序罪等相关条文，判断其是否成立犯罪，并无不同于一般刑事犯罪之特性，因而似并不存在不许赦免的理由。[③]

其三，弹劾案件能否赦免？

对于弹劾案件能否赦免的问题，相对来讲较为多数的观点认为，不宜将所有弹劾案件全部排除于赦免的范围之外，即在赦免制度适用范围的立法设置上不能过于机械和生硬。在大赦的情况下，大赦权属于立法机关，与行政权无关，因而不可能被滥用，所以在此情况下弹劾案件可以与其他符合条件的犯罪一起被赦免。但是，在特赦尤其是

① 参见于志刚著：《刑罚消灭制度研究》，法律出版社 2002 年版，第 535 页；阴建峰著：《现代赦免制度论衡》，中国人民公安大学出版社 2006 年版，第 267～268 页；陈东升著：《赦免制度研究》，中国人民公安大学出版社 2004 年版，第 157～158 页。

② 参见于志刚著：《刑罚消灭制度研究》，法律出版社 2002 年版，第 536 页；陈东升著：《赦免制度研究》，中国人民公安大学出版社 2004 年版，第 159 页。

③ 参见阴建峰著：《现代赦免制度论衡》，中国人民公安大学出版社 2006 年版，第 269 页。

申请特赦的情况下，应当加以限制，以防止对滥用职权的官员再以滥用职权的方式加以宽恕。①

其四，国际犯罪能否赦免？

对于国际犯罪能否赦免的问题，有关学者认为对于基于国际刑事法院等国际法庭定罪量刑的国际罪犯，其赦免问题不应过于机械而完全限制性地集中于原定罪量刑的国际法庭中，而应当采取折中制的方式，即原定罪量刑的国际法庭拥有是否赦免的最终决定权，而负责刑罚执行的国家由于负责犯罪人的日常监管，在履行国际义务的同时应当享有一定的权利，应当有权提出赦免犯罪人的建议，并同时列明理由供原定罪量刑的国际法庭参考。②

其五，重大犯罪能否赦免？

就重大犯罪能否赦免的问题，我国有学者展开了详细论述，其认为否定重大犯罪可以赦免的观点的论据是值得商榷的。因为犯罪是否重大与犯罪人主观恶性深重与否之间并无正比关系，罪大未必意味着主观恶性就深重，而罪大恶性轻或罪轻恶性重者亦多有发生，故以此来限制对重大犯罪的赦免颇有不当。③

其六，贪污贿赂犯罪能否赦免？

有学者对该问题进行研究时发现，贪污贿赂犯罪能否适用赦免的问题，我国学界并未予以明确讨论。但从国内外对该论题的关注来看，分歧的焦点在于争议各方对如下问题存在不同的认识：（1）一味强调反腐能否解决当下普遍存在的腐败犯罪？（2）如何看待现代赦免制度的整体价值？通过对相关问题的分析，该学者最终认为“大赦贪官”只是应对腐败犯罪不得已而为之的非常规手段，通过相

① 参见于志刚著：《刑罚消灭制度研究》，法律出版社 2002 年版，第 537 页。

② 参见于志刚著：《刑罚消灭制度研究》，法律出版社 2002 年版，第 538 页。

③ 参见阴建峰著：《现代赦免制度论衡》，中国人民公安大学出版社 2006 年版，第 272 页。

关配套措施的落实开创反腐败的新局面才应是最终的目的。为此，必须在赦免腐败犯罪分子的同时，进行一系列配套制度建设。[①] 考虑到我国宪法中明确将特赦权赋予全国人大常委会，而且对于赦免权的行使在罪名上并无任何限制，司法实践中第一次特赦也包括贪污犯罪分子，所以根据社会形势衡量确实有赦免特定时期的贪污贿赂犯罪之必要的，可以由相关机关依法行使。[②]

其七，民营企业“原罪”能否赦免?

有学者对民营企业“原罪”能够赦免予以了深刻的制度性思考，认为所谓民营企业“原罪”，大多是由于社会转型时期制度的束缚而产生的。如今回顾审视该现象便可发现，其虽不符合现行法制，但却符合“法治”，故而也可考虑通过赦免等措施予以解决。[③] 并进而提出了一系列的设想：首先明确设定赦免的调整范围。未来关于民营企业和民营企业家的“原罪”的法规中，尽量不涉及公职人员的行为，不涉及特种娱乐行业，只涉及民营企业家的经营问题。其次明确划定赦免的起始时间。最后明确界定赦免的对象范畴。不应包括杀人、放火、强奸等侵犯人身权利、危害社会治安的罪行，而只应限于与其经营活动密切关联的行为。[④]

2. 特殊犯罪主体的赦免

其一，犯罪人死亡后的赦免问题。

关于犯罪人死亡后能否被赦免，各国刑法理论界存在三种观点：(1) 不能赦免，因为已死之人没有赦免的必要。(2) 折中论，有些可以赦免。比如罚金刑不因犯罪人死亡而消灭，在这种情况下，应当

---

① 参见阴建峰著：《赦免：因应腐败犯罪之良策?》，载《中国刑事法杂志》2009 年第 5 期。

② 参见阴建峰著：《现代赦免制度论衡》，中国人民公安大学出版社 2006 年版，第 279 页。

③ 参见阴建峰著：《赦免：因应腐败犯罪之良策?》，载《中国刑事法杂志》2009 年第 5 期。

④ 参见阴建峰著：《现代赦免制度论衡》，中国人民公安大学出版社 2006 年版，第 279 页。

可以赦免已死亡之人，其余刑罚皆因犯罪人死亡而消灭，不能对其进行赦免。（3）能够赦免，因为赦免可以恢复犯罪人的名誉，为亲属带来应有利益。[①] 对于该问题，我国有学者认为犯罪人的死亡导致罪刑消灭，不应当也无必要对犯罪人适用赦免，但是在赦免制度的适用可能为犯罪人带来积极意义时，赦免仍然可以适用于已经死亡的犯罪人。[②]

其二，法人犯罪的赦免问题。

关于法人犯罪的赦免问题，有学者进行了分析，主张法人犯罪能够被大赦或特赦。在法人确定裁判后又发生了法人变更的，对原法人科处的罚金、没收、追缴等刑罚被赦免时，继承的法人在该部分也应得到赦免。[③]

（六）赦免制度的完善构想

关于如何完善我国的赦免制度，不少学者提出了有益的建议。

有学者认为，要使赦免制度“活”起来，我国现行赦免制度确有必要进行深层次改革和进一步的发展。发展和健全我国赦免制度的基本思路，应当是按照现代宪政制度和刑事法治的要求确立改革路径，进行制度设计。而发展和健全我国赦免制度的具体路径，首先应根据现行宪法的规定，摒弃大赦，发展特赦，然后由有权机关通过对宪法进行合理解释，扩充特赦制度的内涵和包容能力（如可附加复权、减刑等），并在实践中增加特赦适用的范围和频率。此外，还应对刑法、刑事诉讼法和刑罚执行法等进行配套修订，增加关于特赦的内容，并切实解决特赦与缓刑、假释、前科消灭等一系列制度衔接时可能产生的问题，建立刑事法典关于赦免制度适用的完整规则，从而

---

① 参见于志刚著：《刑罚消灭制度研究》，法律出版社 2002 年版，第 546 页。

② 参见于志刚著：《刑罚消灭制度研究》，法律出版社 2002 年版，第 547 页。

③ 参见陈东升著：《赦免制度研究》，中国人民公安大学出版社 2004 年版，第 168 页。

形成贯穿宪法和刑事法的系统的赦免法律规则体系。①

另有学者认为，可以通过宪法解释使大赦在宪法中拥有一席之地，并通过专门赦免法对于大赦制度作详细规定，但同时应以周密的程序对其适用给予严格的限制。同时由全国人大常委会颁行专门的赦免法，其中应就大赦的范围、效力、程序、法律后果等作出详细的规定，从而规范大赦权的行使。在我国应着力发展特赦制度，同时严格规范特赦权的使用，力求形成以特赦为核心的现代赦免制度。首先，特赦是对法律过于僵硬状态的一种补救，是刑事制度运作不可缺少的安全阀，其可以有效弥补法律不足、救济法治之穷。其次，特赦的对象多是一些特殊犯罪人，如果不加赦免，将会影响国家的政治、经济、国防等方面的利益。此外，特赦的适用，可以促使犯罪人对社会感恩图报，珍惜得来不易的自由，强化教育改造的效果，从而鼓励其自新迁善，并达成预防其重新犯罪之刑罚目的。最后，特赦也可以起到一定的救济司法误判、错判的功效。我国现代赦免制度中也应确立赦免性复权之形式。不赞成将赦免性减刑分别纳入大赦、特赦的范畴。赦免性减刑也应在我们力图重构的现代赦免制度中拥有容身之地。一般赦免，可以在全国人大常委会下设立赦免事务委员会（或赦免事务室）作为常设性机构，专门负责处理具体的赦免事务。一般赦免案完成后，可以交由全国人大专门委员会根据立法法的规定向全国人大常委会提出，由委员长会议决定列入常务委员会会议议程。常务委员会通过的一般赦免由国家主席签署主席令予以公布。我国个别赦免之程序可以实行自下而上和自上而下并行的模式。一方面，可以由赦免权人根据赦免事务委员会的建议，主动对特定犯罪人予以赦免；另一方面，也可以由犯罪人本人或者其亲属提出申请，或者由犯罪人服刑场所、有关检察机关等代为提请。当事人申请赦免或者有关司法机关依职权提请赦免的，赦免申请书及相关资料将被提交赦免事务委员会，由该机构负责调查和审查。在通过宪法解释确立现代赦免

---

① 参见陈东升著：《赦免制度研究》，中国人民公安大学出版社 2004 年版，第 264 页。

制度宪法地位的基础上，还应由全国人大常委会颁行专门的赦免法，从而系统构建现代赦免制度的详细内容。赦免法从性质上讲并非行政法，而是宪法性规范。①

（七）关于死刑赦免的问题及赦免与和谐社会建设的关系

1. 死刑赦免问题

关于死刑赦免问题，刑法学界的探讨主要集中在以下几个方面：

一是关于死刑赦免的必要性和可行性。例如，有学者认为，建立死刑赦免制度是保障人权的需要，符合世界刑罚轻缓化潮流；死刑赦免制度有利于将宪法、刑法、刑事诉讼法规定的赦免制度落到实处，避免法律真空；是贯彻少杀、慎杀死刑政策的措施之一，可以最大限度地避免错杀，救济司法错误，满足“死刑犯不引渡”的国际惯例的需要；可以更好地履行我国的国际义务；可以体现和谐社会的政治昌明。就可行性而言，我国古代对死刑犯实施赦免的经验、经济的发展和社会的进步、人权意识的觉醒、刑罚观念的转变、宽严相济刑事政策的贯彻、和谐社会的政治昌明等因素为设立死刑赦免制度提供了切实可行的条件，打下了深厚的社会基础。② 另有学者指出，建立中国特色的死刑赦免制度很有必要，理由如下：第一，有利于进一步完善我国的死刑制度和刑事诉讼制度；第二，有利于进一步贯彻少杀、慎杀的死刑政策；第三，有利于最大限度地避免错杀；第四，有利于更好地履行我国的国际义务。死刑赦免制度不同于通常意义的大赦和特赦，而是一种新型的刑罚制度。它具有如下基本特征：第一，适用的对象仅限于被判处死刑立即执行且判决已经生效的罪犯；第二，必须是确有悔改或者立功表现，或者具有法律规定的其他特定条件；第

① 参见赵秉志、阴建峰：《和谐社会呼唤赦免制度》，载《法学》2006 年第 2 期。

② 参见蒋兰香、李昀：《死刑赦免制度构建的必要性与可行性分析》，载《时代法学》2007 年第 5 期。

三，死刑赦免的机关是最高人民法院。①

二是关于死刑的赦免程序。例如，有学者指出，死刑赦免申请的主体一般应是已决死刑犯本人。如果已决死刑犯患有精神病或其他不可抗拒的原因，无法提出死刑赦免申请的，其近亲属、监护人也可以代为提出申请。没有近亲属、监护人的，其终审程序的辩护律师也可代为提出申请。最高人民法院应组成合议庭对死刑执行机关报送的死刑赦免的有关材料进行审查。这种审查可以书面审查的形式进行。合议庭审查后，必须向最高人民法院审判委员会提交有关的审查报告。②

三是关于死刑赦免制度的立法构想。例如，有学者建议，我国死刑赦免制度的构建，应从以下几个方面着手：（1）确立适当的立法体例。宪法应作出一般规定，为赦免制度奠定宪法基础，制定专门的赦免法，增强可操作性。（2）制订严格的赦免程序，包括受理程序、启动程序、审查程序等。（3）拓宽可赦免的死刑犯的范围，应当将普通刑事案件中被判处死刑的犯罪人纳入可赦免的对象的范围。（4）规定死刑案件赦免的条件（或原因）。改恶从善当然应当作为赦免之理由，但不应当仅限于此，可以将下列因素作为死刑犯赦免的原因，如被告人因丧失心理能力、智力迟钝等失去理性行为的能力；是否有罪存在疑问；检察官明确地要求；在犯有同样罪行的同案犯中刑罚不平等或完全不相称；公众呼吁该行为人无须执行死刑；具有减轻情节，但司法过程中对此考虑不周；行为人在等待死刑执行时改过自新；从道德的角度看，死刑是不公正的；审判不公正。（5）赋予被判处死刑者和检察官赦免申请权。（6）延长等待死刑执行的时间。③

---

① 参见利子平、竹怀军：《死刑赦免：限制死刑的一种新选择》，载《南昌大学学报（社会科学版）》2004 年第 5 期。

② 参见利子平、竹怀军：《死刑赦免：限制死刑的一种新选择》，载《南昌大学学报》（社会科学版）2004 年第 5 期。

③ 参见刘健、赖早兴：《我国赦免制度的激活与完善——基于限制死刑的思考》，在《现代法学》2004 年第 4 期。

另有学者指出，死刑赦免制度的构建应当包括以下内容：（1）启动程序，即启动模式的选择和申请主体。对于前者，有两种模式可供选择，第一种模式，是国家权力的运作式，即由有权机关根据需要综合考量与权衡利弊，而对死刑犯提起特赦的程序；第二种模式，是公民权利的行使式，由特赦适用的对象，即死刑犯本人或其近亲属，最先启动死刑特赦程序。对于后者，申请主体既可为国家机关，也可是公民个人。广泛的申请主体，将有效避免死刑赦免制度的长期闲置或虚设不用。（2）审议程序，主要有三个方面：第一，建议主体，全国人大常委会可以下设专门的赦免事务委员会，作为我国审议死刑赦免案件的建议机关；第二，审查主体，赦免事务委员会作为审议工作的专门机关，负责严格审查死刑犯的特赦案件；第三，决定机关，依据我国现行宪法之规定，全国人民代表大会常务委员会是有权决定死刑赦免的合法主体；第四，发布机关，我国现行宪法明文规定，将国家主席列为有权颁行特赦令的合法主体。（3）补充程序，鉴于死刑犯执行的特殊性，我国的死刑赦免程序应当与有关的法律制度协调与互补。①

2. 赦免与和谐社会建设的关系

关于赦免与和谐社会建设的关系，有学者认为，和谐社会呼唤死刑赦免在中国的践行，以最大限度地增加国际与国内的和谐因素：一方面这是国际社会和谐所必需的，因为死刑赦免制度逐渐发展成为一项国际习惯规则，并在国际人权公约中有所体现，我国作为相关公约的签署国，更需要践行死刑赦免制度，发挥其限制死刑与人权保障的功能，以切实履行死刑保留国负有的保障赦免权等人权义务。同时，有利于国际引渡合作的顺利实现，使外逃的犯罪人难以逃脱我国刑法的处罚；另一方面是国内社会实现和谐的要求。在当代中国的死刑废除之路上，死刑赦免制度只有以宽严相济为政策指导，才能发挥其特有的功能与作用，以严格限制和逐步废除死刑。这样，宽严相济刑事

① 参见蒋娜：《宽严相济刑事政策下的死刑赦免制度研究》，载《法学杂志》2009 年第 9 期。

政策下的死刑赦免制度，就成为国内社会和谐的客观需求和重要因素。[①] 另有学者提出，在当前我国社会治安形势仍较为严峻的形势下，从构建社会主义和谐社会的需要出发，我国应只完善特赦制度而暂时不设立大赦制度。因为特赦以个案审查的形式逐步审查决定，不仅可以区别情况决定，而且只针对少数犯罪人实施并且只免刑而不免罪，那么它所带来的弊端和副作用就会小得多，同时它还能对社会政治、经济情况和国事的气候起调节作用，对重刑起缓和的作用。相反，大赦不问犯罪人悔过状况，只是根据政治的需要在一定时刻宣布一概消除罪与刑，这不仅会大大削弱法律的稳定性，降低刑罚的一般作用，而且会使一部分尚有社会危害性的犯罪人回到社会重新犯罪，威胁社会治安，使被害人及其亲属的心理创伤难以得到抚慰，甚至会对国家法律失去信心。[②]

四、关于复权制度

作为一项专属于资格刑的刑罚消灭制度，复权制度对于受刑人更生和再社会化提供了一个有利的途径，它既是对受刑人积极服刑、回归社会的一种激励，也是降低司法运行成本，促进社会和谐发展，充分挖掘个体潜力的有效方式。自 19 世纪后半叶产生以来，复权制度先后为许多国家的刑事立法与司法实践所确认，成为近现代西方刑罚制度中一朵亮丽的奇葩。[③] 但遗憾的是，由于我国刑事立法中没有规定复权制度，刑法理论研究中对复权制度的关注也明显不够，只有为数不多的研究成果展现出来。下文试对这些研究成果作一系统梳理和归纳。

---

① 参见蒋娜：《宽严相济刑事政策下的死刑赦免制度研究》，载《法学杂志》2009 年第 9 期。

② 参见马树勇：《构建和谐社会应当完善现代赦免制度》，载《北京政法职业学院学报》2009 年第 1 期；陈东升著：《赦免制度研究》，中国人民公安大学出版社 2004 年版，第 265 页。

③ 参见彭新林：《略论刑法中的复权制度》，载《中国青年政治学院学报》2006 年第 3 期。

（一）复权的概念、特征和类型

1. 复权的概念

复权的概念是我们研究复权制度的逻辑起点，对于什么是复权，意见分歧，概括起来，主要有以下几种观点：

（1）前科消灭说。持此说的学者认为复权实质上就是前科消灭，“有些国家的刑法规定了前科制度，有些国家的刑法规定了受到有罪宣告的人自动丧失一定的资格与权利。前科消灭后，才能恢复这些权利与资格，所以前科的问题与复权可以说是同一问题。”①

（2）资格回复说。“复权，就是指剥夺政治权利刑期届满，政治权利恢复。”②

（3）赦免说。“复权是赦免的一种，由国家元首以命令的形式，对于受刑罚宣告或刑罚执行完毕而被剥夺政治权利和公民权利的人，恢复其一部或全部的权利。”③

（4）广义复权说。“复权即指对受刑者（包括既判刑者与刑罚执行终了者）经过一定的期限后，恢复其因受刑罚处罚而丧失的资格及权利。其意义应作两方面的理解：一是恢复因受资格刑宣告而丧失的资格及权利；二是指前科消灭，恢复因受前科影响而丧失的各种权利和资格。”④

（5）司法处分说。例如，我国台湾学者林山田先生指出：“资格刑足以妨碍犯人之再社会化，因此，若执行一定期间后，犯罪人既无社会公安上的考虑，自可恢复其被剥夺之资格及权利，此种司法处

---

① 参见张明楷著：《外国刑法纲要》，清华大学出版社 1999 年版，第 39 页。

② 参见高铭暄主编：《刑法学原理（第 3 卷）》，中国人民大学出版社 1994 年版，第 828 页。

③ 参见杨春洗等编：《刑事法学大辞书》，南京大学出版社 1990 年版，第 177 页。

④ 参见孙鹰、喻文莉：《复权制度探讨》，载《法学研究》1993 年第 4 期。

分，即为复权。”①

有学者对上述诸种观点进行了详细的评析，认为：第一种观点把复权制度当成是前科消灭，实质上是抹杀了两种制度的本质。复权是资格刑的一种刑罚消灭制度，而前科消灭所消灭的并非现实的刑罚权，而仅是消除因被执行过刑罚所带来的后遗效果之影响。第二种观点错误地将复权制度等同于资格刑执行完毕后资格或权利的自然回复。资格刑执行完毕后不存在复权，如果资格刑已经执行完毕，则受刑人的资格自然回复，无须再行复权，在这种情况下，复权制度没有存在的价值与必要。第三种观点认为复权是赦免的一种，有以偏赅全之嫌，不能笼统地说复权是否属于赦免，这要结合不同国家的国情以及立法实践来考量，可能在有的国家复权是在赦免法意义上使用的，因而属于赦免的一种，但在另外其他国家情况可能刚好相反，不属于赦免，而是一种刑事法律制度。赦免法意义上的复权实则是一种行政权的行使，其与刑法意义上所指的复权虽实际效果可能相同，但有很大的区别，其是宪法学与行政法学所研究的范畴。第四种观点相对而言思维视野似乎更为开阔，但一般认为，刑法上的复权是指狭义上的复权制度——即专属于资格刑的刑罚消灭制度，并不涵摄前科消灭的意蕴，事实上，绝大多数西方国家刑事立法对复权制度的规定也是限于在狭义上使用的。第五种观点将复权制度界定为一种司法处分，概括不够科学、准确，难以从本质上划清复权与其他资格刑制度（比如资格刑调整）的界限，因为它们也是一种司法处分。那么，如何科学合理地界定复权的概念呢？该学者进一步指出，复权的概念必须能够反映复权制度的实质和基本内核，即一方面要能够统摄复权的基本意蕴，具有概念上的自足性和自洽性；另一方面又要能够将复权与其他相关制度的界限区别开来，具有概念上的明确性和周延性。具体而言，对复权概念的科学界定必须遵循以下几个方面的基本要求：（1）应当准确反映复权制度之质的规定性，即复权是一种对刑的消

---

①　参见林山田著：《刑罚学》，台湾商务印书馆股份有限公司1983年版，第312页。

灭，而非罪的消除，亦即复权消灭的是一种不具有正当性的实体刑罚权（行刑权），而非对犯罪后遗效果影响的消除。（2）应当准确界定复权制度所复之权的范围，即复权所复之权应当与资格刑所剥夺的资格与权利的内容相同。（3）应当准确揭示复权制度之所以区别于其他资格刑制度的特殊性，即一方面意指复权适用的独立性；另一方面，强调复权对资格刑消灭的非自然性（提前性），而非资格刑执行完毕后资格的自然回复。据此，复权是指对因实施犯罪而被判处资格刑的犯罪人，在符合法定条件的情况下，法院提前恢复其丧失的一部或全部资格与权利的刑罚消灭制度。①

2. 复权的特征

从目前的研究成果来看，学者们一般从三个方面概括复权的基本特征，但是在具体表述上存在较大差异，其观点如下：

（1）复权制度具有以下基本特征：首先，适用对象是因受资格刑宣告而丧失一定权利或资格的犯罪分子；其次，适用时间为犯罪分子因受资格刑的宣告而丧失权利或资格的期限尚未届满时；再次，法律效果是使犯罪分子因受资格刑宣告而丧失的权利或资格提前得以恢复，犯罪人复权后又犯罪的，不能因复权而阻却累犯的构成。②

（2）复权的三个特征分别是：适用对象的法定刑——只适用于因受资格刑宣告而丧失一定权利或资格的犯罪人；适用条件的法定性——罪质条件、刑罚条件、实质性条件、时间条件；适用程序的严格性。③

（3）复权的基本特征为：一是适用对象的特定性，即因受资格刑宣告而丧失一定权利或资格的犯罪分子是复权适用的对象；二是适用条件的法定性，即复权具体适用的时间和程序以及适用主体都是由

① 参见彭新林：《略论刑法中的复权制度》，载《中国青年政治学院学报》2006 年第 3 期。

② 参见马克昌主编：《刑罚通论》，武汉大学出版社 1999 年版，第 716 页。

③ 参见刘德法、王冠：《论刑法中的复权制度》，载《河南师范大学学报》2003 年第 6 期。

法律明确规定的；三是适用效果不溯及既往，即复权的效果是使犯罪分子因受资格刑宣告而丧失的权利或资格提前得以恢复，犯罪人复权后又犯罪的，不能因复权而阻却累犯的构成。①

3. 复权的类型

关于复权的类型，主要有以下两种观点：

（1）两分法。

有学者认为，复权应当分为刑法复权和赦免复权两种类型。② 另有学者指出，复权制度应包括以下两种类型：一种是作为独立的刑罚消灭制度的复权制；另一种是赦免性复权。后者作为赦免制度的一种具体类型出现，存在固定的程序，不宜以犯罪人的自我悔过程度为适用的前提条件，也不需要司法机关的裁决来决定，而是由赦免令加以实施。③

（2）三分法。

有学者认为，依据不同的标准可以作出以下不同的区分：一是按照所回复权利的不同范围，可以将复权划分为广义的复权和狭义的复权；二是按照回复权利是否需要特定的程序，可以将复权划分为积极的复权和消极的复权；三是按照复权的不同来源，可以将复权划分为赦免法上的复权、刑事法上的复权以及裁量上的复权。前二者又可以称之为法律上的复权。④

（二）复权与相关制度的界限

1. 复权与前科消灭的区别

在刑法理论上，复权与前科消灭是两个关系密切又较难以区分的

---

① 参见景阿锋：《建立我国复权制度的构想》，载《辽宁行政学院学报》2008 年第 6 期。

② 参见高铭暄主编：《刑法学原理》（第三卷），中国人民大学出版社 2005 年版，第 685 页。

③ 参见赵秉志主编：《刑法总则要论》，中国法制出版社 2010 年版，第 688 页。

④ 参见廖梅：《复权制度初探》，载《江苏公安高等专科学校学报》2002 年第 1 期。

概念。复权与前科消灭是什么关系？可谓仁者见仁、智者见智。

有学者指出，前科消灭与复权是同一问题，“有些国家的刑法规定了前科消灭，有些国家的刑法规定了受到有罪宣告自动丧失一定的权利，前科消灭后才能恢复相应的资格与权利，所以，前科消灭与复权可以说是同一问题。”①

有学者认为，前科消灭是复权制度中的一部分，复权主要在两种意义上使用，其中一种意义就可以理解为前科消灭，如该学者指出：“复权是指对受刑者（包括既判刑者或刑罚执行终了者）经过一定期限后，恢复其因刑罚处罚而丧失的资格及权利。”②

另有学者认为，前科消灭与复权二者存在本质的区别，属于根本不同的两种刑罚消灭制度。③

亦有学者主张复权与前科消灭之间既有相似之处，也应严格区别，其主要表现在：（1）适用的对象的范围不同，后者的范围大于前者的范围；（2）法律后果不完全相同，前者仅限于恢复犯罪人丧失的权利或资格，罪刑宣告的记录并不予以注销，因此存在构成累犯或者其他从重处罚情节。④ 当然有学者基于深入研究而作出了更为精细的区分，比如：（1）适用范围不同；（2）对犯罪人要求不同；（3）发生的时空要求不同；（4）两种制度存在的法律意义不同；（5）消灭的对象不同；（6）恢复的权利不同；（7）所引发的法律后果不同。⑤

此外，还有学者指出，复权与前科消灭主要是在以下四种意义上使用的：一是渊源意义上的源生关系。就源流意义言，前科消灭制度发轫于原初意义上的复权形态，是该复权形态在历经漫长的历史嬗变

① 参见张明楷：《外国刑法纲要》，清华大学出版社1999年版，第439页。

② 参见胡鹰、喻文莉：《复权制度探讨》，载《法学研究》1993年第4期。

③ 参见于志刚：《复权制度适用问题研究》，载《法学》2002年第2期。

④ 参见马克昌主编：《刑罚通论》，武汉大学出版社1999年版，第717页。

⑤ 参见赵秉志主编：《刑法总则要论》，中国法制出版社2010年版，第692页。

与思想变迁之后所诞生的，其与现代复权制度（资格刑的非自然的刑罚消灭制度）同脉连枝，在渊源上共同肇端于原初意义上的复权形态。二是制度意义上的并列关系。这也是前科消灭与复权最为主要的关系。近现代意义上的复权制度与前科消灭制度两者虽有一定的相似之处，但本质迥异。前者是专属于资格刑的非自然的刑罚消灭制度，而后者（前科消灭）所消灭的并非现实的刑罚权，而仅是对犯罪记录（或犯罪后遗效果）的消除。三是功能意义上的类同关系。前科的存在意味着一定资格或权利的丧失，只有前科消灭后才能恢复这些资格与权利，而复权就其字面含义而言，亦即恢复权利的意思。可见，两者在“恢复权利”这一功能意义上存在着相通和契合之处。四是内容意义上的包容关系。在有些国家或地区，行为人刑释且经过一定期限以后，具备法定条件的情况下，相应司法当局可以选择恢复其因前科所丧失的全部或部分权利与资格（并非物理的销毁其犯罪记录），亦即前科消灭包容恢复权利这一内容层次。①

可见，在不同意义上理解和使用这两个概念，对复权与前科消灭关系的认识就难免会产生分歧，学界对此观点纷呈也缘于此。但从复权与前科消灭作为一种刑事制度而言，其界限与区别无疑应当是分明的。不能因为“复权”之字面含义是恢复权利，就主观认为刑法中的复权制度就是恢复权利的制度，然后像前科消灭、资格回复、资格刑减刑等只要与恢复权利有关的刑事制度都往里面放，使刑法中的复权制度成为一个名存实亡的“大口袋”，这是很不妥当的，也抹杀了该制度的固有内涵与存在的价值。

2．复权与资格回复的区别

资格回复，是指受刑人因犯罪行为而被依法限制或剥夺的资格或权利，在资格刑执行完毕以后得到回复的制度。关于复权与资格回复的区别，有学者认为主要有以下几点：（1）适用期间不同。复权适用于资格刑正在执行，而资格回复则发生于刑罚执行完毕之后。

① 参见彭新林：《前科消灭的概念探究》，载赵秉志主编：《刑法评论》第13卷，法律出版社2008年版，第118～120页。

(2) 适用条件不同。复权具有严格的法定条件，复权适用与否根据资格刑的刑罚适用效果，即犯罪人的悔改程度而定，法院对是否适用复权有裁决权，而资格回复则是刑罚执行完毕的当然法律后果。(3) 法律性质不同。复权是刑罚消灭事由之一，是一种重要的刑罚制度，而资格回复是一种法律事实，是刑罚执行完毕之后犯罪人所处的一种法律地位与状态，复权的法律后果是犯罪人恢复资格或权利。①

另有学者则认为，两种制度的区别主要表现在：(1) 适用的条件不同。(2) 发生的时间不同。(3) 复权制度之下，所有的资格刑均可提前完成而导致权利、资格的回复；而资格回复制度，则不一定就当然导致被剥夺或者被限制资格的回复，某些资格可能永远也不会回复。(4) 本质差别，前者是资格回复制度所谋求的目的，是指在刑罚执行完毕之后能否回复以前的正常状态，后者则是导致犯罪人的资格刑归于消灭，不存在剩余刑期和二度复权的问题。(5) 资格回复制度不存在考验机制。②

3. 复权与赦免性复权的区别

赦免性复权，是指犯罪人因被判处资格刑而导致被限制、剥夺的权利或资格，由于赦免令的实施而被恢复的制度。③ 从这个意义上讲，赦免性复权应当归属于赦免的范畴，当然也有学者认为复权亦属于赦免一种。④ 但是，从学界的整体研究情况来看，主张复权与赦免相区别的观点处于主流地位，同时对于复权与赦免性复权的区别也进行了明确界定。

有学者认为，复权与赦免性复权两种制度的区别在于：(1) 决

---

① 参见刘德法、王冠：《论刑法中的复权制度》，载《河南师范大学学报》2003 年第 6 期。

② 参见于志刚：《复权制度适用问题研究》，载《法学》2002 年第 2 期。

③ 参见赵秉志主编：《刑法总则要论》，中国法制出版社 2010 年版，第 688 页。

④ 参见曾庆敏：《刑事法学词典》，上海辞书出版社 1991 年版，第 619 页。

定主体不同，复权由法院裁决，裁决权属于作出终审判决的法院；而赦免性复权则是国家元首的权力。（2）出发点不同，复权的出发点是基于犯罪人的悔改等原因导致资格刑的继续适用已经显得不必要；而赦免性复权制度的出发点可能是政治策略性因素等与犯罪人本人并无直接关系的因素。（3）性质不同，复权制度的权力行使，在本质上属于刑罚裁量权，是司法权的一种；而后者更多地被认为属于一种行政权，在大赦情况下，则当然属于一种立法权。[①]

（三）复权的适用条件

作为资格刑刑罚消灭制度的一项重要内容，复权制度的运行应当具有严格的适用条件作保证，唯有如此方能保证制度运行的正当性和合法性，防止权力运作的异化。就目前的研究成果来看，复权的适用条件存在“两条件说”和“四条件说”等观点。

1. 两条件说

这种观点认为，复权的适用主要包括时间条件和表现条件两个方面：（1）所谓时间条件，即适用复权必须是犯罪人因受资格刑的宣告而被剥夺的权利或者资格经过了一定的时间。（2）所谓表现条件，即对犯罪人适用复权，还需具备一定的表现，如行为表现良好，无再行滥用权利或资格之虞，抑或恢复资格能够赔偿所造成的损失等。[②]

2. 四条件说

持四条件说的观点内部又有不同的主张：第一种主张认为，复权的发生，应当具备的条件包括：（1）时间条件，包括两个方面：一是资格刑执行的最低时间限制，二是时间的起算问题；（2）悔改条件，即通常会要求犯罪人具备一定的悔改条件，如不再犯新罪、表现良好、不至于滥用被恢复的资格和权利、行为端正等；（3）民事先决条件，即基于犯罪人被剥夺、限制的资格或权利与原罪行之间的内在联系等诸多因素，犯罪人提前复权的条件之一，在于补偿因其滥用资格或权利给被害人造成的损失；（4）程序条件，一般分为两个方

---

① 参见于志刚：《复权制度适用问题研究》，载《法学》2002年第2期。

② 参见马克昌主编：《刑罚通论》，武汉大学出版社1999年版，第717页。

面，即申请人资格和申请后果，前者涉及是否对申请人的范围加以限制，后者则是指法院对于申请的裁决有自主认可与否的权力及产生相应的后果。[①] 第二种主张认为，复权适用的法定条件应当包括：(1) 犯罪的罪质条件；(2) 犯罪人适用的刑罚条件；(3) 实质条件，即适用对象应当已无继续服刑之必要，对社会安全已无现实之危害或威胁；(4) 时间条件。[②]

应当说，从上述“四条件说”和“两条件说”两种观点的内容上看，并没有实质性的差异。“四条件说”中的第一种主张之（2）、（3）要件与“两条件说”之（2）要件并没有本质上的差别。民事先决条件在“四条件说”中是一个独立的构成要素，而在“两条件说”中仅仅是一个选择性的要素，其适用需要具备特定的前提。同样，复权的程序是“四条件说”的要素之一，而在“两条件说”中则是独立于条件之外。相类似的是“四条件说”中的第二种主张之（1）、（2）要件与“两条件说”之（2）要件在根本上也是一致的。然而值得注意的是，在“四条件说”中的第二种主张明确了因保安处分而被剥夺或者限制的资格不能适用复权制度得以恢复，而其余两种观点则未予以阐述。

此外，在对复权的适用条件予以阐释的过程中，有一个问题是需要明确的，即复权可恢复的权利是否仅限于公权。有学者认为，复权制度中所恢复的“权”，是指因被处以资格刑而导致丧失的一切权能，包括公权与其他权利、资格。[③]

（四）复权制度的理论根据

任何一项刑事法律制度的存在，除了有其深刻的历史政治背景外，必有支撑其存在的理论基石，否则，这一制度即使建立了，也是

---

① 参见赵秉志主编：《刑法总则要论》，中国法制出版社2010年版，第692～693页。

② 参见刘德法、王冠：《论刑法中的复权制度》，载《河南师范大学学报》2003年第6期。

③ 参见于志刚：《复权制度适用问题研究》，载《法学》2002年第2期。

昙花一现，经不起时间的考验。对于复权制度而言又何尝不是如此呢？复权制度作为一项刑事范畴的法律制度，必然有其存在的现实价值和理论根基。

有学者分析了复权制度存在的合理性或者理论根据，认为在于以下三个方面：（1）消除刑罚过剩，保护犯罪人的合法权益；（2）作为刺激受刑人真诚悔过，积极改造自我的激励机制；（3）完善刑罚运用制度，严密刑法逻辑的必要手段。①

还有学者分别从复权的本体根据与复权的具体根据两个不同的层面分析了复权制度的理论支点。认为其本体根据主要表现在公正性与功利性两个方面，即复权制度的存在不仅具有功利性，而且也蕴涵公正性。其中，功利性在复权制度的本体根据中占据基础性和前提性的地位，但同时复权制度的存在又不能没有公正性根据的支撑，体现公正性限制功利性的旨趣。除本体根据外，复权制度的具体根据主要表现在以下几个方面：（1）符合刑罚的目的；（2）刑罚资源的节约；（3）排除受刑人再社会化的障碍；（4）科学行刑的要求。②

（五）复权的效力

可以说，复权的效力是复权制度魅力四射的根源所在，其根本的价值就在于通过回复受刑人因刑罚处罚而受到限制或剥夺的权利和资格，促进其积极的复归和社会更生。从这个意义上说，学界对其具有相对的一致性，仅仅是详略不同而已。例如，有学者认为复权的效力体现在三个方面：（1）复权无溯及既往之效力；（2）复权的效力不及于保安处分；（3）法律明文规定应保留的刑事法律后果，复权不能消除。③

---

① 参见于志刚著：《刑罚消灭制度研究》，法律出版社2002年版，第569～570页。

② 参见彭新林：《略论刑法中的复权制度》，载《中国青年政治学院学报》2006年第3期。

③ 参见刘德法、王冠：《论刑法中的复权制度》，载《河南师范大学学报》2003年第6期。

不过也有学者进一步明确，复权的法律后果不及于刑事前科，因前科存在带来的诸多不利地位不能恢复。①

（六）复权制度的本土化思考

在我国刑法学界，有学者呼吁在我国刑法中确立复权制度，认为犯罪分子被剥夺政治权利的期限执行完毕之后，自动恢复被剥夺的权利，这是刑罚执行完毕产生的当然效果；而受前科影响的权利则将严格按照法律的有关规定予以剥夺，不存在积极回复的可能性。所以，我国并不存在复权制度，这不能不说是一个缺陷。应当在我国建立起合理的复权制度，理由如下：（1）建立合理的复权制度是罪责刑相适应原则的需要；（2）建立合理的复权制度，可以有效地防止刑罚执行的剩余；（3）建立合理的复权制度有利于罪犯的再社会化。该学者在论证我国应确立复权制度的基础上，提出了以下立法构想：第一，应将我国的复权规定为刑事法律上的复权，并将复权的决定权赋予人民法院。这是因为复权从本质上来讲，应当为消灭刑罚效果的一项制度，规定在刑事法律中由人民法院具体操作较为妥当。第二，应将我国的复权规定为积极的复权，即要取得复权的法律后果，受刑人必须在达到法律规定的一定期限后，主动向人民法院提出申请，由人民法院根据受刑人是否改过自新来决定是否复权。第三，应当在刑事法律中规定广义的复权，即不仅规定在刑罚执行完毕或者消灭后，经过一定的期限，可以提前恢复被剥夺的权利，而且规定在受刑人主刑和附加刑均执行完毕后，经过一定的期限，可以消灭其前科。第四，申请复权人要取得复权的法律后果，必须符合复权的形式条件和实质条件。②

另有学者指出，我国现行刑法没有关于复权的规定，这是立法不完善的表现，因此，应加以改进，增设复权制度。理由是：（1）有

---

① 参见赵秉志主编：《刑法总则要论》，中国法制出版社 2010 年版，第 692 页。

② 参见廖梅：《复权制度初探》，载《江苏公安高等专科学校学报》2002 年第 1 期。

利于激励被适用资格刑的犯罪分子加速改造；（2）建立复权制度，符合我国刑罚的目的；（3）建立复权制度是借鉴国外刑事立法中先进经验的需要。据此，该学者认为，确立我国的复权制度，在立法上应该解决以下几个方面的问题：第一，正确确定复权的时间条件。国外对复权时间条件的规定有比例制和定期制两种做法，我国应当采纳比例制。第二，正确规定复权的表现条件。关于复权的表现条件，应该坚持两条原则：一是从严把握，即复权的表现条件要规定得严一些，以体现复权的严肃性；二是明确、具体，即关于复权表现条件的规定不能使用模糊、具有歧义的用语，而应该使用含义清楚、可操作性强的表述。第三，正确确定复权的顺序。我国刑法应当采用先由受刑人申请，然后由法院裁决的模式。另外，在确立复权制度的同时，刑法还应相应作出撤销复权的规定。①

还有学者认为，我国现行刑法中的资格刑立法存在下列缺憾：资格刑规定内容失于粗疏，资格刑适用范围过于狭窄。因此，我国刑法中资格刑立法应考虑从以下两方面着手完善：第一，调整充实资格刑规定内容。第二，明确具体资格刑适用范围。在此基础之上，从以下四个方面考虑建立、健全复权制度，即：（1）合理确定复权的时间条件，比例制更多地体现了刑罚个别化思想，较定期制更为可取。(2）明确规定复权的实质条件。我国立法应尽量做到明晰化、具体化，以杜绝罪刑擅断。由于复权本质上属独立的资格刑减刑制度，因此，我国刑法对复权的实质条件可参酌减刑条件予以明确具体的规定。(3）详尽规定复权的程序，使之具备可操作性。具体来讲，我国的复权程序应当以法院依当事人申请裁决复权为原则，以法院依职权宣告复权为补充。（4）借鉴外国有关立法，建立复权撤销制度。为保证不适当的复权得以及时纠正，我国立法应规定，犯罪人复权以后，如果发现复权之实体或程序不符合法律规定，或犯罪人在复权前

① 参见马克昌主编：《刑罚通论》，武汉大学出版社 1999 年版，第 718 ~ 721 页。

后又犯新罪或有其他严重违法行为，法院有权宣告撤销复权。[①]

还有学者表示，不论是从发挥资格刑在刑事政策上的功效而言，还是出于对刑事立法规定的科学化、完善化考虑，在我国刑法中确立复权制度都是十分必要的。从宏观的角度而言，大体上可以从以下两个方面着手：首先，要完善我国资格刑的相关立法。一是要淡化资格刑的政治色彩，扩大资格刑的适用范围。将剥夺政治权利改为剥夺一定权利，消除其浓厚的政治性，使之成为可以适用于各种犯罪尤其是经济犯罪和职务犯罪的刑罚。二是要充实资格刑的内涵，实行资格刑的分立制。我们可以借鉴外国的立法经验，充实我国资格刑的内涵。同时，实行资格刑的分立，由法院根据案件与罪犯的情况，剥夺一种或几种资格，这样就可避免“一经判决，全部剥夺”的过于僵化的做法。在完善上述资格刑立法的基础上，再行规定复权制度。其次，选择合理的立法模式。我国刑法对复权制度的规定可以参照刑法关于罚金刑减免执行的规定，直接规定在“剥夺政治权利”一节中。具体而言，即在刑法第三章“刑罚”第七节“剥夺政治权利”之下设若干条规定复权制度。这样，不仅可以与资格刑的相关规定配套，使资格刑的相关制度衔接紧凑，而又不至于破坏刑法总则结构的逻辑平衡与协调，因而是比较合理的选择。至于具体怎样规定，这主要是一个立法技术的问题，在这方面，外国刑事立法为我们提供了很好的范本，值得借鉴。但复权制度的微观构成一般应当包括适用条件、适用对象、适用程序、适用效力以及复权撤销等内容。[②]

五、关于前科消灭制度

我国刑事立法和刑事司法中均没有正面规定和承认前科消灭制度。对前科消灭制度的研究是近年来刑法理论界渐次展开的一个全新

---

① 参见刘德法、王冠：《论刑法中的复权制度》，载《河南师范大学学报》2003 年第 6 期。

② 参见彭新林：《略论刑法中的复权制度》，载《中国青年政治学院学报》2006 年第 3 期。

课题，诸多学者给予了其较为广泛的关注，并取得了一定的研究成果，对其的探讨也不断增多。总的来说，关于前科消灭制度的争议问题很多，但主要有以下几个问题：

（一）前科消灭的概念

前科消灭的概念是我们研究前科消灭制度的逻辑起点。综观理论界对前科消灭的定义，较有代表性的大致有以下几种观点：（1）前科的消灭，即有前科的人在具备法定条件时，自动地不再被认为有前科。[①]（2）前科消灭，是指被法院认定犯有罪行并被科刑的人在服刑期满或免刑以后，经过一定期限未犯新罪，从而结束其特殊法律状态的制度。[②]（3）前科消灭在世界各国刑法典中，提法不尽一致，或者称为复权，或者称为刑罚失效，或者称为注销犯罪记录，或者称为前科消灭。总之，它们都是指曾经被定罪或者是判刑的人，在具备法定条件时，注销其犯罪记录的制度。[③]（4）前科消灭，是指当曾受过有罪宣告或者被判处刑罚的人在具备法定条件时，注销有罪宣告或者罪及刑记录的制度。[④]（5）所谓前科消灭制度，是指具有前科的人经过法定程序被宣告注销犯罪记录，恢复正常法律地位的一种制度。[⑤]

对于上述诸种观点，有学者进行了详细的评析，认为：第一种观点对前科消灭的界定最为简洁、概括，给人一目了然的感觉，但其缺陷也是相当明显的：其一，是对前科的含义未予揭示，在逻辑上存在

① 参见曾庆敏主编：《刑事法学词典》，上海辞书出版社 1992 年版，第 1313 页。

② 参见王启富、陶髦主编：《法律辞海》，吉林人民出版社 1998 年版，第 1341 页。

③ 参见赵秉志主编：《刑罚总论问题探索》，法律出版社 2002 年版，第 640 页。

④ 参见马克昌主编：《刑罚通论》，武汉大学出版社 1999 年版，第 711 页。

⑤ 参见于志刚著：《刑罚消灭制度研究》，法律出版社 2002 年版，第 695 页。

同义反复之嫌；其二，表述为“自动地不再被认为有前科”似乎给人一种只存在法定的前科消灭类型，而不存在裁判的前科消灭类型的印象，易给人造成错觉。此外，“自动地不再被认为有前科”也只是大多数国家立法以及司法实践中的做法，而并不具备完全的涵括性与周延性。第二种观点从前科的后遗效果入手，强调对曾有前科身份之人的“特殊法律状态”的结束，分析视角可谓新颖别致，并且对前科消灭概念的界定亦是立足于前科概念基础之上的，值得称道。但其在概念中又作“经过一定期限未犯新罪”的表述，似有以偏赅全之嫌，无形中给人一种剑走偏锋的感觉。因为，“经过一定期限未犯新罪”实际上指的是前科消灭的具体条件问题，同时，这也只是部分国家立法中的规定。其实，在前科消灭概念中完全没有必要作如此表述，将其概称为“符合法定条件”更为妥当、更具涵括性。第三种和第四种观点对前科消灭概念内涵的揭示基本上是正确的，表述也较为近似，只是基于表述角度的不同而稍有差异。但从精益求精的角度讲，仍有待进一步完善。最后一种观点特别强调了行为人在法律地位上的恢复正常的这一前科消灭的关键性后果，这是不无道理的，亦与前述第二种从“前科的后遗效果”着眼，强调对行为人特殊法律状态结束的观点存在异曲同工之妙。但其不足之处亦不难发现：首先，如同第一种观点一样，未对作为前提性基础范畴的前科概念予以昭示，这是不甚妥当的；其次，从语法上分析，表示因果关系复句中的两个分句，应该有相应的连接词或使动词加以联结，而该定义中表示结果（恢复正常法律地位）的分句前未有相应的连接词或使动词。因此，使得整个定义的表述在逻辑上给人以很不通畅的感觉。除此之外，个别地方的表述还值得进一步斟酌和商榷。可见，如何给前科消灭下一个准确、科学的定义的确值得认真研究。在该学者看来，对前科消灭概念的科学界定必须遵循以下几个方面的基本要求：第一，应当准确反映前科消灭制度之质的规定性。前科消灭是一种对罪的消除，亦即对犯罪记录的抹销。犯罪记录一旦被抹销，其他相应的处罚记录当然也随之消除。第二，应在概念中明确昭示前科消灭的主体，一方面可以使概念揭示的内容更加清晰、全面；另一方面，也有利于对前科消灭概念之逻辑表述更加圆通、顺畅。第三，应当特别强调行为人在法律地位上的恢复正常，亦即有前科的人员在消灭前科后，其在规范上的不利益状态消失，前科者恢复正常的生活状态。据此，前科消灭是指曾经受过法院有罪宣告或被判定有罪的人在具备法定条件时，国家抹销其犯罪记录，使其在规范上的不利益状态消失，恢复正常法律地位的一种刑事制度。[①]

（二）前科消灭的法律性质

关于前科消灭的法律性质，刑法学界主要有以下三种观点：

一是刑事责任（最后）消灭说。例如，有学者认为，“前科的存在将对犯罪人后罪的刑事责任产生重要的影响，国家也拥有可以对前科犯处以较重刑罚的权力。可见，前科是前罪所生之刑罚权与刑事责任的后遗。反之，前科的消灭也就意味着前罪所生之刑事法律关系的彻底消灭。”[②]

二是刑罚后遗效果消灭说。例如，有学者指出：“经过法定期间符合法定条件消灭前科的，刑罚的后遗效果归于消灭。”[③] 还有学者认为，“前科的确切法律性质，只能认定为‘对前罪刑罚效果的配套评估体系’，而这正属于前罪的刑罚后遗性效果之一。”[④] 如果按照该学者的逻辑思路进一步推论，前科消灭的法律性质应是刑罚后遗效果之消灭，当是无疑义的结论。

三是犯罪后遗效果消灭说。这是学术界晚近几年来提出的一种比较新的观点。这种观点认为，国家判定行为人有罪或作有罪宣告，实质上也是对这种行为之犯罪性的一种评价与否定（前科正式标定），而承担刑责（包括刑罚处罚）只是对这种评价与否定的进一步确认

---

① 参见彭新林：《前科消灭的概念探究》，载赵秉志主编：《刑法评论》第13卷，法律出版社2008年版，第116～117页。

② 参见张小虎：《刑法的基本观念》，北京大学出版社2004年版，第245页。

③ 陈兴良著：《本体刑法学》，商务印书馆2001年版，第873页。

④ 于志刚：《论前科效应的理论基础》，载《政法论坛》2002年第2期，第90～91页。

与实现，亦即是否科刑或科处什么样的刑只是一个责任的承担问题，即行为人因自己行为的犯罪性而承受国家非难评价的问题。前科因犯罪而生，并非因刑罚而起。前科消灭所消灭的并非行为的犯罪性，行为的犯罪性是客观发生的事实，不存在消灭之说。其消灭的实际上是因行为的犯罪性所带来的后遗效果（如行为人被认为有较大的人身危险性，从而受到各种资格与权利的限制等），易言之，应是一种犯罪后遗效果的消灭。①

（三）前科消灭的理论根据

前科消灭制度作为一项源远流长的刑事范畴的法律制度，在历经几百年的风雨沧桑后，仍不断进化发展，至今犹兴盛不衰，在世界各国焕发出蓬勃的生命力，其中必然有其合理内涵和存在的正当性根据。

有学者从人性、哲理、法理、刑理等四个不同的层面与维度论证了前科消灭制度存在的理论基础与正当性根据。从人性的维度来考量，前科消灭制度是人性的可变性与发展性、具体性与社会性相统一的必然要求；用哲理的眼光来审视，辩证唯物主义、唯物辩证法、历史唯物主义都为前科消灭制度的存置奠定了理论上的支撑；由法理的立场来观照，前科消灭制度是公正性与功利性的题中应有之义；以刑理的视角来省察，报应与预防亦为前科消灭制度的存置提供了证成的理由。

另有学者从哲学根据、犯罪学根据、心理学根据、法理学根据四个方面对前科消灭制度的理论根据进行了阐述。在该学者看来，前科消灭作为一项刑事法律制度，既可以表现为“人的现实”，又可以表现为“社会的现实”，其与哲学、社会学、犯罪学、心理学、伦理学都有着极为密切的关系。从哲学根据看，运动的绝对性、物质的变化发展性告诉我们，一个有前科的人和世界的其他物质一样，都是处于一种不断的运行、变化、发展之中，他们是可变的，也是可改造的，

① 参见彭新林：《前科消灭的法律性质新论》，载《京师法律评论》（第3卷），北京师范大学出版社2009年版，第98页。

曾经犯过罪的人并不一定永远是恶人，他们在其世界观的不断改造过程中，完全可以抛开自己的过去，告别自己的昨天，脱胎换骨重新做人。此外，历史唯物主义认为，经济基础决定上层建筑，上层建筑必须与经济基础相适应。前科就是有前科者永远不能与正常人平等的魔棒，而魔棒的指挥者就是欠缺公正的法律。所以，在经济基础发生变革时，法律制度必须作出与之相适应的调整，市场经济的本质是公正、平等竞争，那么刑事法律也应全力体现这样的内涵并对其进行保护，而前科消灭制度正是这合理内涵的一个重要组成部分。从犯罪学根据看，前科消灭制度作为刑罚的替代措施之一，将刑罚惩罚的视野延伸到刑罚执行完毕之后，它能够使有前科的人最大限度地发挥自己的个人能力，以满足个人和社会的需要。正是如此，前科消灭制度就是建立良好的社会环境，让光明伴随自由的预防犯罪的一剂良方。从心理学根据看，犯罪标签所产生的不利影响，只能把有前科者推向犯罪的边缘，而性格的可塑性无疑为前科消灭制度的存在提供了心理学根据。从法理学根据看，前科不仅有违公正，而且也有违公平，从高处着眼由于不完全具备法律的正义性，所以应当予以消灭。①

还有学者从前科消灭价值的角度对前科消灭的理论根基进行了有益的探讨，其认为，前科消灭制度存在的理论根据主要表现在以下五个方面：（1）体现了刑法的谦抑性。（2）有利于实现法律上的平等，为有前科的人能和其他正常人一样平等地就业、入学和入伍等提供了条件，从而实现法律上的平等原则。（3）有利于预防有前科者再犯，促其顺利回归社会，即为那些遵纪守法、保持良好品行的有前科者顺利回归社会，过上正常人的生活提供了制度上的保障。（4）是人权保障观念深化的体现。对那些诚心悔过、弃恶从善的人来说，及时撕掉贴在其身上的“标签”，保障其和普通人一样，享有各种权利，是非常必要的，是与保障有前科者的人权，促其与社会相结合的理念相

---

① 参见赵秉志主编：《刑罚总论问题探索》，法律出版社 2002 年版，第 642 ~ 647 页。

适应的。（5）有利于避免“双重危险”。因为作为前科的前一次罪行，对后罪在量刑上的从重的影响，便是对前一次罪行的第二次惩罚；而在民事、行政等方面的权益或资格的限制、剥夺，同样是有前科者因为前一次罪行而受到第二次的否定评价和责难。①

（四）前科消灭的功能

关于前科消灭的功能，有学者进行了初步的探索，其将前科消灭的功能归纳为对有前科者的功能、对社会的功能、对国家的功能三个方面：②（1）对有前科者的功能包括：第一，感化功能，即实行前科消灭对于有前科者所具有的攻心作用以及带来的正心理效应。第二，鼓励功能，实行前科消灭对促进、鼓励有前科人员悛悔自新和积极改造的作用。第三，调适功能，即作为这样一种排除有前科人员更生障碍、促其顺利复归社会的调适措施，促使有前科人员与社会的发展保持协调和平衡，重新适应社会生活。（2）对社会的功能，涵盖三个方面：第一，整合功能，也就是秩序修复功能。第二，安护功能，即对社会所发生的安全防护作用。第三，悯恤功能，对有前科者给予宽容，让社会来关注他们的人性、尊重他们的人格，体谅他们的诉求，给予他们以同情之心、怜悯之爱、宽恕之情。（3）对国家的功能，即：第一，揄扬功能，其通过注销犯罪记录、恢复权利等方式消除行为人因犯罪所带来的不利后遗影响，帮助其顺利复归社会，体现了国家“温情”以及人性化的一面。第二，防卫功能，为一种颇具刑事政策功效的柔性刑事制度，其对于预防有前科者再犯以及保护社会，都具有十分重要的刑事政策意义。

（五）前科消灭的法律后果

一般来讲，前科消灭的法律后果就是消除前科所引起的对犯罪人不利的法律后果。前科消灭的法律后果包括哪些具体内容，不同的学者有不同见解，现简要分述如下：

---

① 参见钱叶六：《前科消灭制度评析与设计》，载《内蒙古社会科学》2004 年第 5 期。

② 参见彭新林：《论前科消灭的功能》，载《理论观察》2008 年第 4 期。

第一种观点认为，前科消灭具有四个方面的法律后果：一是有前科者的罪刑记录被取消，档案中不再作任何记载，且本人有权回避就前科问题向任何部门、个人陈述，行为人在法律上也就视同为未犯过罪的人；二是因前科所引起的民事、行政等方面的权利的限制被取消，被剥夺的权利自行恢复，并有获得社会公正待遇的权利；三是因前科而引起的刑法上的不利后果消灭，即在刑事法律关系中不得在有前科者的前科消灭后的特定时间内使其与累犯、再犯相联系，不能在量刑时以曾经被定罪量刑的事实再作为量刑考虑的情节；四是任何企事业单位、机关、团体或者个人不得以当事人曾经有前科为由，对其在入伍、就业、求学等方面采取歧视待遇。①

第二种观点认为，前科消灭的法律后果首先表现在一般后果上，即：（1）法律评价的改变，前科消灭后任何人不得加以歧视；(2）合法权益的恢复，意味着前科消灭后，应当立即恢复当事人因犯罪和存在前科而丧失的政治权利、民事权利和其他合法权益；(3）社会生活的保障，体现在当事人在就业、上学、担任公职等方面，应当与其他公民享受同等待遇。其次，前科消灭后犯罪人不再履行前科报告义务，并且在作出“无前科”的回答时，不承担任何法律责任。②

（六）关于我国构建前科消灭制度的思考

1. 关于我国构建前科消灭制度的必要性

有学者分析了我国构建前科消灭制度的必要性，认为我国目前政治、经济形势以及法治的发展状况已为前科消灭制度的成长提供了肥沃的土壤，应尽快在刑事立法中构建有中国特色的前科消灭制度，将我国法治尤其是刑事法治的水平推向一个新的高度。第一，构建中国特色前科消灭制度是落实科学发展观的需要；第二，构建中国特色前

---

① 参见徐跃飞：《前科消灭制度的法理评析》，载《中南林业科技大学学报》2008 年第 6 期。

② 参见于志刚著：《刑罚消灭制度研究》，法律出版社 2002 年版，第698 ~ 699 页。

科消灭制度是和谐社会建设的需要；第三，构建中国特色前科消灭制度是发展社会主义市场经济的需要；第四，构建中国特色前科消灭制度是贯彻宽严相济刑事政策的需要；第五，构建中国特色前科消灭制度是回应司法实践呼唤的需要。①

有学者认为，应该在借鉴其他国家立法经验的基础上，尽快建立符合我国实际情况的前科消灭制度。理由是：第一，前科消灭制度符合人道主义的要求；第二，前科消灭制度有利于预防有前科的人再次犯罪，使其真正地回归社会；第三，建立前科消灭制度合乎世界刑事立法的潮流。②

有学者指出，尽快建立符合我国实际情况的前科消灭制度，有其必要性：第一，建立前科消灭制度，是司法实践的呼唤；第二，前科消灭制度符合人道主义的要求；第三，前科消灭制度是法律公正的体现；第四，前科消灭制度有利于预防有前科的人再次犯罪，使其真正地回归社会；第五，建立前科消灭制度顺乎世界刑事立法的潮流。③

也有学者在肯定前科消灭制度是保护受刑人利益需要的同时，也提出该制度本身是平衡国家、社会与刑满人员利益的一种有效途径的观点，即前科消灭制度既实现了国家和社会自我防卫的需要，同时又有利于实现受刑人再社会化的利益需求。④ 此外，还有一些类似的观点，恕不一一赘述。

2. 关于我国构建前科消灭制度的具体构想

在我国刑法学界，不少学者提出了构建我国前科消灭制度的具体

---

① 参见彭新林：《应构建中国特色前科消灭制度》，载《检察日报》2008年6月12日。

② 参见马克昌主编：《刑罚通论》，武汉大学出版社1999年版，第713～714页。

③ 参见何承斌：《确立“前科消灭制度”之研究》，载《首都师范大学学报》2004年第6期。

④ 参见于志刚著：《刑罚消灭制度研究》，法律出版社2002年版，第754页。

构想，较有代表性的观点主要有以下几种：

第一种观点认为，前科消灭制度要在我国奠基入土并获致成长，是一项十分复杂的系统工程。从其设立到发挥效力，必须有特定的环境和条件以及配套的制度保障，不仅仅是一个立法上如何建构的问题，而且还涉及司法上的保障、行政上的支持、文化上的支撑以及社会上的合力等问题。故而该学者从立法建构、司法保障、行政支持、文化支撑和社会合力方面提出了构建中国特色前科消灭制度的构想：在立法建构方面，修改刑法中的受刑记录报告、累犯与特殊再犯等制度，在刑法总则增加“前科消灭”一章，规定前科消灭的条件、类型、程序、效力等基本内容；对民事、行政法规中设置的前科效应加以清理和整合。在司法保障方面，改革现行的刑事诉讼文书格式，在相关诉讼文书中不记载犯罪人的前科和前科消灭情况；法院对涉及侵犯前科消灭者名誉权、平等权等的诉讼应当受理，以保护其合法权益。在行政支持方面，剥离目前户籍制度前科记载的附加功能，使户籍与政治、经济、文化教育等权利脱钩；发挥政府主导作用，对有前科人员给予扶助，做好就业安置、推荐帮教工作，为其提供平等竞争的条件和机会。在文化支撑方面，弘扬以人为本的权利文化理念，强调个人的权利和自由，重视对个人的人文关怀；淡化社会的报应文化观念，培养人道主义文化观念。在社会合力方面，消除社会中的歧视性心理，树立正确认识和对待前科人员的思想观念；坚持正确的导向，营造宽松的社会环境和舆论氛围；加大援助和扶持力度，鼓励广大社会公众共同参与对有前科者的保护。①

第二种观点认为，立足于我国的司法现实，根据外国的前科消灭立法例，我国要设立前科消灭制度应考虑以下几个方面的具体内容：首先，前科消灭的一般条件。应将严重违法排除在前科消灭的条件之外。因为假释和缓刑都把再犯新罪和严重违法视为犯罪分子表现的考察内容之中。但前科消灭的实质要件不能等同于撤销假释和缓刑的条

---

① 参见马长生、彭新林：《关于改革我国刑事政策的一点构想——论社会主义法治理念下的前科消灭制度》，载《法学》2007 年第 2 期。

件，因为前科消灭的对象是刑罚已经执行完毕的社会人，而假释、缓刑适用的对象是罪犯，随着犯罪人向社会人的逐步转变，法律对其附带的条件应当越来越少，如果已经刑满释放的有前科人（实质上是一个自由人），消灭前科和罪犯服刑条件相当，对有前科人而言太不公平。所以，对消灭前科的实质条件应比撤销缓刑假释的条件宽泛，即阻却前科消灭的唯一实质条件是再犯新罪。其次，前科消灭范围的限制。在我国目前情况下，应对前科消灭作适当的限制。第一，对于一般累犯可保留前科。从我国现行立法的规定来看，体现了对累犯从严打击的精神，对累犯保留前科与立法精神相一致。第二，对于惯犯和瘾癖性犯罪应保留前科。这种犯罪人由于对犯罪形成依赖心理，无论是生理性依赖还是心理性依赖，都是难以改造的。第三，对危害国家安全的犯罪分子保留前科。因为特殊累犯构成是以保留前罪前科为条件的，如果该类犯罪前科消灭，那么特殊累犯也就无从说起，因此，为了和刑法内容相协调，保持前科消灭制度与刑法立法精神相一致，对危害国家安全的犯罪分子应保留前科。①

第三种观点认为，我国前科消灭制度的立法应规定以下几个方面的具体内容：第一，关于前科的范围。凡是经法院判决构成犯罪依法受到刑事处罚的人，自法院的有罪判决生效之日起至前科消灭或撤销之时止，被认为是有前科的人，应当在认定累犯以及裁量刑罚时依照刑法的相应规定予以考虑。依法受到刑事处罚既包括受到刑罚处罚，又包括受到非刑罚处理方法处罚两种情况。第二，前科消灭的条件。对于前科消灭的时间条件，可以根据所受刑事处罚的种类和刑罚的种类不同而作不同的规定。对于前科消灭的表现条件，这是前科消灭制度的关键性条件。前科消灭只适用于真正地悔过自新、遵纪守法、在法定期间未再重新犯罪以及未实施其他比较严重的违法行为，不致再危害社会的自然人。第三，前科消灭的程序。应有申请、审查和监督程序。第四，前科消灭的效力。前科消灭的效力是前科消灭制度的作用实现的关键。立法上应明确规定：前科消灭就是罪刑记录一并注

---

① 参见房清侠:《前科消灭制度研究》，载《法学研究》2001 年第 4 期。

销，前科消灭或撤销后，与前科有关的一切法律后果宣告无效；前科被消灭的人，依法享有各项权利；任何企事业单位、机关、团体、社会组织和个人不得歧视前科被消灭的人或给予其不公正的待遇。[①]

（七）关于未成年人前科消灭问题

我国刑法学界对前科消灭制度的研究，有很大一部分内容涉及未成年人的前科消灭问题。概括来说，主要涉及以下内容：

1. 未成年人前科消灭的适用范围

关于未成年人前科消灭的适用范围，有学者认为，本着有利于未成年人的特殊保护原则，应当将前科消灭的范围扩大，前科一律可以消灭。[②] 另有学者主张，应当兼顾未成年人保护与社会防卫的平衡，分两阶段逐步建立未成年人的前科消灭制度，即第一步未成年人只有在犯了宣告刑3年以下有期徒刑、拘役、管制、单处附加刑或免予刑事处罚等的轻罪时才能适用前科消灭；第二步进一步扩大前科消灭的适用范围，可以把危害国家安全犯罪、毒品犯罪、严重暴力犯罪的首犯、主犯以及累犯排除在外，其他一切前科都可以适用消灭制度。[③] 还有学者认为，应当把未成年人前科消灭的适用范围限定在相对较小的范围之内，如被判处3年以下有期徒刑、缓刑且刑罚执行完毕或被检察院作出相对不起诉决定的未成年人。[④] 不过也有学者提出以“10年”为限设定未成年人前科消灭制度的适用范围，前科消灭只适用于：主观恶性较小，认罪态度好，社会危害性相对较小（被判处10年以下有期徒刑）的初犯；罪行较轻，且犯罪后有自首或重大立功表现的；共同犯罪中的从犯、胁从犯；过失犯；被诱骗犯罪的；出于

① 参见何承斌：《确立“前科消灭制度”之研究》，载《首都师范大学学报》2004年第6期。

② 参见古瑞华：《论前科消灭制度在未成年人犯罪治理中的意义及其建构》，载《信阳师范学院学报》2010年第4期。

③ 参见赵国玲、李强：《我国未成年人前科消灭制度实证研究》，载《青少年犯罪问题》2010年第1期。

④ 参见高亚男：《未成年人犯罪前科消灭制度研究》，载《中国刑事法杂志》2009年第11期。

好奇或模仿而实施犯罪，且社会危害不大的。对于下列未成年人的前科，则不得消灭：累犯、惯犯、主犯、被判处 10 年以上有期徒刑或无期徒刑的犯罪分子、危害国家安全的犯罪分子。①

2. 未成年人前科消灭的申请主体

申请主体也就是说谁有资格提出消灭未成年人的前科。从目前的研究成果看，学界对于未成年人本人及其法定代理人可以成为申请主体，基本上没有争议。有争议的是，其他相关主体能否提出消灭未成年人的前科。例如，有学者认为，申请主体应该尽可能宽泛，同时又要具有一定的利害关系，因此，未成年人本人及其法定代理人或监护人或者成年近亲属均可以作为申请主体。② 有学者主张，应把近亲属排除在申请主体之外，有权申请的主体是未成年人（犯罪时未成年，申请时已成年仍可）及其代理人。③ 另有学者指出，申请者应该是有前科者本人，有前科者死亡的，由其直系尊血亲提出，也可以由所在的街道居委会、村委会提出，或其父母所在单位提出。④

3. 未成年人前科消灭的考察时间

有学者主张，对于未成年人前科消灭的考察时间可以参照缓刑考察期的规定，即对于宣告刑 3 年以下有期徒刑、拘役、管制、单处附加刑或免予刑事处罚等的轻罪，不低于 6 个月，但是不超过 1 年；对于宣告刑为 3 年以上有期徒刑的犯罪，可以根据 5 年以下、5 年以上至 10 年以下、10 年以上设定三个量刑档次：1 年、3 年、5 年。⑤

---

① 参见武晓红：《论我国未成年人前科消灭制度的构建》，载《兰州交通大学学报》2008 年第 5 期。

② 参见赵国玲、李强：《我国未成年人前科消灭制度实证研究》，载《青少年犯罪问题》2010 年第 1 期。

③ 参见高亚男：《未成年人犯罪前科消灭制度研究》，载《中国刑事法杂志》2009 年第 11 期。

④ 参见武晓红：《论我国未成年人前科消灭制度的构建》，载《兰州交通大学学报》2008 年第 5 期。

⑤ 参见赵国玲、李强：《我国未成年人前科消灭制度实证研究》，载《青少年犯罪问题》2010 年第 1 期。

4. 未成年人前科消灭的实质条件

关于前科消灭的实质条件的设定，有学者建议设定为“没有故意违法犯罪行为，且品行正直”。① 另有学者认为，具体条件的设定可以参照缓刑或假释的适用情形，即根据其前科罪刑的轻重设定不同的考验期，未成年人在该期限内表现良好，没有犯新罪或者其他严重违法行为，确有悔改表现或重大立功表现的。②

5. 完善未成年人前科消灭制度的构想

有学者主张，应当从立法层面对我国现有法律体系关于未成年人前科的规定加以梳理，在我国刑法当中对未成年人犯罪前科消灭制度予以明确确认。可以在刑法中设立未成年人专章，设置特殊规定，确认符合上述条件的未成年人有申请前科消灭的权利，原审法院、相对不诉的检察院有相应的前科消灭决定权。另外，在刑法关于“累犯”的规定中，增加未成年人的特殊条款，规定未成年犯罪人在其成年后再犯罪的，不能成立累犯，这样也可以将未成年人与成年人犯罪有效区分、区别对待。③

另有学者认为，未成年人前科消灭制度的完善有赖于相关“配套设施”的健全。例如，强化司法对“未成年人隐私”的保障，在全社会营造关爱保护有前科的未成年人的氛围，消除学校、用人单位及他人的抵触情绪，对他们及其家属进行必要的心理疏导和矫正，从而真正为未成年人的成长提供健康宽松的社会环境。④

还有学者建议在司法机关建立专门的未成年人犯罪档案库，对未成年人犯罪记录统一归口，规定合理的存档期限和销档条件，设置专

---

① 参见赵国玲、李强：《我国未成年人前科消灭制度实证研究》，载《青少年犯罪问题》2010 年第 1 期。

② 参见古瑞华：《论前科消灭制度在未成年人犯罪治理中的意义及其建构》，载《信阳师范学院学报》2010 年第 4 期。

③ 参见高亚男：《未成年人犯罪前科消灭制度研究》，载《中国刑事法杂志》2009 年第 11 期。

④ 参见古瑞华：《论前科消灭制度在未成年人犯罪治理中的意义及其建构》，载《信阳师范学院学报》2010 年第 4 期。

门机构、专门管理人员进行管理，销毁要有记录和必要的监督措施。同时，建立前科档案保密制度，加强对档案的严格管理，不得泄露档案内容，除司法机关外，任何人不得借阅、复制、摘抄未成年人犯罪记录档案。①

6. 我国确立未成年人前科消灭制度的难点及对策

有学者对我国确立未成年人前科消灭制度的难点进行了较为深入的分析，并提出了相关的对策建言。

未成年人前科消灭制度在我国的确立涉及理论、立法、司法、观念与社会环境等方面的诸多因素，从其设立到发挥效力，必须有特定的环境和条件以及配套的制度保障，这就决定了在我国确立这一制度势必会遇到各种各样的难题。首先，确立未成年人前科消灭制度会与我国目前的有关法律规范存在冲突和抵触。如果这些法律冲突问题得不到解决，未成年人前科消灭制度就很难顺利实行。其次，确立未成年人前科消灭制度面临着民众观念的阻力。再次，确立未成年人前科消灭制度缺乏完善的配套制度。

从以人为本的精神出发，对上述难点问题提出有效的应对之策，才能使得未成年人前科消灭制度早日在我国生根发芽并获致成长。第一，应当调适刑法规范，使之有效衔接。首先，应对刑法第 100 条规定的前科报告制度进行修改完善，使之能够与未成年人前科消灭制度有机配套、衔接协调。其次，应对我国民事、行政法律法规中设置的前科效应加以清理和整合，使之形成结构协调、逻辑严密的前科效应体系，并剔除立法中终身剥夺未成年人某些资格或权利的绝对规定，使未成年犯看到新生的希望。第二，淡化报应观念，培育人道和宽容的文化理念。第三，寻求制度配合，发挥整体联动的合力。首先，在司法实践中应当积极探索未成年人前科消灭制度与社区矫正和社会帮教制度的有效对接机制。其次，应对户籍制度之前科记载的附加功能进行剥离，因为户口其实就是本地区居民的一种身份和户籍证明，人

① 参见沈兵、刘宇：《构建我国未成年人前科消灭制度》，载《法治论丛》2007 年第 9 期。

口登记不应涵括过多的计划管理职能。最后，对于他人恶意宣扬、散布已消灭前科的未成年人以前犯罪记录破坏其名誉的，以及在就学、就业等方面歧视或变相歧视这些未成年人的，应允许他们提起名誉权和平等权侵权之诉，法院也应当受理。①

① 参见赵秉志、彭新林：《确立未成年人前科消灭制度的难点及对策》，载《法制日报》2008年8月31日。

第三章　关于刑罚消灭制度研究状况的简要评论

前文我们就刑法学界关于刑罚消灭制度研究的成果作了的一个较为系统的综述，接下来试对刑罚消灭制度的研究状况作一简要的评论，供学界同仁参考和指正。

一、研究水准

应当说，多年来，刑法理论研究在宏观布局上存在着“重总论、轻各论”的格局，在总论的研究中又内在性地有“重犯罪论、轻刑罚论”的研究倾向。刑罚消灭制度作为刑罚宏观体系中一个不可缺少的环节，因其作为刑罚论的收尾部分而不为理论界所关注，同时由于在立法上也未能全方位体现，导致在本就研究薄弱的刑罚论这一领域中形成一个完全的空白点。刑罚消灭制度固有的巨大理论、立法与司法价值已为世所公认。然而，从理论研究现状和立法关注程度上来讲，它却处于被遗忘的尴尬境地。[①] 我国学者自 20 世纪 80 年代始陆续研究刑罚消灭制度至今，虽然起步较晚，时间也不算长，但近年来发展比较快，取得了长足的进展。尤其在晚近 10 余年来，涌现出许多中青年学者，撰写了不少有分量的文章、著作研究刑罚消灭制度的相关问题，具有相当的理论深度和前沿性，尤为难能可贵的是我国刑法学界出现了好几部有相当学术含量的相关专题性理论著作，如于志刚的《刑罚消灭制度研究》（法律出版社 2002 年版），就是典型一例。该书还被有关著名专家评价为“对各项刑罚消灭制度的分析细

---

① 参见李文燕：《小题必须大作厚积方能薄发》，载《政法论坛》2003 年第 2 期。

致入微，可谓迄今我国研究刑罚消灭制度之集大成者。全书开拓性和创新性突出，具有重要的学术理论价值、立法参考价值和实践借鉴意义，可以说是填补了我国刑法学研究领域中的一个空白，使我国刑罚消灭制度的理论研究前进了一大步”。[①] 等等。这些论著有力地推动了我国对刑罚消灭制度的理论研究向纵深层次拓展，使得刑罚消灭制度在整体研究水准上也处于一个较高的层次。但是，毋庸讳言，相比于对刑罚裁量制度、刑罚执行制度的研究，客观地讲，无论是从广度还是从深度上，我国对刑罚消灭制度的研究水平确实略逊一筹。

二、研究方法

我国刑法学界对刑罚消灭制度的研究较为注重比较研究的方法，如对前科消灭制度、时效制度的研究，较为注重对国外立法中合理因素的借鉴和吸收，并提出了不少完善我国刑法的有益建议，这无疑是值得充分肯定的。但对刑罚消灭制度的比较研究也存在不少问题，总体上而言，这些比较研究相对比较零散、不很系统，规范分析居多，而带有理论思辨色彩的研究成果却几近阙如，且大多辄止于对国外立法例的简单移植、引介，或者述评式的自发性研究，尚待理论上的深入。当然，对刑罚消灭制度的比较研究之所以停留在比较浅显的层次，缺乏深入的理论分析和阐述，这也与国外对该制度理论研究的薄弱不无关系。就国外对刑罚消灭制度的研究来说，制度层面上的注释以及规范意义上的诠释似乎奠定了理论研究上的基调，而对该制度的相关基础性理论问题，如刑罚消灭制度的性质、特征、功能和理论根据等宏观问题，则缺乏应有的理论关怀，或是一笔带过，甚至避而不谈；或是点到为止，甚至语焉不详，没有深入展开，以致刑罚消灭制度成为刑法学理论研究中一个相对褊狭而冷僻的领域。从某种意义上说，这也是我国开展对刑罚消灭制度的比较研究无法深入下去的一个重要原因。

---

① 参见赵秉志：《〈刑罚消灭制度研究〉序》，载于志刚著：《刑罚消灭制度研究》，法律出版社2002年版，第5页。

此外，在对刑罚消灭制度进行本土建构和完善的分析时，理论价值的阐释又远远多于对制度设计的实证分析。事实上，由于世界各国制度运行的政治、文化等社会土壤的差异，必然导致相似制度在建构的过程中要尊重本土特色，防止制度运行过程中的异化，而这些都需要一定的社会实证调查和分析，单一的理论研究并不足以支撑起庞大的社会制度。正如有学者在阐述我国未成年人前科消灭制度的研究状况时所说，大多数对于该制度的研究缺乏数据和事实的支撑，更多的是一种泛泛而谈的理论性阐释，粗放型的研究导致我国在这一领域一直处于低水平重复建设的层面，难以为国家制度的建构和完善提供有效的理论支撑。① 其实在整个刑罚消灭制度的研究过程中，赦免制度、复权制度等都是理论研究远大于对社会情况的实证分析，从而导致问题的研究中大量的研究成果在内容上具有重复性。当然对实证研究的需要，并不是要否定理论分析的价值。其实，对于刑法学这样应用性很强的社会学科来讲，因为刑法作为一种社会现象并不是孤立存在的，故为了使理论研究与社会发展相适应，就必须在各种社会现象中去研究刑法学，而实证分析方法的客观、直接恰恰能够弥补思辨研究过于抽象和空泛的缺陷，有助于为刑法的思辨研究提供坚实的基础。② 刑罚消灭制度的研究也应当遵循这样一个思路。

三、研究缺憾

综观我国刑法学界对刑罚消灭制度的研究状况，不难看出，学者们研究的重点集中在对追诉时效制度、前科消灭制度的探讨上，而对于赦免制度、复权制度尤其是刑罚消灭制度的特征、理论根据等诸多基础性问题的研究则相对显得比较薄弱。就追诉时效制度而言，理论界对其的研究不仅起步较早，而且在学术刊物上公开发表的论文就有

---

① 参见赵国玲、李强：《我国未成年人前科消灭制度实证研究》，载《青少年犯罪问题》2010 年第 1 期。

② 参见张旭、卓黎黎：《构建刑法学研究方法体系》，载《河北法学》2006 年第 3 期。

数十篇，也不乏以此为研究主题的博士、硕士学位论文。而关于前科消灭制度的研究，虽起步于20世纪90代中期，但晚近10余年来，其发展异常迅速，理论界与实务界不少人均纷纷撰文探讨，公开发表的学术论文亦有数十篇，并出现了相关的学术专著，这无疑是一个可喜的现象。但相比而言，对复权制度、赦免制度和刑罚消灭制度基础性问题的研究则是“另一番风景”。以复权制度为例，目前刑法学界对其的研究刚刚开始，公开发表的专门研究刑法中复权制度的论文还不到5篇，尚未见到相关的学术著作或博士、硕士学位论文问世，这不能不说是一个缺憾。

与此同时，即便是刑法学界投入较大研究精力的追诉时效制度和前科消灭制度，也还不能说其研究就达到了让人满意的程度，事实上还存在不少缺憾和不足之处，有待进一步提高其研究的水准和层次。特别是对于前科消灭制度，由于目前我国立法中并未规定和承认这一制度，因此在我国引入该制度是否适合？如果适合，又如何对其进行本土化的改造？如何构建中国特色的前科消灭制度？等等，诸如此类的问题，都需要我们通盘考虑，进行深入的辩证分析和考察后才能得出结论。毕竟，本土化并不意味着概念术语的简单转换，更不是要件增删合并的文字游戏，而是应当在领悟精髓的基础上，采用适合于中国人思维方法的表述。[①] 然而，非常遗憾的是，目前学术界不少关于前科消灭制度的科研成果缺乏应有的理性分析和考察，大都口号式地呼吁在我国应确立这一制度，而对该制度在我国的政策基础、制度环境和文化观念的相容性等问题则缺乏深入的研究，即使是对该制度的特征、功能、理论根基等基础性问题，目前也只有极少数学者进行过探讨，而这是远远不够的，亟待进一步加强理论上的研究和探索。这也是我们今后对刑罚消灭制度进行研究时应当着力重视和解决的一个问题。

① 参见陈兴良：《构成要件的理论考察》，载《清华法学》2008年第1期。

下编　代表性论文精选

刑法为什么要规定时效

高铭暄

刑法上的时效，是指经过一定的期限对刑事犯罪不得追诉或者对判处的刑罚不得执行的一项法律制度。经过一定期限对刑事犯罪不得追诉的，称为追诉时效；经过一定期限对判处的刑罚不得执行的，称为行刑时效。

时效制度起源于罗马法。公元前450年的十二铜表法，就有关于民事权利取得方面的时效的规定，尔后渐趋完备，分为权利取得时效和权利消灭时效。而刑法上的时效，据说肇始于罗马帝国时期的《奸非罪条例》，以后欧洲大陆各国相继采取。近世各国刑法，几乎都有关于时效的规定。我国刑法在总则第四章第八节对时效制度也作了明确规定，但仅包含追诉时效，而未规定行刑时效。

我国刑法为什么要规定时效？这在某些同志看来还是一个迷惑不解或者说没有吃透的问题。有的同志提出，本来坦白从宽，抗拒和逃避责任的应从严，为什么还用时效为犯罪分子开脱？这样会不会使犯罪分子存在侥幸心理？自首的规定会不会落空？对打击犯罪是否有利？从提出这一连串问题来看，说明这些同志对我国刑法规定时效制度的意义确实还不大理解。

事情都是一分为二的，时效制度也是这样。说它一点消极作用都没有，上述那些同志所提的问题都毫无根据，都属杞人忧天，恐怕不好这样说。因为谁也不能保证，在实践中就没有个别犯罪分子会钻时效规定的空子，用躲过时效期限的办法来逃避刑事制裁。但是，从整个时效制度的作用来看，应当说好处比坏处多得多。不然的话，就很难想象，为什么各国刑法普遍地都规定了时效制度呢？

那么，规定时效到底有什么意义？根据个人的学习体会，笔者认为主要有以下几个方面的意义：

第一，时效的规定适合于我国刑罚的目的。司法机关对犯罪分子追究刑事责任和适用刑罚，不是实行报复主义，而是通过惩罚对他们进行改造（除判处死刑立即执行的外），达到预防犯罪的目的。如果一个犯罪分子，在实施犯罪以后相当长的时间没有受到追诉的情况下，并没有再犯罪，这至少说明他已得到一定程度的改造，他已走向正常的社会生活，遵法守纪，不再危害社会，甚至有的还可能在劳动或工作中作出显著成绩。这时再对他进行追诉和判刑，不仅从刑罚的特殊预防目的来看是不必要的；而且从刑罚的一般预防目的来看，这样做只会丧失社会同情，也起不到教育群众的良好作用。

第二，时效的规定体现了“历史从宽，现行从严”的政策。我国刑法对于解放以前的犯罪，无论是从反革命罪的定义（90 条），从刑法的时间效力（第 9 条），还是从时效一节的规定来看，基本上就不追究了。这不仅考虑到祖国大陆历史上反革命已经肃清的实际情况，而且有利于台湾回归祖国和团结海外侨胞的伟大事业。即使是对新中国成立后的犯罪，也要体现“过去从宽”的政策精神。依据这个精神，一个人犯了罪，经过多少年，并没有再犯罪，应当对他宽大一些。如果在这多少年内再犯罪，对待上就不同了，就要比前面那种情况从严了。刑法第 76 条关于按照罪行轻重分别所作的时效期限的规定，第 78 条第 2 款关于因犯新罪时效中断的规定，正体现了这一精神。这样的规定有利于促使犯罪人洗手不干，而不会鼓励他再犯罪。

第三，时效的规定有利于司法机关的工作。犯罪以后经过时间愈长，由于证据散失、证人死亡或不知去向等原因，证据就愈不好搜集，侦查、审判工作就愈加困难。对于人民司法机关来说，打击现行犯罪是头等重要的任务。有了时效的规定，就使司法机关可以摆脱一些难以查清而又现实意义不大的陈年旧案的拖累，集中力量开展对现行犯罪活动的斗争。同时，为使犯罪分子能在时效期限内受到追诉和审判，也会激励司法机关加强工作，提高效率，力争迅速破案，这对司法工作无疑是一个有力的鞭策和促进。

第四，时效的规定有助于稳定人民内部的安定团结。在人民群众中，有些私人之间发生的犯罪案件，如打架斗殴而致伤害，非法开拆他人信件，故意毁坏他人财物等等，本来罪行就不很严重，加之已过相当时间并没提起诉讼，这时被害人和犯罪人可能已经释怨弃嫌，重归于好。有了时效的规定，就可以稳定这种和睦关系，有利于四化建设。否则，过了多少年还“算老账”予以追诉，就难免使这种关系重新陷于混乱。而且一些轻微的刑事案件，过了多少年以后，还使一些人背着“犯过罪”的沉重包袱，终日惶惶不安，不知哪一天会被突然追诉，这不利于社会秩序的安定；甚至会使有些人认为反正自己犯过罪，即使以后不再犯罪也要无限期地受追诉，因而自暴自弃，重新犯罪。这一切，对于维护人民内部的安定团结，对于团结起来搞四化，是没有什么好处的。

第五，时效的规定并不失去而是坚持了法律的严肃性。时效不是犯罪分子的避风港，而是追究刑事责任的有效期限。我国刑法在规定时效的时候，就充分估计到犯罪分子利用时效制度逃避法网的这种可能性，因此，从司法机关办案的实际需要出发，吸取各国刑事立法的经验，避免了规定过短的时效，而是按照罪行的轻重，分别规定了相对较长的追诉期限。对于法定最高刑为无期徒刑、死刑的严重罪行，在追诉期限20年上还进一步作了适当的保留。同时，刑法还明确规定了时效中断和不受追诉期限限制的情况。这样，就可以在很大程度上防止某些犯罪分子特别是罪恶重大的犯罪分子逍遥法外、逃避制裁，从而维护了刑法应有的严肃性。

从以上几点可以看出，我国刑法规定时效制度，并不是消极的，而是积极的；并不是从有利被告出发的，而是从国家和人民的整体利益出发的；并不是削弱同犯罪的斗争，而是加强同犯罪的斗争。因此，时效制度可有可无甚至对打击犯罪不利这种认识显然是片面的，是不正确的。

（原载《法学杂志》1980年第2期）

论刑法时效的立法完善

李希慧

我国刑法时效的立法完善，应该从两个方面进行。一是完善已有的追诉时效的规定；二是增设关于行刑时效的规定。下面分别加以论述。

一、追诉时效的完善

我国刑法追诉时效需要完善之处，有以下两点。

（一）增加关于犯罪法人追诉时效的规定

我国现行刑法关于追诉时效的规定，建立在犯罪的主体只能是自然人的理念之上，因此，其内容只能适用于自然人犯罪的情况。但是，在1987年颁布的《中华人民共和国海关法》首次规定法人可以实施走私罪之后，迄今由单行刑法和非刑事法律中的刑法规范规定的可以由法人实施的犯罪已为数众多。《关于惩治走私罪的补充规定》规定法人可以实施走私罪、逃汇套汇罪、（非法倒卖外汇的）投机倒把罪；《关于惩治贪污罪贿赂罪的补充规定》规定法人可以实施受贿罪、行贿罪；《关于禁毒的决定》规定法人可以实施（为他人制造毒品提供制毒物品的）制造毒品罪，非法运输、携带制毒物品进出境罪，（向走私毒品的犯罪分子提供国家管制的麻醉药品和精神药品的）走私毒品罪，（向贩卖毒品的犯罪分子或者以牟利为目的向吸食、注射毒品的人提供国家管制的麻醉药品和精神药品的）贩卖毒品罪；《关于惩治走私、制作、贩卖、传播淫秽物品的犯罪分子的决定》规定法人可以实施制作、复制、出版、贩卖、传播淫秽物品罪，为他人提供书号出版淫秽书刊罪，在社会上传播淫秽物品罪，组织播放淫秽物品罪；《关于惩治偷税、抗税犯罪的补充规定》规定法人可以实施偷税罪，妨碍追缴税款罪，骗取出口退税款罪，（表现为非出口经营单位骗取出口退税款的）诈骗罪；《关于惩治假冒注册商标犯罪的补充规定》规定法人可以实施假冒商标罪，销售假冒商标商品罪，非法制造、销售他人注册商标标识罪；《关于惩治生产、销售伪劣商品犯罪的决定》规定法人可以实施生产、销售伪劣商品罪，生产、销售劣质医疗器械、医用卫生材料罪，生产、销售伪劣农药、兽药、化肥、种子罪，生产、销售劣质化妆品罪；《关于严惩组织、运送他人偷越国（边）境犯罪的补充规定》规定法人可以实施为组织他人偷越国（边）境使用而骗取出境证件罪；《关于惩治侵犯著作权的犯罪的决定》规定法人可以实施侵犯著作权罪和销售侵权复制品罪；《关于惩治违反公司法的犯罪的决定》规定法人可以实施虚报注册资本罪，虚假出资或抽逃资金罪，非法募集资金罪，提供资产评估、验资、验证、审计虚假证明文件罪，擅自发行股票、公司债券罪；《中华人民共和国铁路法》规定，法人可以实施违反危险物品管理规定肇事罪。刑事立法上已经确定如此之多的犯罪可以由法人实施，然而关于犯罪法人追诉时效期限的规定却付之阙如。这就使司法实践在确定犯罪法人的追诉时效时陷入困境。

也许有人认为，在法人犯罪的情况下，对法人的追诉时效期限可以适用其直接责任人员的追诉时效期限，即法人犯罪中直接责任人员的追诉时效期限是多少年，法人的追诉时效期限就是多少年。笔者认为，此种主张作为权宜之计尚可，但从严格科学的角度来讲，则是不可取的。这是因为：第一，在法人犯罪的情况下，虽然法人与直接责任人员之间有着紧密的联系，但是，二者毕竟是两种性质不同的犯罪主体，将法人犯罪中直接责任人员的追诉时效期限适用于法人无疑混淆了犯罪主体的性质。第二，在法人犯罪的情况下，法人的刑事责任的大小并不总是与直接责任人员的刑事责任的大小相一致的。有的情况下，法人犯罪的直接责任人员应负的刑事责任大，而法人应负的刑事责任小；有的情况下，则相反。如果笼统地将法人犯罪中直接责任人员应适用的追诉时效适用于法人，势必造成追诉期限的长短与刑事责任的大小脱节的现象。第三，我国刑法第 76 条是以法定最高刑的不同期限的自由刑和生命刑为根据来确定追诉时效期限的，而法人犯罪的法定刑都是罚金，因此，将刑法第 76 条关于追诉时效期限的规定适用于犯罪法人，未免牵强附会。总之，在法人犯罪的情况下，从严格的角度讲，犯罪法人的追诉时效期限不能适用直接责任人员的追诉时效期限，其追诉时效期限问题应该通过立法途径求得真正的解决。

为了使关于法人犯罪的追诉时效期限的立法规定科学具体，我国目前刑事立法对犯罪法人的处罚规定得过于抽象的现状必须改变。目前我国刑事立法对犯罪法人均抽象地规定判处罚金，没有区分不同的犯罪情节来确定不同的量刑幅度。在这种情况下，如果要规定犯罪法人的追诉时效期限，就只能为所有犯罪法人规定一个统一的追诉期限，这样就体现不出追诉期限与犯罪的社会危害性程度相一致的精神。因此，为了使追诉时效期限与犯罪的社会危害程度相一致的精神贯彻于犯罪法人的追诉时效期限的立法之中，首先要使犯罪法人的法定刑具体化。也就是说，在立法上要根据法人所犯罪行的性质以及犯罪的不同情节，确定数额不同的罚金，在此基础上，再根据法定的罚金最高数额，确定犯罪法人的不同档次的追诉时效期限。

（二）废除追诉时效延长规定，确立追诉时效停止制度

追诉时效停止，是指在追诉时效进行期间，因发生法律规定事由，使时效的进行停止，当法律规定的事由消除后，追诉时效继续进行的制度。其特点是：在法定事由发生之前已经过的时间不因为法定事由的发生而失效，只是在法定事由发生和进行期间，时效停止进行，当法定事由结束后，追诉时效接着法定事由发生前已经过的时间进行计算。世界上有不少国家的刑法规定了时效停止制度，如德国刑法、意大利刑法、瑞士刑法等都有这方面的规定。

我国现行刑法没有规定追诉时效的停止，而是规定了追诉时效的延长。刑法第 77 条规定："在人民法院、人民检察院、公安机关采取强制措施以后，逃避侦查或者审判的，不受追诉期限的限制。"这一规定为避免某些犯罪分子钻追诉时效的空子提供了法律保障，但又存在着一个无法解决的问题，即在追诉时效延长原因（逃避侦查、审判的行为）消除以后，时效期限如何计算的问题。例如，甲犯了法定最高刑不满 5 年有期徒刑的犯罪，追诉时效为 5 年。甲是在实施犯罪 1 年以后被抓获的，在公安机关采取强制措施以后逃跑，3 年以后向公安机关自首。在这一案件中，甲逃跑的 3 年，当然不能计算在追诉期限之内，但是，在其自首之后，就可能发生追诉期限的计算问题。因为在甲自首后公安机关有可能因故不行使追诉权，超过 5 年，就不能再追诉甲。在这种情况下，

甲在被抓获以前经过的1年时间是否计算在法定的追诉期限内，以及甲自首后的追诉时效从何日开始进行，依据刑法第77条关于追诉时效延长的规定，无法解决这些问题。这表现了追诉时效延长制度的不足。用追诉时效停止制度取代追诉时效延长制度，上述问题就不复存在。而且，追诉时效停止制度同样具有防止那些被采取强制措施后逃避侦查、审判的犯罪分子钻追诉时效空子的功效。所以，笔者主张以追诉时效停止制度代替追诉时效延长制度。

在追诉时效停止制度取代追诉时效延长制度后，应为追诉时效停止规定较追诉时效延长更加广泛的事由。除了在采取强制措施后逃避侦查、审判引起追诉时效停止外，诸如自然灾害、战乱等也应纳入追诉时效停止事由的范围。

二、增设行刑时效

（一）我国刑法增设行刑时效的必要性

行刑时效，是指由法律规定对判处刑罚的犯罪人执行刑罚的有效期限，超过有效期限，刑罚不再执行的制度。我国现行刑法只规定了追诉时效，而没有规定行刑时效。笔者认为，我国刑法有必要增设行刑时效的规定，其理由是：

1. 增设行刑时效的规定，与我国刑罚执行的目的相一致。在我国，对判处刑罚的犯罪人执行刑罚，其目的就是通过对犯罪人的惩罚与改造，使其不再犯罪，成为一个守法的公民。当犯罪分子被判处刑罚以后，由于一定的原因没有执行，且超过了一定期限而没有重新犯罪，这表明，在没有执行刑罚的情况下，刑罚执行的特殊预防效果已经达到，因此，完全没有必要再执行刑罚。所以，行刑时效与我国行刑目的是相吻合的。

2. 有利于将人力、物力和财力集中用于关押和改造正在执行刑罚和没有超过行刑时效的犯罪人。我国是一个发展中的国家，经济还不发达，用于执行刑罚的人力、物力、财力都十分有限。与其将有限的人力、物力、财力用于那些已时过境迁不需要再执行刑罚的犯罪人身上，还不如将它们集中用于关押和改造正在执行刑罚和尚未超过行刑时效的犯罪人，以使改造罪犯工作收到更好的效果。

3. 有利于我国关于时效的规定与国际接轨。从各国的刑事立法来看，大多规定了行刑时效制度。我国是一个对外开放的国家，正积极地谋求各方面的与国际社会的交流和学习，谋求与国际社会的通行做法接轨。既然世界各国的刑事立法大多对行刑时效进行了规定，就说明行刑时效制度是国际社会的一种通行刑法制度。我国刑法增设这一制度，可以使我国的做法与各国的通行做法接轨，有助于促进我们与国际社会的刑法交流，增加我国刑法在国际社会的影响。

目前，我国刑法学界有人在论述现行刑法没有规定行刑时效的理由时指出，判处刑罚而没予执行的主要原因是战争或重大的自然灾害、审判机关或刑罚执行机关的疏漏、罪犯脱逃三种。在这三种情况中，前两种在新中国成立以来的司法实践中尚未出现过。第三种情况可能发生，但如果因脱逃超过一定期限就不再执行已经判处的刑罚，就可能对被判刑后的犯罪分子的脱逃，起到变相的鼓励作用。①

我们认为，上述理由缺乏足够的说服力。首先，虽然新中国成立以来尚未出现过因战争或重大的自然灾害或因审判机关的疏漏而没有执行刑罚的情况，但以前未出现过不等于以后不会出现。刑事立法固然要建立在社会现实经验之上，但有时却要超越社会现实经验，即要具有前瞻性。如果一切都要等到社会生活中已经发生了才予以立法的话，那么，我们的刑事司法实践就会经常处于被动的境地。所以，以前没有出现过因战争或重大自然灾害以及审判机关或刑罚机关的疏漏而不执行刑罚的情况，不能成为刑法不规定行刑时效的根据。其次，对于被判处刑罚后脱逃而经过一定期限没有重新犯罪的犯罪分子不再执行原判刑罚，也许在某种程度上对被判处刑罚后的犯罪分子脱逃起到鼓励作用，但是，减少和杜绝这类犯罪分子脱逃，应该在加强有关的防卫工作上多花力气，而不能因为犯罪分子脱逃就永远地保留执行其刑罚的权力，这样对犯罪分子未免不公平。何况对这类脱逃的犯罪分子不再执行原判刑罚，既可节省人力、物力、财力，又已达到了执行刑罚的目的，总的来讲，是利多弊少。所以，变相鼓励犯罪分子被判处刑罚后脱逃的消极因素，也不足以阻止我国刑法增设行刑时效的规定。总之，在刑事立法上确立我国

① 参见高格主编：《刑法教程》，吉林大学出版社 1987 年版，第 226 页。

行刑时效制度是必要的。

（二）我国行刑时效制度的具体立法内容

世界各国刑事立法大多对行刑时效作了规定，这为建立我国行刑时效制度提供了可资借鉴的立法经验。参照各国刑事立法关于行刑时效的规定，笔者认为，我国刑法关于行刑时效的规定应该包括以下几个方面的内容：

1. 行刑时效期限及其起算。行刑时效期限，是对被判处刑罚的犯罪分子执行刑罚的有效期限。行刑时效期限从何日开始计算，是行刑时效制度的首要内容。关于行刑时效期限的确定标准，各国立法例有两种不同做法：（1）以罪为标准，按照犯罪的种类、轻重确定行刑时效期限。例如，《法国刑事诉讼法典》第763条、第764条和第7条分别规定：重罪案件判决所判处的刑罚，行刑时效期限为20年；轻罪案件判决所判处的刑罚，行刑时效期限为5年；违警罪判决所判处的刑罚，行刑时效期限为2年。采此做法的还有比利时、葡萄牙、埃及等国刑法。（2）以刑为标准，按宣告刑的轻重确定行刑时效期限。此种做法为大多数国家刑法所采用。例如，《瑞士刑法典》第73条所确定的行刑时效期限为：终身重惩自由刑，30年；10年以上重惩自由刑，25年；5年以上10年以下重惩自由刑，20年；5年以下重惩自由刑，15年；其他之刑，5年。我国刑法没有重罪、轻罪、违警罪的划分，因此，行刑时效期限的确定只能以刑为标准，按照宣告刑的轻重划分不同的档次。至于具体划分几档以及每档的时限是多少，需要立法者在认真调查研究和听取各方面意见的基础上予以决定。

关于行刑时效的起算，有的国家刑事法律规定自判决确定之日起算，如《德国刑法典》和《法国刑事诉讼法典》的规定就是如此。有的国家刑法规定，行刑时效自终局判决之日或逃脱之日起计算，如《奥地利刑法典》。有的国家刑法对行刑时效的起算规定得比较详细、具体，即区分不同情况确定不同的起算之日。例如，《意大利刑法典》第172条第4款和第5款规定：刑之消灭期间自处刑确定之日或受刑人逃避刑之执行日起算；刑之执行附有条件或有期限者，消灭期限自期限届满或条件发生日起算。

笔者认为，我国刑法在规定行刑时效的起算标准时，可仿效上述

《意大利刑法典》的做法，但在具体的内容上有所不同。其规定的具体内容如下：（1）行刑时效期限自判决确定或被判刑人逃避刑罚执行之日起算；（2）判处缓刑被裁定撤销的，行刑时效期限自撤销缓刑，新的判决确定之日起计。这样的规定，既将由于逃避刑罚执行而引起的时效起算标准与由于其他原因而引起的行刑时效起算标准区别开来，又明确了因撤销缓刑而引起的行刑时效起算标准，因而是全面的、具体的。

2. 行刑时效中断。行刑时效中断，是指在行刑时效进行过程中，因为发生法律规定的事由而使行刑时效的进行中断，行刑时效从法律规定的事由结束之日起重新计算的制度。各国立法关于行刑时效中断的条件规定得不尽一致。有的国家刑法规定，在完成行刑时效前重新犯罪的，则中断行刑时效。《西班牙刑法典》的规定就是如此。有的国家刑法分别对生命刑、自由刑、财产刑的行刑时效中断条件进行了规定。例如，《日本刑法》第34条规定："（一）时效期间在因执行刑罚而逮捕犯人时中断。（二）罚金、罚款和没收的时效期间，因采取执行行为而中断。"上述第一种规定否认被判处财产刑的犯罪人虽未在行刑时效期间重新犯罪也有时效中断的问题，这是不妥的。因为在实践中，确有刑罚执行机关已经对被判处的财产刑采取了执行行为（如下达执行命令），但由于一定的原因刑罚未能执行，且被判刑人也没有重新犯罪的情况，如果行刑时效中断的条件中不包括对财产刑采取了执行行为而犯罪人没有重新犯罪的情况，那么，就会使一些犯罪分子钻行刑时效的空子，逃避刑罚的惩罚。上述第二种做法没有将被判刑人重新犯罪行为作为行刑时效中断的条件，也是不合理的。因为在现实生活中，可能出现被判刑的犯罪分子既没有因执行刑罚而被逮捕，又没有在被判处财产刑后被有关机关采取执行行为，但在行刑时效期间犯了新罪的情况。这类犯罪分子主观恶性深，社会危险性大，如果不因其重新犯罪而中断前罪所判刑罚的行刑时效，对于惩治犯罪、预防犯罪都是不利的。鉴于此，笔者认为，我国刑法规定行刑时效时，应该融合上述两种做法，对行刑时效中断的条件作出全面的规定。其条文可作如下表述：行刑时效因被判刑人重新犯罪而中断；罚金、没收财产的行刑时效还因采取执行行为而中断。

3. 行刑时效停止。行刑时效停止，是指在行刑时效进行过程中，因发生法律规定的事由而使时效停止进行，于法律规定的事由结束时时效继续进行的制度。关于行刑时效停止的条件，各国立法一般限制在依照法律规定不能开始执行其刑罚或继续执行其刑罚的范围内。例如，《日本刑法》第33条规定："时效期间在依照法令缓期执行或者停止执行刑罚期间内停止执行。"《阿根廷刑法典》第33条作了与上述相同的规定。笔者认为，可以参照上述立法例的规定，确定我国行刑时效停止的条件。

（原载《法学家》1995年第5期）

新刑法有关追诉时效的几个问题

侯国云　白岫云

1997年刑法第88条规定："在人民检察院、公安机关、国家安全机关立案侦查或者在人民法院受理案件以后，逃避侦查或者审判的，不受追诉期限的限制。

被害人在追诉期限内提出控告，人民法院、人民检察院、公安机关应当立案而不予立案的，不受追诉期限的限制。"

本条是由1979年刑法第77条修改而来的，共修改了三点：一是在可以对犯罪分子采取强制措施的国家机关中增加了国家安全机关。这是因为国家安全机关对危害国家安全的犯罪案件，行使刑事管辖权；对危害国家安全的犯罪嫌疑人，该机关有权采取强制措施。二是将犯罪嫌疑人逃避侦查或者审判的时间界限由原来的"采取强制措施以后"改为"立案侦查或者在人民法院受理案件以后"。这一修改，使得逃避侦查或审判的时间界限提前了两个阶段。因为公安、检察机关一般的诉讼程序是，先立案，后侦查，再采取强制措施；法院对自诉案件的诉讼程序一般是，先受理，后审查，再采取强制措施。可见，从采取强制措施至立案或者受理案件，正好提前了两个阶段。三是增加了第2款的内容，从而增加了一种无限延长追诉时效的新情况。

关于1997年刑法第88条之规定，有以下四个问题值得研究。

一、如何理解追诉时效的延长

追诉时效的无限延长，是指基于法律规定的原因，对犯罪分子刑事责任的追究，不受追诉期限限制的一种制度。

追诉时效，是指法律规定的对犯罪分子追究刑事责任的有效期限。超过了时效，司法机关就无权再追究行为人的刑事责任。因此可以说，追诉时效是对司法机关刑事审判权的一种限制。作这样的限制，并不是为了给犯罪分子提供一个逃避惩罚的机会，而是为了让司法机关集中力量打击现行犯罪。另外，规定追诉时效，与刑罚的目的有关。我们惩罚犯罪的目的，并不是实行报复主义，而是为了通过惩罚使犯罪者受到教育和改造，预防他再犯新罪。如果犯罪之后，经过相当长的时间没有对他追诉，而他也没有再犯新罪，这说明未对他进行惩罚，他也已经弃恶从善。从预防犯罪的角度看，也就没有必要再对他进行惩罚了。

但无论如何，追诉时效的规定，毕竟对犯罪分子是一个不小的诱惑。因而一些犯罪分子在犯罪之后，便千方百计地逃避侦查和审判。如果由于追诉时效的规定，使不受惩罚的犯罪过多，必将有碍犯罪的预防。因此，法律一方面要规定追诉时效，另一方面也要对追诉时效附加一定的限制。追诉时效的无限延长，就是限制追诉时效的一种方法。

这里所说的追诉时效的无限延长，通常在刑法理论上被称作时效的延长。延长显然有一个时间问题，但刑法第88条规定的时效延长，并非延长10年、20年的问题，而是不受追诉期限限制的问题。不受追诉期限的限制，实际上是无限期地延长。由此看来，把本条的规定称作“时效的无限延长”，更准确一些。

二、时效无限延长的两种情况

按照本条的规定，追诉时效的延长，有以下两种情形。

（一）立案或受理案件后犯罪分子逃避侦查或审判

此种情形的时效延长，需要具备两个条件：（1）已经立案或者受理，即公诉案件已由公安机关、人民检察院或者国家安全机关中的任一机关立案侦查，自诉案件已由人民法院受理。“立案”，是指人民检察院、公安机关、国家安全机关对接受的报案、控告、举报或者自首以及自己发现的犯罪事实材料进行审查，认为有犯罪事实发生并应追究刑事责任，进而决定作为刑事案件实施侦查和提交审判的诉讼活动。“侦查”，是指公安机关、人民检察院在办理案件过程中，依照法律进行的专门调查工作和有关的强制措施。“受理”，是指在刑事自诉案件中，人民法院接受自诉人的刑事诉状，并决定进行审查的诉讼活动。受理并不意味着刑事诉讼的正式启动，只有在受理之后，经人民法院审查认为自诉人起诉成立，并决定审理后，一审程序才算正式开始。（2）犯罪分子逃避侦查或者审判。逃避侦查或审判的手段，在1979年刑法中一般理解为从限制从身自由的场所逃跑并隐藏起来。但在1997年刑法中应如何理解，还需要仔细研究。

1979年刑法第77条对犯罪分子逃避侦查或审判的时间界定在人民法院、人民检察院、公安机关采取强制措施以后，在这个基础上来理解逃避侦查和审判的手段，比较容易理解。因为按照刑事诉讼法的规定，强制措施包括拘传、取保候审、监视居住、拘留和逮捕。这些都是对现行犯、犯罪嫌疑人、被告人的人身自由暂时强行加以限制的方法和手段，其目的正是为了保证侦查、起诉和审判的顺利进行。既然是为了保证侦查、起诉和审判的顺利进行而限制了人身自由，行为人却要逃避侦查和审判，那就必然要挣脱限制，从限制人身自由的场所逃跑并隐藏起来。除此之外，没有其他更好的办法。但是，1997年刑法把犯罪分子逃避侦查和审判的时间提前了两个阶段，由采取强制措施提前到立案，这样一来，对逃避侦查和审判的手段就较难理解了。因为立案时并未限制犯罪分子的人身自由，甚至犯罪分子本人并不知道是否立案或者什么时候立的案。因此，此时犯罪分子即使逃避侦查或审判，也不可能采用挣脱人身限制的方法。如果这个时候犯罪分子为躲避司法机关的追捕而远走他乡，说他是逃避侦查和审判，也未免不可。但是，犯罪分子若在不知道已经立案情况下出远门经商或者打工，算不算逃避侦查审判呢？此种情况由于客观上确实影响了侦查和审判，甚至使司法机关因不知其去向而无法拘捕，可能有的同志会认为这也是逃避侦查和审判。但我们认为，此种情况不应列为逃避侦查和审判，不应因此而无限延长追诉期限。因为犯罪分子出远门的目的是经商打工，并没有逃避侦查或审判的故意。

自诉案件，“在人民法院受理案件之后，逃避侦查或者审判的”，也存在这个问题。我们知道，法院受理案件之后，并不立即通知被告人应诉，甚至在受理之后，通过审查又驳回了自诉。也就是说，新刑法专论法院是否受理案件以及如何审查案件，被告人并不知晓。因此，当法院受理了案件但并未通知被告人应诉的情况下，若被告人出远门经商打工，不应按逃避审判论处，即不能因此而无限延长对他的追诉期限。否则，在这个问题的解决上，会让人感到有点“客观归罪”的味道。

综上所述，我们认为，按照1997年刑法的规定，犯罪分子逃避侦查或审判的手段大致有如下几种：（1）犯罪之后畏罪潜逃或隐藏；（2）在司法机关立案之后畏罪潜逃或隐藏；（3）在司法机关对之采取强制措施之后逃跑或隐藏；（4）在人民法院通知其应诉之后逃跑或隐藏。犯罪分子犯罪之后，正常地外出经商、打工，并不隐姓埋名，也未隐瞒打工地地址的，不应以逃避侦查或审判论处。假如犯罪分子犯罪之后，没有逃跑、隐藏，而是仍然在原居住地照常生产和生活。虽然司法机关立案之后长时间内破不了案，直到追诉时效过了之后，才侦破案件的，也不能按逃避侦查或审判论处，不能再追究犯罪人的刑事责任。因为在追诉期限内不能破案，是司法机关的工作方法和工作能力问题，并不是犯罪分子的问题。

（二）被害人在追诉期限内提出控告，司法机关应立案而不立案，这是新增加的无限延长追诉期限的一种情形

此种情形的时效延长，需要具备两个条件：（1）被害人在追诉期限内提出控告。所谓追诉期限，亦称追诉时效，是指刑法规定的追究犯罪人刑事责任的有效期限。过了这个期限，司法机关就无权再追究犯罪人的刑事责任。"追诉期限内"，是指尚未超过追诉期限。1997 年刑法第 87 条对追诉期限作了如下规定："犯罪经过下列期限不再追诉：（一）法定最高刑为不满五年有期徒刑的，经过五年；（二）法定最高刑为五年以上不满十年有期徒刑的，经过十年；（三）法定最高刑为十年以上有期徒刑的，经过十五年；（四）法定最高刑为无期徒刑、死刑的，经过二十年。如果二十年以后认为必须追诉的，须报请最高人民检察院核准。"这一条件实际上包含着两项内容：一是在追诉期限内被害人必须提出控告，如果在追诉期限内被害人没有提出控告，则不存在延长追诉时效的问题；二是被害人提出的控告必须是在追诉期限之内，如果过了追诉期限，被害人虽然提出控告，也不应延长追诉时效。（2）人民法院、人民检察院、公安机关在接到被害人的控告后，应当立案而不予立案。在这个条件中，应不应当立案是最关键的。如果实际上不应当立案，即使立了案也不能延长追诉期限；如果实际上应当立案，那么，不论立案与否，都要无限延长追诉期限。因为应当立案而不立案的，按照刑法第 88 条第 2 款的规定，不受追诉期限的限制；而应当立案且立了案的，按照第 88 条第 1 款的规定，也不受追诉期限的限制。可见，判断应

不应当立案，是最关键的一环。然而，如何判断应否立案，却是一个十分棘手的问题。

三、如何判断应不应当立案

按照刑事诉讼法第 86 条的规定，只要具备如下两个条件就应当立案：一是有证据证明有犯罪事实，即危害社会的行为已经发生，包括犯罪预备、未遂、中止和既遂，而且危害社会的行为达到了犯罪的程度，具备犯罪构成基本特征；二是需要追究刑事责任，即有明确的刑事责任内容，依法应当追究刑事责任。依照法律规定，不应当追究刑事责任的情况有以下几种：（1）情节显著轻微，危害不大，不认为是犯罪的；（2）犯罪已过追诉时效的；（3）经特赦令免除刑罚的；（4）依照刑法告诉才处理的犯罪，没有告诉或者撤回告诉的；（5）犯罪嫌疑人、被告人死亡的；（6）其他法律规定免予追究刑事责任的。

从以上规定可以看出，关于应不应当立案的问题，不难判断。但应由谁来判断，却是一个疑难问题。是由具有管辖权的司法机关来判断呢？还是由提出控告的被害人来判断？从刑事诉讼法的规定上看，当然是要由有管辖权的司法机关来判断。但问题是，如果遇到本来应当立案的案件，有管辖权的司法机关不予立案，被害人提出了异议，这时候，应不应当立案的问题，还应由有管辖权的司法机关来判断吗？如果这样的话，那就没有“应当立案而不予立案”存在的余地了，因为任何这样的司法机关都会坚持认为是不应当立案的。能不能由被害人自己来判断？当然也不行。否则，就没有“不应当立案”存在的余地了。因为任何被害人之间发生争议的时候，不能再由争议双方中的任何一方来作决断，否则，将不会有公正可言。那么，应该由谁来作最后的决断呢？这个问题不解决，所谓应当立案与不应当立案的问题就难以作出准确判断。

从以上的分析可以看出，1997 年刑法第 88 条第 2 款的规定在司法实践中也将会遇到难以克服的困难。而且这一规定，实际上是把无限延长追诉期限的理由归于“提出控告”。虽然这一规定对追究被告人的刑事责任有积极意义，但很难令人看出它的实际价值究竟有多大。

四、关于追诉时效的立法失误

仔细分析起来，刑法第 88 条的规定与第 87 条的规定在立法本意上是相互矛盾的，可以说，第88条规定在很大程度上否定了或者说是架空了第87条的规定。因为按照第88条的规定，绝大多数刑事案件都不存在追诉时效的问题了。这一点，我们通过对第88条上下两款的分析即可发现。

按照第1款的规定，刑事案件一经公安机关、人民检察院或者国家安全机关中的任何一个机关立案或者经人民法院受理，犯罪嫌疑人或被告人就无法逃避侦查或审判了。而司法实践中，绝大多数刑事案件都是会被立案的。因为立案可以通过下列途径：（1）三机关对自己发现的案件可以直接立案；（2）根据被害人或者其亲属的控告可以立案；（3）根据知情人的举报可以立案；（4）根据被害人或者群众的报案可以立案；（5）根据行为人的自首可以立案。显而易见，通过上述五个途径，没有立案的刑事案件是极个别的，因为，只有那些未经群众发现，也未经司法机关发现，而被害人已经死亡或者虽未死亡但不去报案的案件，才会不被立案。而这样的案件只能是极个别的。

按照第2款的规定，只要被害人一提出控告，被告人就无法逃避侦查或审判了。因为，被害人提出控告的，大致可以分为两类：一类是不应当立案的，另一类是应当立案的。不应当立案的，自然不存在追诉时效问题。而应当立案的，又可以分为两类：一类是司法机关予以立案，另一类是司法机关不予立案。然而，按照新1997年刑法第88条第2款的规定，不管司法机关立案与否，被告人都无法逃避侦查或审判。因为，司法机关立了案的，适用第1款的规定；司法机关不立案的，适用第2款的规定。这样一来，也就只剩下被害人不控告的案件了。而被害人不控告的案件，除非不是自诉案件，而且也没有通过其他途径立案的，才不存在追诉时效的问题。总之，能够适用刑法第87条存在追诉时效的案件，就只剩下极少一部分了。因此可以说，第88条在很大程度上否定了或者说是架空了第87条。

这样规定有没有必要呢？我们认为是没有必要的。因为这与规定追诉时效的目的正好相背离，而且必将导致司法机关将大量的人力、物力投入到对陈年旧案的侦破和审理上。将大量精力投入到陈年旧案上，势必又要影响对现行犯罪的侦破速度和质量，从而使不少现行案件再变为陈旧案件，这样就会形成恶性循环。从整体上看，并未提高对犯罪的打击力度，反而增加了司法机关的工作难度，显然是得不偿失。由此看来，1997 年刑法对第 88 条的规定，并不比 1979 年刑法第 77 条的规定科学。因此，我们建议将来再修改刑法时，应当恢复 1979 年刑法第 77 条的规定。

（原载《国家检察官学院学报》1998 年第 2 期）

论追诉时效的停止制度

赵秉志　于志刚

追诉时效制度，是指犯罪人实施犯罪后，经过法律规定的时间未被追诉的，司法机关便不再进行追诉的制度。① 但是，在追诉时效的计算和发展过程中，经常会遇到法定事由或者事实上的原因而导致追诉时效停止计算，从而形成不同类型的追诉时效停止制度。我国刑法第 89 条第 2 款即规定了因再犯新罪所导致的追诉时效中断制度。但是从广义上讲，追诉时效的停止制度并不限于此。

一、追诉时效停止制度的概念和类型

追诉时效停止制度，是指某一犯罪的追诉时效期限开始计算后，由于法定的事由或者事实上的原因的出现，导致追诉时效期限不能开始或者不能继续计算的情况，或者由于法定的事由或者事实上的原因的出现，而导致追诉时效根本不能开始。② 但追诉时效的停止和不能继续计算，并不一定是永远不能继续计算，可能仅仅是暂时性的。因此，从广义上讲，追诉时效的停止制度，可以根据停止状态的不同分为追诉时效中止、追诉时效中断和追诉时效终止三种类型。

1. 追诉时效中止制度

所谓追诉时效中止制度，是指在追诉时效期限尚未开始时，由于法定事由或者事实原因的出现而导致追诉时效不能开始；或者在开始计算后尚未结束前的进行期间，由于法定的事由或者事实上的原因出现，导致追诉时效期限停止计算，当法律上的事由或者事实上的原因消除后，

---

① 参见赵秉志、吴振兴主编：《刑法学通论》，高等教育出版社 1993 年版，第 472 页。

② 参见于志刚著：《追诉时效制度研究》，中国方正出版社 1999 年版，第 321 页。

追诉时效期限继续进行计算的制度。但是应当注意：其一，追诉时效停止进行的时间不计入总的时效期限；其二，追诉时效停止计算以前已经进行的时效期限，应和法定事由或者事实原因消除后重新开始计算的追诉时效期限合并计算。

追诉时效的中止制度为许多国家的刑事立法所采纳，至于导致追诉时效中止的法定事由或者事实原因，各国规定略有不同，通常是将导致求刑权不能开始或者不能继续进行的法定事由或者事实原因作为追诉时效中止的根据。在刑事立法上设立追诉时效中止制度，是为了使国家公诉机关和自诉人及时、有效、公正、合法地行使求刑权，保障其求刑权不因意外因素而丧失，避免轻纵犯罪人。

2. 追诉时效中断制度

所谓追诉时效中断制度，是指在追诉时效期限已经开始后尚未结束期间，因法定事由的发生，导致已经经过的追诉时效期间归于无效，当法定事由消除后，追诉时效重新开始进行计算的一种制度。对此应当注意两点：其一，追诉时效中断前已经经过或者说已经完成的时效期限归于无效，不能计入总的时效期限内；其二，当法定事由等消除后，追诉时效期限应当重新开始计算。

追诉时效中断为世界各国所广泛采纳，至于各国法律所设置的可以导致追诉时效陷于中断的法定事由，大体也较为统一，通常都认为在追诉时效期间再犯新罪为时效中断的法定条件。在立法上设置追诉时效中断制度，是为防止犯罪人利用追诉时效制度规避法律、逃避罪责，同时避免其继续犯罪，尽可能减少追诉时效制度所可能带来的负面效应。

3. 追诉时效终止制度

所谓追诉时效终止制度，是指在追诉时效期限已经开始后尚未结束期间，因法定事由或者事实原因的发生，导致追诉时效永久性停止，追诉时效期限不再继续计算或者重新开始计算的一种制度。对此应当注意两点；其一，追诉时效的终止导致的直接后果，是不再进一步计算追诉时效期限；其二，追诉时效终止的法律后果，可能有三种情况：一是刑事责任消失，二是使犯罪人处于永久被追诉的不利境地，三是导致犯罪人之刑事责任现实化。

许多国家在刑事立法上都明确设立了追诉时效的终止制度，但基于立法传统和文化氛围的不同，导致追诉时效终止的法定事由或者事实原因也有所不同。设立追诉时效的终止制度，是为了同时兼顾几方面的利益：可能是出于对法律事实的尊重，如因犯罪人死亡而导致追诉时效已无继续进行的必要；可能是出于对被害人权益的保护，如立法机关不立案侦查，刻意袒护犯罪人等；可能是出于对犯罪人基本权益的保护，如普遍管辖权下的犯罪人已被同样有管辖权的他国司法机关所处罚；也可能是出于对法律本身的尊重，如犯罪人已经被赦免等。

二、追诉时效中止制度

追诉时效中止制度，是为了防止求刑权不能顺利行使和轻纵犯罪人而设立的一种追诉时效的中间停止制度。这一制度为许多国家的刑事立法所采纳，但目前尚未体现在我国刑事立法上。综合世界各国的刑事立法经验与现实司法案例，可以发现导致追诉时效中止的情况包括以下几类。

（一）基于法定事由的追诉时效中止

基于法律规定的事由而导致的追诉时效中止，我国刑法没有规定。但其他国家的刑事立法则多有体现。尽管各国法律所规定的具体事由各不相同，但都有其合理之处，也都当然导致了同样的法律后果。

1. 基于先决条件的存在而导致的追诉时效中止

法律文本在司法实践中的具体适用，会面临众多阻碍适用的先决性条件。如果此类法律适用条件未得以事先满足，则显然将导致法律无法发生效力。追诉时效制度的适用也存在此类导致时效不能开始的先决条件，而且此类先决条件的种类繁多，难以一一列举。例如，匈牙利刑法典第27条第2款规定："凡关于行为人之诉讼程序因解决任何先决问题而停止之时间，不得算入时效期间以内。"再如，意大利刑法典第159条规定："时效因实施诉讼，或等他一诉讼对有关先决问题所作之裁判及法律有特别规定命令停止刑事诉讼时，停止其进行。"第158条第2款规定："法定有处罚条件者，其时效期间，自该条件发生之日起算。"

2. 由于特殊主体而导致的追诉时效中止

基于宪法和其他基本法的规定，在现实中存在着由于犯罪人处于其他法律的保护之下，而导致刑法无法对其及时适用或者无法对其适时发生作用，而无法对此类犯罪人进行追诉。换言之，由于某些特殊主体需要特殊的法律保护，因而导致在法律对其合法权益加以特殊保护的同时，其反面必然是对法律本身效力或者司法操作程序、司法权行使程度等的特殊限制，也即基于法律的特别规定而使某些人在法律的适用上相对处于真空地带，尤其是刑法的适用。此类法律上所特别设定的保护性规定或者保护性程序，作为对犯罪人追诉刑事责任或者适用刑罚的先决条件，不仅可能直接导致犯罪之追诉时效不能开始，而且也可能直接导致犯罪之追诉时效不能继续进行。

中国刑法的适用也存在此类限制。虽然中国刑法基于刑法面前人人平等原则而并未规定对于对犯罪人追究刑事责任的任何先决条件，但是纵观中国整体法律的规定，从法律协调性的角度来看，此类受法律特别保护的特殊主体是现实存在的。笔者认为，在中国刑法中此类犯罪主体主要包括两类：一是县级以上各级人民代表大会代表；二是享有外交特权和豁免权的驻中国的外交代表。由于其他法律存在着对此类特殊主体人身权利等的保护性规定，因而使其在法律上相对处于一个自由空间而可以暂时不受刑法的追诉，如县级以上人大代表在其任期内即不受逮捕和刑事审判，因而此类人在任期内犯罪或者犯罪后担任人大代表的，因无法对其行使求刑权而导致追诉时效不能开始或者不能继续。因此，对这部分特殊主体来说，其任职期限可以视为导致诉讼程序不能开始的法定阻却事由。

3. 某罪的成立以另一罪的成立为前提

如果一罪的成立必须以另一罪的成立为前提的话，虽然前者的追诉时效期限无论怎样解释，均与后罪的追诉时效期限并无直接关系，也即其追诉时效期限应当独立计算，但是，由于其构成犯罪的先决条件是后罪也成立犯罪，而后一危害行为是否成立犯罪需要法律上的认定与裁决，因此对于后罪构成犯罪之法律认定与裁决所需要的时间，从保护被害人合法权益之角度出发，显然不能计入前罪之追诉时效期限。这一时间段应当视为追诉时效期限的中止。例如，巴西联邦共和国刑法典第116条第1款规定：“在最后判决之前，凡有下列情况的，时效不能开始：（1）在另外的审讯中，对决定犯罪是否存在的问题尚未作出结论……”

4. 犯罪的成立以民事裁决、行政裁决等为前提

犯罪成立与否及追诉时效期限的长短，需要行政裁决、民事裁决或者仲裁的最终结果来作为决定性影响因素，在现实中大量存在。例如，在告诉才处理的犯罪中，如果被害人本人属于未成年人或无行为能力人，其代行告诉权人的法律地位等问题在一定情况下即需要先行的民事裁决加以确定。而确定此类裁决所需要的时间当然应视为追诉时效期限中止状态。

5. 域外服刑导致的追诉时效中止

国家主权在司法上具体体现为司法权的独立，这一点为各国法律所关注，在刑法上也是如此。例如，我国刑法第10条即规定："……虽然经过外国审判，仍然可以依照本法追究，但是在外国已经受过刑罚处罚的，可以免除或者减轻处罚。"这一规定就是司法权独立和不受外国司法权影响的表现。但是不得不承认的是，一国的司法权在效力上虽然不能及于另一国，然而其司法权的实际行使却往往直接排斥了另一国司法权同时行使的可能性。例如，对于两个或者更多个国家同时享有刑事管辖权的某一犯罪人，如果其中一个国家对其行使了强制措施或者对其定罪量刑，使犯罪人实际处于本国的司法监控或者说行刑监控之下，则其他国家的司法管辖权显然难以同时发生作用。

对于此种本国刑法拥有刑事管辖权但无法管辖的情况，大多数国家都采取了类似中国刑法的规定，也即为了保障犯罪人的合法权益，防止其免受过重的双重处罚，而规定本国刑法虽然并不因他国行使管辖权而丧失管辖权，但对该犯罪可以免除或者减轻处罚。此种立法模式所导致的直接困难是，虽然此类国家在刑法上强调了对在域外服过刑的犯罪人仍然拥有刑事管辖权，即仍然可以行使求刑权和量刑权，但是在绝大多数情况下已经不可能再实际上对犯罪人行使求刑权与量刑权。其直接原因是，犯罪人在域外遭受追诉和实际承担刑罚处罚的时间，往往已经远远超过该罪的追诉时效期限。此种立法模式显然在逻辑上不够严密，导致了法条本身的冲突，陷法条自身于无法实施的地步，属于立法不谨慎而造成的立法逻辑上的自相矛盾。

对于此种立法矛盾之解决，有关国家和地区提出了富有创意性的立法探索。例如，为防止本国司法权因外国司法权之行使而受到实际上的

排斥，巴西联邦共和国刑法典第116条规定："在最后判决之前，凡有下列情况的时效不能开始……（2）犯罪人正在国外服刑。"

6. 被害人未成年所导致的追诉时效中止

由于犯罪人与被害人之间的特定关系以及被害人年龄上的原因，可能导致被害人无法或者不可能行使求刑权。因而若干国家对此在法律上加以明确的规定，视被害人尚未成年之期间为导致追诉时效期限不能开始之法定原因。例如，法国刑事诉讼法典第7条第2款规定："当被害人是未成年人，如果犯罪行为人是被害人的直系尊亲（亲生、非婚生、收养）或者其他法定代理人，重罪公诉时效从未成年人成为成年人时开始计算。"

（二）基于事实上之原因导致的追诉时效中止

基于事实上原因的追诉时效的中止，从本质上讲，可能包括两种情况，一是由于事实上存在的某种原因的出现或者发生导致了求刑权不能行使，从而使得追诉时效期限中止计算；二是由于事实上存在的某种原因的出现或者发生而导致了犯罪人（即受刑人）不宜于被立即追究刑事责任，从而导致追诉时效期限中止计算。

1. 事实原因导致不能行使求刑权之时效中止

在求刑权人所依法享有的求刑权因为事实上的意外原因而不能如期行使之情况下，如果犯罪之追诉时效继续进行而无法停顿的话，将无法保护求刑权人的合法权益，从而轻纵犯罪人，违背追诉时效制度的初衷。其一，从公诉案件的求刑权人（即检察机关）来讲，基于战争、自然灾害等原因可能造成求刑程序不能开始或者不能继续进行。但这种导致追诉时效期限中止的事实上的阻却事由出现的前提，是检察机关已经查明案情准备提起公诉时，发生了自然灾害或者爆发了战争等而导致追诉时效期限不能开始或者不能继续，才能视为时效中止。若不存在上述前提，则即使爆发了战争或者发生了自然灾害，也不能停止追诉时效期限的计算。换言之，这种事实上的原因实际上相当于不可抗力阻挠了检察机关求刑程序的开始或者继续，阻止了国家公诉机关求刑权的行使，是不能行使而不是不行使或者不愿行使。如果此种事实原因的存在状态并未实际形成直到上述不可抗力的作用，公诉机关在前述原因发生前与发生后对于求刑权的行使可能性程度，始终处于难以行使的状态的，则显然不能导致追诉时效中止状态的存在。其二，从自诉案件的求刑权人来看，如果遭受不可抗力、意外事件等因素，遇到被害人因个人生理残疾、行动困难等原因无法行使求刑权的，显然并非由于其自愿而放弃了对犯罪人的求刑权，因而也应当视为追诉时效中止。

2. 事实原因导致犯罪人不宜于即时被追诉之时效中止

虽然求刑权人能够及时行使求刑权，但是如果犯罪人出现被依法追诉的特别困难而导致量刑权无法及时行使或者不宜于立即行使用刑权的，也应当可以导致追诉时效期限的中止。换言之，从犯罪人方面来讲，当求刑权人依法行使求刑权，审判机关等准备依法对该犯罪进行追究时，发现该犯罪人有严重疾病或者其他不能应诉的原因而导致诉讼程序无法开始的，应当视为追诉时效的中止。待犯罪人疾病好转或者其他事实上的原因消除后能够正常出庭应诉或者能够被正常追究刑事责任时，再度开始追诉时效的计算。

三、追诉时效中断制度

追诉时效中断制度，作为追诉时效停止制度中的一种类型，其立法初衷在于防止犯罪人利用追诉时效制度逃避处罚并进而继续犯罪，是为保证追诉时效制度顺利完成并减少其负面效应而设置的一种修正制度。追诉时效中断制度是各国刑法典相对采纳最多的一类追诉时效停止制度。

（一）再次犯罪导致的追诉时效中断

刑法时效制度的初衷或者目的，在于犯罪后经过足够长的时间，被犯罪人所侵害的社会秩序已经恢复，犯罪人的人身危险性已经有所改善，因而不再追究犯罪人的刑事责任，以保护已经平复的社会秩序和给犯罪人一个改过自新的机会。但是，若犯罪人利用时效制度不断犯罪，则说明犯罪人的主观恶性和人身危险性仍然较大，时效制度对于犯罪人成了一种庇护，这就违背了时效制度的初衷。因此，绝大多数国家之刑事立法都将再犯新罪规定为导致追诉时效中断的法定原因之一，我国刑法也采此例。但是应当注意，各国对再犯新罪之新罪的要求并不相同：其一，不对新罪作任何限制。例如，我国刑法第 89 条第 2 款规定：“在追诉期限以内又犯罪的，前罪追诉的期限从犯后罪之日起计算。”换言之，只要犯罪人在前罪的追诉时效期限内又犯新罪，无论新罪的种类和危害程度如何，即导致追诉时效中断。其二，将新罪限制为相等或更重之犯罪。例如，朝鲜刑法第 60 条规定：“犯罪人在前条规定的时效期限内，犯有同类罪行，或犯有更重的罪，或逃避侦查和审判时，或者对案件已进行刑事程序，时效即行中断。”其三，对新罪之最低刑加以限制。例如，越南刑法第 45 条规定：“在上述期限内，犯罪人又犯下最高刑为 2 年以上的新罪，已过去的时间不得计入原罪的期限，期限从犯新罪之日起计算。”

1. 前后曾犯数罪的时效中断

犯罪人如果前后犯了两罪，且后罪在前罪的追诉时效期限以内，则前罪的追诉时效期限归于中断，前后两罪之追诉时效期限的计算都应当从后罪成立之日开始。这一点已为各国刑事立法所基本认同。但是，此种情况仅适用于犯罪人再犯一罪这种情况，因此，如果犯罪人先后犯了数罪，即先后出现几个可以导致追诉时效中断的情形的话，如何理解追诉时效中断制度呢？

具体而言，如果犯罪人先后犯了三个罪的话，那前两罪的追诉时效期限是否都必须从第三罪成立之日重新开始计算呢？如果先后犯了更多的罪呢？例如，甲犯了破坏国家珍贵文物、名胜古迹罪，根据 1979 年刑法的规定，法定最高刑为 7 年，追诉时效期限为 10 年；8 年后甲犯了盗窃林木罪，法定最高刑为 3 年，追诉时效期限为 5 年；又过了 4 年，甲犯了销赃罪，法定最高刑为 3 年，追诉时效为 5 年；然而 4 年后，甲再次犯了私藏枪支、弹药罪，法定最高刑为 2 年，追诉时效期限为 5 年。此时无论甲是被追诉还是再犯任何新罪，其追诉时效期限的计算都有值得研究之处。此时第一罪即破坏珍贵文物、名胜古迹罪已过了近 20 年，第二罪即盗窃林木罪已过了 12 年，第三罪即销赃罪已过了 4 年，这时如果对每一罪的追诉时效都从最后一罪的犯罪成立之日计算的话，那么对 20 年前的轻罪再加以追究，显然是违背刑法设立追诉时效制度之立法原意的。对于此种先后犯数罪之追诉时效中断制度，从目前所能查到的立法文献来看，均未提供合理的解决途径。笔者认为，对于此种情况的正确处理，在于既充分考虑犯罪人之合法权益，又同时兼顾立法机关设置追诉时效制度之初衷，从而合理地理解追诉时效中断制度，以求在满足追诉时效制度固有之意的基础上建立合理的处置方式。

笔者认为，中国刑法中“前罪追诉的期限从犯后罪之日起计算”这一规定，不论是对于再犯一罪之追诉时效中断，还是对于再犯数罪之追诉时效中断，在理解和适用上都是合理的和有价值的，都体现了对犯罪人权益的合理保障和对追诉时效制度立法意图的完全贯彻。具体而言，对该规定应当作如下理解和适用：犯罪人第二罪成立时，则第一罪、第二罪的追诉时效期限都从第二罪成立时开始计算；犯第三罪时，第一罪的追诉时效期限仍从第二罪成立之日计算，第二罪及第三罪的追诉时效期限则从第三罪成立之日起算；犯第四罪时，第一罪的追诉时效自第二罪成立之日起算，第二罪的追诉时效自第三罪成立之日起算，而第三罪、第四罪的追诉时效期限则从第四罪成立之日起算……如此类推，即“前罪”的追诉时效期限只能从“后罪”成立之日起重新计算，但是不能再从不属于“后罪”之第三罪或者更后面之罪的成立之日重新起算。

2. 过失犯罪是否应导致追诉时效中断

纵观目前所能查阅到的刑事立法文献，其所设置的追诉时效中断制度虽然普遍规定在前罪之追诉时效期限内再犯新罪的，可以导致前罪之追诉时效期限归于中断。但是，各国之刑事立法对于导致追诉时效期限归于中断的“后罪”的性质，均未加以限制，即无论后罪是故意犯罪还是过失犯罪，均毫无例外地导致前罪之追诉时效期限归于中断，不得不重新从后罪成立之日开始起算。但是，笔者认为，如果犯罪人所犯之后罪是过失犯罪的，则不宜适用追诉时效中断制度。换言之，如果在此种情况下也将前罪的追诉时效期限视为中断而不得不重新开始计算，则有违时效制度的初衷和目的。

类似于此具有同样目的的现行刑法第65条关于累犯的规定，同样是为了防止人身危险性和主观恶性较大的（而且累犯是对已受刑罚处罚的犯罪人适用）犯罪人的继续犯罪而设立的，但该制度就采用了较为合理的方式，即明确规定过失犯罪不适用累犯这一加重刑罚之制度。

因此，笔者认为，就我国现行刑法关于追诉时效中断制度的规定而言，为了更好地合理保障犯罪人之合法权益，应当加以完善，即可以在适当的时候修改为：“在追诉时效期限内又犯罪的，前罪的追诉时效期限自后罪成立之日起算。但后罪是过失犯罪的除外。”

（二）加重结果导致追诉时效中断

从结果加重犯中基本犯罪与加重结果之间的关系来分析，可以发现此种关系导致了追诉时效期限中断的必然性。具体而言：其一，基本犯罪的存在导致了与之相随的基本犯罪之追诉时效期限的存在。这一追诉时效期限从基本犯罪成立之日起当然开始计算。其二，加重结果的存在与出现，导致基本犯罪之法定刑罚的自然不适用，并因此引起加重刑之适用，从而导致原来与基本犯罪相随的追诉时效期限与加重之后的刑罚不相适应，并进而在此种情况下重新选择与加重后的刑罚相适应的较长的追诉时效期限。其三，重新选定的较长的追诉时效期限，显然是重新开始计算，不可能是与原来已经开始的追诉时效期限相接而接续进行计算。这一重新进行计算的实质状态导致原来已经进行的基本犯罪之追诉时效归于失效，从而在基本犯罪之追诉时效期限与加重犯罪之追诉时效期限之间形成一种后者将前者中断的事实关系。

结果加重犯存在内部的追诉时效中断制度，并不是笔者简单的逻辑推理。现存的立法例不仅证明此种追诉时效中断制度的必要性，也提供了可供参考的立法模式。具体而言，中国澳门地区刑法典第 111 条第 4 款规定：“如不属罪状之结果之发生为重要者，时效期间仅自该结果发生之日开始计算。”对于中国澳门地区刑法典的上述规定进行分析，可以发现其所称的“重要”的“不属罪状之结果”，就是这里所称的加重结果。换言之，此类结果虽然对犯罪人所实施之行为构成犯罪与否不产生实际影响，但是显然可以对犯罪人已经构成之犯罪的追诉时效期限的起算产生影响。具体而言，犯罪人实施犯罪后，其追诉时效期限在理论上已经开始自动进行计算，但是由于在犯罪成立之后又发生了由其犯罪行为所引起的某一结果，从而导致其犯罪之追诉时效期限不得不从该结果发生之日再次重新开始计算。这实际上属于一种追诉时效中断的情况。

当然，刑法理论界关于澳门地区刑法典上所说的“重要”的“不属罪状之结果”的具体含义问题也存在争议。换言之，由于法条用语的不明确，导致此种结果既可能被理解为一般性危害结果，也可能被理解为属于特定的“重要”的加重结果犯之加重结果。对此，澳门刑法学者的意见相左。一种意见认为，上述规定中所指的情况属于结果加重犯，其追诉时效期限应以该加重结果发生之日起开始计算。[①] 另一种意见认为，此种情况属于一般情况下之危害结果，而不属于结果加重犯之列。[②] 这就是说，当一个人在实施触犯刑律的行为时，引致了某种结果发生；其实从犯罪构成来看，该结果不管发生不发生，都不会影响犯罪的成立；但由于该结果的发生明显加重了行为人的罪过，使其行为的危害程度更加严重，成为法院适用刑罚的重要依据，因此，在这种情况下，即使行为已经结束，计算追诉时效也要从该结果发生之日起算，而不能从行为结束之日起算。

对上述两种意见加以分析，笔者认为前一种意见相对更合乎澳门刑法典中法条的应有之义。理由是，如果不属于非加重性一般危害结果，或许澳门刑法典的立法模式会采取“不属罪状之结果”的简单叙述方式，而不必再特别加上后置性限制用语来强调此种结果在犯罪总体影响中的“重要”性。换言之，此一“重要”性之义，在于强调后续性危害结果的加重刑罚性。从这个角度来讲，澳门地区刑法典仅承认加重性结果对追诉时效期限重新起算时间标准的影响，即结果加重犯之追诉时效的起算标准时间点，在于加重结果出现之日，并且从加重结果出现之日，导致始于基本犯的已经开始计算的追诉时效归于中断。

四、追诉时效终止制度

追诉时效停止制度中的最后一种类型，是追诉时效之终止制度。此种制度直接导致对犯罪人所适用的追诉时效期限在尚未完成的进行过程中归于消灭。但是应当注意的是，追诉时效终止制度并不包括而且也不是指追诉时效期限顺利完成之情况，而是指在追诉时效期限尚未完成前归于终止的情况。

（一）导致永久性追诉的追诉时效终止

导致永久性追诉的追诉时效终止，许多国家的法律均有规定，但是法定条件互有差别。从具体种类上看，可以分为以下几种：

---

① 参见燕人、东山著：《澳门刑法总论概论》，澳门基金会1997年版，第133页。

② 参见赵国强著：《澳门刑法总论》，澳门基金会1998年版，第214页。

1. 逃避侦查和审判所导致之追诉时效终止。追诉时效制度的设立，主要是为尚未被司法机关所发现，刑罚打击力所不及之犯罪人提供一个处于刑罚真空下的自我悔改机会，是一种不得已而为之的立法选择。但是，对于已经被司法机关所察觉并开始对其采取追诉措施的犯罪人而言，就一般不再对其适用追诉时效制度。因此，处于此种情况下的犯罪人如果对抗司法措施，在司法机关对其开始追诉后逃避、隐匿而使自己处于刑罚打击之外的，则显然为追诉时效制度所不容。此种情况下之犯罪人，尽管其在逃避、隐匿的过程中可能遵纪守法，但仍为许多国家的追诉时效制度所不容。中国刑法第 88 条第 1 款规定："在人民检察院、公安机关、国家安全机关立案侦查或者在人民法院受理案件以后，逃避侦查或者审判的，不受追诉期限的限制。"

2. 防止司法舞弊之追诉时效终止。为防止司法舞弊所可能出现的庇护犯罪人而损害受害人及其他求刑权人的合法权益，防止司法机关应当立案而故意不立案或者应当追究而不追究刑事责任，若干国家在刑事立法上设置了可能导致追诉时效无限期存在之追诉时效终止制度。中国刑法第 88 条第 2 款规定："被害人在追诉期限内提出控告，人民法院、人民检察院、公安机关应当立案而不予立案的，不受追诉期限的限制。"当然，此种追诉时效终止制度的合理性尚待研究。①

3. 严惩特殊主体之追诉时效终止。犯罪人因其公职身份而享有任期保护特权的，通常情况下其犯罪之追诉时效在其任期保护特权存在期间视为处于中止状态而不再进行，以示从严惩治。但是，个别国家出于对特权人员犯罪从严打击的立法意向，而特别规定了追诉时效终止制度。例如，德国刑法典第 78 条 B 第 2 款规定："行为人是联邦议会或者州立法机关成员的，时效自下列期日经过后终止：1. 检察官或官方当局或警官知悉犯罪行为和行为人之日；或 2. 对行为人提出告发或告诉之日（刑事诉讼法第 158 条）。"根据上述规定，如果犯罪人系德国联邦议会成员或者州立法机关成员，则其犯罪之追诉时效在上述两个期日后归于终止，从而导致犯罪人处于无限期受追诉的状况。

---

① 参见侯国云、白岫云著：《新刑法疑难问题解析与适用》，中国检察出版社 1998 年版，第 180 页。

（二）导致刑事责任现实化之追诉时效终止

许多国家视司法机关对犯罪人开始采取某一具体追诉措施为追诉时效终止的时间点。尽管各国之立法表述互不相同，但是效果一样，即在对犯罪人开始追究刑事责任的同时，导致追诉时效归于消灭而不再进行。因此可以说，此类制度实际上属于一种导致刑事责任现实化的追诉时效终止制度。例如，意大利刑法典第160条第1款规定："时效之进行以判决或裁定处刑而中断。时效之进行亦因羁禁、逮捕、收受嘱托或命令到庭或到案文件、或受司法警察官之讯问，以裁定移送或传唤受讯而中断。"再如，朝鲜刑法第60条规定："……或者对案件已进行刑事程序时，时效即行中断。"

上述各国刑事立法所规定的因采取追诉措施而导致的"追诉时效中断"，由于事实上不能导致追诉时效期限在停止后再次开始重新计算，也不能导致追诉时效期限在前述诸项措施实施完毕后继续进行计算，因而不可能属于追诉时效中断制度或者中止制度的任何一种，其实质上只能属于一种导致追诉时效现实化的追诉时效终止制度。

（三）导致刑事责任消灭之追诉时效终止

追诉时效终止制度的三种类型中，导致刑事责任消灭之追诉时效终止制度，可以说是最常见的一种，但相对也是各国刑事立法提及最少的一种。因为在许多情况下，实际导致刑事责任归于消灭之追诉时效终止制度存在的原因，均属于人们习以为常之事，因而较少为法律所明确规定。

1. 基于刑法溯及力的追诉时效终止

溯及力，是指刑法生效以后，对于其生效以前未经审判或者判决尚未确定的行为是否适用的问题。如果适用，就是有溯及力；如果不适用，就是没有溯及力。中国与现代大多数国家一样，在刑法典的溯及力采用从旧兼从轻的溯及力原则。

刑法理论界的通说认为，溯及力上的从旧兼从轻，是指原则上适用旧法，新法没有溯及力。但是，如果新法不认为是犯罪或者处刑较轻的，则按照新法处理，即充分考虑犯罪人之合法权益，采用有利于犯罪人之立法处置模式。基于此原则，在犯罪人实施犯罪行为后，追诉时效期限尚未完成前，法律已废止其刑的，则不再追诉。换言之，视为追诉期限的终止。

2. 基于新法主动放弃求刑权而导致的追诉时效终止

基于新法主动放弃求刑权而导致的追诉时效终止，在我国刑法制定过程中的历次草案中曾多次出现，尽管每一次所放弃的求刑权的范围并不相同。例如，1957 年 6 月 27 日全国人大常务委员会办公厅法律室印行的《中华人民共和国刑法草案（草稿）》第 26 条规定："中华人民共和国成立以前的犯罪，除下列犯罪外，都不再追诉：（一）犯有严重罪行民愤很大的反革命分子；（二）杀人罪，从犯罪的时候起到提起刑事案件的时候止，不满 15 年的。"① 之后各次刑法草案也多次出现类似规定。

在上述立法例中，除了对杀人罪等严重犯罪保留追诉权以外，对于其他犯罪，则无论时间长短，只要发生于 1949 年 10 月 1 日中华人民共和国成立以前，即全部由于立法机关直接规定放弃求刑权，不再对犯罪人进行刑事追究。因而也当然导致处于进行过程中之追诉时效期限归于终止。

3. 基于赦免而导致之追诉时效终止

关于因赦免而引起的追诉时效终止问题，由于中国现行宪法并未规定大赦，因此在中国内地和现实司法实践中有实际意义的赦免情况，当属香港特别行政区和澳门特别行政区基本法中规定的赦免问题。《香港特别行政区基本法》第 48 条第 12 项、《澳门特别行政区基本法》第 50 条第 17 项均规定了同样的内容，即特别行政区的行政长官可以赦免或者减轻刑事犯罪的刑罚。对于此种被行政长官所赦免的犯罪，犯罪地（特别行政区）当然不再追诉或者执行刑罚。如果是尚未追诉的，当然导致追诉时效终止。但是应当注意，无论是其他国家宪法还是中国香港、澳门地区类似法律给予我国刑法有管辖权之犯罪人以赦免的，对于中国刑法之刑事管辖权并不产生实际约束力，因而也不能导致中国刑法上对该罪的追诉时效期限归于终止。换言之，中国刑法依然可以对之依法追究刑事责任。

---

① 参见高铭暄、赵秉志主编：《新中国刑法立法资料总览》，中国人民公安大学出版社 1998 年版。

4. 基于他国的法律行为

世界是交流的世界，法律之管辖权也是相互交叉的。除各国刑事管辖权不可避免地存在相互抵触和冲突以外，彼此之间的相互尊重也是不争的事实。基于对等原则，对他国法律行为的基本尊重，也将得到他国的应有尊重。同时，中国刑法对某些犯罪管辖权之行使或者管辖权之产生，是以域外法律或者国际条约之规定为前提的。因此，某些特定犯罪的追诉时效期限，可能由于其他同样有管辖权国家的某些法律行为而归于终止，不再计算，即不再对该犯罪人进行追诉。这种情况主要有以下几类：

其一，基于中国刑法第 7 条的规定，中国公民在中国领域外犯第 7 条规定的适用中国刑法的犯罪的，或者外国人在中国领域外对中国国家或公民犯罪，按照中国刑法规定最低刑为 3 年以上有期徒刑而且犯罪地法律也认为应当受处罚的，中国刑法有管辖权。但当外国法律出现类似中国刑法第 12 条的溯及力的规定时，即犯罪地新法律规定该行为不再以犯罪论的，根据中国刑法相应规定，视为追诉时效终止，不再进行追诉。

其二，基于犯罪地国家的国家元首或者最高权力机关的大赦，而导致根据中国刑法第 8 条规定适用中国刑法，也即中国刑法有刑事管辖权的犯罪行为依照犯罪地法律不获追诉，不再受到刑罚处罚时，我国刑法也不再追诉，可以视为追诉时效的终止，即不再进行追诉。

其三，基于犯罪地国家法律所设定之追诉时效期限的完成，而导致根据中国刑法第 8 条规定适用中国刑法，也即中国刑法有刑事管辖权的犯罪行为依照犯罪地法律不获追诉，不再受到刑罚处罚时，我国刑法也不再追诉，同样视为追诉时效的终止，即不再进行追诉。

其四，普遍管辖权下的追诉时效的终止。根据刑法第 10 条普遍管辖权的规定，我国对于劫持航空器，侵害外交代表及制造、贩卖、走私、运输毒品等犯罪行使普遍管辖权，而不论其犯罪地是否在中国领域内、犯罪人是否是中国公民、犯罪危害的是否为中国国家或者公民的合法利益。但是，在司法实践中，如果其他同样享有刑事管辖权的国家已经对上述犯罪进行过追诉、审判、刑罚，或者受害国已经对犯罪人进行过大赦的，则我国刑法对其不再追诉，可以视为追诉时效期限的终止。

除上述犯罪外，中国刑法不依他国法律而直接拥有刑事管辖权的犯罪，他国的上述行为不引起时效终止。

5. 基于对犯罪人合法权益的保护

犯罪人之追诉时效期限可能由于追诉时效中止状态、中断状态的持续存在而被迫长时间存在，因而可能导致犯罪人处于无限期或者终生受追诉的不利境地。基于对犯罪人基本权益的保护，许多国家都对追诉时效中断或者中止所导致的犯罪人之受追诉的时效期限实际总长度作了限制。基于此种限制，犯罪人之追诉时效期限虽然最终尚未完成，但是根据法律规定已经到了最长时间限度时，终止其进行，犯罪人因而也不再对其原罪承担具体刑责。例如，中国澳门刑法典第 113 条第 3 款规定："在不计算中止时间下，自追诉时效开始进行起，经过正常之时效期间另加该期间之 1/2 时，时效必须完成；但是基于有特别规定，时效期间少于两年者，时效之最高限度为该期间之两倍。"

6. 犯罪人死亡

求刑权的产生是以犯罪人实施犯罪为前提的，刑罚权的存在是以刑罚主体存在为前提的，刑罚的目的是预防犯罪。因此当犯罪人死亡时，在法律上已经失去了追诉的意义，所以当被追诉的犯罪人死亡的，无论其所承担的追诉时效期限是否已经完成，都当然导致追诉时效期限归于终止。但是应当注意，民事判决中的宣告死亡却不能引起追诉时效归于终止。因为当事人既然有生存的可能性，也就存在自我同时进行改造的可能性，当然同时也存在有再次犯罪的可能性，为了预防和惩罚犯罪，自不应当终止时效期限。

7. 告诉才处理犯罪的告诉人死亡

对于刑法规定的暴力干涉婚姻自由罪（引起被害人死亡的除外）、虐待罪（引起被害人死亡的除外）及侮辱、诽谤罪（严重危害社会秩序和国家利益的除外）、侵占罪等告诉才处理之犯罪，告诉权人死亡的，笔者认为其告诉权也可以由其继承权人依法加以继承。但如果告诉权人死亡后无继承人的，因求刑权主体不存在，视为求刑权消灭，因此导致追诉时效归于终止。

（原载《法学评论》2001 年第 2 期）

如何理解我国刑法的“时效延长”

高憬宏

我国刑法第77条规定：“在人民法院、人民检察院、公安机关采取强制措施以后，逃避侦查或者审判的，不受追诉期限的限制。”这种情况，刑法理论上叫做“时效的延长”。

如何理解“时效的延长”，长期以来一直争论很大。一种意见认为，只要开始追诉，即已立案，就不再受追诉时效期限的限制。理由是：(1) 刑法关于追诉时效的规定是限制追诉权开始行使的最后期限的，在规定的期限内已开始行使追诉权，就不应再受追诉时效期限的限制。(2) 有利于打击犯罪分子，否则，追诉时效接近期满，即使破了案，也无法追究犯罪分子的刑事责任。(3) 刑事诉讼法第11条关于已过追诉时效期限的案件，即使已经开始追究，也不应继续追究的规定，是指追诉开始时，就已过了追诉时效期限的，不包括在追诉时效期限内已开始追诉的案件。(4) 最高人民检察院1982年8月19日《对〈关于贪污罪追诉时效问题的请示报告〉的复函》也明确规定：“检察机关决定立案时未过追诉期限的贪污犯罪，在立案以后的侦查、起诉或者判处时超过追诉期限的，不认为是超过追诉时效的犯罪，应当继续依法追究。”另一种意见认为，刑法第77条已经规定了只有在人民法院、人民检察院、公安机关采取强制措施以后，逃避侦查或者审判的，才不受追诉期限的限制。除此之外，都要受刑法第76条追诉时效规定的限制，即在诉讼的任何阶段，只要追诉时效期限一过，就不能再追诉。

笔者主张后一种意见。

首先，我国刑法并无“公安、司法机关开始追诉就不受追诉时效期限限制”的规定，因此认为立案就使追诉时效延长的看法违反刑法的规定。我国刑法第76条至第78条是关于追诉时效的规定，其中第76条规定的是时效期限，第77条规定的是时效的延长，第78条规定的是时效的起算与中断。由此可见，规定时效延长的只有第77条，即：“在人民法院、人民检察院、公安机关采取强制措施以后，逃避侦查或者审判的，不受追诉期限的限制。”这里规定的时效的延长必须同时具备两个条件：第一，必须是人民法院、人民检察院、公安机关采取了拘传、取保候审、监视居住、拘留或者逮捕等五种强制措施；第二，被告人逃避侦查或者审判的时间必须是在公安、司法机关采取强制措施后。如果被告人没有被采取强制措施而逃避侦查或者审判，如犯罪事实正被发觉但行为人尚未被发觉，或者虽然犯罪事实和行为人均已被发觉，但行为人在逃的等等，就不存在追诉时效延长的问题。如果被告人虽然曾逃避侦查或者审判，但发生于被施以强制措施之前，也不发生追诉时效的延长问题。

其次，如果认为公安、司法机关开始追诉，就不再受追诉时效期限的限制，许多案件就可以无限制地追诉了，这样，就会使刑法关于追诉时效的规定失去意义。因为从理论上讲，追诉权不同于起诉权，它是指国家公安、司法机关对犯罪分子追究刑事责任的统称，包括立案、侦查、起诉和审判等都是行使追诉权的活动。而在立案、侦查阶段，可能存在这样的情况，即犯罪事实虽然被发觉，但谁是犯罪人尚不知道，虽然立案了，但久侦不破，有些案件甚至成了“无头案”，对于这种案件如果统统都归结为时效延长的案件，不再受时效限制，无异于否认了时效制度。

再次，刑事诉讼法第 11 条规定：“犯罪已过追诉时效期限的不追究刑事责任，已经追究的，应当撤销案件，或者不起诉，或者宣告无罪”，这里所说的“已过追诉时效期限”，应理解为既包括开始追诉时已过追诉期限的，也包括开始追诉时未过时效期限，但在以后的诉讼阶段中时效期限到期的。因为这一条是刑事诉讼法的基本原则之一，不仅适用于侦查阶段，也适用于起诉、审判阶段。如果仅仅适用于侦查阶段，就不必规定“‘或者不起诉，或者宣告无罪”了。正是因为超过时效期限的情况，可能发生于刑事诉讼的各个阶段，所以刑事诉讼法才作出三种可能出现的处理结果。

最后，刑法规定追诉时效的目的在于把犯罪后经过一定的时间不再危害社会的犯罪分子解脱出来不予追究。坚持这种规定，只要不是在采取强制措施以后，逃避侦查、审判的，期限届满就予以解脱，有利于促使犯罪分子改过自新，也符合刑罚的目的。最高人民检察院关于贪污罪追诉时效问题的复函，将立案作为追诉时效延长的情况是缺乏法律依据的。这一司法解释会造成许多案件久悬不决，使罪犯可能终生都在被追诉中，时效永无完成之日。所以，这一司法解释是否妥当，似有商榷余地。

（原载《法学杂志》1990年第5期）

刑法应增设犯罪单位的追诉时效期限

周振晓

从司法实践来看，单位犯罪追诉时效期限是一个不容回避并且已经日益紧迫地需要加以回答的问题。为此，有必要对这一问题进行探讨，以期寻找解决的方案。

一、我国现行刑法并没有规定单位犯罪中犯罪单位的追诉时效期限

（一）我国现行刑法中追诉时效期限的规定无法适用于犯罪的单位

根据刑法第 87 条的规定，对不同的犯罪，按照法定最高刑的轻重分别规定了四个档次（外加一项特别规定）的追诉时效期限。

那么，在这几个档次的追诉时效期限中，哪一个档次的追诉时效期限适用于犯罪的单位呢？按照我国刑法的规定，对单位犯罪的处罚，原则上是采取“双罚制”，只有一小部分犯罪是实行“单罚制”。采取“单罚制”时，只处罚有关的责任人员（自然人），不处罚犯罪的单位。而在采取“双罚制”时，则是既处罚犯罪的单位，又处罚有关的责任人员。在单位犯罪中，对于有关的责任人员，是可以按照其法定刑的轻重来决定追诉时效期限的。但是对犯罪的单位来说，由于其法定刑只有唯一的一种刑罚——罚金刑，而罚金刑虽然有数额多少的区别，却不可能有刑期长短之分，它缺少据以确定追诉时效期限所对应的“法定最高刑”这一条件，因此，根据刑法第87 条的规定，无法确定单位犯罪中对犯罪单位的追诉时效期限。

（二）不能将罚金刑解释为“不满 5 年有期徒刑”的刑罚

由于刑法第 87 条规定的第一档追诉时效期限是：“法定最高刑为不满五年有期徒刑的，经过五年”，因而，笔者曾经“大胆”地假想：这里的“法定最高刑为不满五年有期徒刑的”含义，是否可以将其解释为：“凡是法定最高刑为低于 5 年的有期徒刑，或者是拘役、管制，以

及各种附加刑（罚金、剥夺政治权利、没收财产），都属于‘法定最高刑为不满5年有期徒刑的’刑罚。”如果可以作这样理解，那么，就可以将这些刑罚的追诉时效期限都确定为5年。相应地，犯罪单位的追诉时效期限，也可以按照这一档来确定，一律是5年。

但是，这样的理解，显然过于牵强。刑法第87条第1项规定的法定最高刑，实际上仅限于主刑，只能是指有一定期限的主刑，而并不包括附加刑。另外，把所有单位犯罪中犯罪单位的追诉时效期限都限定为5年，违背了罪责刑相适应原则，它不符合根据法定刑的轻重分别确定不同期限的追诉时效的做法。如果这种理解是正确的，那么，司法实践中大量存在的超过5年之后仍然追究犯罪单位的刑事责任的判例岂不都成错案了吗？因此，这种理解是不合适的。

根据以上分析，笔者对此问题的结论是：虽然应当规定犯罪单位的追诉时效期限，但是，现行刑法并没有对犯罪单位的追诉时效期限作出规定。因为，如果认为刑法规定了犯罪单位的追诉的期限，那么就涉及它的追诉时效期限到底是多长的问题，而如果无法确定它的具体追诉时效期限，那就只能理解为刑法并没有规定追诉时效期限。也就是说，我国现行刑法仅仅是依据主刑来确定追诉时效期限，而对犯罪的单位并没有规定主刑。因此，无论如何都无法计算出犯罪单位的追诉时效期限。实际上，这是刑法的一个漏洞，应该在对刑法进行再次修订时予以补充和完善。

二、刑法应补充规定犯罪单位的追诉时效期限

（一）单位犯罪中的犯罪单位也应受追诉时效期限的限制

从刑法总则第四章（刑罚的具体运用）第八节（时效）第87～89条关于追诉时效的三个条文的规定来看，规定的都是针对所有“犯罪”的追诉时效问题，并没有特别地限定为单指“自然人犯罪”的追诉时效，更没有把“单位犯罪”排除在外。因此，应该理解为刑法中的追诉时效是对所有的犯罪（包括自然人犯罪和单位犯罪）均适用的规定。既然所有的犯罪都要受追诉时效的限制，那么，单位犯罪也不能例外，也理应受这一限制。

我国现行刑法没有规定犯罪单位的追诉时效的期限，这是不合适

的。即使是自然人犯罪中的最严重的犯罪（如法定最高刑是死刑的犯罪），按照刑法的规定，也要受到追诉时效的限制（特殊情况下可不受此限制，即："如果二十年以后认为必须追诉的，须报请最高人民检察院核准。"）那么，对于通常是以实施经济犯罪为内容，并且其法定刑也相对较轻的单位犯罪来说，应受追诉时效期限的限制，也是理所当然的。难道法定刑仅仅是罚金的单位犯罪可以永远不受追诉时效期限限制吗？极端而言，难道100年甚至更长时间后还要继续追究犯罪单位的刑事责任吗？到那时，连犯罪单位中的有关责任人员都已经死亡了，还要再回头追究犯罪单位的刑事责任，这岂不太不合理了！因此，认为单位犯罪中的犯罪单位可以不受追诉时效期限限制的观点，在法理上是说不通的，在实践中也是不合适的。所有的犯罪，都要受追诉时效期限的限制。

（二）犯罪单位的追诉时效期限应该根据犯罪轻重来确定

如何确定犯罪单位的追诉时效期限呢？这的确是有一定难度的问题。如果对单位犯罪中的犯罪单位统一规定一个固定的追诉时效期限（例如，统一规定为5年，或者统一规定为10年），则有所不妥，因为单位犯罪的范围涉及面广，其中既有一些严重的单位犯罪，也有一些情节较轻的单位犯罪。一概将其规定为一个固定的追诉时效期限，将会导致这样的结果：不管单位犯罪多么严重，其追诉时效期限都是相同的。这不能与罪责刑相适应原则相一致，也不符合确立追诉时效期限的初衷。并且，如果其追诉时效期限的时间较长，则对较轻的单位犯罪来说，其处罚过于严厉；而追诉时效期限的时间较短（例如，统一规定为5年），则可能使犯罪的单位轻易地逃避刑罚处罚。当然，将来在刑法修订时，根据对犯罪单位的罚金数额的多少具体确定数档长短不一的追诉时效期限，这也未尝不是一个可供选择的方案。但是，这有赖于将来在刑法中对罚金刑数额的规定更加明确和具体。

（三）建议按照单位犯罪中的直接负责的主管人员和其他直接责任人员的法定刑来确定犯罪单位的追诉时效期限

相比较而言，笔者倾向于按照单位犯罪中的直接负责的主管人员和其他直接责任人员的法定刑来确定犯罪单位的追诉时效期限。因为：结合刑法第87条（对犯罪的自然人分别规定了四个档次的追诉时效期限）

的规定，确定单位犯罪中的犯罪单位的追诉时效期限，也应当根据其犯罪的轻重，分别予以规定。由于刑法对单位犯罪中的犯罪单位的处罚，基本上是采取以下规定方式：“单位犯本条（前款）规定之罪的，对单位判处罚金，并对其直接负责的主管人员和其他直接责任人员，依照本条各款（前款）的规定处罚。”虽然刑法对单位犯罪的罚金刑没有规定具体的数额（有些只规定了一定的比例或幅度），但是单位犯罪的犯罪情节也会有所不同。因而，犯罪单位的追诉时效期限，可以参照刑法对单位犯罪中有关的责任人员（自然人）的法定刑的最高刑来确定，具体的标准，按照刑法第 87 条的规定来确定。例如，刑法第 176 条规定：“非法吸收公众存款或者变相吸收公众存款，扰乱金融秩序的，处三年以下有期徒刑或者拘役，并处或者单处二万元以上二十万元以下罚金；数额巨大或者有其他严重情节的，处三年以上十年以下有期徒刑，并处五万元以上五十万元以下罚金。单位犯前款罪的，对单位判处罚金，并对其直接负责的主管人员和其他直接责任人员，依照前款的规定处罚。”单位犯本罪（非法吸收公众存款罪）的，该犯罪单位的追诉时效期限可以按照该条文第 1 款的规定来确定，具体是指：单位犯本罪的，一般按照法定最高刑 3 年有期徒刑来确定，其追诉时效期限为 5 年；如果单位犯本罪，数额巨大或者有其他严重情节的，按照法定最高刑 10 年有期徒刑来确定，其追诉时效期限为 15 年。

虽然单位犯罪中有两个承担刑事责任的主体（一是单位；二是单位中的直接负责的主管人员和其他直接责任人员），但是，这都是基于单位所实施的一个犯罪而产生和引起。单位犯罪中的直接负责的主管人员和其他直接责任人员的刑事责任，也是犯罪单位的刑事责任的重要组成部分。按照以法定最高刑为基准来确定追诉时效期限的规则，援引单位犯罪中的直接负责的主管人员和其他直接责任人员的法定刑来确定犯罪单位的追诉时效期限，应该讲也是一个较为理想的选择方案。

当然，为了解决确定犯罪单位的追诉时效期限的法律依据问题，还应当考虑在刑法第 87 条中增加如下内容，作为该条的第 2 款：“对犯罪的单位，按照刑法规定的其直接负责的主管人员和其他直接责任人员的法定刑来确定追诉时效期限。”如果有了这样的规定，相信将会有助于解决目前存在的对犯罪单位可以无期限追诉的不合理局面，并且也有了明确的法律依据。需要顺便提及的是，在我国刑法对犯罪单位的追诉时效期限问题修改之前，不宜通过刑法的司法解释来解决。因为对于法无明文规定的刑法问题，是不能通过司法解释来添加其含义的，它只能通过修改法律的方法来弥补。

（原载《政治与法律》2005年第1期）

追诉时效及其司法认定问题探讨

徐志坚

确定追诉时效是对犯罪行为进行司法追诉的基本问题，笔者围绕在司法实践中理解与掌握易出现分歧和偏差的“法定最高刑”、“犯罪之日”、“犯罪行为连续和继续状态”三个问题，就其具体确定等问题，进行了初步探讨，以明确司法实践中如何正确计算犯罪的追诉时效。

正确确定追诉时效，是正确适用法律的前提和基础。我国刑法第87条根据不同的法定最高刑，确定了不同的追诉期限。刑法第89条第1款规定：“追诉期限从犯罪之日起计算；犯罪行为有连续或者继续状态的，从犯罪行为终了之日起计算。”可见，对“法定最高刑”、“犯罪之日”、“犯罪行为连续或继续状态”的正确理解与把握，是正确确定追诉时效的关键。

一、关于法定最高刑的确定问题

以法定最高刑为根据确定追诉期限的长短，就是根据罪行的轻重来确定追诉时效的长短，罪行越重，追诉时效期限就越长，反之则越短。我国刑法第87条以法定最高刑为标准，将追诉时效期限划分为四个不同的档次，即法定最高刑不满5年有期徒刑、5年以上不满10年有期徒刑、10年以上有期徒刑、无期徒刑和死刑的，分别确定为5年、10年、15年、20年。

由于刑法分则对某些罪在不同的条款或在同一条款中规定了几个量刑幅度，从而导致在司法实践中，对在某一条文中含有几个量刑幅度的情况下如何具体确定法定最高刑产生了分歧。一种意见认为，应以条的最高刑确定法定最高刑。其理由是：案件尚未审判，难以定准罪行轻重或情节如何，不好确定应适用的款或量刑幅度；另一种意见认为，应以款或相应的量刑幅度确定法定最高刑。其理由是：罪行轻重不同，适用的款或量刑幅度不同，追诉期限的长短也就不同，应按照罪行的实际情况确定追诉期限长短才合理、合法。为统一认识，最高人民法院在1985年8月《关于人民法院审判严重刑事犯罪案件中具体应用法律的若干问题的答复》中对此作出了明确解释。追诉期限是按罪刑相适应原则，将追诉期限分别规定为长短不同的四个档次。因此，根据犯罪分子所犯罪行的轻重，应当分别适用刑法规定的不同条款或者相应的量刑幅度，按其最高刑来计算追诉期限。[①] 因此，犯罪的法定最高刑不能简单地理解为犯罪人所触犯之罪名的法定最高刑，而是要根据刑法对具体犯罪所规定的法定刑的具体情况以及犯罪人犯罪的具体情况来确定，即如果行为人所犯罪的刑罚，分别规定有几条或几款时，犯罪的法定最高刑应当是指按其罪行应当适用的条或款的最高刑；如果犯罪人所犯罪的同条或同款中有几个量刑幅度时，犯罪的法定最高刑应是指按其罪行应当适用的量刑幅度的最高刑；如果条文只规定了单一的量刑幅度时，犯罪的法定最高刑就是该条的最高刑。

在具体确定法定最高刑时，还有一个问题值得注意，即本罪名条款规定以外的量刑情节对追诉时效期限是否产生影响，如自首、立功、累犯等情节对量刑有一定影响，其中的减轻处罚就将直接导致量刑幅度的改变，这在确定法定最高刑时是否应考虑？笔者认为，确定法定最高刑不应考虑这类量刑情节的影响。这是因为，对于追诉时效期限的确定，是未经审判前的估定，对于非本罪规定以外的其他量刑情节，必须进行综合量刑判断后才能得出结论，如果承认其影响力，则无疑是将量刑行为提前化了，容易导致司法成本的增加，也不符合刑事诉讼的基本原则。

二、关于“犯罪之日”的确定问题

何谓“犯罪之日”？目前尚无明确的司法解释，在语义上，易被理解为开始犯罪之日等多种含义。对此，学理上有几种解释：一说认为，“犯罪之日”就是犯罪行为实施之日；[②] 二说认为，“犯罪之日”是犯罪

① 参见《中华人民共和国最高人民法院公报》1985年第3期，第25页。

② 高格主编：《刑法教程》，吉林大学出版社1997年版，第228页。

行为发生之日；[①] 三说认为，“犯罪之日”是犯罪行为完成之日；[②] 四说认为，“犯罪之日”是指犯罪成立之日；[③] 五说认为，“犯罪之日”为犯罪行为停止之日。[④] 学理解释的众说纷纭，自然容易导致司法实践上的标准不一。比如对结果犯的追诉时效计算，就存在截然相反的两种意见：一种意见认为，结果犯应当从犯罪行为发生之日开始计算。理由是，所谓犯罪之日，是指犯罪行为发生的日期。例如，甲犯持刀杀人，被害人被砍1周后，经抢救无效死亡。对甲犯的追诉时效期限，应当从其行凶杀人之日开始计算，而不能从被害人死亡之日开始计算。[⑤] 另一种意见则认为，法律既然以犯罪结果发生作为构成要件，理应认定犯罪结果发生之日为犯罪完成之日，也即应将构成犯罪既遂之日作为追诉时效期限开始计算的起点时间。如果对结果犯的追诉时效从“犯罪行为发生之日”起算，实际上对该罪的认定是未遂而非既遂。而且，从“犯罪行为发生”到犯罪行为完成或者停止，其间可能经过相当时日，所有这些因素都直接影响到追诉权的有效行使期限的长短。[⑥]

笔者倾向于将“犯罪之日”界定为犯罪成立之日，即行为符合犯罪构成之日。理由是：其一，刑是因罪而生的，追诉时效的起算，必须以针对特定行为人的刑罚权的存在为前提，求刑权的开始与罪的成立是相一致的，所以，追诉时效的起算只能从罪的成立开始。其二，追诉时效只有在犯罪诸要件具备之后，即从成立犯罪之日起算，才能使刑罚权的实际产生和存在与求刑权的行使相并行。否则，不仅可能导致刑罚权尚未存在而代表其行使可能性的追诉时效先行存在的逻辑矛盾，而且可能将追诉时效期限倒推至非犯罪之日。其三，这样的标准适应性较强，由

---

① 林准主编：《中国刑法教程》，人民法院出版社1989年版，第269页。

② 唐大森主编：《现代刑法学》，安徽人民出版社1990年版，第317页。

③ 高铭暄主编：《刑法学》，北京大学出版社2000年版，第323页。

④ 周柏森主编：《中国刑法学教程》，兰州大学出版社1988年版，第287页。

⑤ 林准主编：《中国刑法教程》，人民法院出版社1989年版，第269页。

⑥ 高铭暄主编：《刑法学原理》（第3卷），中国人民大学出版社1994年版，第646页。

于刑法对各种犯罪规定的构成要件不同，因而认定犯罪成立的标准也就不同。对不以危害结果为要件的犯罪而言，实施行为之日就是犯罪成立之日；对以危害结果为要件的犯罪而言，危害结果发生之日才是犯罪成立之日。例如，过失犯罪，如果过失危害行为已经实施完毕，但危害结果尚未发生，则犯罪构成要件尚不具备，犯罪尚未成立，此时就不存在追诉时效问题。司法实践中常见的结果犯，是以某种危害结果的发生作为构成犯罪的法定必备要件，如果危害结果不存在或者未发生，则行为人之行为本身就可能不是犯罪行为，因而也就不存在追诉时效的问题。例如，对于交通肇事罪，如果没有他人重伤、死亡或者公私财产的重大损失的危害结果，则违反交通法规的行为就不能认定为犯罪行为，因而就无适用追诉时效制度的可能性与必要性，如果不以结果发生之日（即犯罪成立之日）作为追诉时效的起点，而以交通肇事行为开始实施或者实施终了之日起算，则可能当时犯罪尚未成立，从而将追诉时效的开始时间倒推至非犯罪之日，显然与法理不符。同理，前述甲犯持刀故意杀人案应从被害人死亡之日开始计算。与所举交通肇事罪例不同的是，此案中，甲犯行凶杀人之日其行为已构成犯罪（故意杀人未遂），而该案中死亡结果的发生与否，即故意杀人的既遂还是未遂，犯罪危害程度显然是既遂大于未遂，而追诉时效的起算日期越靠前，对罪犯越有利，如以犯罪行为实施之日作为“犯罪之日”，则在确定追诉时效问题上，就可能出现对犯罪危害程度大的反而比危害程度小的有利的情况，这显然与立法初衷不符。

三、关于犯罪行为连续和继续状态问题

所谓“犯罪行为有连续和继续状态的”，是指刑法理论上所称的连续犯和继续犯，其追诉期限应当从犯罪行为终了之日起计算。

（一）连续犯

连续犯，是指基于同一或者概括的犯罪故意，连续实施性质相同的独立成罪的数个行为，触犯同一罪名的犯罪形态。[①] 连续犯应具备以下

---

① 高铭暄主编：《刑法学》，北京大学出版社2000年版，第323页。

三方面特征：一是行为的连续性，即存在数个具有独立意义的连续的犯罪行为，这是连续犯的客观行为特征，也是构成连续犯的前提条件；二是犯意概括性，即数次犯罪行为必须是基于同一的或者概括的犯罪故意，这是连续犯的主观特征；三是罪名的同一性，即实施的数次犯罪行为必须是触犯同一罪名。

在连续犯的有关问题上，刑法学界同样存在一些不同的观点。例如，在连续犯的客观行为特征方面，连续犯的数个独立的犯罪行为是否必须达到犯罪程度，就存在不同的意见。第一种意见认为，如果数行为在刑法上不能构成独立的犯罪，就不能成立连续犯；即使数个行为中有一个已构成犯罪，也不能作为连续犯处理。以盗窃罪为例，如某人连续多次盗窃，每次数额均较小，都不能单独构成犯罪，但如果加起来数额较大，就可构成单一的盗窃罪，而不构成连续犯。[①] 第二种观点认为，多次实施盗窃行为，并不意味着每一次都必须达到构成犯罪的程度，才能视为连续犯。例如，甲在不长的时间里，在数个地方行窃多次，其中有 10 次盗窃所得的赃物数额较大，达到构成盗窃罪的标准，有 5 次数额较小，仍然应视为连续犯。因为，多次盗窃具有连续性。[②] 第三种观点针对第二种观点进一步指出，这种情况的确应当成立连续犯，但由此却不一定得出连续犯的数行为有的可以不独立成罪的结论。就上例而言，所谓应当视为连续犯，可以认为是对甲 10 次盗窃行为而言，并非就甲的 10 次盗窃犯罪与 5 次一般盗窃行为而言的。这是因为，连续犯的本来数罪特征决定了其数次行为必须各自独立成罪，为此，其各自独立成罪的数行为可以成立连续犯；另一部分行为因其不具备具体构成的必要要件，则不可以成立连续犯；它们与可以独立成罪的数行为也不可以成立连续犯。

以上争论主要是围绕侵犯财产型案件从刑法罪数形态理论方面展开的，而司法实践中，在确定追诉时效问题上，通常对此类案件都作为犯

---

① 顾肖荣著：《刑法中的一罪与数罪问题》，学林出版社 1986 年版，第 101 页。

② 王作富著：《中国刑法研究》，中国人民大学出版社 1988 年版，第 276 页。

罪连续状态看待，而以最后一次行为的终止时间作为追诉的起始时间。这种做法简单、明确，便于操作。而要严格地从连续犯的理论上来讲，确定追诉时效则要分不同的情况，从而使这一问题变得复杂起来。如果按上述第三种观点，前例中甲的10次盗窃独立成罪，成立连续犯；5次盗窃均不构成犯罪，不能成立连续犯。就要分成两种情况：一是独立成罪的盗窃行为是最后行为，其追诉时效从最后行为的终了之日起算；二是未达犯罪程度的盗窃是最后行为，则追诉时效的确定就不能从最后行为的终了之日起算，而是要依序前推，以与其紧相连接的构成盗窃罪的行为终了之日起算。而司法实践中，数额犯的情况是多种多样的，这必然导致确定追诉时效的复杂化。从另一方面看，数额犯的刑罚裁量是以累计数额为标准的，就前例而言，盗窃犯罪的总数额是15次盗窃的累加，而不能把5次未单独构成盗窃罪的盗窃数额排除在外，而按上述理论观点就会出现对“犯罪行为终了之日”后的行为亦要认定为犯罪的矛盾。

综上所述，笔者认为，连续犯是由实质的数罪成为处断的一罪，其实施的数个行为必须能构成数个相对独立的犯罪，如果每次行为不构成犯罪，即使这些行为之间有连续，也不能构成连续犯。但在司法实践中，在确定追诉时效问题上，对数额犯的追诉时效，可以参照连续犯确定。

（二）继续犯

所谓继续犯，亦称持续犯，是指犯罪行为自着手实行之时直至其构成既遂且通常在既遂之后至犯罪行为终了的一定时间内，该犯罪行为及其所引起的不法状态同时处于持续过程中的犯罪形态。继续犯应有以下几个特征：一是犯罪行为的单一性，即必须是主观上出于一个犯罪故意，为了完成同一犯罪意图所实施的一个犯罪行为，这是继续犯的首要特征。二是犯罪行为时间的持续性。犯罪行为从着手实施到行为终了必须持续一定的时间，这是成立继续犯的必要要件，继续犯的犯罪行为必须是一直处于不间断进行的状态中，它不像连续犯那样，是数个犯罪行为的连续进行，而是一个犯罪行为的继续状态，这是继续犯区别于连续犯的重要特征。三是犯罪行为与不法状态的共存性。所谓不法状态，是指犯罪行为的实行使客体持续遭受侵害的状态，继续犯的犯罪行为及其所引起的不法状态必须同时处于持续过程中。这是继续犯区别于即成犯、状态犯的一个显著特征。四是侵害客体的同一性，即必须是持续地侵害同一对象，即继续犯持续侵犯的是同一特定客体。

继续犯在学理上并无太多的争议，但在司法实践的具体掌握中，仍然存在着理解和认识上的问题，在此试举一例加以探讨。凌某系某国有会计师事务所主任，1995 年 3 月 4 日利用职务之便将该会计师事务所的公款 4 万元汇出，作为自己个人入股某私有公司的股本金，至 1996 年 5 月 6 日退股，4 万元全部返还事务所。凌某因涉嫌挪用公款于 2000 年 7 月 20 日被立案审查，2000 年 7 月 24 日被取保候审。在本案中，对凌某的追诉时效应当如何确定，即凌某的行为是否已过追诉时效，存在着不同的观点。凌某挪用公款属数额较大，根据刑法第 271 条第 1 款之规定，其法定最高刑为 5 年，根据刑法第 87 条关于追诉时效的规定，其追诉期为 5 年。如果以凌某挪用公款的时间（1995 年 3 月 4 日）为追诉时效的起点，则本案已过追诉期；如果以归还公款的时间（1996 年 5 月 13 日）为追诉时效的起点，则本案尚在追诉期内。检察院采纳了后一种观点，认为在公款归还以前，挪用公款的犯罪处于继续状态，其行为终了是在归还公款之后，故应以归还日确定追诉时效，遂对凌某以挪用公款罪提起公诉，而法院也采纳了检察院的观点，对凌某作出了同罪判决。我们认为，根据刑法有关规定及刑法理论，此案已过追诉时效，法院的判决是错误的。

本案的焦点在于挪用公款的犯罪行为是不是继续犯，而这一问题的症结在于继续犯与状态犯的区别。所谓状态犯，是指犯罪行为虽已结束，但犯罪行为所产生的不法状态仍持续存在的犯罪形态。例如，盗窃犯，行为人完成盗窃行为，窃得财物后，在一定时间内仍然持续占有非法窃取的他人财物，即盗窃犯占有赃物的不法状态仍然存在。继续犯也存在不法状态的继续，这是继续犯与状态犯的相似之处。然而，作为两种不同的犯罪形态，它们之间的主要区别：一是从不法状态发生和存在的时间上看，继续犯的不法状态始自犯罪行为实行，终至犯罪行为的终止，发生和存在于整个犯罪过程中。状态犯中的不法状态发生于本罪行为终止后，而继续存在的时间长短具有不确定性。二是从不法状态继续的形式上看，继续犯中除了有不法状态继续，还有犯罪行为的继续。状态犯则只有犯罪状态的继续，而没有犯罪行为的继续。三是从不法状态的内容上看，继续犯中的不法状态自始至终是伴随犯罪行为而继续，中间没有其他行为的介入。如有其他行为的介入，构成犯罪的，应按数罪实行并罚。而在状态犯的不法状态继续中，往往有不可罚的事后行为介入，如盗窃既遂后的窝藏、销售赃物等，已被盗窃罪所吸收，应按盗窃一罪处罚。由此可见，案例中的挪用公款行为应属状态犯，该案中凌某挪用公款进行营利活动，则挪用之日（1995 年 3 月 4 日）就是犯罪构成之日，同时也是犯罪行为实施终了之日，而在归还公款时间（1996 年 5 月 13 日）之前，公款是处于被挪用的非法状态，是非法状态的继续，而不是犯罪行为的继续。故对凌某追诉期的起算日期应是挪用公款之日（1995 年 3 月 4 日），至立案之日（2000 年 7 月 20 日）已超过 5 年的追诉期限。

（原载《华东刑事司法评论》2003 年第 3 期）

试析从旧兼从轻原则与追诉时效问题

冯英菊

1997年刑法（下文简称新刑法）施行已经4年有余。刑法更替产生的问题大都依据从旧兼从轻原则得到了圆满的解决，然而，在目前的司法实践中，司法人员对新法生效前的犯罪行为的追诉时效问题，却出现了分歧。究其原因，一方面是新刑法扩大了时效延长的适用范围，另一方面是新刑法调整了分则的罪名设置、法定刑幅度和量刑情节等，从而改变了某些犯罪的追诉期限。在具体的案件处理过程中，这些立法变化导致了新旧法的选择适用问题更加复杂，实践中的混乱做法也就难以避免。为澄清认识，本文拟对从旧兼从轻原则如何应用于追诉时效问题作深入的剖析。

一、刑法的修订对追诉时效问题的影响

新刑法第87～89条三个条文，对追诉时效期限、追诉期限的起算、延长、中断问题作了规定，其中，除了在时效延长的法定事由方面作了重大修改外，其余规定一律沿用了1979年刑法（以下简称旧刑法）的原有规定。刑法的修订对追诉时效问题的影响主要表现在两个方面：

1．时效延长方面的影响

追诉时效，是指刑法规定的对犯罪人追究刑事责任的有效期限。而追诉时效的延长，简称时效延长，是指在追诉时效进行期间因发生法律规定的事由而使对犯罪分子的追诉不受追诉期限的限制。时效延长是一个理论上的称谓，在立法上并没有明确的表述。

旧刑法第77条规定："在人民法院、人民检察院、公安机关采取强制措施以后，逃避侦查或者审判的，不受追诉期限的限制。"这里的强制措施是指刑事诉讼法中规定的拘传、监视居住、取保候审、拘留和逮捕。凡是在采取强制措施以后逃逸的犯罪分子，其所犯罪行在任何时候都可以追究。

多年的司法实践表明，犯罪分子逃避侦查或审判，并不限于在司法机关采取强制措施之后，多见于在侦查机关立案侦查（尤其是通缉）或者人民法院受理案件后闻风而逃，还有相当一部分是在案发后畏罪潜逃。如果依照旧刑法的规定，这些犯罪分子就可以通过“避风”合法地逃脱法律制裁，显然这不利于打击犯罪。因此，新刑法在时效延长的法定事由方面作了重大修改，其第88条规定：“在人民检察院、公安机关、国家安全机关立案侦查或者在人民法院受理案件以后，逃避侦查或者审判的，不受追诉期限的限制”，并增加了一款规定：“被害人在追诉期限内提出控告，人民法院、人民检察院、公安机关应当立案而不予立案的，不受追诉期限的限制。”

比较新旧刑法后可以看出，在时效延长方面，新刑法在法定事由方面直接作了修改，使其比旧刑法时效延长的“门槛”低，这表现在旧刑法的“采取强制措施”要晚于新刑法的“立案侦查或者在人民法院受理案件以后”。

2. 追诉期限方面的影响

尽管新刑法第87条关于追诉期限的规定，完全保留了旧刑法第76条的原有内容，即以法定最高刑为标准确定了四档追诉期限：5年、10年、15年和20年，但是，由于新刑法在分则内容上的调整与修改，许多犯罪的构罪标准、量刑情节和法定最高刑都发生了重大变化，这势必影响具体犯罪的追诉期限。举例说明，敲诈勒索罪的法定最高刑由旧刑法规定的有期徒刑7年提高到了10年，这样，敲诈勒索罪的追诉期限就由10年改为15年；新刑法修改了许多犯罪中的模糊的量刑情节的规定，如将抢劫罪适用重刑的法定情形由“情节严重”改为八种情形，这样，一般情节的抢劫罪的法定最高刑就为“10年以下有期徒刑”，其追诉期限也就缩短为10年。总之，在追诉期限方面，因新刑法在分则的罪名设置、法定刑幅度和量刑情节方面作了重大调整，致使某些犯罪的追诉期限相应发生变化。

刑法的修订，从犯罪嫌疑人角度来看，既有有利的方面，又有不利的方面。一方面，新刑法的时效延长的法定事由比旧刑法的规定更为宽泛，这有利于国家追究犯罪，而不利于犯罪嫌疑人；另一方面，由于我国社会的政治经济形势的变化，对旧刑法中规定的犯罪，新刑法在保留罪名的同时，多数情况下提高了构罪标准和量刑情节，在实践中直接影响法定刑的选择，进而间接影响追诉期限的确定，这在客观上有利于犯罪嫌疑人。

二、突出的实践问题和分歧意见

谈到对于新刑法生效前的犯罪在追诉时效问题上的分歧，相关司法解释的负面作用不容回避。为配合新刑法的颁布施行，最高人民法院在1997年9月25日通过施行了《关于适用刑法时间效力规定若干问题的解释》，其中第1条专对时效延长问题作出了解释："对于行为人1997年9月30日以前实施的犯罪行为，在人民检察院、公安机关、国家安全机关立案侦查或者在人民法院受理案件以后，行为人逃避侦查或者审判，超过追诉期限或者被害人在追诉期限内提出控告，人民法院、人民检察院、公安机关应当立案而不予立案，超过追诉期限的，是否追究行为人的刑事责任，适用修订前的刑法第七十七条的规定。"尽管仔细推敲，该规定坚持了从旧兼从轻原则，要求统一适用旧法，但是，该解释在语言表述上有严重问题，不仅逻辑层次不顺畅，而且用语不周密，令人费解。大多数司法人员很难准确理解该解释的规定，后来的实践混乱就是明显例证。

从程序角度看，这些容易引起分歧的案件的共同点是：在新刑法生效前，都已经立案，嫌疑人都未到案。不同的是：有的进入了侦查阶段，有的没有；有的确定了嫌疑人，有的尚处于排查摸底阶段，并未确定嫌疑人；有的嫌疑人被有权机关决定采取强制措施，有的没有；有的嫌疑人是在被采取强制措施后逃避侦查或审判的，有的是案发后畏罪潜逃。

对于立案但没有确定嫌疑人的，自然无追诉时效问题；但是，对立案并采取强制措施的案件和立案没有采取强制措施的案件如何处理，争议很大，归纳起来，可以分为三类：

第一类：依照法定刑的标准，确定是适用新刑法还是旧刑法，从法定刑轻者。具体说来，认为凡是新刑法提高了法定刑的犯罪，其时效延长应适用旧刑法；凡是新增加的罪名或降低了法定刑的犯罪，其时效延长应适用新刑法。同时，依据较轻的法定刑确定追诉期限。

第二类：在时效问题上，适用旧刑法。理由是行为发生在旧刑法生效期内，其追诉时效问题理应适用“行为时法”，严格依据旧刑法关于时效延长和具体犯罪法定刑的规定处理案件。不过，鉴于案件的审理是在新刑法施行之后，如果新刑法的法定刑较轻的，可以依照从轻原则对行为人作出相应的处罚。持这种观点的人认为要尽可能地追究犯罪，而不能因新刑法的生效缩短追诉期限，使嫌疑人逃脱罪责。

第三类：严格依据从旧兼从轻原则，选择适用有利于行为人的法律规定。理由是从旧兼从轻原则是处理刑法溯及力的根本原则，必须予以贯彻；所有与新刑法生效以前的犯罪有关的问题的处理，都必须体现该原则“有利于行为人”的精神。具体说来，就是依据从轻原则，选择适用各项法律规定，由于在时效延长方面，旧刑法轻于新刑法，适用旧刑法；在法定刑方面，选择法定刑较轻的法律，并依此确定追诉期限。

综上可知，人们的分歧主要集中在两点：其一，在时效延长问题上，是从旧还是从新？其二，在确定追诉期限时，是从旧还是从轻选择其所依据的法定刑？此外，人们还有一个疑问：处理这类案件，依据从旧兼从轻原则选择应适用的法律，是否只限于选择同一部法典，交叉适用两部法典是否合法？

三、从旧兼从轻原则与追诉时效

1. 从旧兼从轻原则

关于刑法的溯及力，我国的刑事立法历来采用的都是从旧兼从轻原则。该原则既符合罪刑法定原则的要求，又适应实际需要，因而为绝大多数国家采用。关于“从旧兼从轻”原则中“从旧”和“从轻”关系的理解，学者们见仁见智。

有些学者认为，刑法的时间效力问题，归根结底是解决新、旧刑法如何选择适用的问题。这个问题的核心是对行为人有利还是不利。从旧兼从轻原则的价值取向是有利于行为人，这与罪刑法定原则的保障人权精神是一致的。[①] 由此可以推导出，他们主张该原则中，“从轻”是根本，从旧是一般。

---

① 高铭暄、马克昌主编：《刑法学》，北京大学出版社、高等教育出版社2000年版，第39页。

还有些学者认为，从旧兼从轻原则的基本精神是从旧，即确定某一行为是否构成犯罪，以及应判处何种刑罚，原则上应根据行为当时的法律来确定，新法没有溯及力。但是，如果行为当时的法律认为是犯罪，而新法不认为是犯罪，或者处刑比过去轻的，则新法有溯及力。由此可见，从旧兼从轻原则，讲的是原则上要“从旧”，只有在上述两种特定情况下，才能“从轻”。“从旧”与“从轻”不是并列关系，而是主次关系，“从轻”是“从旧”的特殊例外。不能把这一原则简单理解为哪个法轻就按哪个办。①

笔者认为，这两种观点观察问题的角度虽然不同，但在实践中其结果均是“从轻”，殊途同归。只是第一种观点的表述更加直接，在司法实践中更容易把握，第二种观点似乎有点不愿直面“对行为人有利”这一精神。

2. 从旧兼从轻原则在时效延长方面的体现

从司法实践看，新、旧刑法的选择适用所涉及的不只是有罪无罪和处罚轻重的问题，而且还包括其他一些有关的问题，时效延长问题也是其中的一个。

笔者认为，前述分歧意见的根源在于对从旧兼从轻原则和追诉时效的层次关系认识不清。前者是适用于全部刑事领域的规定，也是所有司法活动的指导思想；后者只是刑法在某一方面的具体规定，它的适用理应服从于前者。前者的内容和标准对后者有效力是确定无疑的。也就是说，从轻的范围包括一切与定罪量刑有关的情节，其中包含时效延长问题。

通过前述的比较，我们知道，旧刑法关于时效延长的规定“轻于”新刑法，依据从旧兼从轻原则，凡发生在1997年9月30日以前的行为，在时效延长方面应该并且只能适用旧刑法的规定，这一点毋庸置疑，最高人民法院的司法解释也持相同意见。

3. 从旧兼从轻原则在追诉期限方面的体现

追诉期限的计算依据是法定刑。对于案件发生时间和进入刑事诉讼

① 参见周道鸾、单长宗、张泗汉：《刑法的修改与适用》，人民法院出版社1997年版，第64页。

的时间分别处在旧法和新法的生效期内，两部法律的效力都不能完全排除。处理这类案件，原则上应从旧，只有在新法规定为“不构成犯罪”或法定刑较轻时才能适用新法。也就是说，一般情况下，应适用旧法，在新旧法法定刑相同时，仍应适用旧法。

在依法确认案件是否属于“不受追诉时效的限制”（即是否适用时效延长）之后，凡是不适用时效延长的案件，仍须进一步确定追诉期限，判断追诉时间是否超过了追诉期限。确定追诉期限的依据是法定最高刑，如果没有新旧法的更替，每一种犯罪的法定最高刑都是确定的，追诉期限的确定相对简单些。而对于那些发生在旧法生效期间却在新法生效期间审理的案件，追诉期限的确定需要两个步骤：首先，要对照条文，比较新旧法中的相关规定，哪个法规定的法定最高刑较轻，就在法定刑方面选择适用哪个法；其次，依据选定的法典中的法定最高刑，对照旧刑法第76条的规定，在四档追诉期限中确定应适用的追诉期限。

综上所述，笔者认为，在追诉时效问题上，从旧兼从轻原则的作用有二：其一，明确了时效延长应适用旧刑法的规定；其二，能合理确定追诉期限。涉及时效延长问题的，应该严格执行“行为时法”，即一律适用旧刑法，而新刑法中关于时效延长的规定因其不利于被告人而不符合从轻原则，不能适用；涉及追诉期限问题的，必须注意严格依据从旧兼从轻原则，认真选择新旧刑法中较轻的法定最高刑，再依此确定追诉期限。应该明确的是，排除适用新刑法的时效延长规定，并不意味着不能依据新刑法中较轻的法定最高刑确定相应的追诉期限；同时，选择了新刑法的法定最高刑为依据，确定追诉期限的法律依据仍应是旧刑法第76条的规定，因为新旧法的规定相同，适用旧法，这也是从旧兼从轻原则的要求。这说明，即使在追诉时效问题上依据从旧兼从轻原则选择适用了旧法，也不排除在审判时依据新刑法对被告人作出较轻的判决。

（原载《人民检察》2002年第5期）

行刑时效制度的立法建言

贾学胜

一、我国时效制度的立法概况

（一）时效制度的立法概括

时效制度并不是刑法学中的热门问题，高铭暄教授主编的《新中国刑法科学简史》中提及：1979 年刑法颁布后的 10 年中，关于追诉时效制度的专题论文不到 10 篇。其中没有提及行刑时效制度，事实上，关于行刑时效制度的专题论文数为零，更别提论著了。迄今为止较为系统地论述时效制度（包括追诉时效和行刑时效）的著作是于志刚博士的专著《刑罚消灭制度研究》，其中第二章论述了追诉时效制度，第三章论述了行刑时效制度。学术研究上的空白是立法上的空白的反映。我国 1979 年刑法和修订后的 1997 年刑法中都只规定了追诉时效制度而没有规定行刑时效制度。但是，在新中国成立后的刑法制定历程中，行刑时效曾经三次走进人们的视野，其分别是 1950 年 7 月 25 日的《中华人民共和国刑法大纲草案》与全国人大常委会办公厅法律室于 1956 年 11 月 12 日和 1957 年 6 月 27 日起草的《中华人民共和国刑法草案（草稿）》，但立法者最终还是没有接受行刑时效制度，行刑时效制度受到立法者的严重忽略。

但是，在刑法中设立行刑时效制度是非常必要的。因为：第一，行刑时效与追诉时效同属时效范畴的制度，应当在立法上还时效制度完整的理论面貌；第二，追诉时效所具备的积极作用，行刑时效也同样具备或基本具备，既然立法上规定了追诉时效制度，就应当规定行刑时效制度，以弥补立法漏洞，正确应对司法实践中出现的问题；第三，现代各国刑法中较为普遍地设立了行刑时效制度，说明了这项制度的生命力和积极作用。可见，不论是从理论上还是从实践上考量，都有必要在刑法中设立行刑时效制度。

（二）现行刑法中没有有关行刑时效制度的规定

本来，学界通行的观点是认为现行刑法中没有规定行刑时效制度，但是，近来有学者提出：“我国刑法典虽然没有承认体系完整的行刑时效制度，但是在刑法用语之中还是承认行刑时效的若干效力的，这一点明确体现在1997年刑法之中。”① 该学者接着指出：刑法第53条明确规定，“对于不能全部缴纳罚金的，人民法院在任何时候发现被执行人有可以执行的财产，应当随时追缴”。这个条文是有关罚金刑的独立的行刑时效制度。理由是：罚金刑是作为“刑罚”存在的，如果在“任何时候”均应当执行，则显然是指刑罚本身没有执行的时间限制，也就是说，刑法要求对罚金刑的执行不受行刑时效的限制，可以无限期行刑。

笔者认为，由刑法第53条的规定得出（实际上是由“任何时候”这一词组得出）罚金刑的独立的行刑时效制度，是非常荒谬的。

首先，如果立法者要承认行刑时效制度，一定会在刑法总则第四章第八节“时效”中作出规定，既然在第八节中只规定了追诉时效而没有规定行刑时效，就说明在立法指导思想上是排斥行刑时效制度的，不可能专门针对罚金刑规定独立的行刑时效制度。

其次，在刑法第53条中使用了“任何时候”，只是强调罚金刑必须得到执行，并无排除行刑时效适用之意。如果刑法中规定有行刑时效制度，这倒可以看做排斥行刑时效适用的一个例子，但刑法根本就没有规定行刑时效制度，何须专门排除？

再次，如果从第53条能得出罚金刑的独立行刑时效制度，那么，从刑法分则的每一条规定中都能得出相同的结论，因为分则中每一个罪名的刑罚“在任何时候”都必须得到执行，都不受行刑时效的限制。

最后，行刑时效制度有完整的内容，包括时效期间、期间的起算和时效的中止、时效的中断、时效的延长等，各国刑法一般都会对这些内容作出规定（前两项是必须的，后一项虽然具体事由的归属可能不同，但也会作出规定，以满足实际需要），缺乏这些内容，是无所谓什么“独立的行刑时效制度”的。

---

① 于志刚：《刑罚消灭制度研究》，法律出版社2002年版，第410页。

可见，认为现行刑法中有关行刑时效制度的规定的观点是错误的。但是，正如笔者刚刚提及的，在刑法中规定完整的行刑时效制度的前提下，刑法第53条规定可以看做行刑时效适用的例外，当然这种“例外”的科学性是非常值得质疑的。因为罚金也是一种刑罚方法，远远重于罚金刑的刑罚都会因为行刑时效的超过而不能执行，有什么理由将罚金刑排除在行刑时效之外呢?

二、行刑时效的根据

行刑时效的根据就是指行刑时效正当化的理由。行刑权是一种刑罚权，刑罚权的正当化根据也就是行刑权的正当化根据。行刑时效是消灭行刑权的一种制度，准确地讲，行刑时效是消灭不再具有正当性的行刑权的制度，也就是说行刑时效是从另一个方面（反面）来保证和维护行刑权的正当性。所以，行刑时效制度是以刑罚正当化的根据为基础和根据的。

（一）行刑时效的根据是正义与合目的性

相对报应刑论是目前关于刑罚正当化根据的通说。根据相对报应刑理论，在行刑阶段应强调特殊预防，因为行刑的直接目标，在于使受刑人接受教育改造，消除其再犯的可能性，并对社会起一般预防作用。如果确证行刑的目标已经达到，特殊预防已经没有必要，此时如果为了单纯的报应要求而对行为人施加刑罚，不仅对刑罚的特殊预防来说是没有意义的，而且还会损害刑罚一般预防的价值。行刑时效的价值正在于此，即当行刑权在一定的时期内未行使时，就推定行为人不再具有人身危险性而消灭行刑权。可见，行刑时效的根据在于合目的性。

在行刑阶段强调预防主义并不完全忽略报应主义。行刑时效制度对报应主义的兼顾主要体现在以下几个方面：

第一，有的国家的立法例对一些特殊的严重的犯罪规定不受行刑时效期间的限制。例如，德国刑法典第79条规定：“灭绝种族罪（第220条a）所判处的刑罚以及终身自由刑的执行，不受执行时效的限制”，就是因为“在若干年以后正义感仍要求弄清楚行刑时效制度的立法建言行为人并对责任人进行处罚”。[1] 贝卡利亚在谈到时效时也指出：“对于长期印在人们脑海中的凶残犯罪，只要事实确凿，就没有必要为在逃犯规定任何时效。”[2] 这是报应主义的要求使然。

第二，行刑时效期间的规定体现了报应的要求。如果不是兼顾报应主义，完全以目的刑论为根据，行刑时效制度完全可以不规定严格的时效期间，而由行刑机关根据受刑人的实际改善程度来决定是否还要对行为人执行刑罚。如上文所述，目的刑论虽然主张（绝对的）不定期刑，但也要受到报应刑论的修正。时效期间是推测行为人能改善的时间，只要期间未满，而不管实际是否改善，就必须对行为人执行刑罚，这体现了报应的要求。

第三，行刑时效中止、中断、延长制度也是报应观念的体现。行刑时效中止、中断、延长制度在实质上都延长了行刑时效期间，之所以要延长时效期间，是为了保障国家的行刑权，而保障国家行刑权的目的之一就是要平息基于社会正义的报应情绪。

可见，行刑时效的根据是正义与合目的性。像缓刑、减刑、假释等制度一样，行刑时效制度也是目的刑论的产物，因而合目的性是行刑时效的基础或前提性根据；但行刑时效的制度设计不能不考虑报应的要求，因而报应也是行刑时效的根据。换句话说，相对报应刑论是行刑时效的根据。

（二）行刑时效根据的展开

关于时效的根据，理论上有以下几种学说：[3]（1）怠于行使说。该说认为，既然国家怠于对犯罪人的追诉或对犯罪人所判处刑罚的执行，那么，刑罚权则应予消灭。（2）证据湮灭说。该说认为，犯罪之证据因为时间的流逝而丧失，因而难以达到正确处理案件的目的。（3）改善推

① ［德］汉斯·海因里希·耶赛克、托马斯·魏根特：《德国刑法教科书》，徐久生译，中国法制出版社 2001 年版，第 1087 页。

② ［意］贝卡利亚：《论犯罪与刑罚》，黄风译，中国大百科全书出版社 1993 年版，第 37 页。

③ 高仰止：《刑法总则之理论与实用》，五南图书出版公司 1986 年版，第 579 页。

测说。该说认为，犯罪后既经长久时间，可预想犯罪人的恶性业已改善，无再加处罚之必要。（4）社会遗忘说。该说认为，犯罪事实因经长久时间而为社会所遗忘，社会秩序也随之恢复，此情之下，再对犯罪人追诉处罚，反而会扰乱社会秩序。（5）刑罚同一说。该说认为，犯罪人犯罪后，经过长时间的逃避，时时提心吊胆，惧怕被发现，这种无形痛苦实际上与执行刑罚所遭受的痛苦无异。（6）法律与事实调和说。该说认为法律之目的在于恢复因犯罪所扰乱社会秩序之事实，时效制度则意在谋取法律与事实的调和。

上述诸说中，有的根本不能作为时效制度的根据，有的虽然能部分地说明时效的根据，却不全面。（1）按怠于行使说，行刑时效制度是为了敦促行刑机关行刑，如果在法定期间内怠于行刑，就使其丧失行刑权，这有“惩罚”行刑机关、维护受刑人权益之意，但实践中导致行刑权不能行使的原因，并非仅由于国家机关的疏忽所造成，还可能是由于战争、自然灾害以及犯罪人逃脱等原因，因此，将行刑时效的根据说成是由于国家机关怠于行使职权，是不全面的。（2）从各国的立法例可以看出，证据湮灭用来说明追诉时效的设置似乎有一定的道理，用来说明行刑时效的根据却明显不适当，因为在行刑阶段只涉及刑之执行而不涉及证明犯罪成立的问题，即便用来说明追诉时效，笔者认为也不甚妥当，因为“经过的时间越长，破获犯罪行为将越困难的涉及程序的思考，对时效制度是个支持，但是，时效制度的存在是没有必要的，因为根据‘疑问时有利于被告人’的（in dubiopro reo）原则，不可克服的破案困难性可直接导致《刑事诉讼法》第170条第2款中止诉讼程序，或者宣告被告人无罪”。①（3）被告人为逃避刑罚或许确实遭受了痛苦，但这不能成为刑罚不执行的理由，国家也不可能以此为根据设置行刑时效制度。因为，一方面，被告人是否遭受痛苦并不确定；另一方面，被告人即便遭受痛苦，与刑罚也根本不同，被告人自己受到良心谴责和对受刑的畏惧不能成为免刑的根据，因此刑罚同一说不恰当。（4）改善推测说从特殊预防的角度说明了不再行刑的根据，但它不能说明为什么有些

① ［德］汉斯·海因里希·耶赛克、托马斯·魏根特：《德国刑法教科书》，徐久生译，中国法制出版社2001年版，第1088页。

人犯罪之后隐居多年，已改善从良（如纳粹战犯），但仍要被执行刑罚；社会遗忘说和法律与事实调和说从社会正义（报应）的角度说明了不再行刑的根据，但不能说明为什么对于一些犯罪，社会已经遗忘、法律与事实已经调和，但仍要对受刑人行刑（如意大利刑法典规定累犯、惯犯、职业犯或者倾向犯等不受行刑时效的限制）。

基于以上分析，笔者认为，在正义与合目的性的基础上，行刑时效的根据主要存在以下四个方面：

第一，行为人已经改善。现代刑罚思想除了追求公正的报应之外，更着重于强调刑罚的预防目的的实现，对行为人执行刑罚，体现了刑罚报应和预防的观念。如果行为人被判处刑罚之后，虽然未被执行，但在未执行期间没有实施新的犯罪，据此可以推断其已经改善，不致再危害社会。此时，如果单纯为了报应的需要而执行刑罚，正如前文所指出的：是用报应刑的缺点排斥目的刑的优点，违背了刑罚权的根据（正义与合目的性）。

第二，一般预防的目的已不可能实现。刑罚的一般预防的目的是通过对犯罪人适用刑罚来实现的，对犯罪人适用刑罚应遵循及时性的原则，[①] 及时性使刑罚的特殊预防和一般预防成为可能。犯罪人在很长的一段时间未被执行刑罚，刑罚与犯罪之间的联系在人们的观念中已不复存在，此时机械地执行刑罚反而会适得其反。

第三，维护业已平复的社会秩序。犯罪发生后，社会秩序遭到破坏，体现为受害人及其亲属物质上的损失和精神上的痛苦，以及公众对犯罪行为的愤慨之情，此时依靠刑罚的及时制裁，能够较为迅速地恢复被损害的社会秩序。但是，社会秩序也具有自我恢复的功能，如果没有行刑权的及时救济，经过较长的时间，社会秩序也能够自行恢复。在社会秩序已经自我恢复的情况下，还机械地动用刑罚权，这不是维护社会秩序，而是对社会秩序新的侵害。因此，维护社会秩序是行刑时效非常重要的一个理论根据。

第四，社会正义。社会正义作为行刑时效的根据体现在两个方面，

---

① ［意］贝卡利亚：《论犯罪与刑罚》，黄风译，中国大百科全书出版社1993年版，第57～58页。

一是行刑时效制度的内容设计上：对重罪排除行刑时效的适用；规定行刑时效期间；时效中止、中断、延长制度是为了平复基于社会正义的报应情绪。二是对行刑权的督促和限制：行刑权是一种国家权力，任何一种国家权力都应受到限制，为了维护社会秩序而永远保留国家的行刑权固然对社会有利，却不符合社会正义的要求，只有兼顾社会利益和个人利益，即对行刑权作适当限制才符合正义的要求。

三、行刑时效制度的主要内容

（一）行刑时效的适用范围

行刑时效的适用范围，是指行刑时效制度适用于哪些犯罪。关于行刑时效制度的适用范围，主要有两种立法例：一是规定行刑时效适用于一切犯罪，如日、韩刑法典；二是规定不适用于某些犯罪。至于具体不适用于哪些犯罪，各国规定并不一致。有的规定不适用于某些特别严重的犯罪，如阿尔巴尼亚、德国刑法典；有的规定不适用于被判处一定刑罚的犯罪，如奥地利、德国刑法典；有的规定不适用于特定的犯罪人，如意大利刑法典，等等。

以正义与合目的性为依据，第二种立法例是可取的。但是，哪些犯罪不受行刑时效的限制，在笔者看来，主要是由一国的历史文化传统和社会现实所决定的。在一些国家看来并不严重的犯罪，在另一国公众却可能是永远不能饶恕的犯罪。也就是说，对犯罪的报应的要求在各国并不一致。所以，各国根据自己的历史传统和社会现实对行刑时效的适用范围进行限制是可以理解的。

（二）行刑时效期间的起算

各国关于行刑时效期间起算的规定主要有三种类型，一是规定时效期间自判决生效之日起算，如日本刑法典的规定；二是根据行刑权所处的不同状态，规定相应的时效起算方式，如意大利刑法典第172条规定："有关期限自处罚变为不可撤销之日起计算，或者自被判刑人有意逃避已开始的刑罚执行之日起计算。如果刑罚的执行依赖于某一期限的届满或者某一条件的出现，刑罚消灭所需要的时间自该期限届满或者该条件出现之日起算。"三是从刑罚应执行而未执行之日起算，如泰国刑法典第95条的规定。从行刑时效期间的本来含义（即应行刑而未行刑的期间）上来讲，行刑时效的起算时间宜从应该行使行刑权而未行使行刑权之日起算，如第三种立法例的规定，但是什么时间是“应行刑而未行刑之时”，因为太过抽象而需要相应的配套规定。第二种立法例的规定方式其实是根据不能行刑的具体情况分别规定起算时间，这当中包容了在第三种立法例中的中止和中断制度的内容。第一种立法例将起算时间、中止和中断制度规定为相对独立的制度，为各国普遍采用。笔者认为，各国之所以一般规定时效自判决生效之日起算，一方面是因为判决生效之日行刑权得以产生，就可能产生行刑时效的适用问题；另一方面，笔者认为是出于明确化的考虑，而实际上，又通过时效中止制度或时效中断制度，使时效期间在开始的同时又发生中断或中止，只有当不行使行刑权时才开始计算时效期间。因而，时效期间实际上还是从应当行刑而未行刑时起算的。笔者认为，这三种规定方式实质上并无优劣之分，但是基于以上所述的两点理由，笔者倾向于在我国刑法中采用第三种规定方式。

（三）行刑时效的期间制度

关于行刑时效期间的立法例，主要有以下几种类型：

1. 以罪之轻重为标准划分期限。例如，法国刑法典第 113 条规定，因重罪宣告之刑，时效为 20 年；因轻罪宣告之刑，时效为 5 年；因违警罪宣告之刑，时效为 2 年。此外，俄罗斯、比利时、葡萄牙、埃及等国亦采此制。

2. 以刑之轻重为标准划分期限，即根据宣告刑的轻重来划分行刑时效期间的具体档次，宣告刑越重，时效期间越长。例如，德国刑法典第 79 条规定，“时效期间如下：1. 法定刑为 10 年以上自由刑的，经过 25 年；2. 法定刑为 5 年以上 10 年以下自由刑的，经过 20 年；3. 法定刑为 1 年以上 5 年以下自由刑的，经过 10 年；4. 法定刑为 1 年以下自由刑、罚金刑为 30 单位以上日额金的，经过 5 年。”

简要述评：（1）行刑时效期间设置是以罪为标准还是以刑为标准，实质上并无不同。以法国为例，重罪的法定刑幅度一定重于轻罪的法定刑幅度，轻罪的法定刑幅度一定重于违警罪的法定刑幅度，因此，以罪为标准与以刑为标准实质上并无不同。（2）行刑时效期间的设置档次，各国有不同的规定，无所谓优劣之分。原因有两点，一是它们都体现了行刑时效制度的本质（根据）；二是行刑时效期间的长短应当与本国的状况相适应。一国的法律制度总是该国历史与现实的产物，尽管期间长短不同，笔者宁愿相信它们作为一种制度的功能在各国是一样的。在一个国家需要5年才能消除犯罪的影响，而在另一个国家，也许只需要1年。就像贝卡利亚在论述刑罚应当宽和时指出的，“刑罚的规模应当与本国的状况相适应”。① 行刑时效期间的设置也应与本国的状况相适应。

（四）行刑时效的中止、中断和延长

1. 行刑时效中止。

行刑时效中止，是指在行刑时效进行过程中，因发生法律规定的事由而使时效停止进行，待法律规定的事由结束时时效期间继续进行的制度。

各国立法上对时效中止事由的规定大致相同，主要有以下几种：(1) 依法令缓期执行；(2) 中止执行刑罚；(3) 假释；(4) 其他无法执行的情况。

参照各国立法例，笔者认为，行刑时效的中止事由应包括以下几种：

(1) 缓刑。理由是：第一，法院宣告刑罚（包括缓刑）的判决确定后，观念的刑罚权就被现实化，就可以开始执行刑罚。换言之，宣告刑罚的判决确定后，国家就有了刑罚执行权，只是因为受刑人符合一定条件而被暂不执行，但是，行刑机关随时有实际行刑的可能。第二，行刑时效属于行刑阶段的一种制度，行刑时效期间始于现实行刑权的产生。既然缓刑宣告时就产生了现实的行刑权，那么，行刑时效期间不应当自裁定撤销缓刑时起算，而应自缓刑裁判确定之日起算。第三，缓刑期间毕竟没有实际执行所判处的刑罚，但不能因此而开始计算行刑时效期间，因为缓刑本身是有利于受刑人的，且二者在未实际行刑状态下追求受刑人的自我改善上是一致的，如果此时还要开始时效期间的计算，法律的天平就偏向了受刑人而罔顾受害人和社会利益。因此，缓刑应作为时效中止事由，缓刑期间，中止时效的进行。

(2) 假释。笔者支持将假释作为时效中止事由的理由是：虽然假释

---

① ［意］贝卡利亚：《论犯罪与刑罚》，黄风译，中国大百科全书出版社1993年版，第44页。

期间，没有实际执行刑罚，属于未行刑期间，但又与完全不行刑有区别，即存在对受刑人的改善监督，是为受刑人利益设置的一项行刑制度。因此，假释期间不宜计算时效期间，在假释期间使时效的经过中止是适宜的。（3）其他依法不能开始或继续执行刑罚期间。设置这样一个中止事由是基于以下两点考虑：一是时效并不是适用频繁的一项制度，时效中止事由的发生应该更少，所以立法上完全没有必要规定得过于详细，以免造成过多的法条闲置；二是基于立法技术上的考虑，立法的有限性和实践的复杂性决定了法律没有必要试图穷尽一切中止事由。根据我国刑法和刑事诉讼法的规定，上述立法例中所提到的中止事由，如中止和延期执行刑罚、正服另一自由刑等均不能成为我国时效制度的中止事由。

2. 行刑时效中断。

所谓行刑时效的中断，是指行刑时效进行过程中，由于发生法定事由，导致时效期间中断进行，待中断事由消灭后，时效期间重新起算的制度。

各国对行刑时效中断事由的规定并不一致，主要有以下几类：（1）逮捕或强制处分。例如，韩国、日本等国刑法典的规定。（2）刑之执行。例如，瑞士、奥地利等国刑法典的规定。（3）受刑人逃避服刑或又犯新罪。例如，西班牙刑法典的规定。

有学者不同意上述第一、二种中断事由，理由是："第一，行刑机关的行刑权是始终存在的，对犯罪采取了强制措施或者实际执行了刑罚，只是其行刑权由一种行使可能转变为实际行使的状态，行刑时效的重新计算缺乏理论根据；第二，行刑时效的中断，作为一种严厉的惩罚性时效计算规则，应当是作为一种对犯罪人实施处罚的手段而出现，它将导致对已经经过的时效期间归于无效的结果，行刑时效必须重新开始计算，因而造成犯罪人的悔过努力不被承认，同时受刑可能的存在期间也被大大延长。那么，对犯罪人实施如此严厉的打击措施的根据是什么？令人费解。"① 笔者认为，上述第一、二种情形本质上都是基于刑罚的执行而导致的时效中断，因为时效自判决生效之日起算，如果不规定

① 于志刚：《刑罚消灭制度研究》，法律出版社 2002 年版，第 437 页。

刑之执行导致时效中断，就会使刑罚执行期间也被计入时效期间，这根本不符合行刑时效的含义。刑之执行是与作为时效基础的事实状态——未行刑——相对立的事实，它使时效失去意义。所以，这种中断事由的存在是必要的。第三种情况能否作为中断事由，各国看法并不一致。笔者认为，受刑人在行刑时效进行过程中或时效中止期内逃避服刑或又犯新罪，说明受刑人根本没有改善，基于社会正义的报应感被再度激发，因此必须对受刑人执行原判刑罚。如果受刑人数度逃避服刑或者又犯新罪，数度导致时效中断，使得终其一生均处于要被行刑的境地，那也是社会正义和刑罚目的的必然要求，是其罪有应得。具体而言，在行刑时效期间内或中止期间逃避服刑或者又犯新罪时的时效适用是：当行为人脱逃或者再犯新罪时，行为人将被追诉，将新罪（包括脱逃罪和其他新罪）所处刑罚与原判刑罚（或残刑）依据数罪并罚的规定处理，新宣告刑将会有一个新的行刑时效期间。从这个意义上讲，犯脱逃罪或其他新罪又是原判刑罚的时效终止的事由，但鉴于两个时效期间的联系性，以及各国刑法典一般并不规定时效终止制度，所以将逃避服刑和又犯新罪作为时效中断事由是适宜的。

综上，笔者认为，行刑时效的中断事由应包括：（1）刑之执行；（2）逃避服刑；（3）又犯新罪。

3．行刑时效延长。

行刑时效延长，是指因法定情况的存在使行刑权不能行使的情况下，立法上明确规定可以延长行刑时效期间，但是否延长，须由行刑机关提出申请，由法院决定的情况。

属于行刑时效延长的立法例，如德国刑法典的规定。该法典第79条B规定，如果受刑人逗留于某一地区不能引渡或遣返的，法院可以在时效期限届满前，经刑罚执行机关申请，延长法定时效期限的1/2，但延长以一次为限。意大利刑法典第173条的规定（“如果犯罪人属于累犯或者惯犯、职业犯或者倾向犯，则其行刑时效的期限延长一倍”），虽然有“延长”一词，但既不是时效的中断和中止，也不是狭义的时效延长，而是针对特定的犯罪人所规定的时效期间。

对行刑时效延长进行立法的仅有少数国家，因为行刑时效中止和中断制度使行刑时效延长的必要性大大降低，而且，需要行刑时效延长的情况，在有的刑法典中是通过中断事由或中止事由来解决的。例如，上例所提到的德国刑法典中的延长情况，在我国澳门刑法典中就是以中断事由来规定的。

四、行刑时效制度的法条设计

在分析论证的基础上，参考各国行刑时效制度的立法例，结合我国实际情况，笔者认为我国刑法中应该增设行刑时效制度，具体条文是：

第×条 刑罚经过下列期间不再执行：

（一）死刑，三十年；

（二）无期徒刑，二十五年；

（三）十年以上的有期徒刑，二十年；

（四）三年以上不满十年的有期徒刑，十五年；

（五）不满三年的有期徒刑、管制、拘役，五年；

（六）罚金、剥夺政治权利、没收财产，三年；

刑罚的执行时效从裁判确定之日开始计算。

第×条 刑罚的执行时效在下列事项持续期间中止计算，待该事项结束后继续计算：

（一）缓刑期间；

（二）假释期间；

（三）其他依法不能开始或继续执行刑罚期间。

第×条 刑罚的执行时效因下列原因而中断，从中断原因消失之日起重新计算：

（一）开始执行刑罚；

（二）被判刑人逃避服刑；

（三）被判刑人又犯新罪。

关于“法条”的几点说明：

1. “法条”中未对行刑时效的适用范围作出规定，并不意味着该制度适用于一切犯罪，因为根据有关国际条约的规定，诸如战争罪、灭绝种族罪等犯罪是不适用行刑时效的。此外，我国刑法中的哪些犯罪不应适用行刑时效，还有进一步探讨的余地。

2. 有期徒刑的刑期跨度大，所以应对不同严重程度的有期徒刑规定不同的时效期间；罚金、剥夺政治权利、没收财产是我国刑法中的附加刑，其性质上相似，所以规定相同的时效期间。笔者认为，规定六档行刑时效期间是适宜的。

3. 裁判确定之日产生现实的行刑权，同时可能会产生行刑时效的适用问题，因而，行刑时效期间宜从裁判确定之日开始计算。

4. 行刑时效中止和中断已能充分地保障行刑权，没有必要在立法中规定行刑时效延长制度。

（原载《福建公安高等专科学校学报》2004 年第 4 期）

论赦免的概念及其属性

阴建峰

中外赦免制度的历史均已展示，赦免在中古时代是作为君权的一个重要组成部分出现的，是历代帝王为标榜“仁德”、笼络民心，以图维护封建统治的统治工具。只是到了近现代，随着社会的发展、法治的伸张乃至人权观念的日益弘扬，赦免制度才逐渐发生质的改变，成为免除或减轻犯罪人罪责和刑罚的一种刑事政策。所以，尽管从实质上讲，无论古代还是现代，赦免制度都是中外统治者用以衡平社会关系、调节社会冲突的统治手段，但只有从现代意义上考量，才能将之归诸刑事政策的范畴。

一、赦免概念之界定

当然，在现代意义上具体应如何界定赦免之概念，学者们仍有不同之看法。概括而言，主要有以下几种观点：（1）赦免，是指国家宣告对犯罪人免除其罪、免除其刑的法律制度。①（2）赦免又称恩赦，是指国家免除或减轻犯罪人之罪责或刑罚的制度。②（3）赦免，通常是指国家对犯罪人免除或者减轻其刑罚的一种制度。③（4）根据其刑法特征，赦免是指通过国家权力，消除法律规定之刑事追诉，也即放弃刑事执行权或刑事追诉权。④（5）所谓赦免，是指以国家的名义对已经确认为有罪的人免除其罪和刑或者虽然不能免除其罪但是免除或者减轻其刑的一种

① 参见高铭暄、马克昌主编：《刑法学》，北京大学出版社、高等教育出版社 2000 年版，第 326 页。

② 参见马克昌主编：《刑罚通论》，武汉大学出版社 1999 年版，第 692 页。

③ 参见高铭暄主编：《刑法学原理》（第三卷），中国人民大学出版社 1994 年版，第 672 页。

④ 此乃德国法学界之主流观点，具体可参见《德国刑法教科书》。

制度。[①]（6）所谓赦免（恩赦），就是以行政权消灭刑罚权的全部或者一部分，削弱其效果的制度。[②]（7）所谓赦免，是指行政权根据法律之规定，而介入刑事司法，以舍弃法律规定之刑事追诉与处罚。[③]（8）赦免者，乃国家元首依其特权作用为变更罪刑之行政处分。[④]

概而言之，上述诸多关于赦免概念的表述主要在如下方面存有分歧。

（一）关于赦免之主体

上述第八种观点认为，赦免权属于国家元首，而其他几种观点对此则未作揭示。事实上，从各国立法例观之，行使赦免权之主体不外乎四种情况：一是由国家元首行使，如巴基斯坦；二是由国家最高权力机关行使，如蒙古；三是由国家最高行政机关行使，如日本；四是由国家元首与州统治者或者州元首分享，如马来西亚。

可见，林山田教授仅仅将赦免之主体限定为国家元首的观点是有很大局限性的。进而言之，这一观点也不符合我国大陆地区现行宪政体制。因为我国现行宪法已明确将赦免权赋予国家权力机关，而并非国家主席。我国 1982 年宪法第 67 条规定，全国人民代表大会常务委员会有权决定特赦。而宪法第 80 条规定，中华人民共和国主席只能根据全国人民代表大会常务委员会的决定，发布特赦令。

（二）关于赦免之内容

赦免权的内容较为宽泛，学者们对此也曾有较大争议。具体而言，则涉及如下方面：

1. 赦免是否仅限于免除，能否减轻罪刑

上述第一种观点明确将赦免限定为免除犯罪人之罪刑。而第四种观点虽然没有明确将赦免限于免除罪刑，但所谓“放弃刑事执行权或刑事

---

① 参见力康泰、韩玉胜著：《刑事执行法学》，中国人民大学出版社 1998 年版，第 244 页。

② 参见［日］大谷实著：《刑法总论》，黎宏译，法律出版社 2002 年版，第 399 页。

③ 参见林山田著：《刑法通论》，台湾 1998 年 2 月增订 6 版，第 797 页。

④ 参见高仰止著：《刑法总则的理论与实用》，五南图书出版公司 1986 年第三版，第 583 页。

追诉权”，实际也就意味着对犯罪人罪刑的免除。而此点显然得到了第七种观点之认同，因为其同样将赦免表述为“舍弃法律规定之刑事追诉与处罚”。这与其余几种观点显然有别。其实，尽管“赦免”一词从构造上讲似更侧重于“免”，即“免除”，但即便从其本意上讲，也不能仅局限于此。因为所谓“赦”者，亦即“免除或者减轻刑罚”是也。① 而且，绝大多数国家的宪法或者刑法并不将赦免仅仅局限于“免除”，而将“减轻”罪刑之情形亦纳入其中。例如，俄罗斯 1996 年刑法典第 84 条即规定，因实施犯罪而被判刑的人，可以被免除刑罚，或者所判处的刑罚可以缩减或改判较轻的刑种，或者可以免除从刑。此规定实际上即包含了减轻罪刑之情况。我国宪法与刑法尽管对此问题未予明确，但法学理论界通常也认为，赦免既可以是对罪刑的免除，同时也可以是对罪刑的减轻。② 何况，从赦免之具体类型角度说，赦免性减刑通常也被视为赦免制度重要的组成部分。③ 而所谓赦免性减刑，当然便是针对“减轻”罪刑而言的。所以，又岂能将“减轻”罪刑的情形排除出赦免之范畴呢？不过，这同时也表明，对犯罪人的宽大与仁慈并不必然是全面的、无限度的，还需要根据案件的具体情况来确定究竟是免除还是减轻其罪刑。

2. 赦免是否仅针对刑罚，能否指向罪责

上述第三种观点将赦免界定为“国家对犯罪人免除或者减轻其刑罚的一种制度”。易言之，该种观点认为赦免之效力仅及于刑罚，而不能涵括罪责。这一观点与其他几种观点存在较大差异。诚然，有瑞士等部分国家的宪法或者刑法明确将赦免局限于免除或者减轻犯罪人的刑罚，但是，大部分国家的法律所规定的赦免既包括刑罚的免除或者减轻，也包括罪责的减免。例如，根据俄罗斯 1996 年刑法典第 84 条、第 85 条之

---

① 参见新华词典编撰组编：《新华词典》，商务印书馆 1950 年版，第 743 页。

② 参见陈兴良著：《本体刑法学》，商务印书馆 2003 年版，第 888 页；于志刚著：《刑罚消灭制度研究》，法律出版社 2002 年版，第 481 页；马克昌主编：《刑罚通论》，武汉大学出版社 1999 年版，第 692 页等等。

③ 参见马克昌主编：《刑罚通论》，武汉大学出版社 1999 年版，第 700 页。

规定，大赦、特赦均可以免除犯罪人的刑事责任、刑罚，甚至可以撤销前科。尽管我国现行宪法中只明确规定有特赦，但是理论界通常都认为，赦免既包括特赦，也包括大赦，而大赦区别于特赦的关键之处便在于，其具有消灭罪刑宣告的效力。[①] 因此，赦免之概念应全面包容作为其诸多下位概念的基本特征，若仅将其界定为刑罚的减免，而将罪责的免除排除出赦免之范畴，无疑是将赦免等同于特赦，显然不能准确反映其含义。

3. 赦免是消灭刑罚权的一部还是全部

上述第四种观点认为，赦免是通过国家权力放弃刑事执行权或刑事追诉权；第七种观点认为，赦免则是舍弃法律规定之刑事追诉与处罚；而第六种观点则认为，赦免是消灭刑罚权的全部或者一部分。三种观点的分歧便在于，赦免究竟是否仅限于消灭刑罚权的一部，其效力能否涉及刑罚权之全部权能。而所谓刑罚权，包括刑罚创制权、刑事追诉权、刑罚裁量权和刑罚执行权。事实上，通过赦免既可以消灭刑事追诉权，也可以消灭刑罚执行权。而且，由于刑事追诉权是实现刑罚裁量权和刑罚执行权的前提和基础，因此，刑事追诉权的消灭也必然意味着刑罚裁量权和刑罚执行权的消灭。就此而论，仅仅将赦免限定为刑事追诉权和刑罚执行权的消灭，显多有不妥。但是，刑罚创制权属于国家立法机关，此一权能当然不会因为赦免而消灭。故而，赦免不能消灭刑罚权之全部，其效力只能及于刑事追诉权、刑罚裁量权和刑罚执行权。

（三）关于赦免之对象

上述第五种观点指出，赦免所针对的对象须为“已经确认为有罪的人”，而其余观点要么将赦免之对象表述为“犯罪人”，要么不予涉及。此处赦免适用的对象是否仅限于“已确认为有罪的人”？“已经确认为有罪的人”是否等同于“犯罪人”？

所谓“已经确认为有罪的人”，尽管论者未作进一步揭示，但顾名思义应是指已经过法院审判，被依法认定有罪的犯罪人。笔者以为，从此角度来界定赦免，显然过于褊狭地理解了赦免之含义。因为从实施的时间上而言，赦免固然可以适用于已经过法院审理被认定有罪的已决

① 参见马克昌主编：《刑罚通论》，武汉大学出版社1999年版，第698页。

犯，但不能据此否定赦免也可以适用于虽未经法院审判，却已被司法官依相关法律和事实认定涉嫌犯罪的未决犯。而后者则很难归诸“已经确认为有罪的人”。事实上，作为赦免重要类型之大赦，其基本特征之一就在于可以适用于判决确定前涉嫌犯罪的人。

而此处的“犯罪人”，则既不能仅仅理解为确实构成犯罪之人，也不能将其仅限定为“已经确认为有罪的人”。一方面，由于司法误判之客观存在，或多或少定会有部分无辜者被错误认定为“犯罪人”。如果将赦免之所谓“犯罪人”仅局限于客观上确实构成犯罪者，对于那些无罪而被错误定罪者则无疑是显失公平的。其实，现代赦免制度本具有救济司法误判的重要功能，倘如此界定赦免之适用对象，上述功能便荡然无存矣！另一方面，由于犯罪黑数的客观存在，总会有部分“确实构成犯罪的人”逍遥法外。对此等人给予赦免，应该说并不具有任何实际价值。事实上，能否准确把握“犯罪人”之内涵，关键在于对“客观真实”与“法律真实”之关系是否有正确的了解。所谓“确实构成犯罪”，是一种客观真实，但能否准确再现这一客观真实，还有赖于司法官根据相关事实和法律加以认定。不过，经司法官主观认定后所形成的事实，已并非“客观真实”，而是一种法律真实。司法官应通过与案件相关的事实和法律予以综合判定，力求使客观事实全面、准确地见之于主观，从而使法律真实与客观真实彼此吻合。但是，不可否认的是，由于诸多主客观因素的存在，“法律真实”有时很可能会与“客观真实”相脱节，这也是司法实践中存在误判现象之根本缘由。因此，作为赦免适用对象之“犯罪人”，只能是一种法律事实，亦即经由司法官依相关事实和法律认定有罪之人。具体而言，应该包括经审判而确认有罪之人和虽未经审判但被司法官从内心认定构成犯罪之人。就此而论，此处之“犯罪人”应包括“已经确认为有罪的人”，而不能将两者等同视之。将赦免之对象直接表述为“犯罪人”，似更为合理可取。①

（四）关于赦免之属性

上述第八种观点明确将赦免定性为一种行政处分，而第六种观点也

① 参见于志刚著：《刑罚消灭制度研究》，法律出版社 2002 年版，第 480 页。

把赦免权归结为行政权。其理由在于，赦免制度一般是国家元首或者行政首脑根据其行政权而命令实施。而上述第一种观点则将赦免视为一种刑法制度。其理由便在于：虽然现代各国的赦免制度多由宪法或者专门的赦免法加以规定，只有少数国家是在刑法典中规定的。但是，由于赦免的对象是犯罪人，赦免的结果总是刑罚权的某一具体权能的丧失，从而导致罪或刑的消灭，而且赦免命令往往要由司法机关来具体执行，因而各国都把赦免制度纳入刑法学的研究领域。① 也有学者对之进一步补充，认为赦免制度作为独立于刑法典之外的一种制度，是基于补足刑法典功能之不足而出现和存在的。赦免制度的适用以犯罪的存在为前提；赦免的适用对象是犯罪人的犯罪或其刑罚；赦免的结果是对刑罚造成实际影响；赦免制度所干涉的是司法机关刑事司法实践的各个环节，而不是行政领域；赦免在适用中的常用限制性条件和法律后果，都是刑法典设置的。因此，从实质上讲，赦免是作为一种刑罚消灭制度而存在的，因而属于刑法制度。②

笔者以为，赦免是否刑法制度与赦免权是否为行政权，似属不同层面之问题。不可否认，赦免制度是一种非常重要的刑罚消灭之事由。但是，不能据此即认定赦免为刑法制度。刑罚消灭的事由可谓多种多样，有求刑权丧失导致的刑罚消灭，如免罪性赦免、缓期起诉等；也有量刑权丧失导致的刑罚消灭，如犯罪人死亡、前科消灭等；还有行刑权丧失导致的刑罚消灭，如缓刑、减刑等。③ 但是，显然不能将各种刑罚消灭事由均以刑法制度冠之。而且，某些刑罚消灭事由亦以犯罪人为适用对象，其结果也是刑罚权某一具体权能的丧失，且由司法机关具体执行，但并不能将其归诸刑法制度，比如日本刑事诉讼中所存在的缓期起诉制

---

① 参见马克昌主编：《刑罚通论》，武汉大学出版社 1999 年版，第 693 页。

② 参见于志刚著：《刑罚消灭制度研究》，法律出版社 2002 年版，第 477 页。

③ 参见于志刚著：《刑罚消灭制度研究》，法律出版社 2002 年版，第 55 ~ 77 页。

度。① 其实，作为介乎刑法与宪法交叉地带之法律制度，赦免被纳入刑法学之研究范畴自无不妥，但并不能据此将其视为纯粹的刑法制度，更不能否认赦免制度之宪政价值。事实上，有很多国家（如德国）将赦免法视为宪法性规范。当然，赦免权是否完全为行政权也值得进一步研究，后文将对此予以详述。

综上所述，笔者认为，所谓赦免应是指国家元首或者最高权力机关宣告对犯罪人免除其罪，或者虽不能免除其罪，但免除或者减轻其刑，进而消除刑事追诉权、刑罚裁量权或者刑罚执行权的法律制度。如此表述的益处在于：（1）从赦免之主体角度讲，各国采取不同的立法方式，但赦免概念的界定似应从通常意义上为之。而除日本等个别国家外，赦免的主体绝大多数为国家元首或者最高国家权力机关。具体到我国现行法律的规定来说，通常则认为赦免权属于全国人大常委会。（2）赦免之适用对象为“犯罪人”，既包括已经审判被司法官依法认定有罪的人，也包括虽未经审判但被司法官根据相关事实和法律从内心判定有罪的人。（3）赦免之效力既可以是免除犯罪人之罪责，也可以是免除或者减轻犯罪人之刑罚。（4）从效果来说，赦免因国家主动放弃刑事追诉、刑罚裁量与刑罚执行等刑罚权权能，从而导致刑罚的消灭。（5）从性质上说，赦免作为一种具体的刑罚消灭事由，乃介于宪法和刑法之间的法律制度，而并非纯粹的刑法制度。

二、赦免之基本特征

以赦免制度的概念为基础，有必要进一步揭示其基本特征。赦免制度的基本特征，彰显出该制度外在形式上之特点。

（一）赦免之补充性特征

赦免虽然是一种封建遗迹，却在民主国家的宪法中普遍存在。按其道理，并非因为法治国家不能忘情于人治的诱惑，而在于认识到法治必有所穷，须留下一种可济其穷之手段，以免法治产生无可弥补之缺憾。赦免制度的存在，其实是法治国家对于法治的一种谦抑，承认法治并非

---

① 参见［日］菊田幸一著：《犯罪学》，海沫等译，群众出版社 1989 年版，第 213～232 页。

万能，亦非毫无缺陷，此于法治原则无损而有益。就此而论，赦免无疑是法治的补充，其对法治具有衡平功能。而且，就其刑事政策意义而言，赦免能够有效避免法律的整齐划一所引起的弊端，保持刑罚执行的具体妥当性，从而达到改造犯罪人、维持社会秩序的目的。通常认为，赦免制度依据某种目的对一些本应适用刑事法律并承担罪责的人，免除其罪或刑，它是以牺牲法律的安定性为代价，而求其具体妥当性，由此来实现现行刑事政策之目的。因此，赦免在适用上应限于实现目的所必要的最小限度之内，这是赦免具有适用上的补充性之意义所在。为此，有其他法律手段可以避免因法律的划一性、固定性而引起的弊端时，一般不应适用赦免。在适用不起诉、缓期行刑、假释、暂时解除保护观察、再审等制度可以弥补法律的僵化性缺陷时，也不应实施赦免。轻易适用赦免或滥用赦免，则会伤害国民对法律乃至刑事司法的信赖。①

（二）赦免之强制性特征

传统理论主张，赦免是具有强制性的措施，其适用对象不得予以拒绝，也不得享有在接受赦免之同时提出上诉、再审的权利。与之相应，检察机关通常也不得就申请赦免的根据或就被赦免之罪提出抗诉，进而发动再审程序。② 例如，日本较早之判决即认为，大赦以后罪刑之宣告即已归于无效，则犯人不得仍针对原来之有罪判决主张自己无罪，并据此申请再审。因为再审是以有罪确定判决之存在为前提，既然原来之有罪判决已因大赦而丧失其效力，则对之申请再审即属不具理由。至于判决尚未确定之情形，大赦之后，犯人并未获得无罪之判决，仅仅获得免诉之判决，犯人亦不得以之作为自己无罪之证明，并据此申请再审。③法国的相关制度也规定，特赦令不需公告，也不需通知；对特赦令不得

---

① 参见［日］大谷实著：《刑事政策学》，黎宏译，法律出版社 2000 年版，第 290 页。

② 参见陈东升著：《赦免制度研究》，中国人民公安大学出版社 2004 年版，第 144 页。

③ 日本最大判昭和 23、5、26 判集 2 卷 6 号 529 页，转引自翟唳霞：《赦免在刑事法上之效力》，载台湾《刑事法杂志》1988 年第 34 卷第 3 期，第 39 页。

提出任何司法上诉。只有在视特赦令为政府政令时，或者在特赦令涉及司法部门的运作时，最高法院才能受理有关事宜。① 德国传统理论以及判例亦如此主张。不过，近来国外理论界就此问题出现不同看法，甚至在一些国家的立法中亦有所体现。

（三）赦免之象征性特征

赦免具有象征性之特征，这也是赦免之所以存立的重要原因。事实上，法不可能尽善尽美，而且法理念自身往往亦并非和谐、统一，而存在诸多内在分歧。同时，法理念与伦理性、宗教性、政治性理念之间也多有冲突。而赦免作为贯彻宽容政策之手段，它能够在各种不同理念之间发挥非常重要的调整作用。赦免制度可以象征性地表现出，在现今人类社会还有比法更高价值的东西。诚然，赦免“着意于庇护做了非法行为的个人或少数人们”，获得赦免者绝大多数都确实实施了违法犯罪行为。但是，该制度存在的合理性便在于其能够带来因“迫切需要的大义”或“政治便宜的大义”所产生的利益。② 相对而言，赦免可能带来的弊端则不足道哉。正如拉德布鲁赫所言，赦免之仁慈不是把自身局限于法律之内平衡各种紧张关系，而是承认如下事实：在法之外，还存在着其他价值，使这些与法相对的价值具有效力，可能变得很有必要。③

三、赦免权属性辨析

赦免权的属性，实际上体现了赦免制度的本质特征。能否准确揭示赦免权之属性，对于我们正确行使赦免权，充分发挥赦免制度之功能，顺应赦免之法理与哲理，并努力构建符合法治要求与社会发展之现代赦免制度，无疑具有相当重要的意义。

---

① 参见［法］卡斯东·斯特法尼等著：《法国刑法总论精义》，罗结珍译，中国政法大学出版社 1998 年版，第 658 ~ 659 页。

② 参见［英］戴雪著：《英宪精义》，雷宾南译，中国法制出版社 2001 年版，第 573 页。

③ 参见［德］拉德布鲁赫著：《法律智慧警句集》，舒国澄译，中国法制出版社 2001 年版，第 35 页。

（一）关于赦免权属性之纷争

在君主专制时代，司法权多附属于行政权。赦免权作为君主之特权，既可以视为司法权，也可以解释为行政权，两者并无内在冲突。但自从民主法治国家勃兴以后，由于诸权分立，竟使赦免权之归属成为疑问。[①] 正如康德所言，赦免权乃属所有主权力当中，最有“疑难性”的一种。[②] 这也导致中外学者对此问题见仁见智，可谓歧见颇深。

1. 立法权属性说

此种观点主张，赦免权乃立法权。其理由在于：在法治国家，一切皆应依法行事。任何法律均须由立法机关首先制定。无论是原则法，还是例外法，概莫能外。换言之，立法机关所制定的法律，立法机关也有权修正，甚至作出例外之决定。既然刑事法为立法机关所制定，而赦免乃属刑事法之例外，因而当然亦应由立法机关实施，行政机关、司法机关等其他机关均不可毫无拘束地作出例外之决定，排除法律之适用。[③] 就实务来说，瑞士宪法第 85 条、哥斯达黎加宪法第 121 条、厄瓜多尔宪法第 53 条都将赦免权赋予立法机关。法国、德国等国家的大赦，亦皆由立法机关依立法程序颁布实施，甚至美国独立之初的议会皆有赦免权。此外，大赦之颁布，大多是为了应付国家之灾异、兵变或社会不安、观念革新等问题。而此类问题一旦发生，往往使法律与现实社会之间出现不能合拍之情形，立法者在立法之时，竟然不曾就此情形预设解决之道，制定完善的法律，或者及早修正法律，以应急变，不为无过，虽非有心，终属难辞其咎。因此，由立法者实施大赦，也可以使其略尽补救之责。本来立法机关即有义务修改法律以应国家之需要，但法律本身并

① 美国在立宪之际，即因无法依据赦免之性质而为适当的三权分立归属，乃委诸人民自由决定应由何机关行使赦免权。人民基于实务上之方便，最终决定由行政部门实施赦免，赦免权遂成为总统之权。参见翟唤霞著：《赦免制度之研究》，台湾大学法律研究所 1989 年博士论文，第 103 页。

② 转引自苏俊雄：《减刑的哲学、法学与艺术》，载台湾《法律世界》第 18 期，第 46 页。

③ 参见［日］铃木寿一：《恩赦》，载［日］团藤重光编：《法律实务讲座》之刑事编第 12 卷，第 2921 页。

无溯及既往之效力，有时仍不如实施大赦更切合实际。所以，为了正确纠正当初立法之不足，赋予立法机关赦免之权，可谓恰当。①

2. 司法权属性说

此说主张，赦免权属于司法权。该观点认为，“司法独立”是法治国家之基石，但赦免权之行使则不仅会影响审判程序的进行，甚至可以动摇确定判决之执行力，若由其他机关实施赦免，必将损害司法独立，破坏司法尊严，故而应由司法机关决定“刑罚”与“赦免”。德国、法国等国家不仅理论上多采此说，而且立法上也多有体现。德国著名刑法学家耶林曾建议，设立一种超法典之法院，专门施行赦免。因为他认为，这样才可以维护实质正义，并彻底避免国家公权力的恣意行事。奥地利的法律实务界曾考虑采纳此种建议，并希望借此一举根本解决“平等原则”、“民主原则”与“法安定性”三者之间所存在的冲突。德国著名刑法学家耶赛克也认为，赦免在今日必须归属于司法权，因为国家刑罚权之内容应该同时包括刑罚与赦免。② 申言之，刑罚权与赦免权之行使，皆在决定罚与不罚，所以，司法权应该不排除赦免权。德国 1953 年 8 月 4 日的刑法修正案正是根据这一理论，将赦免之一部分划归刑事法庭推事之职权。而希腊更是有专门的司法赦免制度，其刑法典第 302 条第 2 款、第 314 条第 2 款根据 1984 年第 1419 号法令明确规定，如果犯罪人过失杀害或过失伤害的被害人是该犯罪人的近亲属，如果法院认为因为犯罪人已从所犯之罪中受到了精神折磨，而不必对其进行刑法处罚，那么就可赦免其刑。③ 此外，在遇到冤枉受罪之情形，借助赦免还其清白，实际也是司法权的具体运用。18 世纪时，欧洲的刑事诉讼制度尚不完备，每遇冤案，必须借由赦免，免除犯罪人之罪刑；而现今类似的案

① 参见翟唳霞著：《赦免制度之研究》，台湾大学法律研究所 1989 年博士论文，第 71 ~ 72 页。

② SeeJescheck：Lehrbuch des Strafrechets Allgemeiner Teil，1969，S. 586.

③ 希腊刑法典还明确规定，如果犯罪人的客观危害性极其微小，且考虑犯罪人之犯罪倾向（性格），认为作为阻止犯罪人进一步犯罪的手段适用刑罚已无意义（特别威慑），则法院可以免除被定罪者的刑事处罚。参见谢望原著：《欧陆刑罚制度与刑罚价值原理》，中国检察出版社 2004 年版，第 35 页。

件则可以通过上诉、再审、非常上诉等程序加以解决。这也从侧面说明，赦免权在平反冤狱方面，似可与司法权等同视之。①

3. 行政权属性说

此一观点主张，赦免权属于行政权。该说认为，基于三权分立之原则，赦免既非司法权，又非立法权，则必为行政权无疑。② 因为赦免的效力可以阻止刑罚之完全执行，而"刑之执行"并非司法权，乃系司法行政的权限，属于行政权之范畴。举凡停止行刑、假释等制度，都是经由行政机关予以实施的。而且，刑罚之发动一向也属于行政机关的职权。例如，提起公诉便是检察官的职权。检察官可以提起公诉，也可以作不起诉处分，且在提起公诉后，尚可撤销公诉。同理，赦免不过是行政权自行放弃刑罚权之举措，因此自无所谓"行政干涉司法"的问题，更遑论违背三权分立之原则。从实务来说，个别赦免多以行政机关为主要"赦免官署"。例如，个别赦免的受理申请及调查、裁决等事项，在德国由检察官负责指挥执行，在美国由赦免局负责，在日本则由中央更生保护审查委员会负责。在日本，甚至大赦也由其行政机关——内阁所操控。故而，此说一度蔚为风气，特别是在日本已成为通说。③ 在德国，也有很多学者认为，刑事司法领域的赦免是通过行政权的干预，使得个别生效刑事判决的法律后果被免除、减轻或者缓刑交付考验。在民主国家，人们不能再将赦免理解为权力分离所产生的国家元首的特权，而只能将其视为修正法院裁决的行政权的例外权限。④ 而这一理论见解在德国相关立法中亦有所体现。德国刑事诉讼法典第 452 条即明确规定，对于行使联邦审判权第一审裁判的案件，联邦政府有赦免权；对于其他案

---

① 参见翟唳霞著：《赦免制度之研究》，台湾大学法律研究所 1989 年博士论文，第 72 页。

② 参见［日］铃木寿一：《恩赦》，载团藤重光编：《法律实务讲座》之刑事编第 12 卷，第 2922 页。

③ 参见［日］铃木寿一：《恩赦》，载团藤重光编：《法律实务讲座》之刑事编第 12 卷，第 2929 页。

④ 参见［德］汉斯·海因里希·耶赛克等著：《德国刑法教科书（总论）》，徐久生译，中国法制出版社 2001 年版，第 1102～1103 页。

件，州政府有赦免权。我国也有论者认为，赦免不是根据立法程序或司法程序来行使立法权或司法权，而是根据行政程序消灭全部或者部分刑罚权，使国家刑罚权中求刑权、量刑权与行刑权中某一具体权能丧失。因此，赦免的根本内容是国家刑罚权的主动放弃，是对赦免对象的一种行政处分，其本质上是行政权对司法权的干预和制约，以适应政治、经济和社会发展形势的需要，或者调整形式法律与实质法律之间的矛盾，避免法律适用的刻板与僵化，进而达到补充和完善法律之目的。①

4. 混合属性说

此种观点主张，既不能将赦免权一概归诸立法权之范畴，也不能将赦免权全部视为司法权或行政权，而应该从大赦（一般赦免）和特赦（个别赦免）之不同角度分别研究赦免权之归属。据此，大赦权属于立法权，而特赦权则属于行政权。法国宪法学家狄骥即持此见解。他认为，从实质的角度讲，特赦令是条件司法法令，因为它为改变被判刑者的合法情形提供了条件，正是在此意义上可以确切地说，特赦令是一种行政法令。同时，还应该承认国家元首是以政治机关的身份实行特赦权，因为宪法对此已进行了明确授权，当作为政治机关运作的共和国总统宣布特赦时，特赦令绝不会受到针对越权行为的上诉。关于大赦，其目的是使得一个被刑法所预见并惩处的法律事实通过追溯效力被视为可免受处罚，大赦令的发布总是通过普遍的途径进行，因此毫无疑问是实质性的立法法令。如果大赦被给予某个确定的个人，那它就是对法律的个别违背，而个别大赦就是任意的法令，不能归入任何国家正常的司法职能之中。② 也有学者在肯定特赦属于行政权的基础上指出，尽管在传统意义上，大赦由君主或者国家元首根据社会发展形势的需要而实施，因而亦属于行政权，但是进入现代社会以来，由于大赦的涉及面广，社会影响大，世界各国已经越来越倾向于将大赦权转交给议会，由议会以法律的形式加以实施。而且，在大赦法律的制定与通过程序上较之于一

① 参见陈东升著：《赦免制度研究》，中国人民公安大学出版社2004年版，第141～142页。

② 参见［法］莱昂·狄骥著：《宪法学教程》，王文利等译，辽海出版社、春风文艺出版社1996年版，第94～95页。

般法律也更为严格，甚至必须经立法机关2/3以上多数票才能通过。各国在行使大赦时相当谨慎，其数量和范围都受到极其严格的限制。[①]之所以如此，主要原因便在于：一是大赦的适用范围十分广泛，只有立法机关颁行的法律才能有如此宽泛的影响力；二是大赦的效果不仅导致赦免对象罪和刑的消灭，而且刑罚的后遗效果也随即丧失。对赦免对象实体权利的处置能够达到如此全面、深入的程度，也必须以法律的形式进行，而不能交由行政权行使。因此，大赦在性质上不再是行政权能，而已转变为立法权能。[②]

（二）关于赦免权属性之论证

上述四种观点都以三权分立之原则立论，并展开论述，虽说均言之成理，但亦不乏疏漏之处。事实上，如果仅仅囿于三权分立学说，尚不能真正揭示赦免权之本质属性。

1. 诸学说之缺陷分析

立法权属性说主张，赦免乃属刑事法之例外，应由立法机关实施。对此，其他的学说曾反驳道，立法权的本来作用应是制定抽象而普遍适用的法规范，而并非解决具体之个案。然而，就个别赦免而言，其却是针对具体事件所作的有限适用之措施，这与立法权之主旨显有不合。即便就大赦（一般赦免）来说，似亦不宜由立法机关实施。因为大赦的适用旨在应付突发事故，因而必须把握恰当时机，发挥最大效果。如果还需要首先经由公开讨论议决，则既有失巧妙，又延误时日，很难取得预期的效果。[③]何况，要求国会人员经常到犯人受刑处所调查个案以及事后讨论决断，不仅人多口杂，多有不便，而且还会给人造成立法者享有

① 例如，依照1993年《俄罗斯联邦宪法》第103条之规定，俄罗斯发布大赦令的权力并不属于总统，而属于俄罗斯议会下院，即俄罗斯联邦委员会国家杜马。参见［俄］库兹涅佐娃等主编：《俄罗斯刑法教程（总论）》（下卷·刑罚论），黄道秀译，中国法制出版社2002年版，第819页。

② 参见陈东升著：《赦免制度研究》，中国人民公安大学出版社2004年版，第143页。

③ 参见［日］铃木寿一：《恩赦》，载［日］团藤重光编：《法律实务讲座》之刑事编第12卷，第2921页。

特权之印象，有侵夺司法权乃至行政权之虞。[①] 此外，立法权属性说基于法国、德国等国的大赦由立法机关依立法程序颁布实施，便推及赦免权属于立法权，也显失偏颇。事实上，赦免的类型除了大赦以外，还包括特赦、赦免性减刑、赦免性复权等。仅以大赦权属于立法权，就认定赦免权的属性为立法权，这在逻辑上是站不住脚的。

司法权属性说则主张，赦免权属于司法权，应交由法院行使。司法权的功能原本在于，依据刑罚法规而于司法程序中决定应否行使刑罚权。但是，赦免权如果成为司法权，便意味着将刑罚过程外之制度纳入刑罚法规体系，并导致其出现自我否定之内在矛盾。[②] 而且，法院本系依法定罪判刑之机关，如果允许其基于政治、经济等政策上之考虑而法外施恩，赦免有罪之人，岂不有违“司法”之功能？此外，司法权属性说多强调赦免之主要功能在于维护实质正义，但若果真如此，赦免机关只不过成为超级法院，从而在刑事诉讼程序上又增加一个审级罢了。这似乎并不能体现赦免制度的存在价值，并充分发挥其调整功能。何况，德国刑法理论与实务中所主张的赦免权属于司法权，乃主要是针对特赦而言，而并不包括大赦；即便特赦属于司法权，也不能贸然得出赦免权的属性为司法权之结论。

行政权属性说将赦免权归诸行政权，同样是不合适的。行政权、立法权与司法权并非国家权力之全部，赦免权纵然不属于立法权与司法权，也并不必然意味着其为行政权。即使在美国等强调三权分立的国家中，总统行使赦免权也并不是基于一般行政权，而是基于国家元首权。至于法国总统所享有的赦免权，更不能与一般行政权等量齐观。虽然理论与实务中大多认为赦免权乃行政权，而且实施赦免的机关也多为行政机关，但这只是表面现象，并不能据此证明赦免权即属于行政权。因为宪法授予国家元首之赦免权，远非一般行政权可以比拟，它足以使一个确定裁判归于无效。这种干涉权或者优先权，不仅足以与法官权力相抗

① 参见翟唳霞著：《赦免制度之研究》，台湾大学法律研究所 1989 年博士论文，第 73 页。

② 参见［日］铃木寿一：《恩赦》，载［日］团藤重光编：《法律实务讲座》之刑事编第 12 卷，第 2920 页。

衡，甚至于凌驾其上。虽然国家元首之赦免权不能废弃原判决或加重刑罚，但它可以基于各种不同的动机，尤其是法律规范以外之动机，作出有利于犯罪人之裁决，使其得以完全或部分地逃避法院所宣告之刑罚或处分。所以，赦免权与一般所谓的行政权截然有别。退而言之，即便可以将国家元首所享有的特赦权视为行政权，也并不能将通常属于国会之权限的大赦权也归诸行政权。至于那种基于赦免乃“刑之执行”而认为其应属行政权的观点，也是不正确的。因为赦免与“刑之执行”从根本上讲是两码事，赦免并不受刑法的拘束，而且赦免并未执行什么，而至多是决定阻止法律之运行或任其运行而已。① 赦免并非一般的依法行政权，亦非司法行政权，而是超越法律之上的宪法权力。如果直接将该权力赋予行政机关，那么既会破坏依法行政原则，也将妨害司法独立，与法治国之精神不符。②

混合属性说主张，对于赦免权之属性不能一概而论，而应根据不同的赦免类型进一步作深入分析。此一观点看到了前述三种观点的疏漏之处，从而以较为全面的观点来剖析赦免权之属性，并得出大赦权属于立法权而特赦权属于行政权之结论，因而较之于其他观点更具可取性。不过，该观点依然未能跳出三权分立学说之窠臼，故而也不能真正揭示赦免权的属性。基于三权分立原则立论，其结果只能是破坏三权分立，导致众说纷纭、莫衷一是。

2. 赦免权属性之探究

“三权分立”原则系西方国家政治制度的灵魂与核心，其理论来源是18世纪法国资产阶级启蒙思想家孟德斯鸠的分权学说。孟德斯鸠认为，权力的集中必然导致暴政。因为“一切有权力的人都容易滥用权力，这是万古不移的一条经验。有权力的人们使用权力一直到遇到有界

---

① 转引自翟唳霞著:《赦免制度之研究》，台湾大学法律研究所1989年博士论文，第74页。

② 参见翟唳霞著:《赦免制度之研究》，台湾大学法律研究所1989年博士论文，第73～74页。

限的地方才停止。”[①] 故而，为了防止权力的滥用，就得分散和牵制权力，以权力约束权力。具体而言，即是将国家权力明确划分为立法权、司法权和行政权，三权各自独立，分别由议会（或国会）、政府和法院三个不同的国家机关掌握和行使，同时它们之间又相互制约，保持国家权力的均衡。的确，“三权分立”学说中所包含的分权和制衡的思想，是建立在一个“超时代”的前提上面，因此时至今日还没有任何一种政治理论或实践能够否定其有效性。[②] 但是，三权分立学说的提出毕竟有其历史局限性，其在实践中的贯彻也产生了诸多变异。实践表明，掌握行政权的总统、总理越来越集权于一身，以致行政权力膨胀，立法权与司法权相对削弱，三者之间呈现出非均衡状态。立法权、司法权与行政权的界限已不能截然区分，其权力行使之机关亦出现交错。以立法权为例，尽管立法权属于国会，作为行政首脑的总统本没有立法权，但在美国等许多国家，总统实际上拥有广泛的立法创制权，他把权力的触角伸向立法机关，活灵活现地干预和左右立法。总统行使实质立法权的手段多种多样，如议案否决权、提案优先权、委托立法权、行政缔约权等等。即便是作为司法机关的法院，也以其“司法立法”吞噬着立法机关的传统领地。[③] 权力界限的模糊性与权力主体的交错性意味着，我们不能仅凭借法律将赦免权赋予国家元首、议会或者法院行使，便认定其属性为行政权、立法权或者司法权。事实上，赦免权的属性与赦免之功能密切相关，两者之间当为实质与形式之关系。赦免权的属性决定其具体的功能，而赦免之功能则体现其属性。只有全面地把握赦免之功能，才能准确揭示其属性。基于赦免所具有的纠正司法错误之功能，可以把赦免权归诸司法权；基于赦免具有排除法条适用、救济法律之穷的功能，可将其视为立法权；基于赦免所具有的免除刑罚、鼓励犯人改过迁善之功能，则可将其归于行政权。而由于赦免具有多元化功能，因此赦免权即同时包含着立法权、司法权与行政权之意蕴，这也正是权力制衡之当然

---

① 参见［法］孟德斯鸠著：《论法的精神》（上册），张雁深译，商务印书馆1982年版，第154页。

② 参见梁治平著：《法辨》，贵州人民出版社1992年版，第216页。

③ 参见戚渊著：《论立法权》，中国法制出版社2002年版，第203页。

结果。如果将赦免之功能仅仅局限于某一个方面，便会得出有失偏颇的结论。进而言之，赦免作为一种国家权力，其有赖于立法权、司法权与行政权三者之通力合作，始克竟其全功。[①] 仅从三权分立的角度孤立地分析赦免权的归属，实非恰当之举。事实上，赦免实乃三权分立原则之例外，且应该由国家元首或者议会依据宪法及赦免法所确定的程序及宗旨予以实施。如此理解赦免之属性，既可以避免三权之争，又能使赦免权合乎“超刑法”之特性，符合赦免之法理与哲理。[②] 而今，这一看法实际也为很多学者所主张，[③] 甚至得到德国等一些国家判例之认同。

（原载《法学家》2005 年第 4 期）

① See The Bar Association of St. Louis Fondation: Constitutional Freedom and the Law, 1965, p. 17.

② 参见翟[illegible]霞著：《赦免制度之研究》，台湾大学法律研究所 1989 年博士论文，第 75 页。

③ 参见［韩］郑贤美等著：《赦免制度之现状与思考》，韩国刑事政策研究院 2003 年版，第 60 页。

论赦免权的行使及其限制

阴建峰

现代赦免制度不仅具有非常重要的刑事政策机能，而且也有其存在的内在根由，但赦免权仍应谨慎运用，因为滥用的结果只能是使赦免本身变成另外一种恶。正如边沁所言："如果法律太严厉，赦免权就是一个必要的矫正，但是，这一矫正，本身又属于一种恶。"① 就此而论，应当对赦免权的行使设置必要的限制，以杜绝滥用赦免权之现象出现。本文即拟在剖析限制赦免权行使之必要性的基础上，探讨赦免权行使的限制性原则。

一、限制赦免权行使之必要性

笔者认为，对赦免权的行使加以限制的必要性，应该从权力制衡的必要性和赦免制度自身所具有的弊端两个方面来把握。这里仅立足于比较赦免制度的利弊，着重从揭示其主要弊端之角度凸显限制赦免权行使的必要性。

（一）赦免是宽容还是纵容?

赦免制度肯定说认为，赦免是对犯罪人的一种宽容，具有感化功能，有助于维护社会稳定。而否定说则认为，赦免是对犯罪人的一种纵容，它使犯罪人产生侥幸心理，不利于对犯罪人的教育改造。② 我国古代众多持否定说者即认为，赦赎无异于"劝奸"。正是因为如此，我国古代赦免制度中才出现了"闻知有赦而故犯者，不赦"之规定。而如今日本内阁在颁布大赦令之前，也总是要求阁员切实保密，以免犯罪增

① ［英］吉米·边沁著:《立法理论》，李贵方译，中国人民公安大学出版社 2004 年版，第 409 页。

② 参见陈兴良:《本体刑法学》，商务印书馆 2001 年版，第 890 页

多。这也从侧面说明，赦免具有纵容犯罪之弊。

此外，有学者指出，“所谓庆典性的免罪性赦免，也即毫无意义地赦免那些最无资格享受庆典的人，无疑是头脑发昏的表现。”① 笔者以为，上述批评性意见较为深刻地揭示了国家庆典之际施行赦免之弊端，因而有其合理性。但是，赦免制度在特定情况下亦能发挥其彰显国家德政之功能。事实上，某一制度本身往往是利弊共存，我们既不能基于其积极作用而对其弊端视而不见，但也不能仅仅着眼于其弊端而看不到其任何积极的作用。赦免制度的存在价值，也正是通过这些具体方面的利弊权衡才得以体现的。正如有学者所言，赦免制度究竟是宽容还是纵容，关键是要把握一个度，过分的宽容就会变成纵容，而有节制的宽容，体现了法律原则性中的灵活性、威严性中的柔软性和确定性中的变通性，更能实现法的社会功能。②

（二）*赦免是法治还是人治？*

肯定说认为，赦免是国家权力机关或者国家元首以法律的形式实施的，是对罪刑关系的灵活变通，因而仍然是一种法治而非人治。③ “赦免法案无论如何宽大，仍然以法律为行动的准绳，是议会立法主权的必然结果。”④ 否定说则认为，赦免往往是国家元首以个人名义实施，体现的是人治而非法治。

其实，赦免制度有其存在的正当性依据，而并不违反罪刑法定原则、适用刑法人人平等原则。尽管从表面上看赦免似乎确与有罪必罚之要求相抵牾，但是从整体而言赦免制度有其“超法规”的价值，是为了保全社会整体利益而牺牲被犯罪侵犯的直接权益，故而是一种对特定个

---

① ［意］杜里奥·帕多瓦尼著：《意大利刑法学原理》，陈忠林译，法律出版社 1998 年版，第 395 页。

② 参见陈兴良：《本体刑法学》，商务印书馆 2001 年版，第 889 页。

③ 参见陈兴良：《本体刑法学》，商务印书馆 2001 年版，第 890 页。

④ ［英］戴雪著：《英宪精义》，雷宾南译，中国法制出版社 2001 年版，第 276 页。

体无益但对社会整体有益的制度。[①] 上述认为赦免权的设置有以“人治代法治之嫌”的观点，乃基于民国时期特定的时代背景而提出的，此番担忧虽并非全无道理，但是，在以宪政民主和刑事法治为根基而构建的现代赦免制度中，赦免权的行使已不能如古代帝王般恣意而无所顾忌。即便是国家元首的赦免权，通常也已不是由元首个人独断专行，而须征询专门赦免机关之建议，并遵循法定的程序和规则。

（三）赦免是补救还是破坏？

肯定说认为，赦免对法律具有衡平功能，在某些法律处理不妥的情况下，可以通过赦免加以补救。而赦免否定说则认为，赦会降低国家的威信，破坏法律的尊严，导致被害人心理不平衡，引发新的社会矛盾。[②] 笔者认为，虽然赦免会影响审判程序的进行，甚至可以动摇确定判决之执行力，从而在一定程度上冲击了司法权，但始终不是对法律乃至法治的否定，仍应被视为对法治的补救而非破坏。笔者认为，在以下情况下，应考虑充分发挥赦免制度之机能，以限制并缓和刑罚之科处，修正刑事判决之过分严厉性，借以补救法律不足、救济法治之穷：（1）法律已经变更，原来的犯罪行为，现在法律已经废止其刑，或者应受较轻之刑罚，但基于法律不溯及既往之原则，犯罪人并无享受减刑之机会；（2）犯罪人的主客观因素发生变化，如犯罪人已与被害人或其遗属和解、犯罪人性格改善、岁月的经过已冲淡社会敌意等，但法院却无法预见，以致量刑过重，事后又无法补救；（3）犯罪人情状可悯，又无再犯之虞，应予宽释，但不符合法定条件，以致不能享受假释、缓刑、停止执行等处遇之情形；（4）犯罪人身受冤屈，却无新证据足以推翻原判决，以致不能开始再审之诉；（5）法律虽未变更，但社会观念已变，而有新的判例产生，则往往亦须实施赦免，以迎合社会思潮，并维系法律平等原则。[③] 当然，赦免只能是一种补充性的手段，从而对立法或司法

---

① 陈东升：《赦免制度研究》，中国人民公安大学出版社 2004 年版，第 246 页。

② 参见陈兴良：《本体刑法学》，商务印书馆 2001 年版，第 889 页。

③ 参见翟唳霞：《赦免制度之研究》，台湾大学法律研究所 1989 年博士论文，第 9 页。

中的个别不妥起补救作用，但不能滥用甚至完全取代其他法律，否则便是对法律乃至法治的破坏。

（四）赦免是追求正义，还是蔑视正义？

赦免究竟是追求正义，还是对正义的蔑视？对此，学者们也有不同看法。德国刑法学家耶林认为，赦免的存在，无疑是法律为了实践其目的，在情势变更后，对于严格的规范压力所设的安全阀，或对于抽象的法规而言，是一种正义的自动调整力。从而，对于犯罪者，居于特殊情况时，施以合乎法律目的性的减免恩典，外表上似乎与刑法处罚犯罪、保障社会安全的原意不符，但是在实质上，这是法律容纳情理因素之后，其本身的自动调整，借以发挥具体妥当性的作用，与正义理念在本质上相称不悖。① 当然，也有学者认为，“那些只是为了减少积案或者减轻监狱等羁押场所人满为患等问题而颁布的免罪性赦免，在政治上是缺乏远见和蔑视正义的表现，应当加以取消。”② 实际上，前者是基于赦免制度具有实质正义而予以肯定，而后者则基本是从丧失形式正义的角度，明确对其中的免罪性赦免加以否定，可以说各有其道理。关键便在于，当实质正义与形式正义发生矛盾时，究竟如何取舍。

具体到赦免制度而言，其正是作为一种补充法律不足之替代措施，适用于特定情况下的犯罪者，以求发挥具体的妥当性之作用。这不仅合乎法律之目的性要求，而且从实质上讲，也是不违背正义理念的。

（五）赦免是鼓励自新迁善，还是危害社会治安？

赦免制度具有鼓励犯罪人自新迁善之功能。新中国成立后对战争罪犯的次特赦很好地说明了这一点。当然，赦免鼓励犯罪人自新迁善的功能只能在有限的范围内发挥作用。毕竟对犯罪人适用赦免时，通常并不考虑其主观恶性和悔过表现；倘若犯人尚未悔改即被释放，由于其主观恶性仍然存在，又不能为社会大众所接纳，犯罪人往往会对社会充满敌意，动辄施以报复手段。故而，此等犯罪人进入社会，必然危害社会治

---

① 参见翟唳霞：《赦免制度之研究》，台湾大学法律研究所 1989 年博士论文，第 7 页。

② ［意］杜里奥·帕多瓦尼著：《意大利刑法学原理》，陈忠林译，法律出版社 1998 年版，第 395 页。

安。所以，赦免权的行使必须谨慎，绝不能滥用。但是，显然不能因为赦免制度在适用中具有这些弊端，便因噎废食，主张废除该制度，而应从整体上考虑其存在价值。

二、赦免权行使之限制性原则

那么，究竟应如何规范与限制赦免制度的运作，以杜绝赦免权的滥用呢？笔者以为，应首先确立赦免权行使的一系列限制性原则。从罚与不罚的角度说，国家赦免权的行使与刑罚权的行使是彼此对立的。但同时两者在保障人权、追求合目的性、防止恣意行使等方面又有相互对应的关系。基于彼此之间对应的构造，同构建刑罚权行使原则一样，我们也可以就此构建规范赦免权行使的模式。在此基础上，笔者认为，法治国家范畴内赦免权的行使，主要应遵循如下原则：

1. 法律主义原则。各国刑法甚至宪法中往往明确规定罪刑法定原则，即“法无明文规定不为罪，法无明文规定不处罚”。这是法律主义原则在刑事法领域最直接的体现。与之相应的是，对于行为人所实施的犯罪，在什么情况下不予惩罚，同样也应由法律作出明文规定。这既包括赦免适用的条件、程序由法律明文规定，也包括赦免所适用之对象由法律明文规定。

2. 禁止溯及既往原则。赦免作为刑罚消灭事由，其适用的效果将导致“不罚”，因而应该遵循禁止溯及既往之原则。换言之，赦免的效力不能及于已经执行完毕的刑罚。

3. 禁止私自赦免原则。赦免和刑罚的减轻或者免除一样，也应通过法定形式进行，而不能任由个人私自确定。即便是将赦免权赋予国家元首，也并非意味着国家元首个人可以独断专行。国家元首在作出是否赦免之决定前，应将案件交由处理赦免事务的专门委员会审议，并听取该委员会的建议。

4. 禁止不当差别原则。适用刑法人人平等是刑法基本原则之一，由于赦免权的恣意性行使可能导致不当差别，故也应在平等原则的约束下行使赦免权。除此之外，赦免权的行使还需要遵循一些原则，诸如效益最大化原则、最后手段原则、民意原则等。① 由于赦免制度是以牺牲法的稳定性为代价而保全社会整体利益，故而应追求效益的最大化。又由于赦免具有补充性的基本特征，所以应在其他手段不能解决问题时，谨慎为之。而且，行使赦免权的政府应是民主的政府，通过定期选举产生，能够反映民众的意愿。而设定这些限制性原则的主旨，都在于防止赦免权的滥用，从而充分发挥赦免制度的刑事政策机能。

（原载《政治与法律》2006 年第 2 期）

① 邓华平等：《论中国赦免制度的法典化》，载《西南政法大学学报》2004 年第 6 卷第 4 期。

宽严相济刑事政策下的死刑赦免制度研究

蒋 娜

在构建社会主义和谐社会的伟大进程中，中共中央于2006年10月正式提出“宽严相济的刑事司法政策”，这直接推动我国的刑事政策由“严打”转向“宽严相济”。死刑赦免，作为宽缓刑罚与限制死刑的制度，在“严打”刑事政策下被长期闲置，而“宽严相济”之确立与贯彻，则为该制度的践行与完善提供了理论支撑与政策保障。鉴于古今中外的死刑赦免常用于国家庆典活动，恰逢新中国成立60周年之际，本文拟在总结与反思我国死刑赦免制度的基础上，探究和谐社会践行这一制度的现实意义及宽严相济刑事政策下的制度完善，以期发挥其特有的刑事政策功能和减少死刑的作用。

一、我国死刑赦免制度的现状及弊端

死刑赦免制度，是指国家对任何被判处死刑的人免除或减轻其罪或刑的制度。它广泛存在于保留死刑国家的法律体系之中，且经废止死刑的国家实践证明，具有限制死刑的执行量、减少死刑错案率、保障死刑犯的人权及促进死刑最终废止等积极作用。而我国的死刑赦免制度，仅在宪法、刑法与刑事诉讼法中略有提及，且1975年以来长期闲置不用。这表明，我国死刑赦免的现状堪忧，可能会影响其刑事政策功能的正常发挥。

（一）现状之总结

我国现行宪法仅明确规定了特赦的决定权和发布权，刑法和刑事诉讼法也分别在累犯和不起诉条款中涉及赦免制度。在宪法层面，1982年宪法第67条第17项规定，全国人民代表大会常务委员会行使决定特赦的权力；该法第80条又规定，中华人民共和国主席有发布特赦令的权力。而在刑事部门法层面，刑法第65条和第66条，以及刑事诉讼法第

15 条也对赦免制度有所规定。正是由于相关的立法空缺较多，死刑赦免制度的可操作性较差，在我国的实践中通常难以适用，而仅针对于特殊时期的特定事由。从 1959 年到 1975 年，我国一共实行过七次特赦，其适用对象或前提条件是特定的，之后便没有任何赦免的实践。这一闲置现象，部分源于对象或条件的局限性，使其应然的特殊性难以展示，重要价值或现实意义也无从体现。

总之，我国的死刑赦免制度，不仅立法规定粗疏、可操作性较，而且司法适用过少。这一立法与司法状况，使其呈现出有名无实甚至完全边缘化的鲜明特征。①

（二）弊端之反思

基于现状总结与特征分析，我国死刑赦免制度的立法缺陷显而易见，而由此导致的种种弊端值得深思与反省。这主要表现为：

1. 种类与外延不明，可能影响死刑赦免的正常依法适用。根据我国现行宪法，死刑赦免制度的种类与外延，仅限于特赦而非大赦。考虑到刑法中累犯的规定及新中国成立以来若干赦免的实践，我国的特赦制度也只免除或减轻原判刑罚的执行，以体现适度的宽宥。这严格区别于免予刑事责任追究的大赦制度。然而，刑事诉讼法第 15 条规定："有下列情形之一的，不追究刑事责任，已经追究的，应当撤销案件，或者不起诉，或者终止审理，或者宣告无罪：……（三）经特赦令免除刑罚的……"这里所谓的特赦，既可免除刑罚亦能消灭刑事责任的追诉，冠以特赦之名而实属罪刑兼免之大赦。显然，这类空缺较多和明确不足的法律规定，难以有效避免部门法与宪法之间的矛盾冲突，并易于导致死刑赦免适用的随意性和非正常化。

2. 适用范围的局限，致使死刑赦免应有功能的发挥受限。由于我国法律尚无相关规定，司法实践中缺少统一的标准与合理的范围。根据以往七次特赦的实践，适用对象主要是战争罪犯，偶尔会涉及反革命罪犯和普通刑事犯。这些有限的范围，虽足以满足当时的政治需要，但不能适应后来政治形势与经济情势的发展变迁，并成为死刑赦免制度长年闲

① 参见赵秉志、阴建峰：《和谐社会呼唤现代赦免制度》，载《法学》2006 年第 2 期。

置的重要影响因素。与国际标准相比，其范围也太有限，且二者相差甚远。这势必影响死刑赦免制度在我国发挥其应有的刑事政策功能。

3．启动条件之严苛，降低了死刑赦免的利用率及其效能。我国的赦免实践表明，并非所有的死刑犯均可适用死刑赦免制度，而只有经过一定时间的关押和改造、且在服刑期间确有改恶从善表现的，才可能符合启动赦免的基本条件。如此严苛的条件，必然大幅减少死刑赦免的使用概率，如1975年后我国不再适用赦免制度。进而，这数十年的闲置状态，也严重影响赦免效能的正常发挥。

4．程序模式之简单，实际限制了死刑犯权利的保障程度。根据1982年宪法的有关规定，赦免制度一般采用自上而下的单向模式，即先由全国人大常委会决定，之后国家主席发布特赦令，而非上下并行的双向模式。这样简陋和单一的程序，在立法上排除了死刑犯主动寻求赦免之权利，并在实践中影响死刑赦免制度的灵活运用。这有悖于相关的国际标准与习惯法要求，也不利于死刑犯寻求赦免权的正当行使和充分保障。

由此可见，制度设定的缺陷与不足，易于招致制度本身的不当适用，影响其作用与效能的发挥，也难以实现相关的权益保护。鉴于我国的死刑赦免制度旨在消弭过多的死刑立法，以严格限制执行死刑，其被边缘化的情况，必然影响我国现阶段死刑废止的逐步推进与宽严相济刑事政策的切实贯彻。

二、和谐社会呼唤死刑赦免之践行

伴随着和谐社会的建设，宽严相济的刑事政策应运而生并不断发展。而死刑赦免制度之践行，有利于和谐社会背景下宽严相济刑事政策的实施。据此，和谐社会呼唤死刑赦免在中国的践行，以最大限度地增加国际与国内的和谐因素。

（一）国际社会和谐之必需

构建和谐的国际社会，需要世界各国的共同努力与加强合作。这要求各国积极履行国际人权义务，有效惩治国际罪行，以维护国际和平、安全与秩序。

一方面，各缔约国应当履行其应尽的国际人权义务。寻求赦免的权利已获得各国的广泛认可，在多国的实践中死刑赦免也“通常先于立法变革”。[①] 这使死刑赦免制度逐渐发展成为一项国际习惯规则，并在国际人权公约中有所体现，正如《公民权利和政治权利国际公约》第6条第4款的相关规定，即“任何被判处死刑的人应有权要求赦免或减刑”。尽管中国尚未批准该公约，但作为签署国不得违背公约的目的和宗旨，即未废除死刑的国家需要慎用死刑和保障死刑犯赦免权，以逐步限制并最终废止死刑。

为了早日批准本公约，我国立法需要为死刑犯提供寻求赦免或减刑的可能及其操作程序。然而，我国法律中尚无死刑犯赦免权的明确规定，关于死刑犯减刑的适用范围，也仅限于被判处死刑缓期两年执行的罪犯。可见，本公约规定的死刑犯赦免权，在中国法律中未能充分反映或有效保障。这样，我国就更需要践行死刑赦免制度，发挥其限制死刑与人权保障的功能，以切实履行死刑保留国负有的保障赦免权等人权义务。

另一方面，各缔约国依据强行法或条约规定，还负有加强引渡合作与惩治国际罪行的义务。由于国际法上存在死刑犯不引渡的原则与惯例，死刑问题就成为国际引渡合作的难点所在，这在保留死刑的国家引渡犯罪人时表现尤为突出。为了国际引渡合作的顺利实现，我国需要启用与践行死刑赦免制度，即“赦免被追诉者的死刑，将犯罪人引渡回国进行审判，进而实现刑罚的目的”。[②] 这并非意味着被追诉者罪不当死，而是为了将其引渡回国并接受我国刑罚的处罚。换言之，死刑赦免制度的适用，切实加强了国际引渡合作，使外逃的犯罪人难以逃脱我国刑法的处罚。而且，为了推动国际合作与惩治国际罪行，我国也需要发挥死刑赦免制度的积极作用。以国际恐怖主义犯罪为例，如果被判处死刑的恐怖分子中有他国公民，就可能引起外国政府的干预，甚至影响国际合作的进展；但是，倘若不依法判处他们死刑，则不利于有效惩治这类国

---

① ［加拿大］威廉姆·夏巴斯著：《国际法上的废除死刑》（第三版），赵海峰等译，法律出版社2008年版，第389页。

② 蒋兰香、李昀：《死刑赦免制度构建的必要性和可行性分析》，载《时代法学》2007年第5期。

际犯罪，也难以维护国际社会的整体安全与秩序。面对两难困境，死刑赦免制度在中国的适用，就成为妥善解决相关问题的客观要求与理性选择。因为，对这些特殊的恐怖分子予以赦免，既有效维护了我国的刑事司法独立，也充分展示了政府的国际合作姿态，从而有益于国际社会的反恐合作与和谐安宁。

（二）国内社会和谐之要求

作为社会主义和谐社会的必要组成部分，宽严相济刑事政策为我国的死刑赦免制度奠定了坚实的政策基础。在当代中国的死刑废除之路上，死刑赦免制度只有以宽严相济为政策指导，才能发挥其特有的功能与作用，以严格限制和逐步废除死刑。这样，宽严相济刑事政策下的死刑赦免制度，就成为国内社会和谐的客观需求和重要因素。

以宽严相济为政策指导，这一制度有利于缓解刑罚的严厉、限制死刑的适用，以"救济法治之穷"，[①] 使司法工作适应天理与人情。为了贯彻少杀、慎杀的死刑政策，我国刑法与刑事诉讼法中素有控制死刑的诸多措施，但我国刑法设立的死刑罪名过多过滥，司法实践中死刑的判决标准等问题也屡遭批评。而死刑赦免制度强调死刑案件中法理与情理的矛盾调处，必将大幅减少死刑适用与降低其实际执行量。因此，当代中国需要积极构建死刑赦免制度，以实际不执行逐步推进死刑废止，并以此化解矛盾与共促和谐。

这一制度有助于纠正司法误判，防止或减少误杀。司法实践中，死刑错判在所难免，即使报请最高人民法院核准的死刑案件，也有20%左右的改判率。[②] 由于生命权是人权体系中最基本和首要的权利，现代法治国家更应该珍视公民的生命，绝不能滥用或错用死刑，以免于招致无可挽回的生命损失或社会秩序的重大破坏。为了尽量减少冤假错案的发生，我国应在刑法中设立死刑赦免制度，在刑事诉讼法中设置相应的程序，并践行对死刑犯的赦免实践。这将最大限度地避免错杀和滥杀，以

---

① 阴建峰：《现代赦免制度论衡》，中国人民公安大学出版社 2006 年版，第 172 页。

② 参见胡云腾：《存与废：死刑基本理论研究》，中国检察出版社 1999 年版，第 282 页。

尽可能地增加社会和谐因素。

这一制度有益于鼓励自新和实现刑罚目的。基于教育与矫治及社会防卫的刑罚目的，我国现行的宽严相济刑事政策，要求对罪行极其严重的犯罪分子处罚更重，对于可能改造好的犯罪分子则本着人道主义的精神适当处罚。事实上，死刑案件有社会危害性程度之分，对于穷凶极恶的犯罪分子判处极刑，可起到以儆效尤的刑罚效果，而对于犯罪动机非十分恶劣的犯罪人或者激情犯罪人，则不宜判处死刑立即执行，而需赋予其被教育和改造的机会。"即使被判处死刑立即执行的犯罪人，也可能会有主观恶性和人身危险性的变化。在主观恶性和人身危险性变小的情况下如果赦免其死刑，既可以感化死刑犯，使其弃恶从善，也可以充分发挥刑罚的威慑功能，教育和改造犯罪人。"① 所以，宽严相济的政策同样适用于死刑犯，即只有其中民众和法律都评价为罪行极其严重的，才可以依法执行死刑。

三、宽严相济刑事政策下死刑赦免制度的立法完善

宽严相济刑事政策，是当前我国的基本刑事政策，全面指导我国的刑事立法与司法等诸多方面及其整个过程，也同样适用于死刑赦免制度之践行与死刑犯赦免权的保障。而我国死刑赦免制度的缺陷与弊端，严重影响其刑事政策功能的正常发挥。为了坚持与贯彻宽严相济的刑事政策，有必要全面加强我国死刑赦免制度的立法完善工作。

1. 确定赦免的类型和立法模式

依据免除的具体内容之别，赦免可分为罪刑并赦的大赦和仅赦刑的特赦。由于大赦不问情况对普通刑事罪犯一律"大规模地赦免"，② 很可能引起强烈的社会反对，甚至带来严重的弊端与副作用。③ 它既影响国

---

① 蒋兰香、李昀：《死刑赦免制度构建的必要性和可行性分析》，载《时代法学》2007 年第 5 期。

② ［意］加罗法洛：《犯罪学》，耿伟、王新译，商务印书馆 1996 年版，第 326 页。

③ 参见马树勇：《构建和谐社会应当完善现代赦免制度》，载《北京政法职业学院学报》2009 年第 1 期。

家的威信，破坏法律的尊严，并妨碍特殊预防或一般预防的实现。因此，我国宪法仅简要规定了特赦而非大赦；但遗憾的是，宪法的一般性规定，未具体到死刑赦免这一特殊制度。

关于死刑赦免的立法模式，当今世界较典型的有法国模式与我国台湾模式两种。前者“是宪法规定原则、刑法规定实体、刑事诉讼法规定程序”；而后者“是以单独制定‘赦免法’来规范赦免”。[①] 我国现行立法的有关模式，与法国模式有相似之处，但立法较为粗疏且存在矛盾冲突。为了实现死刑赦免的法制化与规范化，我国应当基于立法现状与法律文化传统之国情，并结合其他国家成熟的立法经验，修改有关的赦免立法。例如，可考虑在宪法中概括规定死刑赦免，为这一制度奠定坚实的宪法基础，同时为了适用和操作上的便利，还应当制定专门性的赦免法，即系统规定赦免的种类、权限、程序、效力等问题。

2. 拓宽可赦免的死刑犯之范围

我国历史上的几次赦免主要针对的是战争罪犯，这与当时的历史背景相关。在和平年代，战争罪犯并非犯罪现象中的绝对主体，若将可赦免的被判处死刑的人限于战争罪犯，则实际上死刑赦免制度就等于虚设。据此，理应将普通刑事案件中的死刑犯也纳入可赦免的对象范围。而且，这里的死刑犯，既包括已经死刑复核程序核准的判处死刑立即执行的罪犯，也涵盖被判处死刑缓期两年执行的犯罪分子。虽然判处死缓本身即为对死刑犯的宽缓处罚，但死缓犯作为死刑犯的类型之一，同样需要国家给予赦免或减刑。

3. 明确赦免死刑犯的前提条件

从我国的几次特赦来看，赦免死刑犯都以其改恶从善为基本前提。然而，为了充分发挥死刑赦免应有的刑事政策功能，更多因素可成为实践中死刑犯赦免的启动理由或前提条件。其一，基于法理与情理之关系协调，可考虑被告人丧失心理能力、智力迟钝或其他失去理性行为的因素；其二，基于司法误判之纠正功能，可考虑死刑犯的定罪是否存在疑问；其三，为了纠正误判和保障人权，可考虑同案犯中同罪异罚的法律

---

① 裴昱：《我国赦免制度的缺陷及立法完善》，载《河南司法警官职业学院学报》2008 年第 2 期。

误判因素；其四，基于司法工作对人情与民意的适应性，亦可考虑公众呼吁该行为人无须执行死刑的情况；其五，为了鼓励犯人自新和实现刑罚目的，可考虑行为人在等待死刑执行时改过自新的因素；其六，为了减少误判与防止误杀，审判的非公正性也在赦免死刑犯的考虑因素之列。①

4. 制定完善且具体的操作程序

我国可以借鉴国外立法的成功经验，设立专门的赦免受理机构即赦免事务委员会，并详细规定具体的操作程序。这主要包括死刑赦免的启动和审议程序及相应的补充程序等方面。

（1）启动程序

关于启动模式，为了充分保障死刑犯的寻求赦免权，我国可兼采“由上而下”和“由下而上”的双向模式。第一种模式，是国家权力的运作式，即由有权机关根据需要综合考量与权衡利弊，而对死刑犯提起特赦的程序。由于此模式不受被赦免对象主观意志的影响或干扰，且有关机关必须依法受理提出的特赦请求，它具有符合我国的传统观念、易于为民众广泛接受以及保证启动案件的高质量等优点。而第二种模式，是公民权利的行使式，由特赦适用的对象即死刑犯本人或其近亲属，最先启动死刑特赦程序。它具有充分体现程序正义、正当性更令人信服之优势与特征。② 这样，双向并行的模式将有助于博采众长、消弭缺陷，以最大限度地保障死刑犯的合法权益。

关于申请主体，基于启动模式的双向并行，启动申请的提出者呈现出多元化与复杂化。总体上，申请主体既可为国家机关，也可是公民个人。这里的公民，既包括与死刑案件有关联的普通公民，又涵盖此类案件中特定的法律职业人。具体而言，有权机关根据赦免事务委员会的建议，可以主动对特定的死刑犯予以特赦；死刑犯本人或者其亲属亦可提出赦免申请；犯罪人所在的羁押场所，以及检察官所属的有关检察机关等，均可代为提请死刑赦免。如此广泛的申请主体，将有效避免死刑赦

---

① 参见阴建峰：《赦免程序比较研究》，载《云南大学学报》（法学版）2005年第5期。

② 参见王娜：《中外赦免程序比较》，载《法治论丛》2004年第3期。

免制度的长期闲置或虚设不用。因为在我国的历次特赦中，特赦由党中央或国务院提出。这些有限的申请主体，曾经使我国的死刑赦免制度闲置了长达30余年。而我国理应吸取历史教训，赋予死刑犯和检察官等更多主体一定的赦免申请权。

(2) 审议程序

关于建议主体，全国人大常委会可以下设专门的赦免事务委员会①，作为我国审议死刑赦免案件的建议机关。其提出建议的依据是有关当事人或有权机关提交的死刑赦免申请及相关资料，且建议的对象是专理死刑犯特赦的审查机关。其作出的建议，必须经过听证程序之后，方可提交审查机关。

关于审查主体，赦免事务委员会作为审务工作的专门机关，负责严格审查死刑犯的特赦案件。这里的审查，是全面且深入的实质审，涉及事实认定是否准确、定罪量刑是否适当、死刑犯是否符合法定的赦免条件等多项内容。其审查的整个过程，都注重对死刑犯的人身危险性、社会对死刑犯的客观评价，以及被害方、原审法官或检察官的意见之综合考量。最终的审查结论，将以报告书或意见书的文本形式提交。

关于决定机关，依据我国现行宪法之规定，全国人民代表大会常务委员会是有权决定死刑赦免的合法主体。其决定程序可考虑细化为：在收到审查主体提交的死刑赦免报告书或意见书之后，通过审阅这些死刑赦免报告或意见，并以简单多数表决的方式，确定是否对特定的死刑犯实施赦免制度。

关于发布机关，我国现行宪法明文规定，将国家主席列为有权颁行特赦令的合法主体。相关的程序可具体化为：对于全国人民代表大会常务委员会决定赦免的死刑犯，先由国家主席发布死刑赦免的特赦令，再交由最高人民法院改判为无期徒刑或其他刑罚。

(3) 补充程序

鉴于死刑犯执行的特殊性，我国的死刑赦免程序应当与有关的法律

① 参见赵秉志、阴建峰：《和谐社会呼唤现代赦免制度》，载《法学》2006年第2期。

制度协调与互补。[①] 例如，有关立法需明确规定，延长等待死刑执行的时间，以确保死刑赦免程序的及时完成。因为我国实践中的历次赦免，都针对被判处死刑缓期二年执行者。这并非旨在排除被判处死刑立即执行者于赦免范围之外，而是由于从判决宣告到执行死刑的时间间隔较短，使被判处死刑立即执行者无法获得及时的赦免救济。因此，我国有必要完善与死刑赦免制度相配套的补充程序，以切实履行国际人权义务和平等保护死刑犯的寻求赦免权。

（原载《法学杂志》2009年第9期）

① 参见常宁：《死刑赦免制度探析》，载《法学杂志》2008年第3期。

我国赦免制度的激活与完善

——基于限制死刑的思考

刘　健　赖早兴

总经理徐建平，因为杀妻分尸被绍兴市中级人民法院以故意杀人罪一审判处死刑，剥夺政治权利终身。一审判决前后，全国各地近 200 人上书法院，为他求情，以他为中国纺织行业作出过突出贡献为由呼吁留他性命。这些人均是希望法院法外开恩，而不是基于我国的赦免制度，呼吁赦免徐建平死刑。这就引发了我们关于死刑限制中赦免制度激活与完善的思考。

一、严格限制死刑：我国的现实选择

限制、废除死刑已成为国际社会刑法制度改革的趋势。这不仅体现为国际法的发展，而且表现为各国国内法的立法与司法实践。① 与国际社会限制、废除死刑的趋势相比，中国的死刑设置显然过多，适用过于频繁。中国采取无论限制还是废除死刑的政策都不失为与国际人权法上的死刑态度接轨的选择。② 但在中国，“杀人偿命”的报应刑观念根深蒂固，人们对死刑的威慑作用一直深信不疑，因此在现阶段废除死刑并非现实之举。我们认为关于死刑，唯一理性的选择就是进一步限制死刑的适用，其理由在于：

其一，限制死刑的适用是基于人的生命权至上的理念，符合国际人权公约的要求。1966 年《公民权利和政治权利国际公约》第 6 条规定，

---

① 刘仁文：《死刑限制及其路径——中国废止死刑之路探索》，中国人民公安大学出版社 2004 年版，第 25 页。

② 邱兴隆：《国际人权与死刑——以国际人权法为线索的分析兼及中国的应对》，载邱兴隆：《比较刑法》（第 1 卷 · 死刑专号），中国检察出版社 2001 年版，第 97 页。

“不得任意剥夺任何人的生命”，“在未废除死刑的国家，判处死刑只能是作为对最严重的罪行的惩罚”；“任何被判死刑的人应有权要求赦免或减刑。对一切判决死刑的案件均得给予大赦、特赦或减刑”；“对十八岁以下的人所犯的罪，不得判处死刑；对孕妇不得执行死刑”等，该公约尽管没有禁止死刑，但对死刑却予以严格限制。1998年我国已经签署该公约，尽管还没有正式批准，但严格限制死刑将进一步表明我国对生命权的尊重以及准备履行国际义务的诚意。

其二，限制死刑的适用顺应死刑制度的国际发展趋势，有利于国际和区际刑事司法合作。目前世界上大部分国家已废除死刑，或者对死刑适用予以严格限制，我国过于严厉的死刑制度与此形成巨大反差。尽管刑事司法权属于国家主权的范围，但此种现象不利于我国同其他国家的刑事司法合作，对我国法制的实现带来不利的影响。

其三，限制死刑符合我国“少杀、慎杀”的刑事政策。生命的剥夺具有不可恢复性，死刑适用过多过滥，必然导致误判的不可避免。“少杀、慎杀”的刑事政策是我国长期以来确定的死刑政策，遵循这一政策就应当对过于严厉的死刑制度予以废止，对死刑适用予以限制。

其四，限制死刑的适用具有现实可行性。近年来，中国对外积极参加维护人权的活动，对内强调个人的权利与自由，在理论研究、信息传播等领域，在制度改革、规则实施等方面，相关的努力成效显著，人们的权利意识不断增强。人权意识觉醒以及现代法治观念的增强为死刑的限制提供了坚实的群众基础。同时，基于“少杀、慎杀”的刑事政策，我国对死刑的适用一直予以不同程度的限制。尤其是1997年刑法基于人权的理念对死刑的适用再一次进行了改革，在坚持对孕妇和未满18岁的未成年人不适用死刑、死刑复核以及死刑缓期执行等限制死刑适用的基础上，削减了相当一部分死刑罪名。此种变革与实践为进一步限制死刑建立了基础并提供了有益的经验。

二、赦免：限制死刑的重要途径

限制死刑涉及多种途径，基于实体法和程序法的角度，许多学者对限制死刑进行了多方面的探讨，如废除非暴力犯罪的死刑、坚持死缓、严格死刑复核等等。实际上，外在于司法程序的赦免制度对死刑的限制也具有重要作用。

赦免，通常是指国家对犯罪人免除或减轻刑罚的一种制度。[①] 关于赦免制度历来就有争议，中国古代就有一些学说支持赦免在特定范围内的合理性，但更多的思想家则提出了“非赦”的观点。西方法律思想史表明，赦免的合理与否一直是学者们讨论的主题。及至现代，关于赦免的争论仍未平息。概而言之，反对者认为赦免否定了罪刑法定，有损法律的权威，是一种凌驾于司法制度之上的特权，不利于犯罪人的教育与改造；赞成者认为，赦免对社会政治、经济和国家的气候起调节作用，可以补充法律的不足，对僵硬的法定处罚予以补救。[②] 尽管存在不同认识，在现实中赦免制度却因为具有其他社会调整手段无法替代的刑事政策意义一直为许多国家所重视。在现代，许多国家通过宪法、刑法、刑事诉讼法或者专门的赦免法对赦免予以规定。

就限制死刑的趋势而言，赦免的价值应该得以肯定。第一，赦免发展到今天，彰显统治者恩德的功能已大为减弱，更多地体现出人道主义的关怀，死刑是对人生命权的剥夺，基于人道主义的赦免制度更有利于死刑适用的大幅度减少。第二，赦免制度可以救济法律规定的不足，从而减少死刑的适用。法律具有确定性、普适性。这对于法律权威的树立，使人们对法律产生信赖无疑具有积极意义。但社会复杂多变，法律的发展总是落后于社会的变化。尤其是一个大国，各地法制环境与法律文化不尽相同，同样的法律也不可能适合一切情况。死刑判决时经常遇到“法理”与“情理”矛盾的现象，其原因就在于法律规定僵硬，赦免制度的存在即可极大地克服法律规定的弊端，在很多情况下，有利于减少死刑的实际执行。第三，赦免制度可以纠正司法的错误，一定程度上防止误杀。即使法律对死刑适用有严格的程序和规则予以控制，但司法错误的可能性是永久存在的，死刑的执行将造成错误的无法弥补，对死刑罪犯的赦免，将减少死刑错误适用发生的概率，尤其是将赦免制度与

---

① 高铭暄：《刑法学原理》（第 3 卷），中国人民大学出版社 1993 年版，第 679 页。

② 郭金霞、苗鸣宇：《大赦、特赦——中外赦免制度概观》，群众出版社 2003 年版，第 357 ~ 385 页。

确定的法律规定相结合对错案进行监督，更有利于限制死刑。正是因为赦免制度对限制死刑具有重要意义，国际人权公约极力推动保留死刑的国家建立死刑赦免制度。联合国1996年通过的《公民权利和政治权利国际公约》第6条第4款规定："任何被判处死刑的人应有权要求赦免或减刑。对一切判处死刑的案件均得给予大赦、特赦或减刑。"这一规定一方面赋予被判处死刑者有要求赦免的权利；另一方面责成各缔约国政府给予被判处死刑者赦免的义务。事实上在许多国家和地区，赦免已成为减少死刑适用的重要途径。在美国，赦免申请是死刑犯在死刑执行前最后的诉请，这一申请被提交给总统、州长和/或决定作出的委员会。据统计，从20世纪开始至死刑执行暂停令的发出，① 有20%～25%的死囚得到了赦免减刑；② 从1977年至2002年，死刑案件的赦免率虽然较20世纪早期低得多，但仍有90个死刑犯被赦免而免于死刑。③ 我国香港地区在废除死刑之前，一些死刑犯常常请求赦免执行死刑而最终获准。根据联合国经济与社会理事会秘书长关于死刑的第六个五年报告的统计，在巴林、巴巴多斯、泰国与哈萨克斯坦等国被判死刑的人都有权寻求赦免，1994年至1998年泰国有133名罪犯寻求赦免，其中有50人获准。④

三、激活与完善：赦免制度限制死刑适用的前提

我国1954年宪法曾规定有大赦和特赦制度，并将大赦的决定权赋予全国人民代表大会，特赦的决定权赋予全国人民代表大会常委会，大赦

---

① 在1967年到1976年的"死刑暂停执行期间"，美国没有死刑的执行。其目的是等待联邦最高法院判定死刑是否为合宪的刑罚方法。后来，联邦最高法院判定死刑合宪，1977年美国开始恢复执行死刑。

② Hugo Adam Bedau, The Dicline of Executive Clemency in Capital Cases. 18N. Y. U. Rev. L. Soc. Change255(1990－1991).

③ Elizabeth Rapaport. Straight is the Gale: Capital Clemency in the United States from Gregg to Atkins. 33New Mexico Law Review353(2003).

④ 邱兴隆：《比较刑法》（第1卷·死刑专号），中国检察出版社2001年版，第201页。

令和特赦令均由国家主席发布。1975 年、1978 年和 1982 年宪法均取消了大赦制度，仅保留了特赦制度。现行宪法第 67 条规定，全国人大常委会有权决定特赦；第 80 条规定，国家主席根据全国人大常委会的决定发布特赦令。这是我国现行法律关于特赦的概括性、原则性规定。从实践情况看，我国于 1959 年 9 月 17 日至 1975 年 3 月 17 日共进行过 7 次特赦。

1959 年 9 月 17 日对在押的确已改恶从善的蒋介石集团和伪满洲国的战争罪犯、反革命罪犯和普通刑事犯实行了特赦。此次特赦令规定：判处死刑缓期 2 年执行的罪犯，缓刑时间已满 1 年，确实有改恶从善表现的，可以减为无期徒刑或者 15 年以上有期徒刑。第 2 次、第 3 次特赦分别于 1960 年 11 月 19 日和 1961 年 12 月 16 日实施。这两次特赦的对象和内容完全一致，对判处死刑、缓期 2 年执行的蒋介石集团和伪满洲国的战争罪犯，缓刑时间已满 1 年，确实已改恶从善的，可以减为无期徒刑或 15 年以上有期徒刑。第 4 次、第 5 次、第 6 次特赦分别于 1963 年 3 月 30 日、1964 年 12 月 12 日和 1966 年 3 月 29 日实施。它们均规定，对蒋介石集团、伪满洲国、伪蒙疆自治政府的战争罪犯被判处死刑缓期 2 年执行的，缓刑时间已满 1 年，确实有改恶从善表现的，可以减为无期徒刑或者 15 年以上有期徒刑。第 7 次特赦于 1975 年 3 月 17 日实施，此次特赦令规定，对全部在押战争罪犯，实行特赦释放，并予以公民权。

应当说，特赦在新中国成立后，对于减少死刑的实际执行起到了一定的促进作用。但自 1975 年以后，我国便再没有发布过特赦令，近 30 年中的设而不用已使特赦制度成为我国虚设的制度，也可以说我国的特赦制度事实上已经被废除。我们在统计世界各国死刑制度的存与废的现状时，在已经废除死刑的国家中有一类国家属于事实上废除死刑的国家。“事实上废除死刑的国家，这意味着虽然死刑在法律上被保留，并且，死刑判决可以继续被适用，但它们在如此长的一个时期——至少 10 年——没有以处决的方式来实施，以至死刑被视为暂停而不用。”[①] 以此

① 邱兴隆：《比较刑法》（第 1 卷 · 死刑专号），中国检察出版社 2001 年版，第 163 页。

为据，说特赦制度在我国已经被事实上废除，是不过分的，因为它事实上不被适用已不是10年，而是30年！

我国政府于1998年10月5日签署了《公民权利与政治权利国际公约》（以下简称《公约》），全国人大常委会于现在正准备批准这一公约。如果该《公约》获得批准，中国政府应当承担《公约》所赋予的义务：在中国因犯罪而被判处死刑者有权要求赦免。但在被判处死刑者的赦免问题上，我国现行赦免制度与《公约》的要求还有一定的差距。这就存在一个特赦制度的激活与完善的问题。

（一）我国死刑赦免制度之激活

激活我国赦免制度是我国赦免制度完善的首要前提，因为一个备而不用（实际上应当适用）的制度是没有任何生命力可言的，而一个死亡的制度当然毋庸言及完善的问题。激活我国赦免制度，首先应当由有权决定主体认识到赦免制度的重要性，并依据《公约》第6条第4项关于"对一切判处死刑的案件均得给予大赦、特赦或减刑"的规定，较多地考虑给予符合条件的被判处死刑者赦免。现在我国赦免制度之所以备而不用，根本原因就在于人大常委会疏于对赦免决定权的行使。

（二）我国死刑赦免制度之完善

我国赦免制度规定极为简单，从程序和实体方面均无可以援引的具体、可操作的法律规范，在操作上的困难恐怕也是我国赦免制度长期备而不用的原因之一。完善我国的赦免制度，一方面是《公约》的要求，是我国立法者的义务；另一方面也是我国进一步加强人权（特别是生命权）法律保护的重要内容。我们以为，可以从以下几个方面对我国的赦免制度加以完善。

第一，确立适当的立法体例。根据我国的立法传统以及大多数国家的立法经验，宪法应作出一般规定，为赦免制度奠定宪法基础，同时考虑可操作性，应制定专门的赦免法，就赦免的种类、权限、程序、效力等问题作出系统规定，从而使赦免法制化、规范化，排除赦免超越法律的嫌疑。

第二，制订严格的赦免程序。赦免启动程序和审议程序是赦免顺利进行、赦免发生效力并实现赦免功能的保障。参照国外经验，可以设立专门的赦免受理机构，并细化程序规定。鉴于死刑罪犯的执行时限性强，赦免程序应当与相应的法律制度协调，确保死刑罪犯赦免程序的完成。

第三，拓宽可赦免的死刑犯的范围。新中国历史上的几次赦免针对的主要是战争罪犯，这是当时的历史原因所致。在和平年代，普通刑事犯罪是犯罪现象中的绝对主体，如果仍将可赦免的被判处死刑的人限于战争罪犯，那么死刑赦免制度就等于虚设。所以，我们应当将普通刑事案件中被判处死刑的犯罪人纳入可赦免的对象的范围。

第四，规定死刑案件赦免的条件（或原因）。从我国曾经实施的几次特赦看，我国死刑犯之赦免是基于其确实改恶从善。我们认为，改恶从善当然应当作为死刑犯赦免之理由，但赦免的理由不应当仅仅限于这一方面。我们认为可以将下列因素作为死刑犯赦免的原因：(1) 被告人因丧失心理能力、智力迟钝等失去理性行为的能力；(2) 是否有罪存在疑问；(3) 检察官明确地要求；(4) 在犯有同样罪行的同案犯中刑罚不平等或完全不相称；(5) 公众呼吁该行为人无须执行死刑；(6) 具有减轻情节，但司法过程中对此考虑不周；(7) 行为人在等待死刑执行时改过自新；(8) 从道德的角度看，死刑是不公正的；(9) 审判不公正；等等。

第五，赋予被判处死刑者和检察官赦免申请权。从我国历次特赦情况看，特赦有的是由党中央提出的，有的是由国务院提出的。所以，在我国的特赦制度中，被判处死刑的人和检察官是无权提出赦免请求的。这也是为什么我国赦免制度在30年来可以一直设而不用的主要原因之所在。我们认为，应当赋予被判处死刑的人和检察官赦免申请权。

第六，延长等待死刑执行的时间。在我国死刑的执行有立即执行和缓期二年执行。历次的赦免都是针对被判死刑缓期二年执行者，对于被判处死刑立即执行的犯罪分子则无法得到赦免。其原因在于，在我国被判处死刑立即执行的，在判决宣告以后，只有一个死刑核准的问题。从判决宣告到死刑核准完毕执行死刑，其间隔时间极短。在短时间内，被告人要获得赦免的条件是极为困难的。我们可借鉴国外的做法，[①] 延长死刑犯等待死刑执行的时间。

（原载《现代法学》2004 年第 8 期）

① 例如，在美国，死囚等待死刑执行的期间通常比较长，有的长达 10 余年，有时甚至长达 20 年。在此期间，被判处死刑的人有相对充足的时间获得赦免成立的条件，也有足够的时间走完赦免所需的程序。

死刑赦免：限制死刑的一种新选择

利子平　竹怀军

死刑是剥夺犯罪人生命的最为严厉的刑罚。自从贝卡利亚 1764 年在《论犯罪与刑罚》一书中首次提出废除死刑的观点以来，关于死刑的存废问题争论了 200 多年。第二次世界大战后，世界刑法改革运动蓬勃发展，其中死刑存废之争一直是刑法改革运动的焦点之一。目前，有关死刑存废的争论虽然远未平息，但即使是保留死刑的国家也大都采取严格限制死刑的政策。可以说，严格限制死刑、逐步减少死刑的适用是当今世界大多数保留死刑国家的现实选择。长期以来，我国一直坚持保留死刑但严格限制死刑、减少死刑适用的“少杀、慎杀”政策。为此，我国刑法严格限制了死刑适用的条件，还创造性地规定了死刑缓期执行制度；同时，在刑事诉讼法中规定了死刑的复核和核准制度，这在很大程度上限制了死刑尤其是死刑立即执行的适用。但我们认为，我国现行的死刑制度还不够完善，为了最大限度地限制死刑的适用，还有必要在刑事法律中构建一种新的死刑制度——死刑赦免制度。所谓死刑赦免制度，是指核准死刑的判决、裁定生效后，如果罪犯具有法定情形，应当停止死刑命令的执行，并由特定机关发布死刑赦免令，赦免其死刑而改判其他刑罚的一项制度。关于死刑赦免制度，我国法律尚未规定，目前学术界也很少有人探讨，但我们认为，在我国建立死刑赦免制度不仅确有必要，而且切实可行。本文拟对建立有中国特色的死刑赦免制度提出初步设想，以就教于学界同仁。

一、建立死刑赦免制度的必要性

（一）有利于进一步完善我国的死刑制度和刑事诉讼制度

在我国现行的刑事诉讼制度中，死刑立即执行的改判程序存在着明显的缺陷。我国刑事诉讼法第 211 条规定：“下级人民法院接到最高人民法院执行死刑的命令后，应当在七日以内交付执行。但是发现有下列情形之一的，应当停止执行，并且立即报告最高人民法院，由最高人民法院作出裁定：（一）在执行前发现判决可能有错误的；（二）在执行前罪犯揭发重大犯罪事实或者有其他重大立功表现，可能需要改判的；（三）罪犯正在怀孕。”“前款第一项、第二项停止执行的原因消失后，必须报请最高人民法院院长再签发执行死刑的命令才能执行；由于前款第三项原因停止执行的，应当报请最高人民法院依法改判。”但是，对最高人民法院依据该条规定的情形进行改判应适用何种程序，刑事诉讼法未作出明确规定。为弥补这一不足，最高人民法院在 1999 年 1 月 29 日《关于对在执行死刑前发现重大情况需要改判的案件如何适用程序问题的批复》（以下简称《批复》）中规定：“对核准死刑的判决、裁定生效之后，执行死刑前发现有《刑事诉讼法》第 211 条规定的情形，需要改判的案件，应当由有死刑核准权的人民法院适用审判监督程序依法改判或者指令下级人民法院再审。”

我们认为，该批复与对生效判决提起再审的基本理论相悖，同时也不符合我国刑事诉讼法规定的提起审判监督程序的条件。在我国，刑事案件再审提起的理由是原生效判决确有错误。① 但是，刑事诉讼法第 211 条规定的情形并非都是原生效判决确有错误。例如，（1）刑事诉讼法第 211 条规定的第二种情形，即在死刑执行前罪犯揭发重大犯罪事实或者有其他重大立功表现，可能需要改判的。这种改判的理由就不是原判决在认定事实或者适用法律上有错误，而是因为罪犯一旦揭发了重大犯罪事实或者有其他重大立功表现，就说明罪犯具有了减轻处罚的情节。(2) 刑事诉讼法第 211 条规定的第三种情形，即罪犯正在怀孕而应当改判的。这种改判的理由也不一定是原判决在认定事实或者适用法律上有错误。因为该妇女可能不是“审判时正在怀孕的”，而是在审判后才受孕，甚至是判决生效后才受孕。对在审判后才受孕的妇女不执行死刑，是基于人道主义和避免株连另一个无辜的生命，同时也是《公民权利和政治权利国际公约》第 6 条第 5 款规定的“怀孕妇女被判死刑，不

① 陈光中：《外国刑事诉讼程序比较研究》，法律出版社 1988 年版，第 317 页。

得执行其刑”的基本要求。

基于以上分析，我们认为，对“在执行前罪犯揭发重大犯罪事实或者有其他重大立功表现”的、审判后才受孕而“正在怀孕的妇女”按照审判监督程序进行改判，是与我国刑事诉讼法所规定的提起审判监督程序的法定理由相矛盾的。最高人民法院的《批复》规定对刑事诉讼法第211条第2项、第3项的改判适用审判监督程序是不恰当的，必须构建一个新的程序（即死刑赦免程序）才能解决这一矛盾。

（二）有利于进一步贯彻少杀、慎杀的死刑政策

死刑是剥夺人的生命的最为严厉的刑罚。马克思曾经指出：“死刑是往古的以血还血、同态复仇的表现。”① 毛泽东在论述死刑时也反复强调要限制死刑，坚持少杀、慎杀，他曾指出：“杀人越少越好”，“凡可杀可不杀的一定不要杀，如果杀了就是犯错误”。② 为了贯彻少杀、慎杀的死刑政策，我国刑法严格限制死刑的适用范围，并确立了死刑缓期执行制度，为判处死刑不是必须立即执行的犯罪分子打开了新生之门。刑事诉讼法也规定了较为完善的死刑复核程序，这些都受到了广泛的肯定和好评。

如果说死刑缓期执行制度已经为应当判处死刑但不是必须立即执行的犯罪分子留下了生的机会，那么，我们也应该给予那些虽已被判处死刑立即执行，但又有特殊情况、不是必须执行死刑的犯罪分子一次生的机会，赦免其死刑而改判为无期徒刑或者有期徒刑。这样，可以更好地贯彻“少杀、慎杀”的死刑政策。

在我国，保留死刑主要基于以下三种理由：其一，现实生活中还存在着极其严重的犯罪：其二，有利于我国刑罚目的的实现；其三，符合我国现阶段的社会价值观念，具有满足社会大众安全心理需要的效果。③ 我们认为，判处死刑立即执行的标准是犯罪嫌疑人所犯罪行在客观上极其严重，在主观上不存在被改造而重新回归社会的可能性，确有必要执

① 《马克思恩格斯全集》（第8卷），人民出版社1961年版，第358页。

② 《毛泽东选集》（第4卷），人民出版社1991年版，第1294页。

③ 高铭暄、马克昌：《刑法学》，北京大学出版社、高等教育出版社2000年版，第246页。

行死刑。但是，对被判处死刑立即执行的犯罪分子不加区别地一律执行死刑，仍然存在不足。理由如下：(1) 对被判处死刑立即执行的犯罪分子不加区别地一律执行死刑，实质上忽视了该类犯罪人的主观恶性和人身危险性的变化，不符合事物是发展变化的这一基本哲学命题。(2) 现代其他刑种，如有期徒刑、无期徒刑都存在刑罚变更制度，可以通过减刑、假释等制度对主观恶性和人身危险性有所减轻的犯罪分子减轻刑罚或变更刑罚，从而体现刑罚预防犯罪（尤其是特殊预防）的目的，有效地避免了刑罚的过剩。被判处死刑立即执行的罪犯确有悔改或者立功表现的，说明其主观恶性和人身危险性已有所减弱，对其进行改造使其回归社会已有可能，执行死刑已无必要。如果对他们一律执行死刑，不仅违背了我国刑罚的目的，也造成刑罚的过剩，因而不妥。我们认为，此时应赦免其死刑的执行，死刑的报应性应让位于刑罚的社会防卫性。(3) 在死刑立即执行的判决生效后，由于各种自然状态的原因（如身患重病而生命垂危等），死刑犯可能失去了承受死刑的能力，也使死刑的执行成为不必要。同时，对这种身患绝症的人执行死刑，会引起社会的同情，不能达到一般预防的效果。(4) 死刑赦免制度不会影响死刑在现阶段满足社会大众安全心理的需要程度。因为死刑赦免并不是废除死刑。同时，列宁也曾说过，刑罚的作用决不在于刑罚的残酷，而在于违法必究，重要的不是对犯罪行为判以重刑，而是把每一桩罪行都揭发出来。① 满足社会大众安全心理必须依靠刑罚的及时性、不可避免性、公正性来完成。因此，对已生效的死刑立即执行的判决，仍应采取死刑的执行犹豫主义。

（三）有利于最大限度地避免错杀

从中外死刑案件的审判实践看，死刑案件的错判率高于其他罪案。以美国为例，通过对 1973～1995 年美国死刑上诉案件的研究表明，死刑案件的判决错误率达 68%。在保留死刑的州中，90% 以上州的死刑判决错误率在 52% 以上；85% 的州错误率在 60% 以上；3/5 的州错误率在 70% 以上。换言之，在这期间复审的数千件死刑案件中，平均每 10 件中有 7 件被发现有严重的、可撤销判决的错误。在州法院剔除 47% 有严重

① 《列宁全集》（第 4 卷），人民出版社 1984 年版，第 364 期。

缺陷的死刑判决之后，联邦法院在剩余的死刑案件中又发现40%的死刑判决有严重错误。这些错判中82%属于量刑错误，即轻罪重判；7%属于被告人根本未犯罪，但被判处死刑。死刑判决的错误如此之多，以致专家们对在经过三级司法审查后能否发现全部错误，仍存严重怀疑。① 另据有关统计，美国在最近27年间，共有近百名无辜者被判处死刑。② 就我国最高人民法院每年核准的死刑案件看，各高级人民法院报请最高人民法院核准的死刑案件，大约有百分之十几到百分之二十几的改判率。③

生命权是人的最基本的权利。现代文明法制国家更应该强调对公民生命的尊重，绝对不能滥用、错用死刑。人一旦被错杀，其结果根本不可能挽回，会对社会秩序造成重大的破坏。培根在《论国法》中说："犹太律说，移界石者将受诅咒。把界石移动的人是有罪的，但是那不公的法官，在他对田地产错判、误判的时候，才是为首的移界石者。一次不公的判决比多次不平的举动为祸尤烈，因为这些不平的举动不过弄脏了水流，而不公的判决则把水源败坏了。"④ 如果一个无辜的人或者不应当判死罪的人被错杀，必然激起其亲属对社会的不满和对立情绪，同时，也会引起人们对罪犯的同情，不利于对犯罪控制和社会秩序的维护。在司法实践中，由于人的认知过程的局限性和案件的复杂性，死刑判决的错判在所难免。正是鉴于死刑判决错误难以弥补的特点，保留死刑的国家还应当为死刑的执行设置一个特别的赦免程序，以最大限度地避免错杀冤案的发生。

---

① ［美］James S. Liebman, Jeffrey Fagan, Valerie West June. A Broken System: Error Rates in Capital Cases, 1973—1995［EB/OL］. 载 http://www. afsc. org/pwork/1200/122k11. htm,访问时间:2003年10月16日。

② 王菊芳：《二十七年全美近百人蒙冤而死　伊州死刑大赦引起强烈反响》载［EB/OL］. http//www. jcrb. com，访问时间：2003年1月14日。

③ 胡云腾：《存与废：死刑基本理论研究》，中国检察出版社1999年版，第282页。

④ ［英］弗·培根：《培根论说文集》，水天同译，商务印书馆1983年版，第19页。

（四）有利于更好地履行我国的国际义务

第二次世界大战后，加强人权保障的呼声甚高，对公民权利的保障得到国际社会和世界各国的普遍关注，其中一个重要表现就是死刑适用的不断减少。据介绍，截至 2003 年 1 月 1 日，世界上已有 76 个国家和地区在法律上明确废除了所有罪行的死刑，15 个国家废除了普通犯罪的死刑（军事犯罪或者战时犯罪除外），还有 21 个国家在实践中事实上废除了死刑。相应地，保留死刑的国家只剩下 83 个。废除死刑的国家已经超过了保留死刑的国家。在保留死刑的国家，越来越多的国家倾向于对死刑采取严格限制的态度。[①] 例如，日本从 1950 ~ 1993 年的 30 多年中，共执行 480 名死刑犯，最近 10 多年平均每年只执行 1 ~ 2 人。[②] 从1994 ~ 1998 年，日本仅处决 24 人，年均 4. 8 人。美国作为近 3 亿人口的大国，虽然还有 38 个州没有废除死刑，但从 1994 ~ 1998 年，全国共执行死刑 274 人，平均每年 54. 8 人，每州每年平均不足 2 人。同期俄罗斯仅处决 161 人，年均 32. 2 人。[③] 在印度，死刑只适用于与叛国、杀人有关的犯罪，全国每年适用死刑的人数只有百人左右。值得注意的是，有不少国家和地区还赋予特定机关和个人赦免死刑的权力。只要被判处死刑的罪犯提出赦免申请，有关首长就必须考虑是否赦免，他有权决定，甚至不需要说明赦免的理由。例如，在美国的佛罗里达州，州长拥有无条件赦免死刑的权力。执行死刑的多少，全凭该州长对死刑的好恶，如果州长对死刑持赞同态度，执行死刑就可能多一点，如果该州长对死刑持否定态度，在其任期内就很难执行死刑。这种情况在日本、韩国同样存在，如在日本，由于上届法务省长官对死刑持消极态度，故在他任职期间内，基本上不批准死刑，平均每年约执行 1 人。[④]《俄罗斯联邦刑法典》第 59 条第 3 款也明确规定："死刑可以通过特赦程序改判为终身剥夺自

---

① 刘仁文：《死刑存废最新动态》，载《检察日报》2003 年 8 月 13 日。

② ［日］团藤重光：《死刑废止论》，有斐阁 1993 年版，第 256 页。

③ 邱兴隆：《比较刑法》（第 1 卷 · 死刑专号），中国检察出版社 2001 年版，第 183 页。

④ 胡云腾：《死刑限制论》，载陈兴良主编：《刑事法评论》，中国政法大学出版社 2000 年版，第 276 页。

由或25年的剥夺自由。”① 总之，在日益重视人权保障的今天，死刑的适用和赦免得到国际社会的普遍关注。我国已经签署的联合国《公民权利和政治权利国际公约》第6条宣告：人人有固有的生命权，生命权受法律保护，不得任意剥夺任何人的生命。并规定，未经合格法庭判决，不得执行死刑。该条第4款还规定：“任何被判处死刑的人应有权要求赦免或减刑，对一切判处死刑的案件中均得给予大赦、特赦或减刑。”可见，要求赦免或减刑，既是《公民权利和政治权利国际公约》赋予死刑犯的基本权利，也是为防止死刑的滥用和错用而在死刑犯被执行死刑前筑起的最后一道防线。作为《公民权利和政治权利国际公约》的签署国，我国刑事法律有义务规定死刑赦免制度和程序。因此，建立符合我国国情的死刑赦免制度，有利于更好地履行我国的国际义务，树立我国良好的国际形象，促进我国的改革开放。

二、死刑赦免制度的概念和基本特征

死刑赦免制度，是指核准死刑的判决、裁定生效后，如果该罪犯确有悔改或者立功表现，或者具有法律规定的其他特定条件，应当停止死刑命令的执行，并且立即报告最高人民法院，由最高人民法院发布死刑赦免令，赦免其死刑而改判其他刑罚的制度。

死刑赦免制度不同于我国宪法规定的特赦制度。关于特赦制度，我国宪法第80条规定：“中华人民共和国主席根据全国人民代表大会的决定和全国人民代表大会常务委员会的决定……发布特赦令……”有人认为，“该规定表明，已被宣判正在服刑的犯罪分子有权获得特赦，这其中当然也包括死刑犯。”② 我们认为，这种观点是值得商榷的。因为，对于被判处死刑立即执行的犯罪分子而言，不可能存在“正在服刑”的情况，也就不存在犯罪分子在服刑一定时间后因确有悔改或者立功表现而被特赦的可能。正因为如此，我国宪法和刑事法律都没有规定对被判处

---

① 《俄罗斯联邦刑法典》，黄道秀译，中国法制出版社1996年版，第26~27页。

② 钊作俊：《死刑的司法现状及其展望》，载《河南省政法管理干部学院学报》2002年第2期。

死刑立即执行的犯罪分子的赦免制度。本文所探讨的死刑赦免制度不同于通常意义的大赦和特赦，而是一种新型的刑罚制度。它具有如下基本特征。

（一）适用的对象仅限于被判处死刑立即执行且判决已经生效的罪犯

死刑赦免制度适用的对象仅限于经死刑复核程序核准死刑立即执行的犯罪分子。该罪犯在实际执行死刑之前，若符合法定条件，可通过死刑赦免程序，获得死刑的赦免。死刑赦免程序的发动，并非以生效死刑判决确有错误为前提。如果在实际执行死刑前发现死刑判决有错误，犯罪人不该判处死刑的，应通过审判监督程序来解决。

（二）必须是确有悔改或者立功表现，或者具有法律规定的其他特定条件

死刑犯确有悔改或者立功表现，表明犯罪人主观恶性和人身危险性的减弱。这种悔改、立功表现，并不局限于刑法第68条的规定，还应包括其他的悔改、立功表现。具体而言，一般的立功表现包括：（1）检举、揭发监内外犯罪活动，或提供重要的破案线索，经查证属实的；（2）阻止他人犯罪活动的；（3）在生产、科研中进行技术革新，成绩突出的；（4）在抢险救灾或者排除重大事故中表现积极的；（5）有其他有利于国家和社会的突出事迹的。重大立功表现主要包括：揭发他人重大犯罪行为，查证属实的；提供重要犯罪线索，从而使其他重大案件得以侦破的，协助司法机关抓捕其他重要罪犯（包括同案犯）的；在押期间制止他人重大犯罪活动的；对国家和社会有其他重大贡献的等。立功是否重大与检举、揭发他人的罪行，提供的线索以及协助侦破的案件是否重大、重要有直接的关系。根据最高人民法院1998年4月6日《关于处理自首和立功具体应用法律若干问题的解释》的规定，“犯罪分子有检举、揭发他人重大犯罪行为，经查证属实；阻止他人重大犯罪活动；协助司法机关抓捕其他重大犯罪嫌疑人（包括同案犯）；对国家和社会有其他重大贡献等表现的，应当认定为有重大立功表现。”一般立功与重大立功的直接法律后果是，依法赦免死刑后受到的从宽处罚程度有所不同。诚然，我国刑事诉讼法第211条规定罪犯要有重大立功表现方可改判，但我们认为，为最大限度地减少死刑的适用，只要行为人确有悔改

或者有立功表现即可考虑赦免其死刑而改判无期徒刑。

“其他特定条件”，是指已决死刑犯除悔改、立功表现以外所具有的自然状态。例如，判决生效后执行死刑前罪犯患有精神病或者其他严重疾病（如癌症、艾滋病）等情况。具体包括以下几种情形：

第一，对于执行前患有精神病等严重疾病，没有刑罚承受能力的已决死刑犯。对于已决死刑犯在执行前患有精神病的应如何执行，目前在国外大致有如下做法：（1）将死刑犯送交精神病医院，直到精神病治愈后再执行死刑；（2）命令停止执行死刑，在死刑犯心神丧失状态恢复后6个月再发出执行死刑命令，执行死刑。美国已经有了弱智罪犯不执行死刑的判例：① 1996年的一个盛夏夜晚，阿特金斯和朋友为找钱买啤酒喝，在一家商店停车场绑架了一位空军现役人员，强迫他从一台点钞机上取钱，然后再开车将他送至一个荒芜的地方，由阿特金斯开枪将其打死。在审判中，一位精神病学家称，阿特金斯患有“轻微的智力迟钝症”，但法庭还是判处他死刑。阿特金斯不服，向弗吉尼亚州高等法院提起上诉，但弗吉尼亚州高等法院维持了死刑的判决。阿特金斯仍不服，继续向美国最高法院上诉。美国最高法院经过辩论后，以6票对3票的压倒性多数作出了一项有利于阿特金斯的判决。这项判决认为，智商系数在70以下的罪犯属于弱智者（阿特金斯的智商测验只有59），而处决弱智者属于“残忍的和不寻常的惩罚”（cruel and unusual punishment），这有违《美国宪法修正案》第8条规定的“不得施加残忍的和不寻常的惩罚”。在我国刑法中，精神病人分为完全丧失辨认或控制自己行为能力的精神病人、尚未完全丧失辨认或控制自己行为能力的精神病人和间歇性精神病人三种。我们认为，对判决确定后患间歇性精神病的死刑犯，可在其精神正常时执行死刑。但对于另外两种情形的精神病人，则应发布停止执行死刑的命令，赦免其死刑的执行。除精神病人外，对于身患癌症等绝症濒于死亡等没有刑罚承受能力的已决死刑犯，从人道主义立场出发，亦应赦免其死刑的执行。

第二，对于在审判后才受孕，甚至是判决生效后才受孕，但在死刑

---

① 刘仁文：《弱智罪犯不执行死刑之启示》，载［EB/OL］. http//www.jcrb. com，访问时间：2003－01－17。

判决生效以后、执行死刑之前才发现的怀孕妇女。1998年10月5日，我国签署的《公民权利和政治权利国际公约》第6条第5款规定："怀孕妇女被判死刑，不得执行其刑。"对于在审判后才受孕，甚至是判决生效后才受孕，但在死刑判决生效以后、死刑命令执行之前才发现的怀孕妇女，应当赦免其死刑的执行。

（三）死刑赦免的机关是最高人民法院

刑罚权是国家基于统治权依法对实施犯罪行为的人实行刑罚惩罚的权力，包括制刑权、量刑权和行刑权。死刑赦免从国家刑罚权的运用上看，既涉及原判决的执行（行刑权），又涉及原生效判决的变更（量刑权）。生效判决的变更必须由拥有审判权的审判机关来行使，如裁定减刑、假释莫不如此。此外，为保证死刑赦免的严肃性和执法的统一性，我们认为，死刑赦免权应归属于最高人民法院。

三、死刑赦免的程序

（一）死刑赦免申请的提出

提出死刑赦免申请的主体一般应是已决死刑犯本人。如果已决死刑犯患有精神病或因其他不可抗拒的原因，无法提出死刑赦免申请的，其近亲属、监护人也可以代为提出申请。没有近亲属、监护人的，其终审程序的辩护律师也可代为提出申请。负责执行死刑的人民法院在执行死刑前发现死刑犯具有赦免条件的，应当停止执行，并且立即报告最高人民法院。人民检察院有权对死刑案件的执行进行监督，上级检察院或负责执行的法院的同级检察院，如果发现已决死刑犯具有死刑赦免的法定情形，应当建议人民法院停止执行，人民法院应当暂停执行，并将有关情况上报最高人民法院。人民法院、人民检察院还应当告知已决死刑犯或其近亲属、监护人、辩护人有权申请死刑赦免。

死刑赦免的申请必须在法定期限内提出。死刑赦免提出的法定期限应从死刑立即执行的判决生效之日起，到死刑执行完毕之时止。"死刑立即执行的判决生效之日"，是指最高人民法院核准死刑的判决、裁定生效之日。"死刑执行完毕之时"，是指死刑犯已被确认生理死亡之时。刑事诉讼法第210条第1款规定："最高人民法院判处和核准的死刑立即执行的判决，应当由最高人民法院院长签发执行死刑的命令。"死刑立即执行的判决生效后，最高人民法院院长应该在多长时间内签发执行死刑的命令，我国刑事诉讼法没有规定。在司法实践中的一般做法是：死刑立即执行的判决一经生效，最高人民法院院长就会立即签发执行死刑的命令，执行死刑的命令一般和死刑核准的裁定同时送达原审人民法院，原审人民法院应当在7日之内交付执行。我们认为，这种做法过于仓促，为了保障死刑犯的赦免请求权，防止错杀，给死刑犯最后一个机会，可考虑以立法的形式确定一个执行死刑命令的签发期间。这一期间的长短，我们认为以6个月为宜。死刑执行完毕之前，死刑赦免申请均可提出。

死刑赦免申请可以直接向最高人民法院提出，也可以通过执行死刑的人民法院提出。如果通过执行死刑的人民法院提出，该执行死刑的人民法院应在法定期限内将有关材料报送最高人民法院；直接向最高人民法院提出的，最高人民法院应在法定期限内通知执行死刑的人民法院，执行死刑的人民法院应在法定期限内将有关材料报送最高人民法院。

（二）最高人民法院对死刑赦免申请的审查和裁定

最高人民法院应组成合议庭对死刑执行机关报送的死刑赦免的有关材料进行审查。这种审查可以书面审查的形式进行。合议庭审查后，必须向最高人民法院审判委员会提交有关的审查报告。

最高人民法院院长收到合议庭的审查报告和死刑赦免的有关材料后，应当将报送的有关死刑赦免材料提交审判委员会讨论决定。审判委员会依据实际情况，认为符合死刑赦免条件的，即可作出赦免已决死刑犯、改判为无期徒刑或者有期徒刑的决定。该裁定书作出后，最高人民法院院长依据该决定签发死刑赦免令，交付原执行死刑的人民法院执行。如果不符合死刑赦免条件的，最高人民法院审判委员会裁定驳回死刑赦免申请，并由最高人民法院院长再签发执行死刑的命令，原执行死刑的人民法院在收到执行死刑的命令后，应当在7日以内交付执行。

（原载《南昌大学学报》2004年第5期）

略论刑法中的复权制度

彭新林

如果刚威而非正当性的刑罚也需要一根有权宣告自身无效的魔杖，那么复权的方式，作为人世统治秩序中另一种德化感知的柔力，恰似从天而降的雨露，滋润着大地，表达授者与受者双重祝福的心声。以此来形容复权制度在刑罚机制中的作用也许并不过分。复权制度作为一种正式的制度化形态自19世纪后半叶粉墨登场伊始，由于其在关注受刑人更生保障以及再社会化等方面所起的卓越作用而备受关注，先后为许多国家的刑事立法与司法实践所确认，成为近现代西方刑罚制度中一朵亮丽的奇葩。本文试对这一具有较大理论和实践意义的刑罚制度及其在中国的刑法命运作一思路性的探讨。

一、复权制度的嬗变

复权这个概念，虽然是近代刑事立法及司法实践的产物，但其内容却经历了漫长的演变和进化，最初滥觞于17世纪后半叶的法国，是在国王赦免权的基础上发展起来的。通过国王的赦免行为，被处罚者在服刑之后和赔偿之后，可从不名誉的污点中解放出来。① 这是最初意义上的复权，不具有独立的法律地位，而是一种附属于封建君主赦免权的以示"皇恩浩荡"的御用手段，本质上属于一种封建特权。但是，正是这种原初意义上的复权形态却开创了近代刑法中复权制度的先河，有一定的历史进步意义。

随后，伴随着启蒙思想运动的兴起，强调刑罚是对犯罪之回报的报应刑思想逐步成为时代的主角。在这样一种刑罚思想的浸染和影响下，

---

① 参见［德］弗兰茨·冯·李斯特著：《德国刑法教科书》，徐久生译，法律出版社2000年版，第507~508页。

国家关注的是对已然犯罪行为的惩罚，很少强调对受刑人的教育改造以及更生保障问题。因此，在这个阶段，复权制度虽有所发展，但进化相当缓慢。在法国，虽 1791 年刑法典将复权之请求权委托给法院，但复权作为赦免行为的特征丝毫没有改变。对受刑人是否适用复权，法院没有独立的决定权，必须根据镇议会有权威性的建议作出裁决。复权的效果不仅表现在消除降低的名誉上，而且可以完全消除处罚判决。这一规定为后来 1808 年、1832 年的刑事立法所继承，只是复权的效果被限制在消除降低的名誉和被限制的权利处分上，不能消除处罚记录。应当说这还只是复权制度发展过程中的一种不成熟形态。

及至 19 世纪后半期，伴随着教育刑、目的刑思想的勃兴，抽象“刑法人”向具体“危险个体”的主体转向，刑罚不再被看做对犯罪本能或原始的同害报复，而是强调对犯罪人潜在反社会性人格的矫治，重在对未然之罪的预防，受刑人的社会危险性以及复归社会可能性的大小成为防卫社会所关注的焦点。无疑，这样一种刑罚思想背景与制度环境为近代复权制度的诞生奠定了厚实的基础。诚如学者指出：“如果当事人不再有任何危险状态，也就没有必要再保留某些措施。正是因为刑罚具有报应性质、预先确定性质以及最终确定性质，所以，为了终止这些措施的某些效果，应当规定一种比特赦制度更为灵活，更少一些专断性质的制度。”① 其中，法国自 1885 年的刑事立法开始，正式赋予了法院对受刑人是否适用复权的独立决定权，复权的效果不仅表现在消除降低的名誉以及丧失的权利处分上，而且主要表现在消除处罚的记录上。这一规定为后来的 1898 年立法所确认，至今仍是法国刑法典中“复权制度”②的法律基础。在德国，复权制度于 19 世纪后半期引进不同邦国的法律之中，德国统一后，其刑事立法中关于复权的规定，多有变化，但最终演

---

① ［法］卡斯东·斯特法尼著：《法国刑法总论精义》，罗结珍译，中国政法大学出版社 1998 年版，第 685 ~ 686 页。

② 法国现行刑法典中的“复权制度”虽然挂有复权之名，但实际上是一种前科消灭制度（处罚记录的消除）。除了法国等极少数国家外，在其他国家复权并不等于前科消灭。前科消灭是广义意义上的复权制度所要研究的范围，一般所言的复权制度是专指狭义意义上的复权——即资格刑的刑罚消灭制度。

变成为对资格刑所剥夺的资格与权利的提前恢复制度——即资格刑的刑罚消灭制度，而不含对处罚记录的消除，如《德意志联邦共和国刑法典》第45条关于复权的规定就是如此。[①] 此后，许多国家纷纷效仿，在各国刑事立法中相继确立了复权制度。至此，复权制度在经过漫长的历史变迁和思想孕育之后，终于以一种正式的制度化形态在刑事立法中粉墨登场。

回顾复权制度从孕育到诞生的嬗变历程，我们可以得出以下结论，即渊源意义（原初意义）上的复权制度最终演变成现代刑法领域两项重要的刑事法律制度：一是资格刑的刑罚消灭——一般意义上所指的复权制度（以德国为代表）；二是处罚记录的消除——实际上是前科消灭制度（以法国为典型）。一般意义上的复权制度或者说狭义意义上的复权制度虽与前科消灭制度类似，但两者性质殊异。前者为资格刑的一种刑罚消灭制度，后者实则是一种刑罚后遗效果影响的消除。本文所要探讨的是一般意义上所指的复权制度，对前科消灭不作过多的论述。

二、复权的概念辨析

复权的概念是我们研究复权制度的逻辑起点，对于什么是复权，意见极为分歧，概括起来，主要有以下几种观点：（1）前科消灭说。持此说的学者认为复权实质上就是前科消灭，“有些国家的刑法规定了前科制度，有些国家的刑法规定了受到有罪宣告的人自动丧失一定的资格与权利。前科消灭后，才能恢复这些权利与资格，所以前科的问题与复权可以说是同一问题。”[②]（2）资格回复说。“复权，就是指剥夺政治权利刑期届满，政治权利恢复。”[③]（3）赦免说。“复权是赦免的一种，由国家元首以命令的形式，对于受刑罚宣告或刑罚执行完毕而被剥夺政治权

① 当然，这并不否认德国有关于处罚记录的消除（前科消灭）的规定，只是强调其关于前科消灭的规定并没有纳入复权制度，而是由立法另行规定。这显然迥异于法国。

② 张明楷著：《外国刑法纲要》，清华大学出版社1999年版，第39页。

③ 高铭暄主编：《刑法学原理》（第3卷），中国人民大学出版社1994年版，第828页。

利和公民权利的人，恢复其一部或全部的权利。”① （4）广义复权说。“复权即指对受刑者（包括既判刑者与刑罚执行终了者）经过一定的期限后，恢复其因受刑罚处罚而丧失的资格及权利。其意义应作两方面的理解：二是恢复因受资格刑宣告而丧失的资格及权利；一是指前科消灭，恢复因受前科影响而丧失的各种权利和资格。”②（5）司法处分说。例如，我国台湾学者林山田先生指出：“资格刑足以妨碍犯人之再社会化，因此，若执行一定期间后，犯罪人即无社会公安上的考虑，自可恢复其被剥夺之资格及权利，此种司法处分，即为复权。”③

对上述诸说应当怎样评价呢？我们认为，每一种观点都有合理之处，它们从不同的侧面揭示了复权制度的特征，因而有值得肯定的地方，但又都有所不足。第一种观点认为复权制度就是前科消灭，如前所述，实质上是抹杀了两种制度的本质，两者虽有一定的相似之处，但本质迥异。复权是资格刑的一种刑罚消灭制度，而前科消灭所消灭的并非现实的刑罚权，而是仅消除因被执行过刑罚所带来的后遗效果之影响。第二种观点表面上看来似乎不无道理，实则颇成问题，这种观点错误地将复权制度等同于资格刑执行完毕后资格或权利的自然回复。资格刑执行完毕后不存在复权，如果资格刑已经执行完毕，则受刑人的资格自然回复，无须再行复权，在这种情况下，复权制度没有存在的价值与必要。第三种观点认为复权是赦免的一种，有以偏赅全之嫌，我们不能笼统地说复权是否属于赦免，这要结合不同国家的国情以及立法实践来考量，可能在有的国家复权是在赦免法意义上使用的，因而属于赦免的一种，但在另外其他国家情况可能刚好相反，不属于赦免，而是一种刑事法律制度。就本文所讨论的复权而言，专指刑法上的复权制度，因为赦免法意义上的复权实则是一种行政权的行使，其与刑法意义上所指的复权虽实际效果可能相同，但有很大的区别，其是宪法学与行政法学所研

---

① 杨春洗等主编：《刑事法学大辞书》，南京大学出版社 1990 年版，第 177 页。

② 孙鹰、喻文莉：《复权制度探讨》，载《法学研究》1993 年第 4 期。

③ 林山田著：《刑罚学》，台湾商务印书馆股份有限公司 1983 年版，第 312 页。

究的范畴，故本文不作过多的论述。第四种观点相对而言，思维视野似乎更为开阔，但正如我们前面所述，一般认为，刑法上的复权是指狭义意义上的复权制度——即专属于资格刑的刑罚消灭制度，并不涵摄前科消灭的意蕴，事实上，绝大多数西方国家刑事立法对复权制度的规定也是限于在狭义上使用的。第五种观点其内核基本上是合理的，但其将复权制度界定为一种司法处分，似嫌概括不够科学、准确，难以从本质上划清复权与其他资格刑制度（比如资格刑调整）的界限，因为它们也是一种司法处分。可见，如何给复权下一个准确、科学的定义，的确值得认真研究。

在我们看来，复权的概念必须能够反映复权制度的实质和基本内核，即一方面要能够统摄复权的基本意蕴，具有概念上的自足性和自洽性；另一方面又要能够将复权与其他相关制度的界限区别开来，具有概念上的明确性和周延性。具体而言，对复权概念的科学界定必须遵循以下几个方面的基本要求：（1）应当准确反映复权制度之质的规定性，即复权是一种对刑的消灭，而非罪的消除。也就是说，复权消灭的是一种不具有正当性的实体刑罚权（行刑权），而非对犯罪后遗效果影响的消除。（2）应当准确界定复权制度所复之权的范围，即复权所复之权应当与资格刑所剥夺的资格与权利的内容相同。（3）应当准确揭示复权制度之所以区别于其他资格刑制度的特殊性，即一方面意指复权适用的独立性；另一方面，强调复权对资格刑消灭的非自然性（提前性），而非资格刑执行完毕后资格的自然回复。据此，我们认为，复权是指对因实施犯罪而被判处资格刑的犯罪人，在符合法定条件的情况下，法院提前恢复其丧失的一部或全部资格与权利的刑罚消灭制度。

三、复权制度的存在根据

任何一项刑事法律制度的存在，除了有其深刻的历史政治背景外，必有支撑其存在的理论基石，否则，这一制度即使建立了，也是昙花一现，经不起时间的考验。对于复权制度而言亦是如此。复权制度作为一项刑事范畴的法律制度，必然有其存在的现实价值和理论根基。以下本文分别从复权的本体根据与复权的具体根据两个不同的层面入手，探寻复权制度的理论支点，展开对复权制度存在的必要性和合理性的正当追问。

（一）复权制度的本体根据

探寻复权制度的本体根据旨在从刑理的高度，追根溯源，追问复权制度存在之内在的、理性化的、合目的性的根据。那么复权制度的本体根据何在呢？我们认为，其本体根据主要表现在公正性与功利性两个方面。

1. 复权制度的公正性根据

行为人因犯罪而必须承受刑罚的惩罚，这是刑罚质的规定性——惩罚性的题中应有之义，亦乃罪刑关系对应而保持公正性价值的内在要求，当然也是公正观念对犯罪的评价所得出的必然结论。但是，“正如犯罪是一种恶行而应受恶报具有天然的正当性一样，作为作恶者的犯罪人一旦有某种足以在一定程度上否定或抵消其恶的善行，其便应有相应的善报。”① 因而作为对已迁恶从善的资格刑受刑人之权利与资格提前恢复的复权制度，就具有了公正性的蕴涵。具体而言，复权制度的公正性主要表现在复权对受刑人的奖赏性、宽容性、人道性等三个方面，正是因为复权制度对资格刑受刑人具有奖赏性、宽容性、人道性，复权的公正性才得以彰显。复权的公正性实质上是一个关系范畴，国家与受刑人是这一特殊关系中的对立主体，因复权公正性的存在而使得双方剑拔弩张的紧张关系得以缓和，两者之间深沉的张力得以消解，因而有利于增强刑法对受刑人的诱导力和亲和力。

2. 复权制度的功利性根据

如果说复权制度的公正性主要侧重于对受刑人的公正性，那么与之相反，复权制度的功利性则更侧重于对国家的功利性。在资格刑行刑过程中，倘若受刑人确已改恶从善，人身危险性消减，行刑的效果得到确证，那么在这种情况下，就需相应削减刑罚的力度，以节约刑罚资源，实现刑罚资源的优化配置。而复权制度的存在恰好弥补了这一缺陷，能够有效地使国家的刑罚资源得到合理的分配，以尽量少或较少的刑罚资源预防尽量多或较多的犯罪，这对国家而言，毋庸置疑，应该说是具有

① 邱兴隆著：《刑罚理性导论》，中国政法大学出版社 1998 年版，第 17 页。

很大功利性的。当然，这也是贯彻刑法谦抑性与经济性的必然要求。

由上可知，复权制度的存在不仅具有功利性，而且也蕴涵公正性。也就是说，复权制度的本体根据在于公正性与功利性的辩证统一。其中，功利性在复权制度的本体根据中占据基础性和前提性的地位，但同时复权制度的存在又不能没有公正性根据的支撑，体现公正性限制功利性的旨趣。

（二）复权制度的具体根据

复权制度的具体根据是其本体根据的价值体现与逻辑展开，两者相辅相成、相得益彰，共同在复权根据系统的不同层次上说明复权制度存在的必要性与合理性。其具体根据主要表现在以下几个方面：

第一，符合刑罚的目的。刑罚的目的包括一般预防与特殊预防，其中特殊预防是主要的一面，对于被判处资格刑的受刑人而言，在资格刑执行一定期间后，如果确已改恶从善、积极悔改，说明受刑人的思想已经得到改造，钝化的规范意识被唤醒，行为为刑罚所规导，亦即刑罚的特殊预防目的已经实现，那么在这种情况下提前恢复受刑人被剥夺的资格与权利，就符合刑罚的目的。

第二，刑罚资源的节约。被判处资格刑的受刑人，除独立适用资格刑外，都是在主刑执行完毕后才开始执行，对于那些经过自由刑执行并未改恶从善的受刑人来说，执行资格刑有利于巩固行刑效果，预防其再犯罪。但是，对于那些自由刑执行完毕后已改过自新的受刑人来说，再执行剩下的刑罚，则不仅不利于对受刑人的教育和改造，而且还会导致刑罚执行的剩余，引起刑罚资源的浪费，而这一缺陷，通过复权制度能够在很大程度上得到补救。

第三，排除受刑人再社会化的障碍。资格刑导致犯罪人在自由刑等主刑执行完毕以后，仍不能行使正常公民所享有的权利与资格，在某种程度上容易减损犯罪人的信心和责任心，突出犯罪人与普通公众的差异感，进而从反面强化“罪犯”的标签作用，这无疑在很大程度上增加了犯罪人再社会化的难度。因此，对于丧失资格或权利的受刑人来说，经过一定期限后若能够洁身自好、悔过自新，则法院应在受刑人丧失资格或权利之期间内为复权之宣告，使犯罪人再度拥有相应的资格与权利，以激励受刑人自新与促使其早日再社会化。

第四，科学行刑的要求。科学的行刑应当从教育、改造罪犯的目的出发，尽量采取潜移默化或者善意劝导的方式，而不是单纯强制压迫的方法，使受刑人的反社会性人格得到矫治，培养并强化其规范感情。并根据不同受刑人改恶从善的程度以及主观恶性、人身危险性的大小给予不同的处遇改造方式。复权制度的设立鲜明地体现了这一点，其具有激励受刑人自新的诱导性和刺激性，在潜移默化中规导受刑人向善，对其善行予以及时的肯定、褒奖，给予复权待遇。而对没有改恶从善或者没有相应表现的受刑人，则坚决执行刑罚，不予复权。这样罪犯很容易受到感化与规导，也因此社会共同生活的基本准则才容易被罪犯逐步认同。否则，罪犯在体验高强度的矫治时，绝不会接受其后所蕴涵的刑罚伦理，改造效果可想而知。

四、复权制度的本土化思考

前文我们就支撑复权制度存在的根据作了理论上的论证，揭示了复权制度存在的必要性与合理性。下面，让我们顺着思维的逻辑，将关注的目光移向对我国刑事立法实践的观照。

我国刑法中没有复权制度的规定，只在刑法第 57 条第 2 款规定了附属于普通减刑的资格刑调整制度，即根据主刑的减刑，为了避免同主刑减刑后的刑期不协调而相应缩短资格刑刑期的这样一种制度。其刑期的缩减完全以主刑的减刑为转移，不具有独立的意义，并非资格刑的复权制度。那么，在我国刑法中确立复权制度是否有必要呢？回答当然是肯定的。众所周知，以剥夺权利为基本内容的资格刑最直接明显地反映了国家对犯罪分子在政治上严厉的否定评价态度，其严厉性不言而喻，特别是随着现代社会文明程度的提高，政治国家与市民社会的两元分立，资格、权利的重要性日益凸显，剥夺一个人的资格也就意味着其在社会中的政治法律地位与现实境遇发生了重大变故，犹如戴着脚镣跳舞的演员，如果没有复权制度的救济，会使已改造好的资格刑犯人长期生活在阴霾的笼罩之下，这既非人道之举，亦会妨碍资格刑在刑事政策上的功效。正如我国台湾地区学者林山田所言：“正如自由刑有缓刑与假释等制度来救济其弊端，而使自由刑更能发挥其在刑事政策上本所预期之功效一样，对于资格刑也宜设立复权的制度，而使资格刑更完善。”① 应该说这是颇有见地的，对于我国刑法中资格刑立法的完善不无指导意义。总之，不论是从发挥资格刑在刑事政策上的功效而言，还是出于对刑事立法规定的科学化、完善化考虑，在我国刑法中确立复权制度都是十分必要的。

但现在的问题是，复权制度在我国应否确立是一回事，而如何确立又是一回事。那么，如何在我国刑法中确立复权制度呢？这是一个需要认真思考的问题。从宏观的角度而言，我们认为，大体上可以从以下两个方面着手：

第一，要完善我国资格刑的相关立法。复权制度作为与资格刑配套的刑罚消灭制度，其功能的充分发挥离不开资格刑立法本身的完善。而我国现行刑法所规定的资格刑内容仅限于剥夺政治权利一项，有着比较明显的缺陷，主要表现在：适用范围过于狭窄、规定内容失于粗疏、政治化色彩太过浓厚以及适用时缺乏必要的灵活性等。因此，在我们看来，要在刑法中构建颇具中国特色的复权制度，首先要完善我国资格刑的立法。一是要淡化资格刑的政治色彩，扩大资格刑的适用范围。将剥夺政治权利改为剥夺一定权利，消除其浓厚的政治性，使之成为可以适用于各种犯罪尤其是经济犯罪和职务犯罪的刑罚。二是要充实资格刑的内涵、实行资格刑的分立制。从世界各国的刑事立法规定来看，资格刑规定的内容一般包括剥夺一定的权利（含政治权利与民事权利等）、禁止担任一定的职务、禁止从事特定的职业、剥夺荣誉等等。在这方面，我们可以借鉴外国的立法经验，充实我国资格刑的内涵。同时，实行资格刑的分立，由法院根据案件与罪犯的情况，剥夺一种或几种资格，这样就可避免“一经判决，全部剥夺”的过于僵化的做法。在完善上述资格刑立法的基础上，再行规定复权制度。

第二，选择合理的立法模式。从世界各确立了复权制度的国家刑法典来看，复权制度一般规定在“刑罚的消灭”一章（节）之下，如《韩国刑法典》、《瑞士联邦刑法典》、《德意志联邦共和国刑法典》等关于复

---

① 林山田著：《刑罚学》，台湾商务印书馆股份有限公司 1983 年版，第 312 页。

权的立法规定就是如此。这种立法模式固然有其合理性，有值得借鉴之处。但我们认为，我国刑法将来修改规定复权制度时，不宜采纳这种立法模式，即反对在刑法第四章“刑罚的具体运用”一章之下设专节规定复权，以与其他刑罚消灭的正常事由如“时效制度”等相并列。主要理由是：首先，复权制度是专属于资格刑的非自然（提前）的刑罚消灭制度，毕竟不同于时效、免除刑罚、犯罪人死亡等其他针对所有刑种的正常消灭事由，并列规定在一起，似嫌不够妥当和科学。其次，我国刑法总则对有关刑罚消灭事由的规定有其特殊性，分布比较零散，不像其他国家刑法典一样对刑罚消灭的事由进行专门归类统一规定在“刑罚消灭”一章（节）之下，因此，如果一味模仿外国刑法典的这种做法，将复权与其他刑罚消灭事由相并列，必然打破刑法总则结构的逻辑平衡，实非明智之举。那么，怎样规定才是比较科学合理的呢？我们认为，我国刑法对复权制度的规定可以参照刑法关于罚金刑减免执行的规定，直接规定在资格刑一节中。具体而言，即在刑法第三章“刑罚”第七节“剥夺政治权利”之下设若干条规定复权制度。这样，不仅可以与资格刑的相关规定配套，使资格刑的相关制度衔接紧凑，而又不至于破坏刑法总则结构的逻辑平衡与协调，因而是比较合理的选择。至于具体怎样规定，这主要是一个立法技术的问题，在这方面，外国刑事立法为我们提供了很好的范本，值得借鉴。但复权制度的微观构成一般应当包括适用条件、适用对象、适用程序、适用效力以及复权撤销等内容，在此方面，我国已有学者作了初步的探索，① 在此不赘。

（原载《中国青年政治学院学报》2006 年第 2 期）

① 参见吴平著：《资格刑研究》，中国政法大学出版社 2000 年版，第 87 ~ 88 页。

论刑法中的复权制度

刘德法　王　冠

复权是刑罚消灭事由之一，“复权者，使其终身褫夺，或有期被夺之资格，得以回复之谓也”。① 复权制度是一项重要的刑罚制度。复权制度之价值，“正如同自由刑有缓刑与假释等制度来救济其弊端，而使自由刑更能发挥其在刑事政策上本所预期之功能一样，对于资格刑也宜设有复权的制度，而使资格刑更加完善。依据复权的规定，若受褫夺公权者，经过一定之时间而能洁身自好者，法院应能依职权，在犯罪人被夺公权之期间内为复权之宣告，使犯罪人再度拥有服公职与被选举之资格及行使公法上的权利，以激励受刑人自新”。② 但长期以来，我国刑法学界对这一重要刑罚制度鲜有研究，刑事立法对此亦未作规定。

一、复权制度的含义及基本特征

复权有广狭二义，狭义上的复权是一种专属资格刑的刑罚消灭制度。“资格刑足以妨碍犯人之再社会化，因此，若执行一定期间后，犯罪人已无社会公安上的顾虑，自可回复其被剥夺之资格及权利。此种司法处分，即为复权。”③ 广义上的复权是狭义上的复权、赦免性复权、前科消灭三种刑罚消灭事由的统称。赦免性复权是赦免种类之一，“日本恩赦法中的复权，是对由于法令的规定受有罪宣告而丧失或停止资格者以政令规定要件实行的恢复资格的制度。”④ 此外，在日本刑法理论中，

① 刘清波：《刑法概论》，台湾开明书店 1970 年版，第 158 页。

② 林山田：《刑罚学》，台湾商务印书馆股份有限公司 1983 年版，第 312 页。

③ 林山田：《刑罚学》，台湾商务印书馆股份有限公司 1983 年版，第 312 页。

④ 马克昌：《刑罚通论》，武汉大学出版社 1999 年版，第 716 页。

有“法律上复权”之称谓，“现行法上仅采用法律上的复权。这就是所谓勾销前科的规定。在这种意义上，是一种不使刑罚权本身失效，而在法律上当然地使前科自行失效的制度。”① 在法国刑法理论中也有“复权”之概念，“复权使有罪判决消失并使由有罪判决引起的所有‘无能力处分’均告停止”，“此外，并且应当是主要的，复权引起从犯罪记录的‘一号登记表’上撤销有关该有罪判决的记载（《法国刑事诉讼法典》第 769 条第 2 款）。”② 由此可见，日本刑法理论中“法律上的复权”和法国刑法理论中“复权”实质上都是前科消灭。

我国现行刑事立法并无对前科制度的系统规定，更遑论前科消灭之存在余地了。我国有关前科的一些规定散见于刑法和部分其他法律中，如《法官法》第 10 条、《检察官法》第 11 条、《人民警察法》第 26 条规定，“曾因犯罪受过刑事处罚的”，“不得担任法官”，“不得担任检察官”，“不得担任人民警察”；《教师法》第 14 条规定，“被判处有期徒刑以上刑罚的，不能取得教师资格，已经取得的，丧失教师资格”，以及刑法第 100 条关于前科报告制度的规定和第 449 条关于军人战时缓刑制度的规定。我国现行立法关于赦免制度的规定只有特赦而无大赦。我国的特赦令规定在对犯罪人特赦释放时，都“予以公民权”，即恢复其政治权利的行使，这就是理论上的“赦免性复权”。但因赦免制度属宪法学和行政法学研究的范畴，有关赦免性复权的规定也见于各国宪法或专门的赦免法之中。因此，我们在此对赦免性复权不作更多的探讨。本文所称之“复权”，专指狭义上的复权制度。

纵观各国刑法之规定，复权的效力体现在以下几个方面：（1）复权无溯及既往之效力，“复权仅对未来的资格与权利生效，而非回复业已丧失的资格与权利”，③ 所以，复权之前犯罪人所受罪刑宣告之记录并不

---

① ［日］木村龟二：《刑法学词典》，顾肖荣、郑树周等译，上海翻译出版公司 1991 年版，第 462 页。

② ［法］卡斯东·斯特法尼等：《法国刑法总论精义》，罗结珍译，中国政法大学出版社 1998 年版，第 684 页。

③ 林山田：《刑罚学》，台湾商务印书馆股份有限公司 1983 年版，第 312 页。

因此而注销，犯罪人因受资格刑之宣告而被免除的职务和有关的法律地位与权利并不因此而自行恢复，犯罪人在复权之后再犯罪的，可以构成累犯和其他从重处罚情节。（2）复权的效力不及于保安处分，对于刑罚执行完毕仍需执行保安处分的，仍按保安处分的有关规定执行。（3）此外，法律明文规定应保留的刑事法律后果，复权不能消除。例如，意大利刑法第 164 条规定，以前曾犯重罪受到过监禁刑处罚的，即使已经被宣告复权，也不得适用缓刑。

复权制度有以下特征：

第一，复权适用对象具有特定性。

复权制度只适用于因受资格刑宣告而丧失一定权利或资格的犯罪人。复权制度是与资格刑相配套、相对应而存在的一种刑罚消灭制度，其作用是导致资格刑的提前消灭，对于其他刑罚不产生影响。

第二，复权适用条件具有法定性。

1．犯罪人所犯之罪的罪质条件。一般情况下，复权属刑罚制度，与犯罪人所犯之罪并无直接联系。但在某些国家，基于法律的排除性特别规定，犯罪人因违背善良风俗与人伦道德而实施犯罪并受资格刑之宣告处罚，则不能通过复权而恢复其被剥夺的权利与资格。例如，巴西刑法第 119 条规定，普通犯罪人可以在满足复权条件后得以复权。但是，如果犯罪人损害他所保护或监护的儿女，或者强迫自己的妻子卖淫，或者犯败坏风俗罪，因而不能行使父权、保护权、监护权或夫权的，不能给予恢复权利。

2．犯罪人适用的刑罚条件。复权是与资格刑配套适用的刑罚消灭制度，因此，复权之内容应与资格刑之内容相同。但如果因被处以保安处分而产生的资格的限制或剥夺，则不能通过适用复权制度而得以恢复。例如，罗马尼亚刑法第 133 条规定，复权原则上不对保安处分发生影响；意大利刑法第 179 条规定，对被判刑人正在执行保安处分，并且有关决定没有被撤销的，不得允许复权，除非属于将外国人驱逐出境或者没收财产的情况。

3．复权适用的实质性条件。复权是对受资格刑之刑罚制裁的犯罪人有条件提前恢复其被剥夺的权利或资格的一种奖励制度，旨在激励犯罪人尽快悔过和积极改造。因此，从罪刑相适应与刑罚个别化的角度而言，复权适用对象应当已无继续服刑之必要，对社会安全已无现实之危害或威胁。各国刑法对犯罪人的服刑表现有不同的要求。德国刑法第 45 条 b 规定复权的条件是“可望受审判人将来不再故意犯罪”；韩国刑法规定为“未再受停止资格以上之刑罚”；意大利刑法第 179 条规定复权的条件是“有实际的和持续的证据表明被判刑人行为端正”，而且被判刑人已履行因犯罪而承担的民事责任，“除非他证明自己处于不能履行该责任的状态”；瑞士联邦刑法第 77 条和第 78 条对行为人重新担任公职和恢复教养权或监护权的条件规定为“表现良好，且法院确定的或通过调解所确定的损失得到赔偿”，第 79 条对撤销执行禁令的条件规定为“法官不担心被判刑人继续滥用职业，且法院确定的或通过调解所确定的损失得到被判刑人的赔偿”。

4. 复权适用的时间条件。复权属于资格刑的非自然消灭事由，其适用时间是在资格刑正在执行期间，犯罪人因受资格刑宣告而丧失权利或资格的期限尚未届满之时。在资格刑执行完毕后，刑罚自然消灭，不存在复权问题。关于复权的时间条件，各国刑事立法实践有两种立法例：（1）比例制，即复权要求犯罪人实际丧失权利、资格时间必须达到原判资格刑刑期的一定比例。例如，德国刑法第 45 条 b 规定，资格或权利丧失的期间已经经过一半时，法院可恢复犯罪人依法丧失之资格或权利；韩国 1975 年修正刑法第 82 条规定的复权的时间期限是：经过停止资格期间的 1/2。（2）定期制，即复权要求犯罪人实际丧失权利、资格时间必须达到法定的期限。例如，意大利刑法第 179 条规定，复权时间条件是主刑执行完毕或以其他方式消灭之日起经过 5 年，如果被判刑人是累犯、惯犯、职业犯、倾向犯，则上述期限为 10 年；瑞士联邦刑法第 77 条至第 79 条规定，行为人重新担任公职、恢复教养权或监护权、撤销执业禁令要求刑罚已执行完毕 2 年以上或判决已执行完毕 2 年以上。

第三，复权适用程序具有严格性。

关于复权的程序，各国立法规定有两种模式：立法模式之一为受刑人提出申请，而后由法院裁决，如瑞士刑法、韩国刑法的有关规定就是如此；立法模式之二为由法院依职权裁决，无须受刑人申请，如德国刑法对复权程序的规定就是此种立法模式。

此外，有些国家刑法对复权制度有一些特殊的规定。例如，意大利刑法有“撤销复权判决”的规定，该国刑法第180条规定，“如果被复权的人在5年内实施某一非过失犯罪，并且对该犯罪应处以3年以上有期徒刑或者其他更重的刑罚，复权判决当然撤销。”瑞士联邦刑法第81条规定，“恢复原状的申请被法官驳回的，法官可命令在2年的期限内不得重新提出此等申请。”

二、复权制度与其他刑罚制度的区别

（一）复权与我国刑法中的资格刑减刑的区别

复权本质上是一种专属资格刑的减刑制度。复权与减刑法律后果都是刑罚减轻适用；复权与减刑立法初衷皆在于补救报应刑之缺憾，消除刑罚过剩之弊端，目的都是鼓励犯罪人自我改造，尽早实现犯罪人“再社会化”、重返社会的正常状态；复权与减刑都是新派“刑罚个别化”思想的产物，都力求刑罚执行的法律效果与社会效果的统一。

我国刑法中的资格刑共有三种：剥夺政治权利、驱逐出境、剥夺军衔。我国刑法中的资格刑减刑主要是针对剥夺政治权利而言的。我国刑法中只有附加适用剥夺政治权利减刑的规定。我国刑法中剥夺政治权利减刑与复权存在诸多差别：（1）适用对象，复权适用于所有被判处资格刑的犯罪人，而剥夺政治权利减刑适用于被判处主刑附加剥夺政治权利的犯罪人；（2）适用条件，复权适用条件是犯罪人已弃恶从善，从社会安全的角度而言犯罪人已无社会危险性，从犯罪人的角度而言刑罚继续适用已无必要，而我国剥夺政治权利减刑的条件是主刑减刑；（3）法律性质，复权实质是独立的资格刑减刑制度，复权适用与否和主刑是否减免无关，而我国的剥夺政治权利减刑是在主刑减刑的情况下，为避免与法律规定之刑罚体系冲突而相应对附加适用的剥夺政治权利幅度所作的调整；（4）法律后果，复权是刑罚消灭事由之一，经法院宣告复权后，犯罪人提前恢复因受资格刑宣告而丧失之权利或资格，不存在剩余刑期和二度复权的问题；而剥夺政治权利减刑后果是刑期缩短，经法院裁定减刑后，犯罪人仍须执行剥夺政治权利，当主刑多次减刑时，附加适用的剥夺政治权利也相应多次减刑。

（二）复权与资格恢复的区别

我国刑法中尚无资格恢复制度的规定。司法实践中主要有四种方式：一是当然恢复，即在资格刑执行完毕后，犯罪人自行恢复丧失的资格或权利；二是宣布恢复，1979 年公安部《关于管制、拘役、缓刑、假释、监外执行、监视居住的具体执行办法的通知》规定，对于被判处管制的犯罪分子，管制期满，执行机关应即向本人和有关群众宣布解除管制，附加剥夺权利的，还应同时宣布恢复政治权利；三是有条件恢复，1988 年《中国人民解放军军官军衔条例》规定，军官犯罪可以附加判处剥夺军衔，服刑期满，继续在军队服役的，根据需要和有关法律规定授予军衔，不再服役的，剥夺军衔终身；四是不予恢复，对于犯罪的外国人附加判处驱逐出境的，不再恢复其在中国居住的资格，对于退役的犯罪军人附加判处剥夺军衔的，不再恢复其原有的军衔。

复权与资格恢复存在如下区别：（1）适用期，复权适用于资格刑正在执行，犯罪人因受资格刑之宣告而丧失权利或资格的期限尚未届满之时，而资格恢复则发生于刑罚执行完毕之后；（2）适用条件，复权具有严格的法定条件，复权适用与否根据资格刑的刑罚适用效果，即犯罪人的悔改程度而定，法院对是否适用复权有裁决权，而资格恢复则是刑罚执行完毕的当然法律后果；（3）法律性质，复权是刑罚消灭事由之一，是一种重要的刑罚制度，而资格恢复是一种法律事实，是刑罚执行完毕之后犯罪人所处的一种法律地位与状态，复权的法律后果是犯罪人恢复资格或权利。

（三）复权与前科消灭的区别

“前科消灭是指当曾受过有罪宣告或者被判处刑罚的人具备法定条件时，注销其有罪宣告或者罪及刑记录的制度。”① 前科消灭是广义上复权的种类之一。“有些国家的刑法规定了前科制度。有些国家的刑法规定了受到有罪宣告的人自动丧失一定的资格与权利，前科消灭后才能恢复这些资格与权利，所以前科的消灭与复权可以说是同一问题。”②

复权与前科消灭之间的区别表现在：（1）适用对象，复权适用于因受资格刑宣告而丧失一定权利或资格的犯罪人，前科消灭可适用于任何曾受过有罪宣告或被判处刑罚的犯罪人，后者的适用范围广于前者的适

① 马克昌：《刑罚通论》，武汉大学出版社 1999 年版，第 711 页。

② 张明楷：《外国刑法纲要》，清华大学出版社 1999 年版，第 439 页。

用范围；(2) 适用时间，复权适用于犯罪人所受资格刑正在执行，犯罪人因受资格刑宣告而丧失权利或资格的期限尚未届满之时，前科消灭则是在有罪宣告或服刑完毕或被赦免经过法定期限之后；(3) 法律后果，复权的法律后果是犯罪人提前恢复因受资格刑宣告而丧失之资格或权利，犯罪人受罪刑宣告的记录并不予以注销，犯罪人再犯罪的，可以构成累犯或其他从重处罚情节。而前科消灭不仅恢复犯罪人因犯罪宣告或被判刑而丧失的资格或权利，而且犯罪人的犯罪记录也被注销，犯罪人再犯罪的，因前科而产生的所有不利影响（如构成累犯、从重处罚等）均不适用于犯罪人。

（四）复权与赦免性复权的区别

赦免性复权是赦免种类之一。“对于受到有罪宣判，由于法令而丧失或停止资格者，用政令确定要件后施行（一般复权）；或者对特定人施行（特别复权）。”① 我国实践中也存在赦免性复权的实例。受实定法的影响，多有学者将复权作为赦免形式之一进行研究。复权与赦免性复权区别如下：(1) 适用条件，复权的适用条件是犯罪人真诚悔罪，已无继续施行资格刑之必要；赦免性复权适用条件则比较灵活，各国的赦免活动往往具有浓厚的政治色彩，以期达到调节社会的政治、经济情况和国事气候、补充法律不足之功效；(2) 权利性质，适用复权与否是量刑权之行使，属司法权之范畴，而大赦条件下的复权属立法权之范畴，特赦条件下的复权属行政权之范畴；(3) 适用程序，复权由法院依犯罪人申请或依职权裁决宣告犯罪人复权，大赦条件下的复权通常需要经过立法程序依法律规定实施，特赦条件下的复权则往往要经一定的机关、团体或个人提出申请，由拥有特赦权的国家元首、最高行政机关或政府首脑决定颁布特赦令宣布复权。

三、完善资格刑立法，建立我国的复权制度

我国刑法规定了两种资格刑：一是对犯罪的中国公民适用的剥夺政治权利；二是对犯罪的外国人适用的驱逐出境。此外，《中国人民解放

① ［日］木村龟二：《刑法学词典》，顾肖荣、郑树周等译，上海翻译出版公司1991年版，第462页。

军军官军衔条例》规定了剥夺军衔。但是，我国现行刑法中的资格刑立法也存在下列缺憾：资格刑规定内容失于粗疏，资格刑适用范围过于狭窄。因此，我国刑法中资格刑立法应考虑从以下两方面着手完善：第一，调整充实资格刑规定内容。在我国今后完善资格刑立法时，可考虑结合我国国情，参酌国外资格刑立法情况适当扩大我国资格刑规定内容。第二，明确具体资格刑适用范围。例如，对国家工作人员利用职务之便实施的犯罪，原则上都应在主刑之外附加适用资格刑，通过刑罚手段剥夺其在一定期间内担任公职和从事社会管理活动的权利，以更有效地预防和惩治职务犯罪和加强廉政建设。如此规定，既增强了刑罚的针对性，使刑罚个别化原则得以落实，又避免了“刑罚过剩”之弊病，提高了刑罚功效。

在上述完善资格刑立法之基础上，我国刑法应建立复权制度。建立我国的复权制度应解决以下几个方面的问题：

1. 合理确定复权的时间条件

外国立法例中对复权所需时间条件规定有二：比例制和定期制。一般而言，刑期长短与犯罪人的人身危险性和改造难易程度是相适应的。因此，比例制更多地体现了刑罚个别化思想，较定期制更为可取。

2. 明确规定复权的实质条件

外国立法对此问题多采概括性规定，赋予法官较大的自由裁量权。我国法制建设尚属创始阶段，鉴于我国现实国情，我国立法应尽量做到明晰化、具体化，以杜绝罪刑擅断。由于复权本质上属独立的资格刑减刑制度，因此，我国刑法对复权的实质条件可参酌减刑条件予以明确具体的规定。

3. 详尽规定复权的程序，使之具备可操作性

外国对复权程序有由法院依犯罪人申请裁决复权和法院依职权裁决复权两种立法例。依申请原则更能节约司法资源，提高司法效率。而从现代刑罚理论基础，即特殊预防与社会防卫之观念出发，在犯罪人已改过自新，对社会安全已无威胁和危害之时，自无必要对犯罪人继续执行刑罚，否则即会出现所谓“刑罚过剩”问题。因此，由法院依职权主动宣告符合法定条件之犯罪人复权，亦有其相对合理性。因此，我国复权程序应兼采两种立法模式，即以由法院依当事人申请裁决复权为原则，

以由法院依职权宣告复权为补充。

4. 借鉴外国有关立法，建立复权撤销制度

为保证不适当的复权得以及时纠正，我国立法应借鉴有关国家（如意大利等国）刑法中的复权撤销制度，规定犯罪人复权以后，如果发现复权之实体或程序不符合法律规定，或犯罪人在复权前后又犯新罪或有其他严重违法行为，法院有权宣告撤销复权。

（原载《河南师范大学学报》2003 年第 6 期）

复权初探

廖　梅

对行为人判处刑罚就意味着对行为人作出了否定的社会评价，这种否定的社会评价一般有两种效果。一方面，它意味着行为人对自己的行为承担应有的责任；另一方面，“这种否定的社会评价将在刑罚执行完毕以后，长时间地对被判刑人造成压力，并与因刑罚而产生的权利的丧失和可能的名誉从刑一起，导致很难消除的被判刑人的社会地位的降低”。① 那么，在这种情况下，即使行为人竭力想成为社会的栋梁之才，也会因为某种资格或名誉的丧失而无法再社会化，显然这是一种不公正。为了克服这种不公正，在近现代西方刑罚理论中产生了复权制度。该制度由于其在关注受刑人回归社会方面所起到的卓越作用而受到关注。本文拟就该制度的若干问题进行探讨，并就如何在我国建立合理的复权制度作初步的构想。

一、复权的发展历史及世界部分国家和地区的立法例

从刑罚的发展历史来看，刑罚从产生之初其效力就涉及一定权利的丧失或剥夺。但是，由于缺乏对受刑人权利的尊重，或者说缺乏对人权的基本尊重，以及长期以来报应主义刑法思想占据统治地位，因此在刑罚产生以后相当长一段时间内，统治者以及刑法学者并没有考虑到受刑人丧失或被剥夺的权利的回复问题。直至近代，随着文艺复兴等资本主义启蒙运动的发展，对人权的尊重引发了人们对受刑人权利的重新思考，目的刑思想将罪犯的再社会化问题提上了日程，在此基础上，近代的复权制度逐渐产生了。

---

① ［德］弗兰茨·冯·李斯特：《德国刑罚教科书》，徐久生译，法律出版社 2000 年版，第 507 页。

近代的复权制度由 17 世纪后半期法国国王的恩赦权发展而来，即受刑者在刑罚执行完毕并承担赔偿责任后，国王的恩赦行为使受刑者丧失的市民权及荣誉等从被污辱中解放出来，而这种作为国王的恩赦权之一的复权行为在 1781 年被废止，从此复权的决定权移交给法院。[①] 由此可见，最初的复权并没有脱离封建专制特权的痕迹，其从本质上来讲，仍然是国王的一种封建特权，复权的对象也较为狭窄，仅为市民权和荣誉。但是，法国的这种做法却开了复权制度的先河。

随后，像所有法律制度的发展历程一样，法国复权制度的发展经历了一个缓慢的发展过程，在取消了国王的赦免权以后，1791 年《法国刑法典》将复权的请求权委托给法院，但复权作为赦免行为的特征丝毫没有改变：因为法院不必按照特定的法律条件，来对被处刑者的复权请求作出裁决，而是根据镇议会的有权威的建议，经过自由裁量，认为被处罚者经过 10 年无可指责的表现之后是否适合复权，复权的效果在于完全取消判决。而在 1808 年的《法国刑事诉讼法典》中，复权仅仅是适用于施体刑或加辱刑的措施，即复权的效果重新被限定在消除降低的名誉上。1832 年法国法律将复权扩大适用于轻罪刑罚，但是当事人是否能够复权仍然恢复为由皇帝决定，上诉法院刑事庭仅仅可以提出意见，获得复权可以停止被判刑人因有罪判决所引起的“无能力处分”，但有罪判决仍然存在。[②] 从本质上来讲，这种复权是一种有司法保证的从刑特赦。

在法国，促使复权制度真正具备现代复权制度形态的是参议员贝热朗，他认为既然复权的目的在于有利于受刑人的改造，那么复权的先决条件不应当过于严厉，同时，作为复权的效果应当完全消除被判刑的污点。1885 年 8 月 4 号的法律充分考虑到了贝热朗的改革建议：“恢复权利、消除裁判，且终止因审判而生之所有权利的丧失。”同样是在贝热

---

① ［日］大塚仁、宫泽浩一：《刑事政策》，日本青林书院新社 1988 年版，第 429 页。

② 法国 1802 年和 1832 年的复权于 1781 年《法国刑法典》中规定的复权是一种倒退，因为前者将复权的效力仅仅限定在消除降低名誉和“无能力处分”上，有罪判决依然存在，而后者的效力直接为消除有罪判决。

朗的影响下，复权的进一步发展是与犯罪登记的规定联系在一起的。1899年8月5日的法律规定，相对于犯罪登记中记载的、与特定的根据刑罚严重程度分级的期限的经过相联系的刑法而言，只要被处罚者在此期间没犯新罪，则自动复权。至此，法国法中的复权已经具备了现代复权制度的基本形态。

随后，各个国家仿照法国法律的规定，都先后在自己的法律制度中明文规定了复权制度。在德国，复权制度在19世纪被引进德国的各邦国，但该制度并没有引进全德通用法中。在德国一些较大的邦国，如普鲁士和巴伐利亚，法律所引进的是赦免法上的复权，而在一些较小的邦国，引进的则是裁判上的复权，而《帝国刑法典》并未规定复权制度。最初在德国全国范围内规定复权的是《消除犯罪记录法》。到了现代，顺应世界立法的潮流，德国将复权规定在《德国刑法典》中。1879年《土耳其刑事诉讼法》紧跟法国1852年的法律，以赦免方式规定复权。比利时1896年4月25日的法律和保加利亚1896年2月2日的刑法则仿照法国1885年法律的做法，引进通过法院裁定恢复权利的方式，规定了裁判上的复权。丹麦于1896年引进了法定的复权。意大利则于1906年引进了复权制度。其后，瑞士和奥地利先后在自己国家的法体系中规定了复权制度。①

从世界上大多数国家或地区对复权制度的规定来看，具体来讲主要有以下规定方式：

（一）将复权仅仅规定为赦免法上的复权，规定在赦免法中

例如，我国台湾地区“赦免法”第4~6条分别规定了复权的概念、程序，而在刑事法律中却没有有关复权的规定。

（二）在赦免法和刑事法中均规定复权，即在一国的法律体系中既规定了赦免法上的复权，又规定了法律上的复权

例如，日本《恩赦法》第9条、第10条规定了赦免法上的复权，同时还在日本刑法第34条规定了法律上的复权。

---

① ［德］弗兰茨·冯·李斯特：《德国刑法教科书》，徐久生译，法律出版社2000年版，第509~510页；［法］卡斯东·斯特法尼：《法国刑法总论精义》，罗结珍译，中国政法大学出版社1998年版，第685页。

（三）复权仅仅规定为刑事法上的复权，规定在刑事法律中

这种规定方式又可以划分为以下几种规定方式：

1. 在刑法典中仅仅明示规定，在审判机关判决剥夺权利的期限未执行完毕之前，经过法律规定的一定期限以及符合一定的条件时，由法官恢复犯罪分子被剥夺的权利。例如，《德意志联邦共和国刑法》第45条（资格及权利的回复）规定：具备下列条件时，法院令回复依第45条第1项及第2项所丧失之资格，及依第45条第5项丧失之权利：（1）丧失效力之发生已达应经过期间之半，且（2）受裁判人可望将来不再有故意之犯罪行为者。其他有类似规定的还有韩国、意大利等国家。

2. 在刑法典中不仅明示规定在审判机关判决剥夺权利的期限未执行完毕之前，经过法律规定的一定期限以及符合一定的条件时，由法官恢复犯罪分子被剥夺的权利；而且规定了有关取消刑罚登记的规定，这样也会产生恢复曾犯罪者因受前科影响而被剥夺的权利的效果。例如，《瑞士刑法典》第76条、第78条、第79条在规定了回复担任公职务资格，回复亲权及监护人之资格，禁止执行职业、营业、商业行为处分之撤销等复权内容后，在第80条又规定了刑罚登记之注销，该条规定：（1）判决宣告后，经过法官量定之自由刑期及下列各款期间后，刑罚登记官应依职权注销刑罚之登记。（2）受刑人对于经裁判或和解所确定之损害，在可预期之范围内已加以赔偿，对罚金已支付、抵冲或者免除，主、从刑均执行完毕，而其行为足够注销处刑登记者，法官得应行为人之请求而为注销刑罚之登记。根据《法国刑法典》和《法国刑事诉讼法典》的有关规定，复权产生从“犯罪记录”的“一号登记表”上撤销有关该有罪判决的记载的效果。其他有类似规定的国家有西班牙等。

二、复权的概念

关于复权的概念，不同的学者有不同的主张。第一种观点认为，复权是赦免的一种，由国家元首以命令的形式，对于因受刑罚宣告或刑罚执行完毕而被剥夺政治权利和公民权利的人，恢复一部分或全部的权

利。[①] 第二种观点认为，复权是外国刑法规定的一种刑罚制度，指因被褫夺公权而丧失公权利的犯罪人，恢复其公权资格。[②] 第三种观点认为，复权即指对受刑者（包括既判刑者或刑罚执行终了者）经过一定的期限后，恢复其因受刑罚处罚而丧失的资格及权利。一是指恢复因受资格刑宣告而丧失的资格及权利，二是指前科消灭，恢复因受前科影响而丧失的各种权利和资格。[③] 第四种观点认为，复权系指因受被夺公权之宣告而丧失法令所定之公权资格者，对将来恢复其资格之情形。[④] 第五种观点认为，复权者，系对于受被夺公权之宣告者，回复其所被夺公权之行政行为也。[⑤]

笔者认为，以上关于复权的概念有如下不妥之处：

第一，复权的本质为消灭刑罚效果的一种方法，因此，它可以由赦免法规定，也可以由刑事法律所规定，因此，它并不必然为赦免的一种。因此，第一种观点与其说是在界定复权的概念，不如说是在界定赦免法上的复权的概念，未免有以偏赅全之嫌。

第二，“复权”中所指的“权利”，不仅包括在刑罚宣告中被剥夺的权利，而且还包括因受前科影响而实际被剥夺的资格和权利。例如，有日本学者指出的，复权存在的理由是因为受刑人“被处以一定刑罚的事实在法律上存在着丧失及停止资格等不利益方面，另一方面因为刑罚执行终了后也有曾被宣告刑罚这一事实，即有所谓前科”。[⑥] 可见，复权的范围应当包括这两个方面。因此，第二种观点和第五种观点将复权的范围仅仅界定在恢复被“褫夺公权”的范围内，即将“复权”中所指的

---

① 杨春洗、高铭暄、马克昌、余叔通：《刑事法学大辞典》，南京大学出版社 1990 年版，第 171 页。

② 孙膺杰、吴振兴：《刑事法学大辞典》，延边大学出版社 1989 年版，第 827 页。

③ 孙鹰、喻文莉：《复权制度探讨》，载《法学研究》1993 年第 4 期。

④ 蔡墩铭：《刑法总论》，台湾三民书局 1994 年版，第 348 页。

⑤ 高仰止：《刑法总则之理论与实用》，五南图书出版公司 1986 年版，第 586 页。

⑥ ［日］野村稔：《刑法总论》，全理其等译，法律出版社 2000 年版，第 500 页。

“权利”限定在刑罚宣告中被剥夺的权利的范围内是不全面的。

第三，从广义上来讲，复权的对象为受刑罚宣告者，既包括正在执行刑罚者，也包括刑罚执行终了者，这里的刑罚宣告既包括资格刑宣告，也包括非资格刑的宣告。因此，第二种观点和第五种观点将复权的对象仅仅界定为受褫夺公权之宣告者是值得商榷的。

第四，从复权的效力来讲，复权的效力所针对的是将来，而不是过去，原来的刑罚所产生的效果已经发生，如被剥夺了原来担任的公职、一定期限内无法行使被剥夺的权利以及因曾受刑罚处罚的前科而被剥夺了一定的权利和资格等，这些包含在刑罚产生的效果中的被剥夺的权利既无法恢复，也不能恢复。因此，对于复权来讲，用“回复权利”的表述较之用“恢复权利”的表述更为科学。因此第一、二、三、四种观点的用词似有不妥之处。

第五，复权所回复权利的范围依各个国家具体规定的不同而有所不同。概括地讲，不仅包括政治权利，而且包括从事某种职业、营业、商业行为的权利等其他权利，甚至包括监护等与特定的人身有极大联系的民法上的权利。因此，严格来讲，复权所回复的权利是非常广泛的，不能仅仅理解为回复公权利。因此，第一、二、四、五种观点将复权中的权利限定为公权利是不正确的。

综上所述，上述五种观点均有不妥之处。笔者认为，所谓复权，是指对正被执行刑罚者或刑罚已经执行终了者，经过一定的期限并达到法律规定的条件时，回复其因受刑罚处罚而丧失的各种资格和权利。

三、复权的种类

依据不同的标准，可以将复权划分为不同的种类：

1. 按照所回复权利的不同范围，可以将复权划分为广义的复权和狭义的复权。在广义的复权中，回复权利的范围不仅包括刑事法律中资格刑中包括的一部分或者全部资格和权利，而且包括因受前科影响而使当事人丧失的一定资格和权利；而在狭义的复权中，回复权利的对象仅仅包括刑事法律中资格刑所包括的一部分或者全部资格或者权利。

2. 按照回复权利是否需要特定的程序，可以将复权划分为积极的复权和消极的复权。所谓积极的复权，是指需要经过特定的程序才能够回复一定权利。例如，《韩国刑法典》规定，复权必须由本人或者本人的指导官向法官提出，才能够引起复权的法律后果。而消极的复权，是指法律规定在受刑人的资格刑执行一定期限后或者所有刑罚均执行完毕后，受刑人或有前科者在达到一定的条件后，就自动恢复资格或权利，而不需要特定的程序的复权。

3. 按照复权的不同来源，可以将复权划分为赦免法上的复权、刑事法上的复权以及裁量上的复权。① 前二者又可以称之为法律上的复权。所谓赦免法上的复权，是指将复权的条件、程序、效力以及复权的撤销等事项规定在赦免法中的复权。赦免法上的复权又包括大赦和特赦的复权。作这种典型规定的为我国的台湾地区。如前所述，有台湾学者将赦免法上的复权界定为“行政行为”，② 但是，这种说法是值得商榷的。赦免法上的复权虽然并未规定在刑事法律中，但它仍然为消灭刑罚的效果的一种方法，因此，不能仅仅将其理解为一种行政行为。刑事法上的复权，是指将复权的条件、程序、效力以及复权的撤销等事项规定在刑事法律中的复权。所谓裁量上的复权，是指在刑事司法程序中规定或实现的复权。例如，《法国刑法典》在“复权”一节中明文规定了刑事法律上的复权和裁判上的复权，这里裁判上的复权指的就是裁量上的复权。在法国，刑事法上的复权指的就是自然复权，即消极的复权，而裁判上的复权除了应当具备特殊的条件以外，还应当遵守裁判上的规则。

四、复权的适用

复权为一种消灭刑罚效果的制度，有着丰富的内容，具体包括回复权利的范围、复权的对象、条件、程序和效力等内容。

1. 复权回复权利的范围。

从世界上一些国家和地区的法律规定来看，复权回复权利的范围是非常广泛的，包括以下权利：（1）选举权和被选举权。这是世界上大多

---

① ［日］大塚仁、宫泽浩一：《刑事政策》，日本青林书院新社 1988 年版，第 427 页。

② 高仰止：《刑法总则之理论与实用》，五南图书出版公司 1986 年版，第 586 页。

数国家都规定的一项权利。(2) 担任公职的权利。(3) 从事一定职业的权利，如医师、律师、司机等。(4) 驾驶权。这是西方某些国家针对交通肇事犯罪十分严重的情况所作的规定。(5) 剥夺亲权和民事权利等其他权利。

2. 复权的对象。

从世界上大多数国家的法律规定来看，复权的对象一般为主刑已经执行完毕或者被免除、假释，资格刑尚未执行完毕或者主刑、资格刑均已经执行完毕的狱外人。

3. 复权的条件。

复权产生的最基本的目的在于有利于受刑人的再社会化，因此，从世界上大多数国家的法律规定来看，要取得回复权利的法律后果，一般不要求受刑人有积极的矫正措施，即有高尚的行为。同时，由于复权制度对刑罚效果消灭的彻底性，各国也规定了一系列的复权条件，以确保被复权者不再具有社会危险性。一般来讲，要求复权者必须符合下列条件：

首先，被复权者必须为曾受刑罚宣告或者执行，申请时已经出狱在外。

其次，对于狭义的复权而言，要求受刑人的主刑已经执行完毕或依其他方式消灭，而且被判处的资格刑已经执行了一定的期限。这里的期限一般有两种规定方式，第一种为比例制，即犯罪人恢复权利，必须是其实际丧失权利、资格的期限达到应当丧失期限的一定比例，如德国规定比例为1/2；第二种为定期制，即犯罪人恢复权利，必须是其实际丧失的时间达到一个确定的期限，如瑞士规定的期限为2年。① 而对于前科消灭的复权，一般要求其刑罚全部执行完毕达到一定的期限。这里的期限一般根据主刑的种类以及自由刑的长短来确定，一般对于罚金刑规定的期限最短，自由刑则随着刑期的增加而期限增加；而且，对于不同的犯罪人，法律规定的期限是不同的。例如，《意大利刑法典》第179条规定，受刑人于主刑执行完毕或依其他方式消灭起经过5年，提出其性状确属善良之经常性证据者，得予复权；而对于第99条第2项至第4

① 马克昌：《刑罚通论》，武汉大学出版社1999年版，第717页。

项所定累犯或常习犯、职业犯或有犯罪倾向者，其复权期限均为10年。可见，在意大利，对于累犯或其他主观恶性较大的犯罪分子，复权期限较一般人长得多。在法国，除了对于累犯和再犯规定了较长的复权期限，还规定，如果被判刑人是为国家做出了杰出贡献者，则可以免除任何期间的要求；对于未成年人和年龄在18～21岁的犯罪人，不论其实施何种犯罪行为，复权的期间一律为3年。

再次，被复权者必须表现良好，这是复权的实质条件。

最后，许多国家的法律规定，被复权者还必须妥善履行了刑事附带民事义务，否则不得复权。

4. 复权的程序。

不同的复权要求的程序是不同的。如果复权规定在赦免法中，则一般根据行政程序进行复权。例如，在我国的台湾地区，复权由其最高行政长官发出命令，再由所谓“行政院”转令主管部门审议。对于普通人，由司法行政部门进行审议；对于军人，则由其所谓“国防部”进行审议。通过者，由最高行政长官命令复权，由主管部门发给证明。对于刑事法上的复权或者裁量上的复权，其中属于积极复权的，一般由要求复权者主动申请或者其指导官等具有特定身份的人代为申请，符合一定条件者，法官裁量后经宣告予以复权。而消极的复权一般无须经过特定的程序，符合一定条件者就自动复权。

5. 复权的效力。

虽然复权有许多种类，但总的来讲，复权的效力即为恢复因受刑罚宣告而丧失的资格和权利。① 这一点是各国复权的应有之义。但是，在不同的国家，复权的具体效果是不同的。例如，在法国，其理论认为，复权是国家不再将判刑人作为曾受刑罚处罚者对待，根据《法国刑法典》第133－10条、第133－11条、第133－16条的规定，复权使得有罪判决消灭并使有罪判决引起的所有“无能力处分”均告停止，复权的效果同于赦免的效果。这样，既然有罪判决消失，如果受刑人在此之后犯罪，该有罪判决将不再成为对受刑人给予普通缓刑的妨碍；在考虑受刑人是否构成累犯时，这一有罪判决也不在考虑之列，同时，复权还引

① 吴平：《资格刑研究》，中国政法大学出版社2000年版，第87页。

起撤销犯罪记录的效果。由此可见，法国复权的效力是非常广泛的。但是在世界上其他一些国家或地区，如日本和我国的台湾地区，复权的效力仅及于将来，并不发生否定前科的法律效果，同时也不妨碍成立累犯和成为缓刑阻碍事由的可能。

五、复权的本土化思考

从目前我国有关的法律规定来看，罪犯或者曾受刑罚者丧失一定的资格或权利的情况有以下两种：

首先，被判处剥夺政治权利的罪犯丧失一定期限、一定范围内的权利或资格。例如，我刑法第54条规定，剥夺政治权利是剥夺下列权利：(1)选举权和被选举权；(2)言论、出版、集会、结社、游行、示威自由的权利；(3)担任国家机关职务的权利；(4)担任国有公司、企业、事业单位和人民团体领导职务的权利。第55条规定，剥夺政治权利的期限，除刑法第56条的规定外，为1年以上5年以下。判处管制附加剥夺政治权利的，剥夺政治权利的期限与管制的期限相等，同时执行。第57条规定，对于判处死刑或者无期徒刑的犯罪分子，应当剥夺政治权利终身。在死刑缓期执行减为有期徒刑或者无期徒刑减为有期徒刑的时候，应当把附加剥夺政治权利的期限改为3年以上10年以下，在法院判决的剥夺权利的期限完毕后，恢复权利。

其次，因曾受刑罚处罚的前科使其丧失一定期限和一定范围的权利和资格。例如，《中华人民共和国公司法》第57条规定，因犯有贪污、贿赂、侵占财产、挪用财产罪或破坏社会主义经济秩序罪，被判处刑罚，执行期满未逾5年，或者因犯罪被剥夺政治权利，执行期满未逾5年的，不得担任公司的董事、监事、经理。在这种情况下，有如上规定的前科者一定期限内丧失一定的权利和资格，除法律规定的期满外，没有任何途径可以使其提前取得如上规定的资格。再如，《中华人民共和国法官法》第10条规定，曾受刑罚处罚的人不得担任法官；《中华人民共和国检察官法》第11条规定，曾受刑罚处罚的人不得担任检察官；《中华人民共和国律师法》第9条规定，受过刑事处罚的人员，将不予颁发律师执业证书，但因过失犯罪而受到刑事处罚的除外；《中华人民共和国教师法》第14条规定，受到剥夺政治权利或者故意犯罪受到有期徒刑以上的刑事处罚的，不能取得教师资格；已经取得教师资格的，丧失教师资格。类似的还有其他的一些规定。在这种情况下，有前科者终身丧失上述权利，也没有任何途径可使其取得上述资格。

同时，我国刑法不仅没有有关取消前科的规定，反而规定了较为严格的前科申报制度。例如，我国刑法在规定了有关剥夺政治权利的条款后，在第100条规定："依法受过刑事处罚的人，在入伍、就业的时候，应当如实向有关单位报告自己曾受过刑事处罚，不得隐瞒。"

如上所述可以看出，在我国，犯罪分子被剥夺政治权利的期限执行完毕之后，自动回复被剥夺的权利，只是刑罚执行完毕产生的当然效果；而受前科影响的权利则将严格按照法律的有关规定予以剥夺，不存在积极回复的可能性，所以，我国并不存在复权制度，这不能不说是一个缺陷。

笔者认为应当在我国建立起合理的复权制度，理由如下：

1. 建立合理的复权制度是罪责刑相适应原则的需要。犯多大的罪，就承担多大的刑事责任和刑罚。刑罚执行完毕，则犯罪分子因其罪行就已经受到了应有的惩罚。但是，在我国，曾受刑罚处罚的前科会影响甚至剥夺行为人一些资格和权利的行使，而这种影响和剥夺的期限有时甚至是终身的，在这种情况下，行为人实际上因为其犯罪行为承担了额外的责任，这明显是有悖于罪责刑相适应原则的。因此，在我国的法律制度中规定复权制度，在一定条件下回复行为人因受前科影响的资格和权利，符合罪责刑相适应原则。

2. 建立合理的复权制度，可以有效地防止刑罚执行的剩余。被判处资格刑的罪犯，除独立适用资格刑外，都是在自由刑执行完毕或在假释后开始执行。对于那些经过自由刑的执行并未改过从善的犯罪人来讲，执行资格刑能够起到遏制其再犯的作用；但是对于经过执行自由刑和一定期限的资格刑已经改过自新的犯罪人来讲，再进一步执行剩下的资格刑，不仅不能发挥刑罚的功能，而且将不利于犯罪人的教育和改造，从而出现刑罚执行的剩余，而一定条件下的复权制度则可以弥补这一缺陷。

3. 建立合理的复权制度有利于罪犯的再社会化。现代刑罚理论认为，刑罚的目的并非为了报复，而是为了预防犯罪、保护社会。除死刑外，任何一种刑罚的任务都是为了使犯罪分子改过自新，最终重新回归社会。被判处资格刑的罪犯，除独立适用资格刑外，都是在自由刑执行完毕或在假释后开始执行，在这种情况下，在执行一定期限的资格刑以后，根据罪犯改造自新的情况，通过复权提前回复其权利，则有利于犯罪分子回归社会。同时，对于因受前科影响而被剥夺一定资格和权利的人，通过一定条件的复权恢复其资格和权利，则可以使其重新从事某种活动或者职业，从而有利于其再社会化。

笔者对在我国建立合理的复权制度提出了以下立法构想：

第一，应将我国的复权规定为刑事法律上的复权，并将复权的决定权赋予人民法院。这是因为从本质上来讲，复权应当是消灭刑罚效果的一项制度，规定在刑事法律中、由人民法院具体操作较为妥当。若规定在赦免法中，则一般由最高权力机关进行操作，对于我国这样的人口大国来讲，并非现实可行。同时，将复权规定在刑事法律中，由法官具体操作，也符合国际上大多数国家复权立法规定的趋势。

第二，应将我国的复权规定为积极的复权，即要取得复权的法律后果，受刑人必须在达到法律规定的一定期限后，主动向人民法院提出申请，由人民法院根据受刑人是否改过自新来决定是否复权。之所以在我国规定积极的复权，是因为在我国这样一个审判力量相对不足的国家，要让法院主动过问受刑人是否具备复权的条件是不现实的；同时，从理论上来讲，受刑人有权自己决定是否复权。①

第三，应当在刑事法律中规定广义的复权，即不仅规定在刑罚执行完毕或者消灭后，经过一定的期限，可以提前回复被剥夺的权利，而且规定在受刑人主刑和附加刑均执行完毕后，经过一定的期限，可以消灭其前科。因为复权的本质意义在于有利于受刑人的再社会化。而在现实生活中，有前科者因为前科所受的再社会化阻碍是非常巨大的，因此，广义的复权更符合复权制度原旨。

第四，申请复权人要取得复权的法律后果，必须符合复权的形式条件和实质条件。对于狭义的复权，复权申请的形式条件为剥夺政治权利丧失效力之发生已达应经过期间之一半，对于累犯，由于其社会危害性较一般受刑人要大得多，因此其期限应当为剥夺政治权利丧失效力之发

---

① 马克昌：《刑罚通论》，武汉大学出版社1999年版，第721页。

生已达应经过期间之2/3；对于消灭前科的复权的形式条件，则应根据罪犯所判刑期的不同规定不同的期限，但期限应限定在犯罪人被禁止从事职业、营业，商业行为后3年到5年之间；对于累犯，则期限应当稍长。复权的实质条件应当为犯罪分子是否改过自新，是否改过自新应当有受刑人所在的单位、充分了解受刑人情况的其户籍所在地或其经常居住地的公安机关严格、确切的证明，否则不得复权。

（原载《江苏公安专科学校学报》2002年第1期）

复权制度适用问题研究

于志刚

一、复权制度的适用范围及定义再界定

复权制度作为配套于资格刑的刑罚消灭制度，在适用的范围上存在一定的特殊要求，这体现在以下几个方面。

（一）复权制度是否限于不定期资格刑

从法理上讲，既然复权制度在本质上属于一种刑罚消灭制度，则其根本要求之一，就是刑罚正处于执行之中而尚未消灭。如果刑罚已经执行完毕，则不可能再发生刑罚消灭问题，也相应不存在复权制度的适用空间。

虽然复权制度所针对的刑罚种类是资格刑，但是并非一切资格刑均可以成为复权制度的适用对象。客观地讲，复权制度对于资格刑的种类有较为严格的要求：其一，复权制度的基本和主要适用对象，是不定期的资格刑。换言之，对于犯罪人因受刑事处罚而导致的资格、权利的限制或者丧失，如果法律只是作出限制或者剥夺性规定，而没有赋予期限的，复权制度是唯一的救济方式。其二，复权制度虽然也可适用于定期资格刑，但在这种情况下，复权制度的适用，只能发生在资格刑执行完毕之前。例如对于我国刑法中的剥夺政治权利，多数情况下在判决书中是给定期限的，因此，其复权问题，只能发生于给定期限完成之前。

有的学者指出，在未明确规定复权程序的情况下，只要符合法定条件，不经申请宣告即可自行复权。① 持类似观点的学者认为，在我国，

---

① 吴平：《资格刑研究》，中国政治大学出版社2000年版，第88页。

复权就是指剥夺政治权利刑期的届满，政治权利的恢复。① 笔者认为，此种观点是将定期资格刑的执行完毕与提前复权制度混为一谈。从复权制度的理论根据上分析，复权作为一种促进犯罪人尽快悔过的激励机制，是对承受资格刑的犯罪人有条件地“提前”恢复其被剥夺的权利或者资格，此种恢复权利或者资格的“提前性”，是为了奖励犯罪人真诚悔过和积极自我改造，但正是这种“提前性”，反映了对定期资格刑尚未执行完毕的基本要求。如果资格刑已经执行完毕，则刑罚已经消灭，就不可能再产生复权问题。这一点基本为刑法理论界所认同：复权必须发生在已被剥夺的公权尚未恢复之时，如果受定期褫夺公权的宣告，刑罚已经执行完毕，自不发生复权问题。② 换句话说，复权适用的时间，只能是犯罪人因受资格刑的宣告而丧失权利或者资格的期限尚未届满时。当犯罪人剥夺权利或者资格的期限已经届满，则不存在复权的问题。③

（二）复权是否限于恢复公权

国内外刑法理论关于复权的定义中，多数将复权制度中的资格刑限定为公权，由此而排除了其他资格刑被提前恢复的可能性。例如，有的学者认为，所谓复权，是指由国家元首以命令的形式对于依照刑法宣告被剥夺“政治权利和公民权利”的人，恢复其一部分或者全部权利”。④ 相似观点认为，复权是指对因被宣告褫夺“公权”而丧失公权资格的犯罪人，恢复其公权资格。⑤ 当然，也有学者认为，复权制度中的资格刑并不限于公权，而是包括各种被剥夺的资格与权利。例如，有的学者认为，所谓复权，是指对被宣告资格刑的犯罪人，当其具备法律规定的条

---

① 高铭暄：《刑法学原理》（第三卷），中国人民大学出版社 1994 年版，第 828 页。

② 孙膺杰、吴振兴：《刑事法学大辞典》，延边大学出版社 1989 年版，第 828 页。

③ 马克昌：《刑罚通论》，武汉大学出版社 1999 年版，第 716 页。

④ 曾庆敏：《刑事法学词典》，上海辞书出版社 1991 年版，第 619 页。

⑤ 孙膺杰、吴振兴：《刑事法学大辞典》，延边大学出版社 1989 年版，第 827 页。

件时，审判机关提前恢复其被剥夺的权利或者资格的制度。[①]

笔者认为，复权制度中所恢复的“权”，是指因被处以资格刑而导致丧失的一切权能，包括公权与其他权利、资格。正如有的学者所说，复权的内容应与资格刑之内容相同。[②] 具体而言，在设置复权制度的国家，所有其刑法典上所规定的、因被判处剥夺资格刑而丧失的权利与资格，均可以由复权制度而恢复，也就是说资格刑所剥夺的是什么，复权制度所恢复的就是什么，绝对不限于公权。当然，法律有特殊规定的除外。例如，意大利刑法典第34条规定，对滥用父母权而实施的犯罪的处罚，意味着在两倍于所科处的刑期的时间中停止行使父母权。对于此种停止行使父母权的资格刑，当然可以通过复权制度予以恢复。但是应当注意，复权制度中的资格恢复，不包括基于保安处分而产生的资格限制与剥夺。正如罗马尼亚刑法典第133条所规定，复权原则上不对保安处分发生影响。

各国刑法典所确立的资格刑及其内容千奇百怪，不能一一列举，但均可以基于复权制度而恢复，有的国家为此还以专门条文为特定资格刑设置独立的复权规则。例如，瑞士刑法典[③]第78条规定，关于教养权的恢复、监护权的恢复，如果行为人在所判处刑罚执行完毕2年以后，对于其被宣告失去教养权或者不得再担任监护人的资格，经其申请并在听取监护机关的意见之后，法院可宣告恢复其被剥夺的资格，但以其表现良好，且法院确定的或者通过调解所确定的损失得到赔偿者为限。

（三）排除于复权范畴之外的资格刑

通常情况下，凡是因犯罪人被判处资格刑而被剥夺、限制的资格或者权利，均可以基于复权制度而加以恢复。但是，基于法律的排除性特别规定，某些资格刑就属于终身制的，即永久性存在而不可能得以恢复。在有些国家，违背善良风俗与人伦道德而实施犯罪并被判处资格刑的，则犯罪人不允许通过复权制度恢复其被剥夺的资格与权利。例如，巴西刑法典第119条规定，普通犯罪人可以在满足复权条件后得以复权，

---

① 马克昌：《刑罚通论》，武汉大学出版社1999年版，第716页。

② 林山田：《刑罚学》，台湾商务印书有限公司1995年版，第312页。

③ 《瑞士联邦刑法典》，徐久生译，中国法制出版社1999年版，第29页。

但是，如果犯人损害他所保护或监护的儿女，或者强迫自己的妻子卖淫，或者犯败坏风俗罪，因而不能行使父权、保护权、监护权或夫权的，不能给予恢复权利。

（四）外国判处的资格刑是否可以恢复

当今世界是交流与开放的世界，人员流动的日益频繁导致各国法律管辖权的交叉适用也更为频繁。那么，如果行为人所遭受的有罪判决与刑罚打击包括资格刑是基于外国刑法并由外国司法机关裁判的，是否可以基于本国的复权制度加以恢复呢？

对此，笔者认为，如果行为人在外国所实施的行为在本国也属于犯罪的，基于尊重外国审判效力、维护本国刑法权威与司法权独立、保障受刑人合法权益以及促进受刑人早日悔改和回归社会等几方面因素的考虑，如果受刑人是本国人或者处于本国境内，本国刑法享有刑事管辖权，在受刑人满足本国刑法上复权制度的各项条件时，可以适用本国刑法上的复权制度，恢复受刑人被剥夺、限制的资格或者权利。对于这一考虑，国外现实立法例是支持的，如意大利刑法典第181条对于犯罪人在外国受处罚情况下的复权专门规定，如果外国的处罚判决在意大利根据刑法典的有关规定获得承认，也适用有关复权的规定。

（五）复权制度的再定义

基于以上分析，笔者认为，所谓复权，是指对于因实施犯罪而被判处资格刑的犯罪人，在其具备法律规定的条件时，提前恢复其被剥夺、限制的权利或者资格的制度。

对于复权制度的再定义，应当包含以下几个方面的要素：（1）复权制度作为一种刑罚消灭制度，是在资格刑正常消灭之外所设立的一种提前消灭制度。（2）复权制度是与资格刑相配套、相对应而存在的一种刑罚消灭制度，其作用是导致资格刑的提前消灭，对于其他刑罚的适用不产生影响。（3）复权制度由于其属于资格刑的非自然消灭制度，因而只能发生在资格刑正在执行的过程中，在资格刑执行完毕后，不存在复权问题。（4）可以适用复权制度的犯罪人，是基于被判处资格刑而导致某些资格、权利被剥夺或者限制的犯罪人。（5）所有基于资格刑存在而被剥夺或者限制的资格、权利，均可能因为复权制度的运用而被恢复，并不是单纯地被限于恢复公权，但是，法律另有规定的，不在此限。

(6) 复权制度的使用，以法律有规定为前提，因此，凡是依照本国法律规定而判处的资格刑，均可以通过复权制度而提前恢复。对于被本国司法机关所承认的外国刑事判决中所确定的资格刑，如果犯罪人处于本国境内，且本国刑法典有管辖权的，也可以通过复权制度恢复被剥夺、限制的资格或者权利。

二、复权制度与刑法其他相关制度的区别

(一) 复权与资格刑减刑的本质区别

世界各国刑法典基本上均规定有减刑制度，中国刑法也是如此。减刑制度也可适用于资格刑，这就与复权制度形成了一定交叉，也导致了两种概念易混淆。

笔者认为，复权制度，实质上属于一种可以独立适用的资格刑减刑制度，但是又与普通的减刑制度有所不同。这里特别应当强调的是其独立性。这种独立性体现在：其一，从形式上讲，无论犯罪人所遭受的资格刑是附加于主刑出现的，还是独立适用的，均可以不受任何限制地适用即进行减刑，而不赖于主刑是否减刑。其二，从实质上讲，复权制度所带来的资格刑的减轻，应当是以资格刑适用中的刑罚效应已经达到、刑罚目的已经实现为基础的，通过减轻资格刑而实现复权的目的，在于消除过剩刑罚，而不是依赖于主刑的变动而自然变动。

如前所述，复权制度的立法设置初衷，是作为一种针对于资格刑的刑罚消灭制度，来消除资格刑可能存在刑罚过剩的弊端，并同时作为一种激励机制促进犯罪人的自我悔过进程。它与现行的资格刑减刑制度存在诸多差别：(1) 复权制度适用中对于资格刑的减免，是一种基于资格刑实际适用效果的提前免刑，它是否免除剩余资格刑的执行，是完全根据犯罪人的悔改程度决定的，是以犯罪人在改造过程中是否需要继续执行资格刑为标准加以判定的。从另一个角度讲，是以资格刑本身在执行过程中的实际效果为判断根据的。而现行司法体制中的资格刑减刑，则是为了避免与刑法的固有规定相冲突，在改变主刑性质时不得已而对资格刑所作出的变动，与犯罪人是否有实际适用资格刑的需要没有任何联系，因而更准确地说，是属于资格刑的调整，而不是减刑。从实质上讲，它的发生是以主刑的实际适用效果为基础的，因而缺乏减刑的基础根

据。(2) 发生的时间。复权制度的适用，只能是在主刑执行完毕，资格刑开始执行的过程中；而现行的资格刑减刑，则是在主刑正在执行中的幅度调整，因而在发生的时空条件上有所不同。(3) 复权制度之下，所有的资格刑均可提前完成而导致权利、资格的恢复；而现行的资格刑减刑，则对于附加于拘役、管制的资格刑以及独立适用的资格刑，无法进行减刑。(4) 本质差别。应当特别注意的是，单纯的资格刑减刑制度与复权制度存在本质的差别。复权制度对于犯罪人而言，属于导致资格刑直接结束的刑罚消灭制度，因而只要适用复权制度，就导致犯罪人的资格刑归于消灭，不存在剩余刑期和二度复权的问题。而资格刑的减刑制度，则可以一减再减，理论上可以经过无数次减刑而尚未结束，尚存余刑。换言之，资格刑的减刑制度，并不属于刑罚消灭制度，因而也不可能直接导致刑罚经过减刑而归于消灭。(5) 复权制度可以再撤销。复权制度存在再撤销问题，换言之，某些国家规定，如果犯罪人经过复权后，司法机关发现其所谓的悔过表现是虚假的和伪装的，犯罪人在一定时间继续犯罪的，则可以撤销复权而再次剥夺、限制其权利或资格。而资格刑的减刑则不存在这种功能。

(二) 复权制度与资格回复制度的区别

资格刑执行完毕之后，犯罪人基于被判处资格刑而被剥夺或者限制的原有资格，自然或者经过裁定加以回复，此种制度，笔者称之为资格回复制度。

笔者认为，资格回复制度，目的在于回复犯罪人曾经因执行资格刑而被剥夺的资格，它与复权制度存在着本质的区别：(1) 适用的条件不同。复权制度适用中对于资格刑的减免，是一种基于资格刑实际适用效果的提前免刑，它是否免除剩余资格刑的执行，是完全根据犯罪人的悔改程度决定的，是以犯罪人在改造过程中是否需要继续执行资格刑为标准加以判定的。从另一个角度讲，是以资格刑本身在执行过程中的实际效果为判断根据的。而资格刑制度，则与犯罪人的表现无关，只要被实际判处并执行的资格刑执行完毕，即法定地引发资格回复制度的适用，其适用条件，是资格刑执行完毕。(2) 发生的时间不同。复权制度的适用，只能是在主刑执行完毕，资格刑开始执行的过程中；而资格回复制度，则只能是在资格刑本身执行完毕之后，两者发生的时空条件上不同是最根本的差异。(3) 复权制度之下，所有的资格刑均可提前完成而导致权利、资格的恢复；而资格回复制度，则不一定就当然导致被剥夺或者被限制资格的回复，某些资格可能永远也不会恢复。(4) 本质差别。复权制度对于犯罪人而言，属于导致资格刑直接结束的刑罚消灭制度，因而只要适用复权制度，就导致犯罪人的资格刑归于消灭，不存在剩余刑期和二度复权的问题，因此，其适用对象是刑罚本身，本质上是刑罚的部分免除执行。而资格回复制度所谋求的，却不是刑罚本身，而是在刑罚执行完毕之后能否回复以前的正常状态。(5) 资格回复制度不存在考验机制。复权制度存在再撤销问题，换言之，某些国家规定，如果犯罪人经过复权后，司法机关发现其所谓的悔过表现是虚假的和伪装的，犯罪人在一定时间继续犯罪的，则可以撤销复权而再次剥夺、限制其权利或资格。而资格回复制度，则一旦资格回复，就不会再丧失资格，如果以后犯罪人再次犯罪，只能根据新犯的罪决定是否判处资格刑。

(三) 复权制度与赦免性复权的区别

我国的实践中也存在赦免性复权的实例。1975 年 3 月 17 日，第四届全国人大常委会第二次会议决定，对全部在押战争罪犯（共 293 名），实行特赦释放，并予以公民权。特赦释放战争罪犯时的“予以公民权”之含义，实际上就是恢复他们的政治权利。对此，我国有学者认为，此种情况实际上就属于赦免性复权的实例。①

刑法理论界有学者认为，复权属于赦免的一种。② 笔者认为，此种不正确观点的出现，是属于概念竞合而产生混淆所造成的，也即将赦免制度下的具体形式——赦免性复权，不加区别地等同于独立化的复权制度。

笔者认为，独立的复权制度与赦免制度下的赦免性复权存在以下几个方面的区别：(1) 独立复权由法院裁决，裁决权属于作出终审判决的法院；而赦免性复权则是国家元首的权力，在大赦情况下则属于一种立

① 高铭暄：《刑法学原理》（第 3 卷），中国人民大学出版社 1994 年版，第 687 页。

② 曾庆敏：《刑事法学词典》，上海辞书出版社 1991 年版，第 619 页。

法权。(2) 复权的出发点，是基于犯罪人的悔改等原因导致资格刑的继续适用已经显得不必要；而赦免性复权制度的出发点，则更可能是政治策略性因素等与犯罪人本人并无直接关系的因素。(3) 复权制度的权力行使，在本质上属于刑罚裁量权，是司法权的一种；而赦免性复权在特赦情况下，更多地被认为属于一种行政权，在大赦情况下，则当然属于一种立法权。

(原载《法学》2002 年第 2 期)

前科消灭制度研究

房清侠

贝卡里亚说过，对人类心灵发生较大影响的，不是刑罚的强烈性，而是刑罚的延续性，因为最容易和最持久地触动我们感觉的，与其说是一种强烈而暂时的运动，不如说是一些细小而反复的印象。① 贝氏这折射着理性光芒的话语，道出了那些因为犯过罪而陷入一种长久痛苦的有前科者的心声。笔者在读了《中国青年报》《我不想再犯罪》的长篇报道②以后，看到了劳改释放犯韩小滨为了当好人，拉网式地找工作所遭受的讥讽和侮辱；看到了他向社会发出“我不想犯罪”的呼喊所遭受的冷遇和拒绝；看到他发誓再也不愿回到监狱，却又不得不承认犯罪是一条永远无法回头的路时，笔者也陷入了一种深深的韩小滨式的绝望。如果社会给韩小滨群体以特殊照顾，那么对于没有犯罪的人而言显然是不公平的；如果社会不给他们以特殊关照，那么这些永远带着发黄变旧的犯罪记录的人，终生也得不到与他人同等竞争的机会，这同样不公平；如果社会放弃对这些人的挽救，不但会使前期的定罪、量刑、行刑教育归于无效，而且也是我国刑事政策所不允许的。笔者认为，所有问题的关键并不在于能不能给韩小滨找一份工作，而是如何消除已然刑罚对其带来的终生不利影响，使其摔倒了爬起来，再融入社会发展的洪流，与正常人一样去竞争、拼搏，去承受失败的痛苦和享受成功的快乐。顺着这一如何消除刑罚后遗影响的思路，也就有了本篇的论题。但愿这一设想能够引起理论界对前科消灭制度的关注。

---

① 贝卡里亚：《论犯罪与刑罚》，黄风译，中国大百科全书出版社 1996 年版，第 46 页。

② 郑琳：《我不想再犯罪》，载《中国青年报》2000 年 6 月 7 日。

一、前科消灭界说

（一）前科的含义

界说前科消灭，首先要界定前科，而前科这一刑法理论中通行的专业术语，无论是对有法律明确规定的国家，还是对法律无明确规定的国家，其定义的内涵和外延都没有完全统一。例如，在法律明确规定前科的前苏联，前科被界定为：某人因犯罪而被法院判处某种刑罚方法的事实对这个人所造成的法律状态，[①] 即被定罪判刑的人才视为有前科；而在德国、英国、日本、朝鲜，前科是指曾受确定判决有罪宣告的事实。是否被科刑或刑罚执行与否不影响前科的成立，[②] 即凡是受过有罪宣告的均视为有前科。对于法律没有明确规定前科的我国，由于前科这个对犯罪人有重大影响的概念，在刑法立法中从未启用过，刑法理论界和司法实务界只是依照自己的认识来确定并使用前科这一概念，结果也同样导致了对前科定义的各执己见，至于界定前科这一与刑事立法毫不相干的概念，似乎既不必须也非必要。但时至今日，如果要在刑法中建立前科消灭制度，那就必须对前科有一个科学的界定。综观理论上对于前科的解释，主要有以下几种观点：第一种观点认为，前科是指因犯罪而被判处刑罚的事实；第二种观点认为，前科是指因犯罪受过有罪宣告或被判处刑罚的事实；第三种观点认为，前科是指因犯罪被判处有期徒刑以上刑罚的事实；第四种观点认为，前科是指历史上因违反法纪而受过各种处分的事实。[③] 我们认为，对前科的界定，必须着眼于前科的刑法意义，也就是说，前科作为刑法上的概念，其定义的外延既不能将曾受过的非刑法处分包括其中，也不能将曾受过的刑法处分排除在外，即定义的外延既不能扩大，也不能缩小。[④] 据此，上述第三种观点将前科的范

---

① 参见库德利雅夫采夫主编：《苏联法律辞典》，刑芳译，法律出版社1957年版，第107页。

② 参见张甘妹：《刑事政策》，台湾三民书局1979年版，第128页。

③ 参见喻伟主编：《刑法学专题研究》，武汉大学出版社1992年版，第367页。

④ 参见马克昌主编：《刑罚通论》，武汉大学出版社1999年版，第708页。

围限制在被判处有期徒刑以上刑罚之内，显然是人为地缩小了刑法的外延，无根无据。而第四种观点，前科不仅包括因犯罪触犯刑律而受过有罪宣告或刑罚处罚的情形，而且还包括一般违法行为受过行政处分或行政处罚以及因违反党的纪律受过党纪处分的情形，又明显地扩大了前科的外延，使其丧失了刑法意义。第一种观点也是将前科的外延进行了缩小，它将受过刑罚处罚之外的刑法处分的情形排除于前科的范围之外，如宣告有罪免予刑事处分、被检察机关确定有罪但决定不起诉等。在上述四种观点中，笔者较倾向于第二种，前科是指曾经被告犯有罪行或被判处刑罚的事实，即只要行为人被定了罪，至于被宣告人是否处刑，判处何种刑罚，刑罚是否执行，均不影响前科的成立，正如《英汉法律大辞典》对前科的解释，前科即定罪记录（Convictionrecord）。[①] 因为在我国，凡是被定罪的人，均有犯罪记录，而且终身不能消除，当我们考虑要消灭犯罪记录时，决不能将最轻的犯罪人排斥在外，而是给所有的曾犯过罪而又能够真心悔过的人以信心和希望。

（二）前科后遗影响

对于每一个被定罪的前科人，或深或浅地都有着韩小滨式的体验和经历，无论他们自己怎样挣脱和努力，也永远是二等公民，受奚落，“入另册”。虽然国家也在以不同的方式进行宣传并挽救这些人，但在中国人的心目中，“做坏事就应当受惩罚”这一根深蒂固的感情观念，始终潜移默化地左右着人们的行为，并存在于迄今为止的一切文化形态中，在此种心态和文化背景下，前科对人的影响也就不言而喻了。

1. 前科的法定影响

前科的法定影响，是指根据法律、行政法规的规定，有前科的人在社会生活中所应承受的法律后果，这种不利的法律后果可以分为刑事范畴和民事行政范畴。在刑法领域，前科首先是在一定范围内构成累犯的前提条件，没有前科当然也就谈不上累犯，因为前科而构成累犯的犯罪人依法不能适用缓刑和假释并依法承担较重的刑事责任。其次，前科还可以是构成再犯的前提条件。例如，刑法第356条规定：“因走私、贩

① 参见李宗锷、潘慧仪主编：《英汉法律大辞典》，法律出版社1999年版，第80页。

卖、运输、制造、非法持有毒品罪被判过刑，对犯本节规定之罪的，从重处罚。”再次，在不构成累犯、再犯的情况下，前科还是对犯罪分子量刑从重的酌定情节。在非刑法领域，随着一些民事行政法规的颁布实施，前科对人的影响愈加走向格式化，自1993年以来，似乎已成为一种立法的模式，概括起来主要包括两大类，一是绝对禁止，二是法定期间禁止。属于第一类情况的具体有：教师法第14条规定：“受到剥夺政治权利或者故意犯罪受到有期徒刑以上刑事处罚的，不能取得教师资格；已经取得教师资格的，丧失教师资格。”法官法、检察官法第10条和第11条分别规定：“曾因犯罪受过刑事处罚的”，不得担任法官、检察官；律师法第9条规定：“受过刑事处罚的，但过失犯罪的除外”，不予颁发律师执业证书；拍卖法第15条规定：“因故意犯罪受过刑事处罚的，不得担任拍卖师”；兵役法第3条规定：“依照法律被剥夺政治权利的人，不得服兵役”；会计法第40条第1款规定：“因有提供虚假财务会计报告，做假帐，隐匿或者故意销毁会计凭证、会计帐簿、财务会计报告，贪污，挪用公款，职务侵占等与会计职务有关的违法行为被依法追究刑事责任的人员，不得取得或者重新取得会计从业资格证书。”对于法定期间禁止的有：注册会计师法第10条规定：“因受刑事处罚，自刑罚执行完毕之日起至申请注册之日止不满五年的”，不予注册。公司法第57条规定：“因犯有贪污、贿赂、侵占财产、挪用财产罪或破坏社会经济秩序罪，被判处刑罚，执行期满未逾五年，或因犯罪被剥夺政治权利，执行期满未逾五年的”不得担任公司的董事、监事、经理；执业医师法第15条规定：“因受刑事处罚，自刑罚执行完毕之日起至申请注册之日止不满二年的”，不予注册。上述种种规定使我们看到，在刑事领域内，对于有前科的人再犯罪给予的种种不利后果，是基于对犯罪预防的考虑，这是很容易让人们（包括犯罪者本人）理解的，而在非刑事领域(期间禁止除外)，一个有前科的人，无论改造得多么彻底，在其职业的选择上都会因不同的前科而失去某些选择的自由，这些自由的剥夺，实质上也就是阻止他们进入“白领阶层”，或者说让他们远离那些神圣而光荣的职业，这公正吗？在此，笔者不敢对此妄下结论，但至少这些规定会使有前科的人永远不会成为一个真正的正常人。其实，前科者以前所犯的罪行，原因是各种各样的，有些犯罪不见得就是主观恶性特别大，如过失犯罪、犯罪预备和中止、防卫过当、避险过当等。所以，前科的法定影响表面看来并无大碍，但对于有良知的前科者而言，这种丧失自由选择的禁戒是终生难忘的痛苦，正如贝卡里亚所言："我们的精神往往能够抵御暴力和极端的但短暂的痛苦，却经不住时间的消磨，忍耐不住缠绵的烦恼。"①

2．前科的非法定影响

如果说前科的法定影响是一种看得见、摸得着的"惩罚"，那么前科的非法定影响则像影子一样，无声无息却随处可感。前科者由于有被处罚的经历，罪犯的标签就像瘟疫一样使人们畏而远之，使前科者很难建立正常的人际关系，但他们还要在社会生存，而社会又很少有他们生存之地。因此，担心、自卑、痛恨、不安、恐惧等不同的情绪不断地抽打着他们的心灵，折磨着他们的精神。难道要他们在苦役和痛苦中，度过整整一生吗？难道社会就不能真正给犯过罪的人再一次生活的机会和权利吗？笔者认为，前科的非法定影响，实质上是报应文化的延续，也是前科的法定影响带来的必然后果，理由很简单，既然法律都那么在意前科，那么，社会及社会上的人们又有什么理由不在乎呢？因此，我们有必要借法律消灭前科的影响，来改变我们的法律文化，通过消除前科的法定影响以达到消除前科的非法定影响。

（三）前科消灭

任何事物发展到一定程度，总有回落的机缘。当前科对行为人产生的不利后果膨胀到一定程度，抑制前科影响的良药也就应运而生了。因此，世界上许多国家都在刑事立法中设立了前科消灭制度，以抗制前科的不良后遗影响。在我国，前科消灭至今仍是刑事法领域没有开垦的处女地，仍属于法律盲区，在中国人的观念中，前科不仅不能消灭，反而应当像标签一样牢牢贴在犯罪人身上。在前不久修订的新刑法里，不仅没有规定前科消灭，反而在第100条规定："依法受过刑事处罚的人，在入伍、就业的时候，应当如实向有关单位报告自己曾受过刑事处罚，不得隐瞒。"这实质上是规定了前科报告制度，它表明了刑法对有前科者

---

① 贝卡里亚：《论犯罪与刑罚》，黄风译，中国大百科全书出版社1996年版，第47页。

如实报告犯罪记录的极大重视，不惜用一个条款在刑法中对此加以规定，在这种立法精神引导下，也就谈不上设立前科消灭制度了。但刑法理论工作者绝不能因为刑事立法对此问题的冷落就盲目地加以顺应，而应当超越现行立法，总结其他国家前科消灭的立法经验，以便对中国的刑事立法加以必要的引导。

1. 前科消灭的法律规定

前科消灭在世界各国刑法典中，提法不尽一致，或者称为复权，①或者称为刑罚失效，或者称为注销记录，或者称为前科消灭。总之，它们都是指曾被定罪或者判刑的人，在具备法定条件时，注销其犯罪记录的制度。1994 年法国刑法典第 133－13 条规定：被判刑的自然人在以下确定的期限内，未再次被判处任何重罪或轻罪之刑罚者，自然得到恢复权利：（1）对被判处罚金、日罚金刑、自支付罚金或日罚金总额，民事拘禁期或第 131－25 条所规定的拘禁期限届满或完成时效之日起，3 年期限之后；（2）对于单一判处不超过 1 年监禁，或者判处徒刑、拘押、监禁、罚金或按日罚金刑之外的其他刑罚，自刑罚执行或完成时效起，5 年期限之后；（3）对单一判处不超过 10 年之监禁，或者对多次被判监禁，总刑期不超过 5 年者，自服刑期或完成时效起，10 年期限之后。在法国无论是法定的复权还是裁判上的复权，均能使有罪判决消失并使由有罪判决所引起的所有“无能力处分”停止，任何人不得提出经复权而消失的有罪判决，如果当事人以后又犯罪，任何法院在评判被告人适用刑罚时，都不得考虑该项已经消失的有罪判决。1988 年韩国刑法典第 81 条规定，劳役、徒刑执行完毕或者被免除者，在补偿被害人的损失后，未再被判处停止资格以上的刑罚，经过 7 年，依本人或检察官的申请，可以宣告其判决失效，即刑罚失效。1995 年日本刑法第 34 条之二也规定，监禁以上刑之执行完毕或被免除执行者，逾 10 年未被处罚金以上刑时，刑之宣告失去效力，罚金以下刑之执行完毕或被免除执行者，逾 5 年未被处罚金以上刑时，亦同。被宣告免除刑罚者，于该宣告确定后，逾 2 年未被处罚金以上刑时，免除其刑之宣告失去效力。在日本显然不承认名誉刑，但在任命公务员和关系到一定职业时，那种因前科而产生

① 除了法国，其他国家复权并不一定等同于前科消灭。

的禁止效果，也可以说就是实际的名誉刑，为了救济这种情况，在法律规定了复权的同时，又规定了刑罚消灭，也就是如果行为人的情形符合法定条件时，即可从前科名单上取消，使前科消灭。1998 年德国少年法院法第 97 条规定，少年法官确信，被判刑少年的行为无可挑剔，证实已具备正派品行时，少年法官可依其职权，或被判少年、其监护人或法定代理人的申请，宣布消除前科记录，如涉及依普通刑法典第 174 条至第 180 条或第 182 条所为之裁判（作者注，指性方面犯罪）不得宣布之。在德国，行为时已满 14 岁不满 18 岁的少年，前科记录无论是被判决消除还是自然消除都被视为无前科。1996 年俄罗斯联邦刑法典第 86 条明确规定前科消灭，即“在下列情况下前科消灭：被判缓刑的人，考验期届满；被判处比剥夺自由更轻种类刑罚的人，服刑期满后过 1 年；因轻罪或中等严重的犯罪被判处剥夺自由的人，服刑期满后过 3 年；因严重犯罪而被判处剥夺自由的人，服刑期满后过 6 年；因特别严重的犯罪被判剥夺自由的人，服刑期满后过 8 年。前科一旦消灭与前科有关的一切法律后果便不复存在”。对于前科及前科消灭，俄罗斯刑法典规定得最为明晰也最为彻底和全面，任何犯罪人都有消灭前科的可能，而且对于少年犯消灭前科的时间还予以相应的缩短，正如该法典第 43 条所言，适用刑罚的目的在于恢复社会公正，以及改造被判刑人和预防实施新的犯罪。另外，蒙古刑法第 52 条、朝鲜刑法第 62 条、阿尔巴尼亚刑法第 56 条、瑞士联邦刑法典第 80 条、意大利军事刑法典第 70 条等都对前科消灭有明确的规定，在此不一一赘述。上述种种立法规定表明，国或大或小，或贫或富，但前科消灭制度却被普遍采用，这种立法状况本身就昭示了该制度不言而喻的积极意义。

2. 前科消灭的共同征象

虽然有关前科消灭的立法规定表述不一，各有特色，如前科的范围大小不同，罪行轻重不同，考察期长短不同，但在消灭前科的实质条件上各国的规定却是高度统一的。首先，从各国立法来看，前科消灭的先决条件都是行为人受到有罪宣告或刑罚已经执行完毕（包括因特赦刑罚得到免除或刑罚已经完成时效）。这一要件符合前科消灭的本质，因为前科消灭，消灭的是前科对行为人带来的后遗影响，而不是消灭没有执行完毕的具体刑罚。其次，必须经过一定的时间，即犯罪人在有罪宣告或服刑完毕或被赦免后，不能马上引起前科消灭的法律后果，而是要经过一定的时期。从各国刑法规定来看，从6年到10年不等，有的国家甚至规定40年。再次，注重个人表现，即前科消灭只能在法定的期限内具备法律所规定的个人表现条件时才能进行。在一般情况下，个体表现主要是指行为人在法定期间内是否重新犯罪，如俄罗斯、阿尔巴尼亚、朝鲜、蒙古、韩国、日本、法国等都是以是否重新犯罪作为个体表现的首要要件，但在具体判断的细部也有所不同，如韩国还要求必须在补偿被害人损失之后进行，德国是确定被判刑少年行为无可挑剔等。上述三个条件是各国前科消灭立法的一般规律，但有些国家也对前科消灭作了禁止性规定，如匈牙利刑法第70条规定，凡因违反管理秩序的犯罪（国事罪），以及军职犯罪和侵犯劳动人民利益的犯罪而被判刑的人，法院不得消灭其前科。再如英国前科消灭法规定，对曾被处以终身监禁和超过30个月监禁的人，其前科不得消灭。①

二、前科消灭的理论根据

任何一项法律制度的存在，除了有其深刻的历史政治背景之外，必有其支撑的理论基石，否则这一制度即使建立了，也是昙花一现，经不起时间的考验，前科消灭制度也是如此。笔者以为，前科消灭作为一项刑事范畴的法律制度，既可以表现为“人的现实”，又可以表现为“社会的现实”，因此，它与哲学、社会学、犯罪学、心理学、伦理学都有着极为密切的关系，所以，笔者试从以下四个方面入手，探寻前科消灭的理论支点，分析前科消灭制度存在的合理性。

（一）哲学根据

辩证唯物主义认为，运动是物质存在的根本方式，运动是标志物质世界一切事物和现象以及过程的变化的哲学范畴。② 运动的绝对性，物质的变化发展性告诉我们，一个有前科的人和世界的其他物质一样，也是处于一种不断的运行、变化、发展之中，他们是可变的，也是可改造的，曾经犯过罪的人并不一定永远是恶人，他们在其世界观的不断改造

① 参见马克昌主编：《刑罚通论》，武汉大学出版社1999年版，第712页。

② 肖明主编：《哲学》，经济科学出版社1992年版，第59页。

过程中，完全可以抛开自己的过去，告别自己的昨天，脱胎换骨重新做人。而前科制度强调的恰恰是不论日月如何变迁，犯罪人永远是犯罪人的静止观，因此前科制度（虽有其合理性的一面），实质上是对人的可改造性的一种否定，也是对罪犯改造的一种否定。如果人是可以改造好的，那么我们又有什么理由不设立前科消灭，而是将其一直钉在犯罪的耻辱柱上？

历史唯物主义认为，每一个社会形态都是由自己特有的经济基础和上层建筑构成的，[①] 而经济基础和上层建筑之间又存在着一种辩证关系，即经济基础决定上层建筑，上层建筑必须与经济基础相适应。基于这一原理，笔者认为，我国正处在社会转型期，整个社会的政治经济、文化结构正在进行不停的重塑和转换，一元利益主体转向多元利益主体，计划经济正被市场经济所取代，作为社会生活主体的个人的自主地位及个性得到了极大的张扬和伸展，在这种情况下，对有前科者依然压抑、束缚，与整个社会的发展已不能协调一致。更何况在市场条件下，对前科者采取统一安置就业已经变得不可能。实际上，目前政府已经无法行使职权安置就业。因此，谋生存、谋出路的担子自然而然也就压在了有前科者自己身上，可当他们投入无情的社会竞争时，就需要法律能够为他们平等竞争提供一些保证，以体现我国教育、挽救、感化犯罪人的刑事政策，以适应现存的经济基础。而令人遗憾的是，在前两年修订的刑法中，不但没有将经济规律的此项要求体现出来，反而还增加了报告犯罪记录的条款。这样，许多的有前科者，也像韩小滨一样揣着那张发黄变旧的犯罪记录，为找工作碰得头破血流。一些职业已被法律明令禁止，它使聪慧的有前科者永远也得不到这样的就业机会；另一些职业虽然法律没有禁止，却因为前科而被社会自然而然地拒之门外。表面看来，让他们失去这些就业机会的，是某个公司、某个企业或某些老板，实质上，让他们失去平等竞争机会的正是我国的法律制度。也就是说，社会要求平等竞争、充分发挥个人的能力，即要求给人松绑，而我国的某些法律制度却依然裹足不前；前科就是有前科者永远不能和正常人平等的魔棒，而魔棒的指挥者就是欠缺公正的法律。所以，在经济基础发生变

① 肖明主编：《哲学》，经济科学出版社 1992 年版，第 398 页。

革时，法律制度必须作出与之相适应的调整。市场经济的本质是公正、平等竞争，那么刑事法律也应全力体现这样的内涵并对其进行保护，而前科消灭制度正是这合理内涵的一个重要组成部分。

（二）犯罪学根据

犯罪学通常被视为关于犯罪原因的科学。也可以说整个近代的犯罪学史，就是一部犯罪原因学说史。因此，犯罪学有关犯罪原因理论的基本价值就体现在犯罪原因与预防犯罪的对策上。找到了犯罪原因，也就找到了产生犯罪的病症，进而对症下药，达到预防犯罪的目的。刑事法律设立的种种制度、规则都是围绕着这个焦点进行的。所以，前科消灭制度，对于产生犯罪的病症是否一剂良方，能否有助于预防犯罪，也就变得至关重要，否则这项制度也就没有存在的必要。

意大利犯罪学家菲利提出了著名的犯罪原因三因素论，即人类学因素、自然因素和社会因素。在犯罪的社会因素中，菲利尤其强调经济因素对犯罪的作用。菲利指出，任何足以使人类社会生活不诚实、不完满的社会条件，都是引起犯罪的社会因素。我们的文明中显然存在着引起犯罪的经济因素，自然竞争规律实际上是一种变相的同类相食，其法则即“你死我活”。在有限的职业中，工人的竞争就等于有些人就业是建立在他人失业的基础上，① 而且当这种竞争又掺杂了其他不正当的手段时，经济因素更是发挥着滋生犯罪的作用。和菲利的犯罪原因论有相似之处的，还有德国刑法学家李斯特。李斯特以其犯罪原因二元论著称，他提出了犯罪的两个原因，即个人因素和社会因素，并且他更加强调社会因素对犯罪发生的作用。上述犯罪学思想已成为犯罪学宝库的经典，现代犯罪学思想无论如何发展，都不能从根本上超越刑事近代学派的藩篱。由此，我们就可以得出这样一个结论，社会因素尤其是经济因素是导致犯罪的最重要原因。所以，对于刑事法律而言，要想较好地预防犯罪，在确立刑事政策、制定法律制度时，必须考虑这些制度是否有益于良好社会环境和经济环境的建立，是否有益于消除、减少不良社会因素对人的影响。但在现代社会，这种法律制度的建立包括刑罚却又不仅仅包括刑罚，正如菲利所主张的，刑罚尽管是永久的，但要成为次要手

---

① 参见陈兴良：《刑法的启蒙》，法律出版社 1998 年版，第 207 页。

段，而刑罚的替代措施则应成为社会防卫机能的主要手段。前科消灭制度作为刑罚的替代措施之一，将刑罚惩罚的视野延伸到刑罚执行完毕之后，它能够使有前科的人最大限度地发挥自己的个人能力，以满足个人和社会的需要。很显然，前科一旦可以消灭，他们就可以不再承受公共舆论的压力，享受到较好的公共态度，能够和正常人一样去竞争就业，能够无拘无束地接受再教育或继续深造，能够不受任何歧视地恋爱、结婚，也不用在自己的履历表上填写自己不光彩的历史，这对于一个有前科者来说，法律的厚爱使他们得到多大的精神解放和心理的满足，在这种社会环境下，他们还会因为前科而刻意去犯罪吗？正如贝卡利亚所言："你们想预防犯罪吗？那你们就应当让光明伴随着自由。"① 而前科消灭制度就是建立良好的社会环境，让光明伴随自由的预防犯罪的一剂良方。

（三）心理学依据

人们对犯罪的痛恨和影响，引导着社会法律对犯罪和犯罪人作出各种各样的反击，因为这种愤恨对于社会的正义是不可缺少的，所以，社会和法律始终在尽力维护这种健康的愤恨感情。于是，也就有了即使对犯罪行为惩罚之后，还要对犯罪人贴上前科标签，使他今世不得翻身的传统和习惯。但自 1986 年以来，我国犯罪人再犯率上升的事实，不得不引起人们对前科的重新认识，从心理学角度考察，前科消灭比前科制度更有益于预防犯罪，更有益于形成积极向上的健康人格。

需要，是人类共同的个性心理特征。需要是人在一定的社会生活条件下，对客观事物的需求。② 需要是形成犯罪动机的内在动力。前科者的需要，如自然需要、文化需要、精神需要、劳动需要等，如果在社会满足过程中，由于前科所形成的社会障碍使之难以实现时，该满足需求的过程，不但不会使人个性丰富充实，还会使人个性蜕化变质。很显然，当正当的途径无法满足其正当的需求时，需求的本能会促使他们铤而走险，不惜用犯罪等非法手段去取得。尤其当一个人因为前科而丧失

① ［意］贝卡里亚：《论犯罪与刑罚》，黄风译，中国大百科全书出版社 1996 年版，第 105 页。

② 罗大华主编：《犯罪心理学》，中国政法大学出版社 1997 年版，第 47 页。

劳动需求，不为劳动所调节的寄生需要极可能成为他们反社会行为的（有时是违法犯罪行为的）根源。① 也就是说，再犯的动力从根本上来自于人的需要与满足这些需要的实际可能性之间的矛盾。就前科者而言，如果前科保留，就无法改变社会对他们长期的歧视，那么，满足其个人需要的可能性就小，剧烈的矛盾冲突就会引起心理冲突的加剧，再犯的可能性就大；反之，如果前科可以消灭，那么，需求与满足要求的实际可能性之间矛盾就会变小，再犯的动力也就形不成真正的犯罪动力，当然也就谈不上重新犯罪。因此，对于立法者来说，要想真正抑制再犯，在设立制度时考虑前科人的心理始终是必要的。

在心理学上，性格是人的个性心理面貌一个突出的方面，性格与犯罪也有着密切关系，有性格缺陷的人更容易实施犯罪。然而，性格特征并不是一朝一夕形成的，因此，性格一旦形成就相对比较稳固，但由于性格是在个体生活中逐步形成，也就必然存在着在个体生活中改变的可能性，② 性格的可塑性给前科消灭制度提供了心理依据。性格在经历过重大事件和长期的挫折之后，或快或慢地会发生改变。如有前科的人，在社会中长期处于卑微地位而产生的痛苦、自卑、压抑、抵触心理，很容易造成性格的个性化倾向，具体体现是：改变了对现实的态度，产生对社会的不信任，形成反社会意识；主动性分化，自制力减弱；心理脆弱承受力差，更容易丧失理智。上述性格变化，会使理智型的人，由于理智减弱使其无法用理智来衡量和支配行为；会使情绪型的人，因受不满情绪的影响更加情绪化，表现为行为的极不稳定性；会使意志型的人，因控制力减弱更容易冲动，而实施违法犯罪行为。由此可见，犯罪标签所产生的不利影响，只能把有前科的人推到犯罪的边缘。所以，立法者的职责，就是用道德的法律制度，使个人得到改善，诱导人们性格积极的一面，抑制其消极的一面，复苏他们的心灵，培养其健康向上的性格，而前科消灭制度正属于此范畴之内，正如亚里士多德所说：“善

---

① 参见［苏］德得罗夫斯基主编：《普通心理学》中译本，人民教育出版社 1981 年版，第 115 页。

② 参见曹日昌主编：《普通心理学》，人民教育出版社 1980 年版，第 179 页。

施恰恰是可以开创某些善业而成为善德的基础。”此话在此虽不是十分贴切，倒也能道出题中之义。

（四）法理学根据

前科消灭归于刑事法学，因此此项法律制度从本质上必须与法的本质相同，法的本质要求法律具有正义性，那么，前科消灭制度也应体现法的正义。正义，是指公平、公正、正当、合理。自从人类社会发生公正与不公正的社会问题以来，正义一直被视为人类社会的崇高理想和美德，法也一直被视为正义的保护神。许多著名的思想家、法学家都曾强调正义是法的实质和宗旨。正如罗尔斯所说：“法律是正义的，正义是至高无上的，任何一种理论、法律和制度，只要它不是正义，就一定会被抛弃和消灭。”① 笔者认为，前科制度，从高处着眼由于不完全具备法律的正义性，应当予以消灭。这是因为：前科首先违反公正。犯罪人犯罪以后，法律已令其承担了与所犯罪行轻重相适应的刑事责任，这是正义的体现，但让一个刑罚已经执行完毕的人在合法的情况下，继续承受该项犯罪所带来的种种报复，就有失公正。我们不能把曾经犯过的罪，永远当做现实束缚的理由，若如此，把罪犯改造成新人不就成了一句笑话？其次，前科还有违公平。对于合法的人，法律一般不应予以歧视，有前科的人在遵纪守法的时候就是普通人，他们应当和普通人一样享有各种各样的权利，如有劳动的权利，有择业的权利，有不受歧视的权利，有寻求法律保护的权利等，否则就是不公平。再次，保留前科还有其不合理性。大家已经注意到，在我国，法律已经开始特别保护犯罪嫌疑人、被告人、罪犯的权利，即在他们可能回头的任何一点上，都给他们设置了回头的机会，如犯罪之后可以自首；实施犯罪时还设立犯罪中止；量刑时要做到罪刑相适应；行刑时还可以根据表现减刑、假释；甚至对于过了追诉时效的犯罪行为，法律也可不再追究。也就是说，只要犯罪分子想回头，法律就一直给他们留有回头的路。但有前科的人却没有这么幸运，他们始终处在犯罪人与正常人之间的法律空白地带，既得不到法律的救济，又受社会排斥，这是极不合理的。罪犯需要保护，正常人需要保护，为什么有前科者就不需要保护？实际上，有前科者就像

① 参见沈宗灵：《现代西方法律哲学》，法律出版社1983年版，第229页。

是疾病恢复期的人一样，虽不是危重病人，但他只有在医生、护士的关心、帮助下，才能真正恢复健康。所以，给有前科者一个机会，当有前科者想回头时，法律同样应当给他一条回头路，这才叫公正合理。

三、我国否定前科消灭制度的原因分析

前科消灭制度在我国刑法理论和刑事立法中均属冰点问题，那么，对这一先进法律制度熟视无睹的原因是什么？笔者认为，我国对前科消灭制度的否定，并不是这种制度不适合中国，而是几千年来中国历史留下的后遗症。

（一）民主法律思想匮乏

消灭制度是对人权的深层次保护，所以，它的产生有赖于民主性的法律思想，因为没有民主性的法律思想，也就不可能产生民主性法律制度，没有民主性的法律制度，也就不可能有前科消灭。因此，民主性法律思想的匮乏是我国不能产生前科消灭的思想原因。

翻开中国法律思想史不难发现，在中国法律思想史上，长期占据统治地位的是中国封建正统的儒家法律思想。中国古代从奴隶社会到封建社会都是建立在自然经济基础之上，以家族为本位的宗法思想始终是历代立法的根本原则，而且渗透到社会各个领域。我们并不否认，在我国的历代法律思想中，也曾有过一些真知灼见，如明朝景泰年间的邱睿。邱睿不仅赞赏汉文帝废除肉刑的决定，而且还坚持反对宋代“刺面”的做法。他认为刺面是黥刑的复用，使用这种刑罚将后患无穷，它只能增强人民的反抗和敌对情绪，“心中虽欲自新，而面上之文已不可去，其亡去为临，挺起为乱，又何怪哉”，他主张对犯罪人要“役之以困若其身，使之思往咎而生善念”。① 邱睿的这一矫正思想应当说是古代法律思想中明确反对标签、符号化刑罚的典型代表，是我国实行消科制度的最早思想渊源，但它在正统儒家法律思想的压抑下，很快便窒息了。所以，在中国古代，根本不可能形成“一个法学家阶层”，也根本不可能产生民主性法律思想阶层。在半殖民地半封建社会，民主法律思想也从

---

① 本小节参见张国华主编：《中国法律思想史》，法律出版社 1982 年版，第 7 页以下。

未能够占据统治地位。例如，清末宣统元年（1909），封建统治者仍下谕声称："三纲五常实为数千年相传之国粹，立法之大本"。[①] 在这种非民主性法律制度中，前科消灭是不可能占据一席之地的。

（二）刑罚标签根深蒂固

从某种意义上讲，我国的刑罚史，也是一部刑罚标签的演变史。历代统治者制定法律总是在报复惩罚的前提下，还要将罪犯通过肉刑、变相肉刑、印记或前科等特殊的标记和符号与其他人相区别，以显示其犯罪身份，从而有意无意地达到孤立、羞辱的作用。

夏商周奴隶社会时期，虽然法律还处在起源阶段，但刑罚的标签却表现得非常突出。一方面，它通过五种主刑残害肢体，使犯罪人不仅遭受肉体上的痛苦，而且还异于常人。另一方面，在从刑中还设有"象刑"，就是"画衣冠而异章服以为戮"，[②] 为象征性刑罚，羞辱惩罚犯罪人。例如，蒙黑巾、以草梗当帽子、穿麻布鞋、着无领布衣等，这些特定的服饰，让执法者和百姓一望而知。

在秦朝封建社会形成时期，使人肢体残缺的刑罚，如宫、劓、黥、刖刑一直沿用未变，且残酷至极点。黥刑继续保持在脸、额、颧部刻字，还增有各种刑罚合用的惩罚方法，如"髡钳为城旦舂"，"髡"是把头发剃光，"钳"是戴上金属制的头枷，也有人认为是用铁具束颈。[③] 并使男犯为"城旦"，即使其筑城；使女犯为"舂"，即使其用臼舂米。[④]

西汉时期，统治者以秦为鉴，文武并用，取得了"文景之治"之盛景。黥、劓、刖三种肉刑，被汉文帝下诏书废除。他认为："刑至断支体、刻肌肤，终身不息，何其刑之痛而不德也！"[⑤] 这是中国法律史上废除肉刑之绝唱。但在西汉时期，对普通百姓而言，刑罚还依然存在戮

① 参见张国华主编：《中国法律思想史》，法律出版社1982年版，第6页。

② 《汉书·刑法志》

③ 参见法学教材编辑部：《中国法制简史》，法律出版社1983年版，第51页。

④ 曾庆敏主编：《刑法》，知识出版社1981年版，第18页。

⑤ 参见张国华主编：《中国法律思想史》，法律出版社1982年版，第163页。

记、羞辱等。例如，汉律规定，丈夫犯了罪，妻子要连同受惩罚，奴婢还要黥面，[①] 但和秦相比，亦属于“刑罚大省”。

到了宋期，随着封建制的衰落，肉刑又逐步复活，于五刑之外又增加了“刺配”，即对于罪情严重的流刑罪犯，还要加杖和刺面。[②] 但其范围缩小，对“世家子弟”免刺。[③] 在元朝同样配有刺配刑，世祖时，遇赦囚徒要黥面；仁宗时，盗窃罪也要刺面，以便人人避之。

明清时期的明太祖时，继续实行肢解、劓鼻、刖足、斩趾等肉刑；武宗时，权宦刘瑾还创立了戴枷发遣刑；熹宗时，太监魏忠贤又创设了断脊、堕指之刑。其刑罚符号以法外用刑的方式广泛使用。在清朝，《大清律例》规定，凡谋反、谋大逆者，在株连子孙时，即使子孙确不知情，年十一岁以上，也要阉割发往新疆给官为奴。对于盗窃犯，处刑的同时还要在面上刺字，以便于鉴别、追捕。

现代社会虽然早已远离了肉刑，但在行刑制度中，让罪犯统一剃掉头发，穿上囚服也具有符号作用，包括本文所述的前科，也不过是文明国家对罪犯贴上的隐形标签。

从上述刑罚演变史可以看到，尽管犯罪标签在不同时期，有其不同的表现形式，但它和中国的刑罚史几乎是寸步不离的，标签观念根深蒂固地占据着统治地位，影响着统治者，影响着中国的法律。这就是我们无法选择的中国历史，而且也正是这种历史，使刑罚标签至今还能够“深入人心”，也是现代社会比较文明的隐形标签——前科，堂而皇之存在的历史根源。

（三）社会转型尚未完成

中国的改革开放使社会正经历着巨大变化，法制现代化的本质与核心要求作为社会主体的人的全面现代化，也就是犯罪嫌疑人、被告人乃

---

① 参见法学教材编辑部：《中国法制简史》，法律出版社 1983 年版，第 95 页。

② 参见法学教材编辑部：《中国法制简史》，法律出版社 1983 年版，第 145 页。

③ 参见法学教材编辑部：《中国法制简史》，法律出版社 1983 年版，第 148 页。

至出狱人从客体地位向主体地位。社会政治、经济的转型发展，决定了法律制度的转变发展；社会转型度的大小及完成程度，决定了刑事法律民主化进程的快慢及步骤。市民社会的发育成熟程度，国家与社会两种力量协调的结果，也必须通过体现国家利益和个人利益对抗冲突的法律的变革表现出来。在我国尽管社会转型已经开始，然而，我国从传统社会向现代社会，封闭社会向开放社会，人治社会到法治社会的变迁还远未完成，民主法制化的进程还受着历史与现实的制约，个性自治和人格尊严由于社会政治、经济、观念原因未能得到全面的尊重，这些转型过渡时期的制约因素是我国刑法没有设立前科消灭制度的原因。

就现今社会而言，前科消灭制度的立法空白也是受各种因素制约的，从现存刑法文化的视角来看，我国仍停留在重惩罚、轻矫正的刑法文化阶段，体现在我国刑法中，就是重墨于犯罪行为，轻墨于犯罪人；重惩罚、轻视刑罚个别化。实际上，具体刑罚是犯罪人承担的，犯罪行为是犯罪人实施的，刑事矫正也是针对犯罪人进行的，我们有什么理由轻视犯罪人呢？笔者认为，我国刑法对保安处分、刑罚之酌科、前科消灭的冷漠，就说明我国刑法并没有尽可能地把刑罚当做矫正犯罪人的一种手段，我们非常在乎的是是否依法惩处了，而对于刑罚对特定的个人产生何种影响，能否使其顺利回归社会，似乎考虑得很少，如此一来，刑法没有规定对有前科的人的保护，也就非常自然了。从经济结构来看，市场经济发育的不完全，必然带来法律民主的不完善。一个国家在何种程度上或范围内对公民权利给予确认和保护，有赖于该国的物质生活条件和政治文化传统，正如美国学者胡萨克博士所说："不同国家的不同物质条件，将会影响是否尊重个人权利和在什么程度上尊重个人权利"，[①] 应当承认，在现有经济条件下，我国刑法对人的权利的保护已经达到了历史最高点，但历史最高点并不等于最高点，随着经济的进一步发展，人的权利将会进一步扩大，前科人的平等、自由也必将受到社会的广泛关注。从社会政治生活的角度来说，由于人们长期以来习惯于从政治的角度考察刑法的功能，在刑事立法上偏重于对国家权力的保护，

---

① ［美］道格拉·N. 胡萨克：《刑法哲学》，谢望原等译，中国人民公安大学出版社1994年版，中文版序。

在刑事司法上强调司法机关的专政职能，所以，人们对于刑法的保护功能，尤其是保护有前科人的功能，表示难以理解，笔者在写作此论文期间，与社会上有一定文化、知识的人士进行交流时，他们有的人表示，前科不能取消，犯罪分子就是犯罪分子；还有的人对有前科的人给予了同情，但结论是，有什么办法，谁让他犯过罪。除此之外，他们都有一个共同看法，这个问题以前从没想过。而在市民基础上建立起来的市民社会的国民，是绝对不会不考虑个人权利的，由此可见，在我国，从政治刑法走向市民刑法还有一段距离，因为国民自己都没有意识到这是一种权利，也需要保护。

四、前科消灭制度的抉择与设想

（一）理性抉择

通过前文，我们已看到，前科消灭制度在中国是先天性缺损，在我国历代刑事立法中都没有真正的前科消灭的规定。而社会政治经济的现代化发展大潮，又要求与之相适应的法律必须走向现代化，这就要求法律不仅能够对于一个国家社会发挥作用，还意味着法律制度本身的体系化、完善化、完整化，还意味着它是现代文明的所有成果和因素的集中体现，还意味着它要剔除人类法律史上那些专制落后的旧制度残余。因此，在这种情况下，我们只能对前科消灭制度进行法律移植，即在鉴别、认同、调适的基础上，引进、采纳外国有关前科消灭的法律规定，使之成为本国法律体系的有机组成部分，为本国所用。

移植前科消灭制度时，怎样调适吸纳？笔者认为，根据中国的历史因素和现实因素，我国设立前科消灭制度的理论支点是：前科应当消灭，但不应当全部消灭。前科之所以不能完全取消，这是因为：第一，前科消灭制度本身的设立，就是一个矛盾统一体，一方面，我们试图通过先进法律制度的建立，推进人们的民主法律观念；另一方面，在设立该制度时又不得不考虑中国的国情，法律毕竟不能强制改变人们的思想、观念，毕竟中国人是世界上绝无仅有的受几千年封建统治的国民，在刑事犯罪率居高不下的情况下，在政治、经济改革尚不彻底的情况下，全部的消灭先科也是相当一部分中国人所难以接受的，因此，在社会转型尚不彻底的时候，适当地保留前科也是对现实的一种尊重。第二，虽然消灭前科是世界刑事立法的潮流，但世界各国对前科消灭的范围、时间也是有很大差别的，人们对消灭前科的认识也是参差不齐的。由此可见，对前科消灭的认识也不是不允许有异样声音。世界刑事立法还没有发展到似乎也没有必要发展到对前科消灭实行一刀切，各国立法者完全可以根据自己的国情，选择前科消灭制度对自己有利的一面，或者全部消灭，或者部分保留。第三，对于毫无悔过之心的犯罪人而言，保留前科，可震慑预防犯罪。前科消灭实质上是抓住犯罪人出狱之后关键时刻，对于真心悔改的人予以适当的鼓励，使其教化而得的良好品德性情得到巩固而进入稳定期，不会再有反复和动摇，培养内在积极向上的动力——自尊心。但对于那些丧失廉耻之心的人，前科消灭只能是他们逃避法律严厉制裁的挡箭牌，不能发挥其真正的作用。第四，前科适当保留还有利于社会某种重要社会关系的保护，如对犯危害国家安全罪的犯罪分子，如果法律规定永远保留前科，则可以警示普通公民不去实施此类犯罪，因为实施此类犯罪将承担终生的不利后果，从而达到保护国家安全的目的。

（二）具体设想

立足于我国的司法现实，根据外国的前科消灭的立法例，我国要设立前科消灭制度应考虑以下几个方面的具体内容：

1. 前科消灭的一般条件

前科消灭的一般条件也可以称之为前科消灭的基本条件，它是指犯罪人所宣告的刑罚已经完成或已经完成时效之后，解除前科所需要的形式要件和实质要件。形式要件，是指消灭前科的时间限制，它包括：对受有罪宣告而未判处刑罚者，前科消灭所需要的时间；对被判处缓刑者，前科消灭所需要的时间；对被单独判处附加刑者，前科消灭所需要的时间；对被判处刑罚且执行完毕或被赦免者，前科消灭所需要的时间。[①] 在上述时间条件内，还可规定，为国家作出重大贡献的人可缩短甚至免除时间限制，可要求提前消灭前科。对于不满 18 周岁的未成年人，为了促使早日摆脱前科的阴影，时间限制条件可相应统一缩短至1/2或 1/3，以便更好地发挥前科的激励作用。实质要件，是指有前科的人

---

① 参见马克昌主编：《刑罚通论》，武汉大学出版社 1999 年版，第 714 页。

的表现，主要是指有前科者在法律规定的特定时间内是否有良好的表现，即是否再犯新罪。如果行为人表现良好，未有再犯新罪，在法定期间过后，则可要求解除前科。在这个问题上我国也有学者认为，实质条件不仅要求没有再犯新罪，还要求以没有实施其他比较严重的违法行为为限。① 笔者认为，应将严重违法排除在前科消灭的条件之外为宜。根据我国刑法规定，对罪犯适用假释、缓刑时，在假释考验期、缓刑考验期，犯罪分子再犯新罪，或违反法律、行政法规或国务院、公安部门有关缓刑或假释的监督管理规定的行为，尚未达到犯罪程度的，应撤销缓刑或假释。也就是说，假释和缓刑都把再犯新罪和严重违法视为犯罪分子表现的考察内容之中。但前科消灭的实质要件不能等同于撤销假释和缓刑的条件，因为前科消灭的对象是刑罚已经执行完毕的社会人，而假释、缓刑适用的对象是罪犯，随着犯罪人向社会人的逐步转变，法律对其附带的条件应当越来越少，如果已经刑满释放的有前科的人（实质上是一个自由人），消灭前科和罪犯服刑条件相当，对有前科的人而言太不公平。所以，笔者认为，对消灭前科的实质条件应比撤销缓刑假释的条件宽泛，即阻却前科消灭的唯一实质条件是再犯新罪。

2. 前科消灭范围的限制

在前科消灭范围限制的问题上，世界各国的做法不一，有的国家（如俄罗斯）法律规定，前科一律可以消灭，只是时间长短不同而已，也有的国家（如阿尔巴尼亚）规定，前科消灭只对轻罪适用，重刑犯则保留前科。笔者认为，在我国目前情况下，应对前科消灭作适当的限制。这种限制主要有两种情况：一是根据犯罪及犯罪人的特性不适宜消灭前科而禁止消灭的；二是虽然理论上可以消灭，但在现阶段还不宜消灭的。前科禁止消灭主要包括：第一，对于一般累犯可保留前科。从我国现行立法的规定来看，体现了对累犯从严打击的精神，对累犯保留前科与立法精神相一致。第二，对于惯犯和瘾癖性犯罪应保留前科。这种犯罪人由于对犯罪形成依赖心理，无论是生理性依赖还是心理性依赖，都是难以改造的。第三，对危害国家安全的犯罪分子保留前科。现行刑法为了突出对国家利益的保护，对危害国家安全的特殊累犯作了规定，

① 参见马克昌主编：《刑罚通论》，武汉大学出版社 1999 年版，第 715 页。

即危害国家安全的犯罪分子在刑罚执行完毕或赦免以后，在任何时候再犯危害国家安全罪的，都以累犯论处。该条规定表明，特殊累犯构成是以保留前罪前科为条件的，如果该类犯罪前科消灭，那么特殊累犯也就无从说起，因此，为了与刑法内容相协调，保持前科消灭制度与刑法立法精神相一致，对危害国家安全的犯罪分子应保留前科。

另外，对于暂不宜消灭前科的，笔者认为可以采取过渡的形式，暂缓消灭。第一，对于严重刑事犯罪可暂时保留前科。在我国凡是行为人被判处10年以上的有期徒刑和无期徒刑的案件，皆属于严重刑事犯罪，这意味着行为人的行为不仅给社会造成了很大危害，而且也给某些公民(如受害人)带来不可愈合的心灵和肉体的创伤，属于刑法严厉打击的犯罪；再从我国国民长期形成的司法观念来看，如果法律强制将其前科消灭掉，人们从内心也难以对法律真正地予以认同，他们绝不会接受曾经犯过那么严重罪行的人，在刑满释放之后，经过一定时间的考验，就和从来没有犯过罪一样。这样即使法律规定该前科消灭，那也只不过是一个具有形式上的合法性却缺乏丰厚底蕴支撑的孤零零的法律条款，根本得不到真正的贯彻落实，前科对他们带来的不利影响也不会因为法律的消灭而减少。此时，前科消灭这一制度的法律价值就大打折扣。第二，对于职务犯罪也可暂时保留前科。职务犯罪从广义上讲，是指一切与职务有关的犯罪，它既包括重罪，也包括轻罪；既含有故意犯罪，也含有过失犯罪。表面看来，职务犯罪既非难以改造，又非一律是严重刑事犯罪，但根据我国职务犯罪的现状，暂时保留更为有利。因为在国家权力系统中，由于权力制衡机制尚未完善，部分公职人员或者滥用权力，或者利用权力谋私利，或者不正确履行职责，玩忽职守，使职务犯罪不断增多，并且受中国几千年官本位的影响，国家公务人员的公务自律性普遍较差。为了加强公务人员的职业责任感，使其珍惜国家和人民赋予的权力和责任，可保留前科，从一定程度上起到警戒、震慑、预防和惩罚职务犯罪的作用。笔者认为，除了上述几种禁止消灭和暂时不予消灭的情况以外，其他的前科者，在刑满释放或已经完成行刑时效之后，经过法定时间的考验，均有消灭前科的资格。

（原载《法学研究》2001年第4期）

论社会主义法治理念下的前科消灭制度

马长生　彭新林

前科消灭，是指曾经受过法院有罪宣告或被判定有罪的人在具备法定条件时，国家抹销其犯罪记录，使其在规范上的不利益状态消失，恢复正常法律地位的一种刑事制度。这种刑事制度有利于消除社会矛盾，化消极因素为积极因素。我国刑事立法和刑事司法中均未规定和承认前科消灭制度，即使在刑法学理论研究中，前科消灭制度亦是一个相对褊狭而冷僻的领域。然而，随着社会的发展，人类文明的进步，社会所激发的对前科消灭的制度需求却日益凸显。当前，我国正大力推进社会主义和谐社会的构建，而和谐社会的构建绝对离不开社会主义法治理念和法治建设的支撑。在社会主义法治理念指导下改革我国的刑事政策，确立前科消灭制度，无疑合上了刑事法治建设的节拍，意义显得更为异乎寻常。基于此，研究前科消灭制度就不仅具有独特的理论价值，而且也颇富重要的现实意义。本文正携此初衷，首先对我国引入前科消灭制度的必要性与可行性进行论证，然后提出我们就构建中国特色的前科消灭制度的初步构想。

一、我国引入前科消灭制度的必要性与可行性

（一）我国引入前科消灭制度的必要性

我国引入前科消灭制度的必要性主要源于以下几个方面：

1. 引入前科消灭制度是构建和谐社会与实现法治文明的需要

构建和谐社会既是一个伟大目标，又是一个长期的历史过程，绝非轻而易举、一蹴而就的。目前影响我国社会和谐与稳定的因素还很多，如贫富两极分化现象加剧、弱势群体的利益得不到保障、社会整合度低、社会资源分散、贪污腐败现象严重、社会治安形势严峻等等。其中，有前科人员在“社会之外”的大量存在以及所诱发的较高的重新犯罪率

又成为威胁社会稳定与和谐的重要因素，有时甚至可能在一定时期内激化社会矛盾，引发社会冲突。而改革我国的刑事政策，引入前科消灭制度，适时实行前科消灭，通过撕掉“罪犯”标签，尽力消除社会对前科者的身份歧视，为其排除更生的障碍，架起其复归社会的“金桥”，即通过对这些边缘群体基本权益与再社会化利益的保障，一方面，做到社会利益协调整合，体现出社会的公平和正义（公平和正义正是社会主义法治理念的核心），体现出法治的文明；另一方面，也可以有效地化解社会矛盾，防止前科人员重新犯罪，从而维护社会的稳定与和谐发展。

2. 引入前科消灭制度是发展市场经济的需要

市场经济的自主性、竞争性、契约性决定市场活动主体应当具有平等性和独立性，主体平等、交换自由应当成为经济活动的基本原则。这一市场经济的内在需求反映到制度层面上，必然要求法律为市场主体能够平等、独立、自由参与市场竞争和生产、分配、交换、消费活动提供制度保障和规范性安排。这也是社会主义法治理念与法治文明的具体体现。而前科的永久存续在无形中却形成了对有前科者参与正常市场活动的制度阻隔，一系列资格与权利的限制或剥夺以及社会的歧视、不信任感使得有前科人员成了社会的“局外人”，无法进入市场，成为市场活动的真正主体。例如，社会对前科人员就业的歧视、排斥，许多行业与职业成了前科人员永远无法进入的畛域，对于这些行业和职业，法律甚至明令禁止，即使前科人员再聪明也终身得不到这样的就业机会。另外一些行业与职业，虽然法律没有这样的明文规定，但因前科的存在而自然而然地将有前科者拒之门外。有前科者作为社会生活主体的个人的自主性与个性受到了极大的压抑与束缚，这显然与市场规律以及市场经济的客观内在需求是不相一致的。所以，在经济体制发生变革时，法律制度也必须作出与之相适应的调整。市场经济不同于计划经济，其本质在于公正、平等、自由竞争，与之相适应，刑事法律也应着力体现与反映这样的内涵，这也是社会主义法治理念与法治文明的必然要求。而前科消灭制度无疑正是这合理内涵的一个重要组成部分。

3. 引入前科消灭制度是尊重和保障人权的需要

尊重和保障人权，也是社会主义法治理念与法治文明的必然要求。

然而，对于有前科的犯罪人来说，前科就是其永远无法和正常人平起平坐的“紧箍咒”。尽管他们非常希望能改过自新、重返社会，过正常人一样的生活，但社会甚至家人将他们视之为异类，使他们学习、工作和生活等方面遇到许多难以想象的困难，身心备受煎熬，这极大地损害了他们作为社会生活主体所应当享有的基本人权。如果没有前科消灭制度的救济，长此以往，前科者困厄的境遇只会使人们由对罪犯的憎恶变成对刑罚适用者的憎恶，从而使对“犯罪的耻辱”变成“法律的耻辱”。果真如此，刑法便会失去人们对它的尊敬和忠诚，造成自身的生存危机。因此，“作为立法者，应本着改造、完善人格，促进人类健康发展的宗旨，科学地衡量各种犯罪的不同的社会危害程度，并配之以相应合理的刑法调控强度，为罪犯留下后退获得宽恕的回旋余地，以求得新生、向上、向善的希望与权利”。[①] 而前科消灭正是这样一种人道、宽恕的措施，其关注犯罪人的人性，尊重其人格与人的价值，为犯罪人架起了一座自省后退的桥梁。这是合乎人道主义的做法，也是与保障前科者人权，促其社会复归的理念相适应的。

4. 引入前科消灭制度是刑法走向现代化的需要

作为我国基本法律的刑法，它的现代化无疑是法制现代化不可或缺的一个重要组成部分。中国刑法的现代化是一个庞大的社会系统工程，“它涉及政治、经济、文化生活的方方面面，既需要精神上的超越和观念的重塑，也需要进行制度层面的创新和司法运作的变革。而贯穿始终的根本问题却是：中国刑法现代化应当是对几千年中国传统刑法文明的固守还是彻底抛弃?”[②] 答案无疑是以国际化为主，本土化为辅，在立足于利用本土资源的同时，着重进行外国刑法、国际刑法的创造性移植与吸纳。这应当是也只能是中国刑法现代化的道路选择，这不仅应当及于现代刑事法律规范的设计，而且应当贯穿于现代刑法观念的培养和现代司法的现实运作。简言之，中国刑法现代化的主要使命在于移植和创造，而不是继承和弘扬。[③] 前科消灭作为一项为世界上大多数国家所广

---

① 陈正云著：《刑法的精神》，中国方正出版社 1999 年版，第 247 页。

② 赵秉志主编：《刑法基础理论探索》，法律出版社 2002 年版，第 111 页。

③ 赵秉志主编：《刑法基础理论探索》，法律出版社 2002 年版，第 137 页。

泛采用的刑事制度，具有蓬勃的生命气息和深远的实践意义，是人类法律文明进步的象征，同时也是一个国家法治成熟的标志。我国刑法要真正走向现代化，就应当勇于创造性地移植和借鉴世界各国立法中代表刑法文明发展方向的先进刑事制度，为我所用。而前科消灭制度就是这样一种先进的刑事制度，我国刑事立法适时增设这一制度，是对世界刑事立法潮流的顺应，有利于我国刑法走向国际化、走向世界，从而有利于实现刑法的现代化。

5. 引入前科消灭制度是回应司法实践呼唤的需要

虽然我国刑事立法中没有完整意义上的前科消灭的制度化形态，但在我国社会与司法实践中，毋庸置疑，却存在前科消灭的制度实践。特别是随着我国社会依法治国进程的加快，人权保障的入宪，以及面临形势严峻的前科人员重新犯罪浪潮，司法实践中呼唤前科消灭的内在需求日益凸显。

我国司法实践中践行前科消灭最明显也最具有影响力的举措当推2004年1月河北省石家庄市长安区人民法院首开先河，率先提出“未成年人前科消灭实施办法”，即未成年的孩子因无知或一时冲动犯罪而被判刑，服刑完毕只要在“考验期”内遵纪守法，改好悔过，其“前科”就可以某种方式“消灭”。该未成年人的前科一旦消灭，则视为未曾犯罪，并依法恢复先前的法律地位。相关部门以适当方式处置其前科材料，其刑事处罚法律文书不再记入其户籍及人事档案。在复学、升学、就业等方面与其他未成年人享有同等权利，任何人不得歧视。[①] 该办法甫一出台，一石激起千层浪，就立刻引发了各种质疑和争论，我们在此姑且不论这种做法是否合理，在现行的法律框架下是否会遇到实践困境与操作困局，但就该制度所具有的实践意义以及因对未成年人进行前科消灭所折射出来的人性化司法理念却是令人深思、发人深省的。通过前科消灭的办法，将感性的道义与刚性的法律相融合，为部分有前科的未成年人提供发展的空间，本身就是一种将其拉回社会怀抱而非冷酷地推向歧途的善举，是人道主义的具体体现，同时也是司法文明的大趋势，

---

① 参见《观点碰撞：“浪子回头”污点不入档?》，载 http://www.people.com.cn/GB/guandian/1034/2228548.html。

这无疑是值得充分肯定的。

总而言之，我国司法实践中关于前科消灭的这些制度实践已经表明了在我国建立前科消灭制度的必要性和迫切性，立法机关应当对此作出积极的建设性回应，尽早将其列入议事日程。

（二）我国引入前科消灭制度的可行性

我国刑事立法引入前科消灭制度不仅是必要的，而且还具有可行性。这种现实可行性主要在于以下几个方面：

1. 前科消灭制度的宗旨与我国传统文化观念存在契合性

前科消灭制度要在我国生根发芽，并顺利成长，而不致因水土不服而胎死腹中，必须在文化的视界下予以考察。也就是说，前科消灭制度在我国的存置必须具有文化上的相容性。否则，难免会产生“南橘北枳”的“抗原排异”反应。在我们看来，前科消灭制度的基本旨趣与我国传统文化观念存在一定的契合性。具体而言，主要表现在以下两个方面：第一，前科消灭制度与我国传统文化观念中“开其自新之路，诱于改过之善”的思想是相一致的。我国传统文化观念比较强调对人自我改造，知错能改，感化、挽救的一面，如“人谁无过，过而能改，善莫大焉”;[①] 又如“见善则迁，有过则改”;[②] 再如“过而能改，民之上也!”[③]《水浒传》第89回中亦有“赦其旧过，开以新途”的记载，等等。总而言之，在我国传统文化的场域下，只要行为人真的愿意回头，“放下屠刀”，那么是可以回头是岸，“立地成佛”的。毕竟，“见兔而顾犬，未为晚也；亡羊而补牢，未为迟也”。[④] 前科消灭制度给有前科者一个改过的机会，并非“一棍子打死”，实际上是蕴涵这一文化思想的。第二，前科消灭制度与我国传统文化观念中“仁者爱人”的思想是一致的。“仁者爱人”的基本含义是“爱人”，即“泛爱众，而亲仁”。[⑤] 怎样才能实行“仁者爱人”呢？关键在于“夫仁者，己欲立而立人，己欲

① 《左传·宣公二年》

② 《周易·益》

③ 《国语·鲁语》

④ 《战国策·楚策》

⑤ 《论语·学而》

达而达人。能近取譬，可谓仁之方也已”。[①] 所谓“仁之方”，就是实行仁的方法。“能近取譬”，就是要设身处地，将心比心，推己及人。“仁者爱人”思想的提出，是在一定程度上发现了“人”，发现了“人性”，强调应当“爱人”、“宽以待人”。可以说，“仁者爱人”思想是中国传统文化的精髓。前科消灭作为一种保障前科者人权，体现熠熠生辉的人性光辉的刑事制度，实际上也包孕和涵摄了“仁者爱人”的精神，即重视前科者的人性，以及其作为社会生活主体的人之人格与尊严。其实，在我国历史上化敌为友、不计前嫌的许许多多历史典故，也都蕴涵了与前科消灭相协调的文化。例如，三国时期蜀国丞相诸葛亮对屡次造反的孟获七擒七纵，并不计前嫌仍安排其担任地方首领。三国时期的名将太史慈曾与吴侯孙策在战场上相互拼命厮杀，而降吴后却被吴侯委以重任。而曹操对待有“前科”的人更是宽宏大量：降将张绣反水后杀死了曹操的儿子曹昂、侄子曹安民和爱将典韦，真可以说是有明显的“前科”“劣迹”，甚至是“罪大恶极”，但曹操在张绣第二次投降后仍然不计前嫌，委张绣以重任。

正是因为前科消灭制度的旨趣与我国社会中的一些传统文化观念与思想存在契合性和融合之处，因而使得前科消灭制度在我国立法中的存置并获致成长有了现实的可行性。

2. 前科消灭制度的确立符合我国刑事政策的基本精神

任何一个国家或社会的刑事政策均是一个系统，即由若干具体的刑事政策组成的整体。根据刑事政策内容的不同性质，可分为基本刑事政策和具体刑事政策。在我国，基本刑事政策主要是指惩办与宽大相结合的政策，而具体的刑事政策则是指具有独立指导意义，其范围仅限于某一类犯罪人或刑事活动的某一方面，一般具有短期性的各种定罪、刑罚与处遇政策。我们认为，确立前科消灭制度是符合我国基本刑事政策（惩办与宽大相结合的政策）与具体刑事政策（具体是给出路政策）的基本精神的。惩办与宽大相结合政策的基本精神在于“区别对待”、“宽严相济”、“惩办少数，改造多数”。而给出路政策就是给在刑罚执行过程中以及刑满释放以后的犯罪人员以悛悔自新、重新做人的机会，使其

① 《论语·雍也》。

看到希望和前途。具体言之，行为人因犯罪而受到国家有罪宣告，承担刑责，并且在一定期限内让其承受前科不利后遗效果，这本身就是“惩办”，“惩办”是“宽大”的前提。但如果行为人事后能够洁身自好、迁恶从善、悔过自新，那么在其刑释一定期限后，自应当消灭其前科，以示对其善行的回报；倘若行为人有其他特别积极的善行、立功表现等，还可以在法定期间届满以前给予其撤销前科的待遇，以示“宽大”。可见，前科消灭是符合惩办与宽大相结合的刑事政策的。当然，前科消灭也是给出路政策的题中应有之义。试想，如果让刑释人员终身生活在前科的压力之下，老是被“戴帽”，无法融入社会，这还是“给出路”的政策吗？自此不难发现，“给出路”的政策事实上也是涵摄了前科消灭意蕴的。

也正是因为前科消灭符合我国刑事政策的基本精神，因而使得其在我国的确立有着较好的制度环境与政策基础，在我国是完全可以生根发芽、茁壮成长的。

3. 我国政治、经济形势发生了很大变化，确立前科消灭制度的条件已趋成熟

我国刑事立法虽然一直没有正式确立前科消灭制度，但并不代表这一制度没有引起立法者的注意。其实，早在新中国成立初期，为了起草新的刑法，全国人大常委会法律室将能够收集到的苏、蒙、阿、捷、印、法、德、日等国刑法以及旧中国的“暂行新刑律”和“中华民国刑法”的总则都加以分解，编成“刑法分解资料汇编”。其中就有“前科消灭”一章，罗列了苏俄刑法典、蒙古刑法典、朝鲜刑法典、阿尔巴尼亚刑法典、捷克斯洛伐克刑法典以及日本刑法典中有关前科消灭的规定。① 由此可见，我国当时的立法者对外国前科消灭制度是清楚的。至于后来立法中为何没有规定前科消灭制度则是由于其他原因。那么是什么原因让立法者放弃无论是资本主义国家刑法还是社会主义国家刑法都有的前科消灭制度呢？我们认为，主要有两个方面的原因：一是当时特殊的政治、经济形势。当时，反革命分子在社会中还占有一定数量，新生政权

① 参见全国人大常委会法律室编：《刑法总则分解资料汇编》，法律出版社 1957 年版，第 275 ~ 279 页。

在历经战争创伤后还面临诸多威胁，何况当时批判旧法观念的政治运动甚烈，法律虚无主义盛行，因此，出于当时特殊的政治、经济环境，以及巩固新生政权之权宜考虑，在立法中不予规定“前科消灭”。二是与当时立法者对作为前科消灭制度之前提的“前科”制度的否定有关。李琪同志在1957年召开的“有关草拟《中华人民共和国刑法草案（初稿）》的若干问题”的刑法教学座谈会上的报告中指出：“在苏联和蒙古、朝鲜、捷克、阿尔巴尼亚等国的刑法上都有关于‘前科’的规定，我国有些同志在司法工作和教学工作中也曾用过或者讲过‘前科’这个制度。这个制度原创始于苏联，但是根据苏联多年来的经验，‘前科’这个制度有不少缺点，近年来，苏联主张取消这种制度。我们根据我国的实际情况，吸取苏联这一经验，不特别规定‘前科’的制度。”① 既然立法者因为前科制度存在不少缺点，而在立法中不予规定，那当然谈不上规定前科消灭制度了，正所谓“皮之不存，毛将焉附！”

如果说新中国成立初期因考虑到特殊的政治、经济形势以及各种原因而放弃前科消灭制度而尚有一定的合理性的话，那么在国际国内形势发生了翻天覆地的巨大变化，特别是在市场经济体制逐步确立，依法治国进程加快的今天，立法再对前科消灭制度无动于衷，则明显不合时宜了。其次，即使“前科”制度存在不少缺点（事实也确如此），得出的也不应是“因噎废食”式的否定前科消灭制度的结论。恰恰相反，正是因为“前科”制度存在不少缺点，所以才更需要规定前科消灭制度来救济其弊端，拯救有前科者于“水火”之中。

总而言之，我国今天大好的政治、经济形势，以及法治的发展状况已为前科消灭制度的成长提供了肥沃的土壤，我国引入前科消灭制度的条件已趋成熟，立法者应当顺应时代潮流，与时俱进，抓住机遇，适时在刑事立法中确立前科消灭制度，将我国刑事法治水平推向一个新的高度。

二、构建中国特色的前科消灭制度之基本构想

前科消灭制度在我国的确立具有必要性和可行性，已如前述。但现

① 参见高铭暄、赵秉志主编：《新中国刑法立法文献资料总览》，中国人民公安大学出版社1998年版，第1964～1965页。

在的问题是前科消灭制度在我国应否确立是一回事，而如何确立又是一回事。那么，如何在我国刑事立法中确立前科消灭制度呢？这是一个需要认真思考的问题。在我们看来，前科消灭制度要在我国奠基入土并获致成长，是一项十分复杂的系统工程。从其设立到发挥效力，必须有特定的环境和条件以及配套的制度保障，不仅仅是一个立法上如何建构的问题，而且还涉及司法上的保障、行政上的支持、文化上的支撑以及社会各方的合力等问题。下面，就让我们转向这些问题。

（一）前科消灭制度之立法建构

1. 立法上建构我国前科消灭制度的基本思路

只有理清了在立法上如何建构我国前科消灭制度的基本思路的基础上，才能更好地进行适合我国国情的前科消灭制度的微观制度化设计。在我们看来，立法上建构我国特色的前科消灭制度之基本思路应当包括以下几点：

（1）应当对我国刑法第100条规定的“受刑记录”报告制度进行修改完善，使之能够与前科消灭制度有机配套、衔接协调，以发挥前科消灭制度在刑事政策上的最大功效。我国1979年刑法无此项规定，该规定是1997刑法修改时新增加的，即“依法受过刑事处罚的人，在入伍、就业的时候，应当如实向有关单位报告自己曾受过刑事处罚，不得隐瞒”。1997年刑法之所以规定“受刑记录”报告制度，主要是因为少数受过刑事处罚的人，由于主观恶性较深，在回归社会后，不汲取教训，而重蹈覆辙。为了预防少数主观恶性深的有前科人员再重蹈覆辙，以及便于有关单位能事前采取防患措施，避免不必要的损失，因而规定受刑记录报告制度，不失为一种较好的措施。但就该规定的内容而言，却存在一些问题，如有学者指出：“《刑法》第100条只有命令性规范，没有惩罚性规范，从而使规定变得毫无意义；对如实报告的处理，将陷入两难境地；没有规定解决矛盾的办法。”① 还有学者指出：“《刑法》第100条之规定，有悖刑法规范的自主性，与刑法的最后手段性相矛盾，背离了宽

① 侯国云、白岫云：《新刑法疑难问题解析与适用》，中国检察出版社1998年版，第174～175页。

容精神与谦抑精神等。”① 正是因为刑法第100条关于“受刑记录”报告制度存在上述这样或那样的缺陷与不足，因此有学者主张立法中删除第100条之规定。② 对此，我们不敢苟同。诚然，刑法第100条关于“受刑记录”报告的制度的确存在一些缺陷与不足之处，但其积极意义亦不容抹杀，我们不应因噎废食，况且其缺陷完全可以通过立法修改的方式予以克服。具体而言，我们可以对规定的表述方式以及具体内容稍作修改，即明确规定接受报告的主体、报告的内容与方式、受报告单位的保密义务，特别是应当规定违反前科报告义务的处置措施。在立法修改后，再将该报告制度的规定纳入到前科消灭的制度框架下。在未消灭前科时，犯罪人应当按规定如实向有关单位报告犯罪记录，否则，应承受不利的制裁后果，而如果前科一旦消灭，则自应免除报告义务。这样既可克服现行刑法第100条规定的许多缺陷，又可以充分发挥其积极作用。并且使之与前科消灭制度配套，作为其前提性、基础性的立法缓冲制度，体现宽严相济、利益平衡的精神。

(2) 应当对单位犯罪的前科消灭作出规定。单位能够作为犯罪主体，也会从事犯罪活动，当然也就会有前科消灭的问题。但是，单位犯罪毕竟不同于自然人犯罪，情况比较复杂，有其特殊性。将其与自然人犯罪的前科消灭规定在一起，似嫌不够科学、妥当，难以体现出单位犯罪前科消灭的特殊性质。故我们主张在我国立法中对单位犯罪的前科消灭作出独立规定，从而为犯罪单位获得前科消灭提供法律依据，以确保前科消灭制度内容的完整性。在这方面，《法国刑法典》第133－14条关于“法人复权”的规定，值得我们借鉴和参照。

(3) 应当在立法中规定法定的前科消灭与裁判的前科消灭两种类型，以形成前科消灭完整的制度化形态。就法定的前科消灭而言，应当具有普适性，能够适用于大多数犯罪（包括所有轻微犯罪）和大多数犯罪人，不宜从罪质、刑罚以及对象等角度设置过多的限制，以便能够为

---

① 栾晓红：《对〈刑法〉第100条规定之探析》，载《广西政法管理干部学院学报》2002年第1期，第69页。

② 参见刘方权、张森锋：《〈刑法〉第100条之我见》，载《河北法学》2001年第4期，第87页。

大多数犯罪人享受前科消灭提供途径，充分彰显前科消灭的刑事政策意义。另外，对于裁判的前科消灭，应只限于在少数较重犯罪或特殊罪质的犯罪以及人身危险性比较大的罪犯类型，以示慎重。此外，还可以借鉴俄罗斯和越南前科消灭立法的相关内容，当前科者有特别明显的善行或有其他立功，或重大立功等表现时，设置特别优待的前科撤销待遇。当然，在这种情况下，应严格控制个案化的撤销前科程序，并且立法对相关撤销事由也应当作出明确、具体的规定，以便于操作。

（4）在我国刑事立法中确立前科消灭制度的同时，应对其他相关的法律规范进行调适。只有进行立法上的规范调适（包括立、改、废），才能使前科消灭制度真正运转顺畅，防止立法间的相互冲突、抵触现象的发生。首先，应当对前科消灭制度与我国刑法中有关特别累犯（刑法第 66 条）与特殊再犯（刑法第 356 条）的规定进行调适。刑法中的特别累犯（危害国家安全罪累犯）与特殊再犯（毒品再犯）制度实际上是让犯有特定罪质的犯罪人之前科在刑法意义上的从重处罚效应终身不能消灭。我们认为，虽然特别累犯与特殊再犯制度对于预防犯有特定罪质之前科的犯罪人再实施同一性质的犯罪有一定的积极作用，但让其前科在刑法上的从重处罚效应终身存续，且无救济途径，似乎不够人道，也没有必要。故我们主张对刑法第 66 条与第 356 条的有关特别累犯与特殊再犯的规定进行相应修改，行为人曾犯这些特定罪质的前科也应当可以消灭（如可规定只能通过裁判前科消灭），前科消灭后，就不应再构成特别累犯与特殊再犯，相应地，其在刑法上的从重量刑效应就应当消灭。其次，应当对前科消灭制度与我国的民事、行政法规中对前科人员之资格与权利的限制或剥夺的相关规定进行调适。易言之，应对各个民事、行政法规中设置的前科效应加以清理和整合，使之形成逻辑严密、结构协调的前科效应体系。同时剔除立法中终身剥夺某些资格或权利的绝对规定，可将某些资格或权利的绝对剥夺修改为在相对的一定期限内予以剥夺或限制，并设定适当的条件和程序允许恢复相应资格与权利，使有前科者看到新生的希望。

2. 立法上建构我国前科消灭制度的具体设计

（1）前科消灭立法模式的设计。

关于前科消灭的具体立法模式，各国情况不大相同，各有千秋。但总体而言，基本上可以划分为以下几种模式：①制定专门的前科消灭法。例如，英国、加拿大、我国香港地区等，就是如此。②由刑法典规定。这是世界上大多数国家所采取的立法模式，如俄罗斯、日本、瑞士、越南等。③由刑事诉讼法典规定。采取这种模式比较典型的是保加利亚。④分别规定在刑法典和刑事诉讼法典中。例如，法国，其法定的前科消灭规定在刑法典中，但裁判的前科消灭却由刑事诉讼法来规定，较有特色。我们认为，我国采取第二种立法模式较为妥当。虽然前科消灭制度会涉及一些程序问题，但归根结底是一项刑法制度，故不宜规定在刑事诉讼法中。同时，不管是法定的前科消灭，还是裁判的前科消灭，都是前科消灭制度的重要组成部分，宜规定在一起，而不宜分散立法，分别规定在实体法与程序法中，只会徒增司法实践中操作的困难。最后，单独立法似无必要，不利于刑法统一适用。实际上，只需在刑法典总则中设专章对前科消灭制度的有关基本内容作出明确规定即可。这样一方面可以使前科消灭制度与其他刑法制度衔接紧凑、逻辑协调；另一方面又不至于浪费立法资源，而又便于司法实践操作。因而，这是比较切合实际的立法选择，况且大多数国家对前科消灭的立法也基本上是采取这种模式。

至于前科消灭制度在我国刑法中的具体位置，我们考虑在刑法总则第四章“刑罚的具体运用”之后增设第五章“前科消灭”（原先第五章依次递延为第六章），并将目前刑法第五章“其他规定”中的第100条关于前科记录的报告制度置入新增设的“前科消灭”一章之下，使之配套衔接、逻辑协调，以完善前科消灭制度的规范体系。

（2）前科消灭条件的设计。

前科的消灭需要满足诸多条件，包括形式条件、实质条件等等。国外确立有前科消灭制度的国家对前科消灭条件的设定一般也是从这两个方面着手的。对前科消灭条件的设定应当合理，不宜过严也不宜过宽。条件过严，难以形成一种有效的激励有前科者自新的刺激机制；条件过宽，又不利于考察前科者是否真正接受了教育改造、是否已悔改自新。具体言之，我们对前科消灭条件的设定可以从形式条件与实质条件两个方面着手：

①形式条件。形式条件，是指前科消灭的时间限制。在借鉴国外立

法例的基础上，我们认为，对于前科消灭的法定期间，可以考虑作如下规定：单纯被宣告有罪而未科处刑罚、单处剥夺政治权利或罚金或没收财产的，消科期间为1年；被判处管制、拘役或3年以下有期徒刑的，消科期间为3年；被判处3年以上10年以下有期徒刑的，消科期间为5年；被判处10年以上有期徒刑的，消科期间为7年；死缓或无期徒刑减为有期徒刑的，消科期间为10年。在上述法定期间内，还可以规定，当行为人有立功或特别突出表现的，可以在法定消科期间届满前向法院申请撤销前科。此外，立法还可以规定对于未成年人犯罪的，消灭前科的期间相应缩短为1/2或1/3，以便更好地发挥前科消灭对有前科者尤其是未成年前科者的激励作用。

②实质条件：实质条件又成为前科消灭的表现条件，是决定前科能否消灭的核心要素与关键。我们认为，具体可以设定为有前科者在消科期间内未再犯新罪，以与世界各国的立法通例相符合，并与我国刑法中关于撤销缓刑、撤销假释的基本标准相适应。

除上述条件外，我国的前科消灭条件不应再附加罪质和刑罚的限制。这样，可以给有任何形式前科的人提供消灭前科的机会，最大限度地发挥前科消灭制度的积极作用。当然，根据我国的实际情况，可以考虑对累犯、惯犯、瘾癖性犯罪以及危害国家安全罪给予前科消灭方式上的限制，即其前科的消灭，只能通过法院撤销的途径才能实现。

（3）前科消灭程序的设计。

对于法定的前科消灭来说，如果行为人没有再犯罪，在消科期间届满后，相关罪刑记录由司法机关一并注销，有关其前科的档案材料，只能保存在司法机关，其个人或单位人事档案及记录等均不得显示前科的存在，其程序的启动是根据法律规定自动发生的，不需行为人履行特定的手续。

就裁判的前科消灭而言，其前科消灭的程序应当包括以下几个环节：①申请。申请即相关关系人向法院提出消灭前科的请求。关于申请的主体，在我们看来，从维护前科者的合法权益的角度出发，我国申请前科消灭的主体不妨宽泛些，可以是本人、法定代理人，或监护人、近亲属、所在单位或者基层组织（如村民/居民委员会）等。②受理。根据各国立法的通例，申请一般提交作出最终判决的法院，我们认为是可取的。具体而言，即主张我国前科消灭的受理机关应为最终对行为人作出有罪判决的法院。由它们负责审查并决定是否消灭前科，可以避免重复劳动，以节省司法资源与成本，裁决结果也更公正、更合理。③审查。作出最终判决的人民法院在接到消灭前科申请后，应当指定专人进行审查，对行为人本人以及行为人前科之犯罪的基本情况、申请消灭前科的事实与理由、行为人的思想认识和实际表现材料逐一核实，并调取有关证据与档案材料进行综合评估，作出是否消灭前科的初步决定。如果初步决定不同意消灭前科的，还应当听取相关单位或组织的意见，允许当事人有申辩的机会。当然，审查应当在一定期限内结束，不宜过长，以充分保障前科人员的利益。④裁决。人民法院应当在审查阶段初步决定的基础上，作出是否消灭前科的正式裁决，并将法律文书送达当事人及相关单位或组织。如果裁决允许消灭前科的，则犯罪记录予以消灭，与前科有关的档案材料由相关司法机关采取适当的处置措施。如果裁决不允许消灭前科，行为人下次再申请时则应该经过一定的等待期，这方面我们可以借鉴外国立法例的经验，设置为2年较妥。⑤监督。这里的监督有两层意思，一方面意指应当接受当事人的监督，当行为人消灭前科的申请被驳回后，应当给其提供救济途径，允许其复议或者上诉。另一方面，根据我国的司法体制与实际情况，应确立人民检察院作为前科消灭的法律监督机关。法院作出的是否消灭前科的裁决，应当抄送检察机关备案，以接受检察机关的法律监督。如果人民检察院对于人民法院消灭行为人前科有异议的，应当在一定期限内（可以考虑设为1个月）向人民法院提出重新复核的建议，人民法院收到复核的建议后，应当复核并将复核情况通知人民检察院。

（4）前科消灭效力的设计。

前科消灭的效力是前科消灭制度的作用实现的关键。关于前科消灭的效力，有学者指出，立法上应当明确规定：A. 前科消灭即罪刑记录一并注销。B. 前科被消灭后，依法享有各种权利，包括因前科被剥夺和限制的权利。C. 任何企事业单位、机关、团体、社会组织或个人不得歧视前科被消灭的人或给其不公正的待遇。D. 因前科而引起的刑法上的不利因素归于消灭。[①] 除此之外，我们认为，我国的前科消灭还应当具备以下效力：即行为人在法律上应当被视为从未犯过罪，且可依法恢复正常的法律地位，并得到与其他公民同等的社会生活保障与不受歧视的法律评价。当然，应当注意行为人权利与资格的恢复，只针对将来，而不具有溯及力，先前因犯罪而丧失的荣誉、地位、职位、军衔等是不能恢复的。

（二）前科消灭制度之司法保障

前科消灭制度要从静态的法律规范走向动态的现实生活，要真正能够在司法实践中发挥最大的刑事政策功效，必定离不开司法上的保障。司法保障是确保前科消灭制度在司法实践中运转顺畅、发挥积极作用的关键。具体言之，前科消灭制度的司法保障应当包括以下几个方面：

1. 改革刑事诉讼文书格式

目前，在我国刑事诉讼文书的格式中，首部一般都有犯罪嫌疑人或被告人基本情况的介绍，而基本情况的介绍中必定少不了行为人前科情况（如果有前科的话）介绍，通常表述为“曾于×年×月×日因犯××罪被×××人民法院判处×××（处刑情况）”。前科情况的记载通常会对司法机关全面了解犯罪嫌疑人或被告人的犯罪史情况，正确求刑、定罪、量刑有一定的积极意义。但也会有一定的负面影响，容易使办案人员产生先入为主的思维定式，影响办案公正，而这又与前科者利益密切相关。因此，我们主张，对于已消灭前科的犯罪嫌疑人或被告人来说，在相关刑事诉讼文书中不应记载其前科以及消灭前科的情况，以更好地保障他们的合法权益。事实上，对于前科没有消灭的犯罪人来说，如何防止因刑事诉讼文书中前科情况的介绍而给办案公正带来的负面影响，也是一个值得思考的问题。例如，可以考虑在案件事实审理结束之前，在诉讼文书中暂时不公开行为人的前科情况，而只有待到事实审查结束之后，审判庭在定罪量刑时才公开，予以酌情考量。

2. 法院对于消科者提起的名誉权侵权之诉应予受理

前科被消灭后，行为人在法律上就应当视为未犯罪一样，享有正常公民所具有的各种资格与权利，其人格尊严应受到尊重，他人未经允许

---

① 于志刚著：《刑罚消灭制度研究》，法律出版社2002年版，第758页。

不得随意宣扬、散布已消科之人的前科情况，破坏其名誉。否则，要承担相应的法律责任。例如，英国《1974年前科消灭法》第八部分“破坏名誉的行为”（Defamation actions）专门针对侵犯消科者的名誉权之司法救济问题以及相关免责问题作了明确的规定，即权利人（已消灭前科之人）有权作为原告对宣扬或公开其犯罪历史的诽谤或中伤行为向法庭进行控告。当然，如果被告所作的是公正的评价（不是恶意的）或具有正当理由，或者享有绝对的特权，则不在此限。①

我们认为，英国的这一经验值得借鉴。具体而言，当他人恶意披露、宣扬、散布消科者的隐私（犯罪史），造成一定影响，应当允许消科者根据《民法通则》第101条以及《最高人民法院关于贯彻执行〈中华人民共和国民法通则〉若干问题的意见（试行）》第140条之规定②向法院提起名誉权侵权之诉，法院应当受理。这样才能更好地保护已消科更生之人的合法权益。

3. 法院对于消科者提起的平等权侵权之诉应予受理

平等权是宪法规定的公民的基本权利之一。随着社会的发展与文明的进步，平等权对于个人在社会生活中的意义日益凸显。所谓平等权，是指公民在社会生活中的法律地位应当平等，其权利应得到法律的平等保护，而不应受到歧视。行为人在前科消灭之前，受到许多法律上资格与权利的限制或剥夺，在某种程度上，我们还可以说有一定的合理性。但是，如果前科消灭后，继续让其承受各种实际的惩罚，让他们无法平等地享有正常公民所拥有的各种权利和资格（如平等就业权），那么这

① See: “Rehabilitation of offenders Act 1974” (1974 chapter 53), Enactment clause (Eng), Butterworths UK statutes.

② 《民法通则》第101条规定：“公民、法人享有名誉权，公民的人格尊严受法律保护，禁止用侮辱、诽谤等方式损害公民、法人的名誉”；《最高人民法院关于贯彻执行〈中华人民共和国民法通则〉若干问题的意见（试行）》第140条规定：“以书面、口头等形式宣扬他人的隐私，或者是捏造事实公然丑化他人人格，以及用侮辱、诽谤等方式损害他人名誉，造成一定影响的，应当认定为侵害公民名誉权的行为”；“以书面、口头等形式诋毁、诽谤法人名誉，给法人造成损害的，应当认定为侵害法人名誉权的行为”。

实际上是对消科者之平等权的践踏，是对他们人格的歧视，同时也是违背设置前科消灭制度的基本初衷的。因此，在行为人前科消灭后，因前科而产生的各种法定不利后遗效果应当随之消灭，而不能"借尸还魂"似的在现实生活中继续幽灵般存在，构成对消科者更生的潜在威胁。职是之故，对于行为人因已消灭之前科而遭受企业、事业单位、机关、团体、社会组织或个人不公正待遇，或者在就业就职上受到不正当的歧视或变相歧视的，应当允许消科者提起平等权侵权（反歧视）之诉。法院也应当义不容辞地予以受理。反歧视之诉可以说是保护消科者平等权，使其顺利融入社会的最有力的保障。因为即使前面前科消灭制度设计得再完善，但如果在司法实践中得不到落实，行为人不利的境遇（受歧视）得不到司法救济，那么，前科消灭制度就会失却其存在的价值，刑法的生存危机也就发生了。

（三）前科消灭制度之行政支持

行政上的支持对于前科消灭制度在现实生活中的有效运作亦不可或缺，特别是在我国这样一个长期以来以行政占主导地位的国度，行政上的支持更具有特殊的意义。应该说，前科消灭制度的行政支持是多方面、多层次的，包括从宏观的政策方略到微观的具体措施。当然，在此不可能面面俱到，下面我们仅对前科消灭制度在实践中所需行政支持的两个较为重要的方面展开论述。

1. 应对户籍制度之前科记载的附加功能进行剥离

我国现行户籍制度是计划经济时代的产物，亦是与公民生活息息相关的特殊证件。每个人的出生、上学、结婚、就业、迁移等无不受到户籍制度的制约。居民户口簿通常还会对一个人从何地转来，在何地服过刑等内容有详细记录。目前，该制度已越来越不适应国家经济和社会发展的需要，存在诸多弊端。其中，最明显的弊端之一是户籍和政治、经济、文化教育等权利挂钩，被人为赋予了太多的"附加值"，而这"附加值"中最主要的一项是对前科情况的记载。在我们看来，在居民户口簿上记载行为人的违法犯罪以及服刑情况（前科情况）是很不妥当的。因为户口其实就是本地区居民的一种身份和户籍证明，人口登记不应涵括过多的计划管理职能。人为地在户籍制度上增加太多的"附加值"，只会使户籍本身的功能弱化，甚而可能异化为制造各种歧视和不平等的“罪魁祸首”，成为前科人员新生的制度障碍。故我们主张对我国目前户籍制度之前科记载的附加功能进行剥离，使户籍与政治、经济、文化教育等权利脱钩，以恢复其本来的面目（户口的记载）。

2. 发挥政府主导作用，积极落实、做好安置就业工作

应该说，对于刑满释放人员的安置帮教工作，我国政府历来是十分关心和重视的，也通过了一系列有关前科人员安置帮教的法律、法规和政策。但从实际情况来看，这项工作效果并不明显，突出问题是落实不够，流于形式。当然，也存在客观方面的原因，主要是国家关于安置帮教的政策、法律、法规规定太过笼统、抽象，缺乏可操作性，又没有相应的责任、监督、反馈以及奖惩机制作保障，使得众多规定实际上只是字面上的“具文”，这无疑在很大程度上加大了顺利开展安置帮教工作的阻力和难度，客观上导致国家关于安置帮教的法律、法规和政策的“虚置化”。而国家关于安置帮教的法律、法规和政策的“虚置化”又会影响到社会治安的综合治理，势必难以巩固行刑效果，防止前科人员重新犯罪，以保护社会。故此，我们认为，要真正使前科消灭制度在我国现实生活中运转顺畅，发挥积极功效，促进前科人员尽快顺利复归社会，就应当进一步落实好国家的社会就业安置、推荐帮教工作，政府应当充分发挥其在行政上的主导作用，履行其监督、指导、协调职能，对有前科人员给予扶助，为其平等竞争提供机会，创造条件。

（四）前科消灭制度之文化支撑

前文已述，前科消灭制度因与我国传统文化观念存在契合性的一面，因而使得其在我国的存置具有一定的可行性。但是，可行性并非现实性，前科消灭制度在我国要真正实现从“可行”走向“现实”，除了本身的制度设计以及一系列的配套制度保障外，还需仰仗其赖以生发与运作的文化环境。就我国目前的现实国情而言，以下三个方面的文化支撑对于前科消灭制度在我国的存置以及有效运作是至关重要的。

1. 权利文化观念的生成

虽然我国传统文化博大精深、源远流长，也有重人文、重人性的一面，但是始终难有权利文化存置的生命空间。正如有学者所言：“中国

文化特别强调‘人’，有悠久的人文传统，但这里的人不是个体的人，而是集体的人，不是知、情、意、欲、信等方面规定性相统合的人，而只是纯粹的道德人。”① 在中国传统文化中，个体对于集体没有独立的意义，个体永远只能是附属于集体的个体。同时个体又不得不生活在以等差为核心的道德伦理秩序的规约之下，讲求人际关系的和谐，追求人的道德价值。道德之于人具有决定性的意义，一个人的品性也主要决定于其道德表现，而不是取决于能力和情感等因素，一个没有道德品性的人，就不是人，在集体中亦无法立足。个人相对于集体，有的只是义务，没有权利。而义务本位又恰是道德基本原则的核心与意旨所在。这样道德与集体融于一体，共同辖制着集体中的个体，从而使得“中国传统文化完全不承认个人的存在”。② 在这样一种文化观念的浸染下，自然难有个体的独立自主与人格平等，个人权利则被放置在一个微不足道的位置上，缺乏应有的人文关怀，更遑论以人为本，以张扬人的价值、人格、人性为旨归的权利文化的生成了。而权利文化的生成与发达，毋庸置疑，又是前科消灭制度生长的文化沃土，前科消灭制度所蕴涵的人道主义思想与人文关怀的精神实质上也是与权利文化观念相暗合的。因此，在我国要确立前科消灭制度并使其焕发出蓬勃生机，就应当大力弘扬以人为本的权利文化理念，注重强调个人的权利与自由，重视对个人的人文关怀。

2. 报应文化观念的淡化

报应文化观念在我国根深蒂固，存在着广泛的民众基础，如“杀人者死，伤人者刑”、“恶有恶报，善有善报”等观念意识已深深地熔铸、沉淀于民族的文化心理结构之中，成为左右人们思想，影响人们行动的潜意识因素。在报应文化观念的视界下，前科者承受各种规范内与规范外的不利犯罪后遗效果之影响，饱受各种心灵上的煎熬，似乎是“罪有应得”、“咎由自取”、“应有下场”、“早知今日，何必当初!”这也是为什么现代社会比较文明的隐形标签——前科，至今还能够“深入人心”、

---

① 赵秉志主编:《刑法基础理论探索》，法律出版社 2002 年版，第 294 页。

② 梁治平著:《寻求自然秩序中的和谐——中国传统法律文化研究》，上海人民出版社 1991 年版，第 122 页。

堂而皇之存在的深层文化心理根源。然而，随着现代社会文明的进步，“政治社会”向“市民社会”的逐渐转变，公民权利意识的增长，这种报应文化观念也应当相应淡化。毕竟，“报应”文化观念虽是一种客观的存在，但并非人类理性的产物，而是社会精神文明程度低下的一种反映。如果我们不从整个人类进步以及人类理性觉醒的角度来进行理性的思考，而只是从个人的感觉和义愤情绪出发来表态，是不会有多少人赞成前科消灭的。总而言之，在我们看来，淡化社会的报应文化观念，应当成为我国前科消灭制度之文化支撑的重要内容。

3．人道文化观念的培养

人道或称人道主义本身也是一个历史范畴，每一个历史时期都有与之相适应的人道标准，但不管人道或人道主义如何演变发展，其基本的要求都是尊重人的人格，把人当人来看待，给予其合乎人性的待遇。随着时代的发展，人道化已经成为历史发展的必然趋势，并且成为国际社会的共识。有前科者也是人，作为人，有前科者也有其人格的尊严，对于有前科者的任何非人对待都是不人道或反人道的。然而，在我们现实社会生活中，对于有前科者的不人道或反人道待遇却是司空见惯的现象。社会对于他们往往是怀疑多于信任，偏见多于理解，歧视多于尊重，排斥多于容纳，人为在有前科者与社会之间筑起一道心理鸿沟，使他们背负着沉重的精神包袱。这不仅是相当不人道的，而且还会增加甚至激化社会矛盾。因之，要在我国引入折射着人性光辉的前科消灭制度，必定离不开对人道或人道主义文化观念的培养。

（五）前科消灭制度之社会合力

前科消灭制度欲在现实生活中有效运作，除有司法上的保障、行政上的支持、文化上的支撑以外，还少不了社会各方面的合力。社会各界应当从战略的高度来重视前科消灭制度，意识到其对于社会健康发展的重要意义。对于前科消灭制度之社会合力，我们认为，应当着重强调以下几个方面：

1. 社会歧视心理的消除

长期以来，基于对犯罪的极度憎恶，社会大众对于“高墙内”出来的有前科者一般都有一种“退避三舍”的天然排斥感和歧视心理，不愿同他们交往，内心里把他们当成社会的“另类”，进行自觉的角色化处理。有前科者，可以说其整个的人生与思想都处于社会的“边缘”，这种边缘状况又注定了他们一生坎坷的命运，似乎他们曾经灰色的人生让其未来的路永远难以涂抹别的色彩。而这种社会心理只能扩大社会矛盾，危害社会本身。因此，我们认为，为了避免“自食恶果”，也是为了拯救我们社会自身，我们就应当把消除社会中的歧视性心理，并树立正确认识和对待前科人员的思想观念作为当前前科消灭制度之社会合力的重要内容。

2. 社会舆论的正确导向

社会舆论影响大、速度快、范围广，特别是当今信息时代，更具有特殊的威力，被称为独立于立法权、司法权、行政权之外的“第四种权力”。正是因为社会舆论具有如此大的影响力，所以应当坚持正确的导向，始终以正确的思想引导人，以优秀的事迹鼓舞人，以实际的行动来关爱人，使前科者处处感受到社会大家庭的温暖，看到希望、看到光明。也就是说，要尽力为有前科者走向新生营造宽松的社会环境和舆论氛围，宣传先进典型，传播社会互爱、仁善理念，对有前科者要善于晓之以理、动之以情、导之以行、持之以恒，去点燃他们的心灯，呵护他们脆弱的心灵。而对于社会各种不正之风以及各种腐朽的意识形态，社会舆论则应当旗帜鲜明地坚决予以抵制、批判。

3. 出狱人保护事业的扶持

有前科人员属于社会中的特殊群体，他们的特殊在于他们的经历和身份不同于普通公民，其是从“高墙内”出来的“刑余之身”。这种身份和经历决定了他们在社会生活中，往往受到歧视、侮辱，他们的一些合法权益会受到侵害，就业、生活、学习等都会遇到实际的阻力。他们中的一些犯罪思想和恶习尚未得到彻底矫正的人，受不良刺激，还会重蹈覆辙，危害社会。因此，对于这些“高墙内”出来的特殊公民更需要得到社会的关护和帮助，对其提供就业培训、职业训练、医疗救助、物质帮助以及社会救济等等，使其能够尽快步入社会生活的正轨。而这些又不能全依赖政府的安排与处置，必须有广大社会公众特别是社会组织机构的自愿参与，热心这方面的事业，才能发挥显著的社会功效。相对于外国而言，我国在这方面的工作还很滞后，对提供这些服务的民间组织、机构、团体等扶持力度还不够。我们认为，国家以后应当在这个方面适当加大在法律上的支持、政策上的倾斜以及经济上的援助力度，鼓励广大社会公众积极参与出狱人保护事业，使出狱人保护事业在我国尽快发展壮大起来，尽力为有前科者——这些中华人民共和国的公民——铺就一条走向新生的“金桥”，而非通往毁灭的人生“断桥”。

（原载《法学》2007 年第 2 期）

确立“前科消灭”制度之研究

何承斌

一、引子

《法制日报》2004 年 1 月 30 日社会新闻版刊发了《“前科消灭”能不能实现?》一文，该文就 2004 年 1 月河北省石家庄市长安区人民法院提出的“未成年人前科消灭的实施办法”这一新闻背景所引发的社会各界不同看法进行了新闻调查，此后，就我国刑法中是否应当确定“未成年人前科消灭”制度在国内一些报纸和互联网上引发了广泛讨论，赞成者与反对者各抒己见，褒贬不一。

作为一种刑罚消灭制度，前科消灭是刑罚消灭的事由之一。[①] 目前，在国外的刑事立法中，大都有一套完整的前科和前科消灭制度，如德国、俄罗斯、意大利、日本等国。我国 1997 年刑法第 100 条规定：“依法受过刑事处罚的人，在入伍、就业的时候，应当如实向有关单位报告自己曾受过刑事处罚，不得隐瞒。”一般认为，该条首次在刑法中规定了“前科报告”制度。[②] 此外，一些相关的法律，如《法官法》、《检察官法》、《人民警察法》、《律师法》、《会计法》等均不同程度地规定，受过刑事处罚的人没有从事本行业的资格。由此可见，我国已经在法律上规定了前科制度，与国外一些国家的刑事立法相比，不同的是没有规定前科消灭制度。正基于此，2004 年 1 月河北省石家庄市长安区人民法院提出的“未成年人前科消灭”的实施办法，在我国现行的法律框架之下，对我国的司法制度改革是一种积极探索，对有一般性犯罪的未成年人的再改造有一定的积极价值，体现了法律的人文关怀精神，是一个创

① 马克昌：《比较刑法原理》，武汉大学出版社 2002 年版，第 943 页。

② 陈兴良：《刑法疏议》，中国人民公安大学出版社 1997 年版，第 206 页。

举，值得肯定。但从实践角度看，在现行的法律框架之下，要实施这个办法，至少有三个问题需要面对，否则未成年人前科消灭制度就很难顺利实行。一是法律依据问题。目前，我国刑法没有规定“前科消灭制度”，但是前科消灭制度是一种法律制度，而且是一种配套的法律制度，立法是其前提，在没有立法的情况下，一个基层法院推出的前科消灭举措就缺少法律依据的支撑。二是程序的可操作性问题。具体实施中谁来承担消灭前科的职责，各有关部门如何分工等都需加以研究。三是法律冲突问题。如未成年人犯罪前科消除后，在入伍、就业的时候是否还要如实报告？按照《法官法》、《检察官法》、《人民警察法》等法律的规定，受过刑事处罚的人没有从事本行业的资格。消除前科的未成年人是否还可以从事相关的职业？比如，一个不满18岁的未成年人因犯罪受到法院的刑罚处罚，刑罚执行期满后，经过考核符合前科消灭条件，经其本人申请，法院发给前科消灭证书。10年后，该人在法律院校毕业到人民法院求职，在《法官法》未作修改的情况下，该人能担任法官吗？如果允许担任法官，显然违反《法官法》。因此，想让“前科消灭”办法得以顺利实施，就得调整一系列的法律和规定。

在这样一种背景下，如果理性地审视一下我国现行的前科制度与实践呼唤“消灭前科”之要求两者之间的脱节，我们会得出这样的结论：在我国目前的法律体系下，“前科消灭”制度应有它的一席之地，这不仅在制度层面与我国一贯的刑事政策相适应，而且在功能层面上完全满足相应的社会要求，有利于预防犯罪，有利于对具有犯罪记录的未成年人形成一种激励机制，鼓励其认真悔过，并能够重返社会。正是基于这个原因，现行的前科制度必须改革，在刑法上确立前科消灭制度已成为大多数人的共识。笔者试以确定“前科消灭”制度的实践依据为基础，结合国外的立法经验，对我国刑法中应否建立前科消灭制度以及如何建立这一制度作一探索性的分析。

二、“前科消灭”制度的概念及法律后果

（一）前科的概念及法律后果

何谓“前科”？一般而言，前科是一个人犯罪的历史记录，人们一般把有犯罪记录的人称之为有前科。从国外的刑事立法和刑法理论来

看，一些国家的法律对前科问题有明确的规定。在前苏联的刑法教科书中，所谓“前科，这是被法院认定犯有罪行并被判处某种具体刑罚方法的人的一种特殊法律状态，有前科，对某些种类的被判刑人来说，会引起民法或行政法性质的一定后果……至于前科的刑法后果，只有在犯新罪时才会发生”。[①] 而在德国、英国、日本等西方国家，前科是指曾受确定判决有罪宣告的事实，是否被科刑或刑罚执行与否，不影响前科的成立。[②]

从我国现有的法律规定来看，虽然在法律上未使用“前科”一词，但一些法律中有关于前科的规定，如《法官法》第 10 条，《检察官法》第 11 条，《人民警察法》第 26 条，均规定“曾因犯罪受过刑事处罚的”，“不得担任法官”，“不得担任检察官”，“不得担任人民警察”。《律师法》第 9 条规定，受过刑事处罚的（过失犯罪除外），不予颁发律师执业证书。《教师法》第 14 条规定：“受到剥夺政治权利或者故意犯罪受到有期徒刑以上处罚的，不能取得教师资格；已经取得教师资格的，丧失教师资格。”这些规定表明，上述资格的禁止或丧失，都是刑罚的后遗效果，都是前科制度的应有内容，遗憾的是现行刑法虽然设专条规定了“前科报告制度”，但没有专门对何为“前科”进行界定，立法解释和司法解释也无相关的内容。因此，尽管在日常生活和司法实践中，人们常常使用“前科”一词，但无论在理论上还是在实践中，对前科的理解均尚未统一。目前，理论上和实践中关于前科的解释，主要有四种观点：（1）认为前科是指历史上因违反法纪而受过各种处分的事实；（2）认为前科是指因犯罪而受到刑罚处罚并足以构成累犯的事实；（3）认为前科是指因犯罪被判处有期徒刑以上的刑罚且已执行完毕的事实；（4）将前科界定为曾因违法犯罪而受过劳动教养或刑罚处罚的事实。

笔者认为，对前科的界定，首先必须要着眼于前科的刑法意义，即刑法意义上的前科，而不能把受过行政处分或制裁（如行政开除、行政

① H. A. 别利亚耶夫等主编：《苏维埃刑法总论》，马改秀等译，群众出版社 1987 年版，第 391 页。

② 张甘妹：《刑事政策》，三民书局 1979 年版，第 128 页。

拘留）或因违反党的纪律受过党纪处分（如开除党籍等）的情形，称之为前科，否则，就扩大了前科的外延。据此，上述四种观点中，第一种观点和第四种观点都明显存在扩大前科的外延之不足。其次，在着眼于刑法意义的前提下，必须要把握前科的本质内涵，从前文所述的国外关于前科的刑法理论来看，前科是与犯罪联系在一起的，凡是被法院认定犯有罪行并作有罪宣告的人，都视为有犯罪前科。① 因此，上述第二、三种观点分别将前科的范围限制在曾犯罪受到刑罚处罚并足以构成累犯的事实和曾因犯罪被判处有期徒刑以上的刑罚且已执行完毕的事实之内，而将诸如被宣告有罪但免予刑事处分，被判处拘役或3年以下有期徒刑宣告缓刑等其他形式的刑法处分排除在外，就显然人为地缩小了前科的外延，不符合因犯罪而受到刑法处分的范围。最后，对前科的界定，必须着眼于现有的法律规定。如前所述，我国的《法官法》、《人民警察法》、《检察官法》、《律师法》都明确规定“曾因犯罪受过刑事处罚的”，才导致相应资格的禁止的后遗效果。这里的刑事处罚就包括因构成犯罪而被追究刑事责任的各种情况，即包括因犯罪受到刑罚处罚和因犯罪而受到非刑罚处理方法的处罚。同样，我国刑法第100条规定的前科报告制度也将报告的范围限定在“受过刑事处罚”的范围内，因此前科的界定必须限定在“受过刑事处罚”的范围内，据此，第二、三、四种观点都有缩小前科外延的一面。由此可见，上述四种关于前科的见解都是不够妥当的。

据上所述，笔者认为，前科是指曾经被法院宣告犯有罪行而受过刑事处罚的事实，至于被宣告有何种罪刑而被判处何种处罚，或者被判处何种刑罚以及刑罚是否执行，均不影响前科的成立。需要说明的是，根

① 不过，各国的规定也不尽一致，依照俄罗斯刑法典第86条第2款的规定，被免除刑罚的人，被认为没有前科。而根据日本刑法第34条之规定，监禁以上的刑罚执行终了或者被免除其执行的人，经过10年，未被判处罚金以上刑罚时，刑罚的宣告丧失其效力，受免除刑罚宣告的人，其宣告确定后，经过2年，未被判处罚金以上刑罚时，免除刑罚的宣告丧失效力（第2款）。可见，根据日本刑法规定，不管行为人是否被免除刑罚，都被认为有前科，即使受免除刑罚宣告的人也不例外。

据我国刑事诉讼法第 12 条“未经人民法院依法判决，对任何人都不得确定有罪”之规定，被宣告犯有罪行只能由人民法院进行，而不能由人民检察院进行。

正因为前科是一个人犯罪的历史记录，因此，在各个国家前科会引起两种不同类型的法律后果：一种是民法或行政法上的后果，如某种职业资格的禁止。另一种是刑法上的后果，即在犯新罪的情况下，前科可能引起的刑法上的后果，如根据前苏联刑法的规定，前科的刑法上的后果具体包括：（1）在立法专门规定的情况下，前科是适用严重犯罪的法律或认定特别危险累犯的根据；（2）前科被作为新罪量刑的一个加重情节；（3）如果犯罪人过去服过剥夺自由刑，那么，在对其判处剥夺自由刑时，前科将影响到对他采用何种管束的劳改营种类；（4）在将犯罪人假释或易科较轻刑罚时，前科不能引起特别加强的要求，前科可能成为该法律原则对犯罪人不适用的根据，并影响到行政监督的确定；（5）前科排除对犯罪人适用“剥夺自由、宣告缓刑、强制劳动”的制度；（6）由于有前科，就不可能对犯罪人免除刑事责任而将案件移送同级审判会或交付担保，也不能适用“从剥夺自由场所有条件释放强制劳动”。[①] 再如，根据意大利刑法典的规定，前科刑法上的后果表现为犯罪的前科（即有罪判决，不包括无罪宣告）及被审记录（即未判决的案件）是说明行为人的犯罪能力的因素之一（第 133 条第 2 款），而“犯罪人犯罪能力”的因素，根据意大利刑法典第 133 条的规定，是法官在裁量刑罚时，“必须考虑的系列因素”之一。[②]

在我国，前科同样会引起两种不同的法律后果，如前文所述，前科的民法或行政法后果表现在《法官法》、《检察官法》、《律师法》、《教师法》等法律的相关规定中，此处不赘。前科的刑法后果根据现行刑法的规定，主要表现在以下几点：（1）前科在一定的范围内是构成累犯的必要条件，而累犯则是从重处罚的法定情节，又是依法不能宣告缓刑的

① 陈明华：《当代苏联东欧刑罚》，中国人民公安大学出版社 1989 年版，第 193 页。

② ［意］杜里奥·帕多瓦尼：《意大利刑法学原理》，陈忠林译，法律出版社 1989 年版，第 353 ~ 355 页。

情况。根据我国刑法第65条的规定，累犯分为一般累犯和危害国家安全累犯（特殊累犯）两种。曾因故意犯罪被判处有期徒刑以上刑罚的犯罪分子刑罚执行完毕或者赦免以后，在5年以内再犯应当判处有期徒刑以上刑罚之故意犯罪的，为一般累犯。曾犯危害国家安全罪被判处刑罚，在刑罚执行完毕或者赦免以后任何时候再犯危害国家安全罪的，是危害国家安全累犯。无论一般累犯还是危害国家安全累犯，依法都应当从重处罚，且不能适用缓刑。（2）前科作为构成法定从重处罚情节再犯的必要条件，引起对犯罪人从重量刑的后果。在我国，刑法并没有规定对所有的再犯都予以从重处罚，而是规定对某些特殊再犯予以从重处罚。例如，我国刑法第356条规定："因走私、贩卖、运输、制造、非法持有毒品罪被判过刑，又犯本节规定之罪的，从重处罚。"这就是因前科而构成毒品犯罪再犯从重处罚的情况。（3）前科在一定范围内是作为新罪量刑的一个情节。我国刑法第61条规定："对于犯罪分子决定刑罚的时候，应当根据犯罪的事实、犯罪的性质、情节和对于社会的危害程度，依照本法的有关规定判处。"这里的情节就包括罪前情节、罪中情节和罪后情节。而罪前情节就包括是否是累犯，是否是再犯等。

（二）前科消灭的概念及其法律后果

在刑法上规定前科消灭制度对于预防犯罪有着一定的积极意义。任何犯罪都是主观和客观的统一，犯罪的社会危险性也是主观与客观的统一。因为社会危害性及其程度，不只是从行为客观上所造成的损害来说明的，还包括行为人的主观恶性和人身危险性，而我们在考察行为人的主观恶性和人身危险性时，除了考察行为人的主体要件和主观要件（主观责任要件）外，还要考察行为人的一贯表现，犯罪后的态度等。虽然行为人是否构成犯罪以及罪轻罪重，是由其行为的性质决定的，而不是由其一贯表现和犯罪后的态度等因素决定的，但犯罪人的一贯表现和犯罪后的态度则可以反映其主观恶性和人身危害性程度。因此，在量刑时一般都加以考察，这其中，犯罪前科是考察行为人的主观恶性和人身危险性的一个重要方面，也是量刑时加以考虑的一个因素之一。因为在有前科而再次犯罪的情况下，对于犯罪人给予从重处罚，就是基于其主观恶性较深，改造较难，其目的是更好地改造罪犯，使其不再犯罪。因此，各国基于前科这一合理的一面而大都在刑法上规定前科制度。①

但保留前科也有不利于犯罪记录的人回归社会的一面。首先，因为前科毕竟是一个人极不光彩的记录，有这种记录的人，不仅可能丧失某种权利或资格，而且还会受到他人的歧视，造成学习、生活、工作诸方面的困难。如果永久地保留前科，会使一些人产生“污点洗刷不净”的想法，从而破罐子破摔，再次实施犯罪。其次，当一个有前科的人再次犯罪时，会想到因为有前科将受更重的处罚时而一不做、二不休，选择更严重的犯罪，对社会造成更大的危害。这也是保留前科的弊端。因此，正如国外学者所云：“前科，即以前被判处过刑罚这种事实虽然永远不能抹去，但前科的事实伴有各种资格限制，资格停止，如果法律上没有经过一定期间后将之消灭的制度就会使受刑罚宣告的人承受过于苛酷的负担，并且妨碍他们改善更生，复归社会的情况也多，前科消灭制度就是本着这样的意图而设立的。”②

正是为了更好地发挥前科的积极作用，抑制保留前科的消极因素，当今世界各国已广泛地采用前科消灭制度，但前科消灭制度在世界各国刑法典中提法不尽一致，有复权③、刑罚失效、注销记录、前科消灭等各种提法。前科消灭最早的表现形式是“恢复原状”，其发源地是法国，产生于17世纪后半叶，而且是在君主赦免权基础上发展起来的。随后德国以及其他国家，均或多或少地以法国立法为榜样而确立相当于前科消灭制度的相关制度。④ 例如，依照俄罗斯刑法典第86条第3款的规定，在下列情况下前科消灭：（1）被判缓刑的人考验期届满；（2）被判处比

① 此外，因为有犯罪的记录而使其丧失一定的民事和行政上的权利和资格，对于预防其再次犯罪也具有积极的意义。

② ［日］西原春夫：《刑法总论》（改订准备版）（下卷），成文堂1995年版，转引自马克昌：《比较刑法原理》，武汉大学出版社2002年版，第540页。

③ 复权，是指对宣告资格刑的犯罪人，当其具备法律规定的条件时，审判机关提前恢复其被剥夺权利或资格的制度。严格意义上说，复权与前科消灭之间有严格的区别，两者适用对象的范围和法律后果不完全相同。参见马克昌主编：《刑罚通论》，武汉大学出版社1999年版，第716页。

④ ［德］李斯特：《德国刑法教科书》，徐久生译，法律出版社2000年版，第509页。

剥夺自由更轻刑种的人，服刑期满后过 1 年；（3）因轻罪或中等严重程度的犯罪被判处剥夺自由的人，服刑期满后过 3 年；（4）因严重犯罪而被判处剥夺自由的人，服刑期满后过 6 年；（5）因特别严重的犯罪被判处剥夺自由的人，服刑期满后过 8 年。前科的消灭不需要法院的专门裁决，也不需要任何证明这一事实的文件。在服刑期满经过法定期限或缓刑时考验期届满，前科的消灭自动发生。除前科的消灭外，俄罗斯刑法典第 86 条第 5 款还规定了前科的撤销，即如果被判刑人在服刑期满之后表现良好，则法院可以根据他本人的请求，在消灭前科的期限届满之前撤销前科。在意大利，前科消灭制度主要包括复权和不在司法档案记录证明中提及有罪判决两种情况，所谓复权，即恢复被判刑人的所有权利，是一种“消除附加刑和其他有罪判决后果的措施”。但是，法律明确规定应保留的刑事法律后果，复权不能消除（如复权者再犯重罪，不得宣告缓刑）。根据意大利刑法典第 179 条规定，适用这种措施的条件是：（1）主刑执行完毕或被消除后，经过至少 5 年；如果被判刑人是累犯、惯犯、职业犯、倾向犯，则至少需要经过 10 年。（2）在上述期间内，被判刑人的“良好行为”得到有教养的人的证明。（3）被判刑人未曾适用保安处分。（4）被判刑人已履行因犯罪而产生的民事债务（能证明确实无力履行的例外）。对符合上述条件的被判刑人提出的复权要求，法官必须同意，不得拒绝。“如果被复权人在 5 年内再犯非过失性重罪”，并被处 3 年以上监禁刑或更重的刑罚，复权判决即被撤销。所谓“不在司法档案证明中提及有罪判决”，是指在为被判刑人出具司法档案证明时，不提及有关有罪判决的司法措施，由法官根据具体案情适用，其作用在于通过阻止该判决被公布，而产生有利于被判刑人重归社会的效果，主要是减少寻找工作方面的障碍。根据意大利刑法典第 175 条规定，以下的财产刑，在被并处监禁刑和财产刑时，折合刑期不得超过 30 个月。犯罪人没有因犯罪而被判刑的前科，在任何时候被判刑人再犯重罪，这种命令即被撤销。[①] 综观各国的立法规定，一般认为前科消灭是指当曾受过有罪宣告或者被判处刑罚的人具备法定条件时，注销其有罪

---

① 陈忠林：《意大利刑法纲要》，中国人民大学出版社 1999 年版，第288 ~ 289 页。

宣告或者罪及刑记录的制度。①

前科消灭的法律后果就是消除前科所引起的法律后果，即消除前科可能引起的民法或行政法上的后遗效果和刑法上的后遗效果。例如，俄罗斯刑法典第86条第5款就前科消灭或撤销的法律后果进行了规定，即自前科消灭或撤销之时起，过去有前科的人被认为没有前科，与前科有关的一切法律后果不复存在。例如，如果一个人前科被消灭或撤销，在犯新罪时，过去曾犯过罪这一事实对定罪没有影响，不得认为是加重情节，法院在解决累犯问题时不得予以考虑。②

三、我国刑法前科消灭制度确立的依据分析

在前面的分析中，我们看到了前科消灭制度是当今世界各国普遍采用的一项刑法制度，实践表明，这项制度有着重要的积极意义。我国虽规定了前科制度，但是没有规定前科消灭制度，尤其是没有建立未成年人前科消灭制度。③ 这不能不说是我国刑事立法的一个不足，为此，笔者认为，应该在借鉴其他国家立法经验的基础上，尽快建立符合我国实际情况的前科消灭制度。

（一）建立前科消灭制度，是司法实践的呼唤

一份来自中国青少年犯罪研究会的统计资料表明，近年来，我国青少年犯罪总数已经占全国刑事犯罪总数的70%以上，其中，十五六岁少年犯罪案件占青少年犯罪案件总数的70%以上。④ 可见，青少年犯罪仍

---

① 马克昌主编：《刑罚通论》，武汉大学出版社1999年版，第711页。

② ［俄］斯库拉托夫等主编：《俄罗斯联邦刑法典释义》（上册），黄道秀译，中国政法大学出版社2001年版，第218～221页。

③ 从国外的立法来看，为保护未成年人，许多国家都有专门对未成年人犯罪前科及其消灭的法律条款，如俄罗斯刑法典；有的国家还设立了专门的未成年人犯罪前科消灭制度，如瑞士刑法典。德国还专门制定了《德意志联邦共和国少年法院法》，该法专章规定了“前科记录的消灭”。其共同点是对未成年人作出更为宽缓的规定，以促使其顺利返回社会。

④ 刘静：《拯救被暴力玷污的花季，青少年犯罪报告》，载人民网2003年12月17日。

是严重的社会问题。那么，如何能更有效地预防青少年犯罪，如何有效地预防青少年再次犯罪？理论界和实务界一直在进行研究和探索。据悉，河北省石家庄市新华区人民法院曾在1994年提出了“未成年人犯罪前科消灭”的想法，但后来基于一些原因一直没有出台。[①] 事隔10年之后，2004年1月份，石家庄长安区人民法院在全国首开先河，制定了“未成年人前科消灭”试行办法，以激励失足青少年改过自新，加强对犯罪的未成人的挽救和保护。办法中的“前科”指的是“已满14周岁未满18周岁的人，实施了犯罪并被判处刑罚且刑罚已执行完毕”。累犯和虽是初犯、偶犯，但性质较为严重的不在其列。其程序是由原审人民法院对犯罪人在服刑期间及服刑期满后的悔过表现是否达到遵纪守法不致再犯新罪等项进行考核、调查，法院审查通过后，对申请人作出决定撤销前科裁定，为申请人出具前科消灭证明书。此时，该未成人的前科归于消灭，视为未曾犯罪，并依法恢复先前的法律地位。相关部门以适当方式处置其前科材料，其刑事处罚、法律文书不再记入其户籍及人事档案，在复学、升学、就业等方面与其他未成年人享有同等权利，任何人不得歧视。[②] 这一办法一出台即引起了社会的广泛关注，也引发了争议，褒贬不一。如前所述，尽管法院推出的前科消灭举措在没有法律规定的情况下由司法机关推行，其效果是令人怀疑的。但不可否认，作为一个基层法院能够提出这么一项现行法上所没有的举措，是难能可贵的，这决不是标新立异，而是一个基层法院对如何预防未成年人犯罪的理性思考，是对我国少年司法制度的一个难能可贵的探索。来自司法实践的这一举措表明了在我国建立前科消灭制度的必要性和迫切性，立法机关不能再无动于衷了，前科消灭制度应当列上议事日程了。

（二）前科消灭制度符合人道主义的要求

前科是一个人不光彩的历史记录，在我国还没有建立前科消灭制度的情况下，一个人一旦因犯罪受过处罚，前科就像一种标签将伴其终身。根据我国相关法律的规定，就会因此丧失某种从业资格和社会信

---

① 《“前科消灭制度”能不能实现》，载《法制日报》2004年1月30日。

② 刘静：《拯救被暴力玷污的花季，青少年犯罪报告》，载人民网2003年12月17日。

誉。尤其对未成年人，一个插上前科标签的孩子要想重新健康生活，他所面临的困难比其他的未成年人要大得多，永久地保留前科意味着一个人因“一失足”甚至是事出有因的失足而永远地承受实际上的惩罚和心灵上痛苦的煎熬的“千古恨”，这对于未成年人来说是不够人道的。前科消灭制度旨在保证有前科的人在具备法定条件的情况下撤销其前科，使其不致永远承受实际上的惩罚和巨大精神负担。这是一种合乎人道主义的做法，铺就的是一条呼唤“浪子”灵魂与肉体回归的光明之路。

（三）前科消灭制度是法律公正的体现

对行为人判处刑罚意味着国家对行为人作出了社会之否定评价。这种社会之否定评价，将在刑罚执行完毕后，长时间地对被判刑人造成心理压力，并与因刑罚而产生的权利的丧失与可能的名誉降低一起，导致被判刑人的社会地位的降低，正是由于法律上和道德上的名誉的降低，常常阻碍被判刑人的再社会化。因此，一个人犯罪后，法律已令其承担了相应的刑事责任，但让一个刑罚已执行完毕的人，在相当长的时间内继续承受犯罪所带来的种种报复，这不能不说有失公正。难道“一朝为贼”就真的“终生为贼”吗？

（四）前科消灭制度有利于预防有前科的人再次犯罪，使其真正地回归社会

对犯罪分子适用和执行刑罚，其意义不在于对犯罪行为进行报复，而在于使其在受到惩罚之后痛切地认识到犯罪的严重后果，从而预防其再次犯罪。前科消灭制度一方面为有前科的人提供了一种激励机制，即它可以激励有前科者在学习、工作和社会生活中有良好的表现，以争取撤销前科，消除其犯罪所带来的民法、行政法上以及刑法上的后遗效果，从而预防和减少其再次犯罪。另一方面，前科消灭制度为消除社会对有前科者的歧视提供了法律保障，使其不会因在回归社会的过程中遇到种种困难和歧视而重新犯罪。在我国，虽然政策上坚决反对歧视曾经犯罪的人，并强调各级组织要给曾经犯罪的人提供学习、工作和生活上的方便和条件，有关法律也规定对曾犯罪受到刑法处罚的未成年人应与

其他未成年人享有同等的权利，任何单位和个人不得歧视。① 但在社会的实际生活中，有前科的人依然难以摘掉头上的“犯罪标签”，在就业、升学等方面总会得到不公正的对待。社会嫌弃、歧视曾经犯过罪的人的习惯势力还是很大，一些有犯罪前科的人往往因为遇到这种歧视性的对待而不能顺利回归社会，使其心理冲突加剧，这样极易形成反社会人格，致使其重新犯罪。前科消灭制度使那些具有前科者在具备法定条件时被撤销前科，前科一经消灭，就意味着从法律上宣布当事人与社会上的守法公民一样享受同等的权利和机会，这就从法律制度上保证有前科的人不受社会的歧视和不公正待遇，使有前科者不再实施犯罪，从而顺利回归社会。

（五）建立前科消灭制度顺乎世界刑事立法的潮流

如前文所述，当今世界各国已广泛地建立了前科消灭制度，确立前科消灭制度已成为世界刑事立法的潮流和趋势。我国刑法无前科之名而有前科之实，因此增设这一制度，是对世界潮流和趋势的顺应，有利于我国刑法走向世界。

四、我国前科消灭制度的具体立法设想

参照国外的立法例，结合我国刑法的相关规定和我国的具体国情，笔者认为我国前科消灭制度的立法应规定以下几个方面的具体内容。

（一）前科的范围

对于前科的范围，笔者认为，凡是经法院判决构成犯罪依法受到刑事处罚的人，自法院的有罪判决生效之日起至前科消灭或撤销之时止，被认为是有前科的人，应当在认定累犯以及裁量刑罚时依照刑法的相应规定予以考虑。依法受到刑事处罚既包括受到刑罚处罚，又包括受到非

① 我国《预防未成年人犯罪法》第48条规定，“依法免予刑事处罚，判处非监禁刑罚，判处刑罚宣告缓刑，假释或者刑罚执行完毕的未成年人，在复学、升学、就业方面与其他未成年人享有同等的权利，任何单位和个人不得歧视。”《未成年人保护法》第44条规定，“人民检察院免于起诉，人民法院免除刑事处罚或者宣告缓刑以及解除收容审查或者服刑期满释放的未成年人复学、升学、就业不得歧视。”

刑罚处理方法处罚两种情况。

（二）前科消灭的条件

前科消灭的条件是前科消灭制度发挥作用的一个重要方面，条件过多，不利于形成一种激励有前科的人尤其是有前科的未成年人的激励机制，鼓励其认真悔过自新，从而顺利重返社会；条件过宽，不利于考察有前科的人是否真正地接受了教育改造，真正地回归社会成为遵纪守法之人。因此，前科消灭的条件既不能过严也不能过宽，要使前科消灭的适用保持在适当的范围，尽量地发挥前科消灭制度的积极作用，最大限度地消除前科所带来的负面影响。据此前科消灭的条件应包括：（1）时间条件。对于前科消灭的时间条件，笔者认为，可以根据所受刑事处罚的种类和刑罚的种类不同而作不同的规定。一是对受有罪宣告但未被判处刑罚（受刑罚处理方法处罚）的前科消灭规定一个所需经过的时间；二是对被判缓刑的前科消灭规定适当的所需经过时间（一般为缓刑考验期届满）；三是对被单独判处附加刑的前科消灭规定适当的所需经过时间；四是对被判处刑罚且执行完毕或被赦免的前科消灭规定适当的所需经过时间，具体应根据原判刑罚的轻重确定几个不同档次的所需经过时间，如被判处管制、拘役，10 年以下有期徒刑，10 年以上有期徒刑，无期徒刑或者被判处死刑缓期二年执行被减为 20 年有期徒刑的人，要确定不同的所需经过时间。另外，还应规定表现突出的可不受前科消灭时间的限制，对 14～18 岁的未成年人，消灭前科的期限应当相应进行缩减，以便更好地发挥前科消灭制度对有前科者尤其对有前科的未成年人的激励作用。（2）表现条件。这是前科消灭制度的关键性条件。前科消灭只适用于真正地悔过自新，遵纪守法，在法定期间未再重新犯罪以及未实施其他比较严重的违法行为，不致再危害社会的自然人。

除上述条件外，我国的前科消灭条件不应再附加所犯罪行性质（如危害国家安全罪）和所判刑罚轻重方面的限制，也就是说一个人曾经犯过哪一种罪，被适用过何种刑罚方法，均不影响前科的消灭，这样可以给有任何形式前科的人提供消灭前科的机会，最大限度地发挥前科消灭制度的积极作用。

（三）前科消灭所需经过时间的起算

对不同的刑罚处罚立法上应作出以下明确规定：（1）被判处有期徒

刑、拘役，从刑罚执行完毕之日起算；（2）被判处无期徒刑，死刑缓期二年执行，从被赦免或被减为有期徒刑执行完毕之日起算；（3）被判处死刑立即执行的，从被赦免之日起算；（4）被判处拘役、3年以下有期徒刑宣告缓期时执行的从宣告缓刑期限之日起计算（缓刑考验期届满之日起，前科消灭）；（5）被单独判处罚金，没收财产，剥夺政治权利的，从罚金、没收财产执行之日和剥夺政治权利期限届满之日起计算。

（四）前科消灭的程序

（1）申请程序。提出申请者可以是有前科者本人，也可以是所在单位或居住地街道居民委员会、农村村民委员会，未成年人可以由其监护人代为申请，申请者应就有前科者的实际表现作出说明。（2）申请提交机关和审查机关，申请应呈交作出最终判决的人民法院，各级法院设立前科专门评审机构，负责前科能否消灭的各项相关事宜的审查和确认活动。（3）申请的审查。人民法院在接到前科撤销申请后，应由前科专门评审机构在一定期限内进行审查，并作出是否撤销前科的决定。（4）监督程序。确立检察机关为前科消灭制度的监督机关。前科专门评审机构经过审查，作出是否撤销前科的决定后应当报检察机关备案，接受检察机关的监督。

（五）前科消灭的效力

前科消灭的效力是前科消灭制度的作用实现的关键。立法上应明确规定：（1）前科消灭即罪刑记录一并注销，前科消灭或撤销后，与前科有关的一切法律后果宣告无效。（2）前科被消灭的人，依法享有各项权利。（3）任何企事业单位、机关、团体、社会组织和个人不得歧视前科被消灭的人或给予其不公正的待遇。

（原载《首都师范大学学报》2004年第6期）

论未成年人犯罪前科应予消灭

——一个社会学角度的分析

赵秉志　廖万里

一、问题的提出

2002 年 9 月 26 日至 28 日，在维也纳召开的第十七届国际刑法学大会预备会议上，与会学者形成如下共识：未成年人需要社会提供特殊保护，尤其是立法、社会以及司法体系的保护；未成年人需要特别的法律适用原则；社会对未成年人的干涉应始终把未成年人的主要利益考虑在内①。长期以来，我国对未成年人②的健康成长，培养未成年人良好品行，预防未成年人违法犯罪，从制度上和观念上做了大量的工作③。

对于误入歧途走上犯罪道路的未成年人，在受到有罪宣告或刑罚处罚之后，我国法律也加以特殊保护。根据我国有关未成年人法律的规定，对在依法免予刑事处罚、判处非监禁刑罚、判处刑罚宣告缓刑、假释或者刑罚执行完毕的未成年人，在复学、升学、就业等方面与其他未

---

① 参见 2004 年 9 月在北京召开的《第十七届国际刑法学大会专题预备会议决议》。

② 我国刑法将已满 14 周岁未满 18 周岁的人称为未成年人，故本文探讨的是该特殊群体的前科消灭。

③ 我国自 1992 年 1 月 1 日《中华人民共和国未成年人保护法》施行后，1999 年 11 月 1 日又颁布了《中华人民共和国预防未成年人犯罪法》。这两部法律的颁布实施，标志着我国保障未成年人工作已经全面纳入法制的轨道；与此同时，在 1997 年颁布的《中华人民共和国刑法》中针对未成年人这一特殊群体，也规定了特殊保护措施，形成了对未成年人合法权益比较全面的刑事法律保护体系。此外，为了全面提高未成年人的思想道德素质，中共中央在 2004 年 3 月 22 日发布了《中共中央关于加强未成年人思想道德建设的若干意见》。

成年人享有同等权利，任何单位和个人不得歧视。也就是说，根据法律的规定，有罪宣告或刑罚处罚之结果不应对未成年犯罪人未来人生之路产生影响。然而，法条的规定是一回事，在现实中该法条是否被执行则是另一回事。[①] 对人类心灵发生较大影响的，不是刑罚的强烈性，而是刑罚的延续性，因为最容易和最持久地触动我们感觉的，与其说是一种强烈而暂时的运动，不如说是一些细小而反复的印象。[②] 结果往往是，我们的精神能够抵御暴力和极端的但短暂的痛苦，却经不住时间的消磨，忍耐不住缠绵的烦恼。[③] 由于现行相关刑事法律的缺失，在现实中，未成年人在受到有罪宣告或刑罚处罚之后，有罪宣告或已然刑罚对其带来的不利影响将往往伴其终身。

在现行法律明文规定有罪宣告或已然刑罚不应对未成年犯罪人未来人生之路有影响的前提下，为什么有罪宣告或已然刑罚仍旧时时折磨其心？我们该如何为误入歧途之未成年人寻找新的出路，消除有罪宣告或已然刑罚对其带来的终身不利影响？

二、前科的一般理论及对犯罪人的影响——立足于犯罪标签理论

顺着上述两个问题的思路，[④] 自然引出了本文的两个重要概念，前科及前科消灭。

（一）前科的一般理论

关于前科定义的内涵和外延，无论是对前科有法律明确规定的国家，还是对前科法律无明确规定的国家，都没有完全统一。我国刑法并

---

① 《中国青年报》于2000年6月7日登载了郑琳的长篇报道《我不想再犯罪》，反映了劳改释放犯韩小滨为了开始正常的社会生活，在拉网式地找工作过程中所遭受的讥讽和侮辱。

② ［意］贝卡利亚著：《论犯罪与刑罚》，黄风译，中国大百科全书出版社1996年版，第16页。

③ ［意］贝卡利亚著：《论犯罪与刑罚》，黄风译，中国大百科全书出版社1996年版，第17页。

④ 不可否认，解决已然刑罚对未成年犯罪人未来人生之路的影响的方法和措施很多，但本文仅立足于刑事法律制度建设的角度来加以论述。

没有明确规定前科制度,[①] 但在刑法第 100 条规定，依法受过刑事处罚的人，在入伍、就业的时候，应当如实向有关单位报告自己曾受过刑事处罚，不得隐瞒。这实质上是规定了前科报告制度。因此，在我国凡是被定罪的人，均有犯罪记录，而且终身不能消除。关于前科的定义，在我国的刑法学界主要存在以下几种观点：第一种观点认为，前科是指因犯罪而被判处刑罚的事实；第二种观点认为，前科是指因犯罪受过有罪宣告或被判处刑罚的事实；第三种观点认为，前科是指因犯罪被判处有期徒刑以上刑罚的事实；第四种观点认为，前科是指历史上因违反法纪而受过各种处分的事实;[②] 第五种观点认为，凡有下列情形之一的，被认为有前科：被宣告有罪但免予刑罚处罚的，被判处缓刑的，被判处各种主刑或附加刑的。[③]

本文持第二种观点，认为前科是指曾经被告犯有罪行或被判处刑罚的事实，即只要行为人被定了罪，至于被宣告人是否处刑，判处何种刑罚，刑罚是否执行，均不影响前科的成立。因为当我们考虑要消灭未成年犯罪人的犯罪记录时，从刑法的正当性上来考量，如果仅对那些受到刑罚处罚的未成年犯罪人加以考虑，而将那些仅受有罪宣告的未成年犯罪人排除在外，显然是失当的。

前科的存在将对当事人产生一系列消极影响或者说导致不利的法律后果,[④] 有学者将此分为法定影响和非法定影响。[⑤] 根据《未成年人保

---

① 但在我国现行行政法律法规中关于前科问题的规定是多方面的。参见于志刚著:《刑罚消灭制度研究》，法律出版社 2002 年版，第 603 ~ 604 页。

② 喻伟著:《刑法学专题研究》，武汉大学出版社 1992 年版，第 367 ~ 368 页。

③ 马克昌等主编:《刑法学全书》，上海科学技术文献出版社 1993 年版，第 684 页。

④ 有学者认为，从法律性质上来讲，不利的法律后果可以分为以下几类：（1）民事、行政法律后果；（2）刑事法律后果之一：对定罪的影响；（3）刑事法律后果之一：对量刑的影响；（4）刑事法律后果之一：对刑罚制度具体运用的影响；（5）前科报告义务。参见于志刚著:《刑罚消灭制度研究》，法律出版社 2002 年版，第 656 ~ 691 页。

⑤ 房清侠:《前科消灭制度研究》，载《法学研究》2001 年第 4 期。

护法》第44条的规定，人民法院免除刑事处罚或者宣告缓刑以及被解除收容教养或者服刑期满释放的未成年人，复学、升学、就业不受歧视。另根据《预防未成年人犯罪法》第48条规定，依法免予刑事处罚、判处非监禁刑罚、判处刑罚宣告缓刑、假释或者刑罚执行完毕的未成年人，在复学、升学、就业等方面与其他未成年人享有同等权利，任何单位和个人不得歧视。因此，我们可以认为，从应然的角度来讲，前科的存在对未成年犯罪人至少在民事、行政法律后果上不存在影响。但在非法定影响上，则又另当别论。① 前科的非法定影响则像影子一样，无声无息却随处可感。前科者由于有被处罚的经历，罪犯的标签就像瘟疫一样使人们畏而远之，使前科者很难建立正常的人际关系，但他们还要在社会上生存，而社会又很少有他们生存之地。因此，痛恨、不安、恐惧等不同的情绪不断地抽打着他们的心灵，折磨着他们的精神。②

前科非法定影响的存在作用机理，可以通过犯罪社会学中的犯罪标签理论清楚地加以阐释。

（二）犯罪标签理论概述

犯罪标签理论主要研究的是犯罪者和试图对犯罪者予以惩罚的社会、群体以及他们之间相互作用以及这种互动所导致的犯罪者犯罪生涯的形成。它的理论根源于由查尔斯·霍顿·库利③和乔治·米德④，以及

---

① 事实上，前科非法定影响的存在，自然也使前科的存在在实然的角度对未成年人的民事、行政法律后果产生影响。

② 房清侠：《前科消灭制度研究》，载《法学研究》2001年第4期。

③ 库利对符号互动论的贡献在于提出了“镜中我”的概念，他认为：“人与人之间相互可以作为镜子，都能照出他面前的人的形象。”

④ 米德是符号互动理论形成的影响最大的社会学家，他的社会心理学的理论——符号互动理论，以心灵、自我和社会三者为阐述对象，揭示了符号（特别是语言）是三者形成、变化及相互作用工具的观点。可简单概括为：生理性冲动与反应性理智间的互动是心灵的本质；主我与客我的互动是自我的本质；自我与他人的互动是社会的本质。

稍后的赫伯特·布鲁默[①]等社会学家发展形成的符号互动理论。[②] 符号互动理论者认为，社会是由代表心理过程的姿态和语言的交换构成的。[③]人们之间的交往通过各种符号，即身体姿态、语言、印象等反映或代表个体的内心的外在表象。个体通过对来自他人的符号的解释从而不断修正自我形象。他人通过符号告知个体，他是否做得好，是否被人所欣赏和喜欢。个体如何看待现实和自我，主要取决于他所接受到的信息和遇到的状况、在互动中的主观解释以及他如何修正自己将来的行为。[④]

根据符号互动理论的概念和观点，20世纪60年代，美国社会学家贝克等人提出了标签理论。[⑤] 在标签论者看来，个体越轨的形成，既不在于生理学上的体质变态，也不是社会化失调所造成的心理缺陷，更不是“魔鬼缠身”或“中邪”，他人尤其是重要的他人或群体对越轨者的否定性评价和处置措施在越轨形成过程中起着至关重要的作用。一般来说，当一个人被贴上越轨者的标签之后，其他人便对他进行各种推断。可能会有人认为他品行不端并歧视他。正如戈夫曼在《污记》一书中所说：“在我们的头脑中，他从一个正常而完美的人降到了一个有污点而

---

① 布鲁默则认为，“人对社会客体的作用应依据该客体对他的意义，社会客体的意义来自于社会互动，而意义则是在解释过程中获得和改变的。布鲁默学派把社会互动解释为符号的直接沟通，人能够设想他人或群体如何评价个人，即能够通过扮演经过概括化的他人角色，并相应地解释情境来决定自己的行为。”

② George Herbert Mead, Mind, Self and Society (Chicago: University of Chicago Press, 1934); Idem, The Philosophy of the Act (Chicago University of Chicago Press, 1938); Charles Horton Cooley, Human Nature and the Social Order(New York: Schocken, 1964, originally published 1902); Herbert Blumer, Symbolic Interactionism: Perspective and Method (Englewood Cliffs, N. J.: Prentice – Hall, 1969).

③ [美] 马尔科姆·沃特斯著：《现代社会学理论》，杨善华等译，华夏出版社2000年版，第25页。

④ Larry. J. Siegel, Criminology(Wadsworth Publishing Company, 1998, Sixth Edition), p. 212.

⑤ 贝克 (Becker), 1963；埃里克森(Erikson), 1964。Steven E. Barkan, Criminology, A Sociologial Understanding(Prentice – Hal, 1997), p. 219.

不可信赖的人。”① 被人另眼相看，歧视甚至谴责，进而把他打入另册，成为与“正常人”不一样的人。贝克对此作了如下深刻的描述：社会群体通过制定法规用在那些与该法规发生摩擦或相背离的具体人身上并称他们为“局外人”。②

贴“标签”可以分为两个过程，即初级越轨和次级越轨。③ 初级越轨，是指每个社会个体都会在某一时刻、某一地点以一种越轨的方式行事。这类行为中大部分是暂时的、出于好奇的、微不足道的或者是易于掩饰的，并未被当局认出，因而也未受惩罚的越轨。这种越轨是人人具有的，如一个小孩偶尔受同伴怂恿在集市上偷了烧饼。初级越轨可能不被人觉察，当事人不会认为自己越轨，也极少引起别人的看法。但是，假若这些行为被某些重要的人——如父母亲、雇主、校长甚至警察和法庭——发现并公布于众，情况就会发生急剧的变化。犯有过失的人，更确切地说，是那些不幸被发现的初级越轨者，就可能会被通过所谓的“贬黜仪式”而受到指责、训斥、责骂甚至惩罚，被别人贴上了“越轨”这一标签，从而产生新的自我概念，对别人的看法予以认同，并且开始作出相应的举止，表现为次级越轨。这一标签的被证实，又使越轨者向习惯性越轨发展。结果是，本来目的是要消除越轨行为的那些惩戒和制裁措施，却适得其反地起到了强化越轨行为的消极后果。④

（三）立足于犯罪标签理论的前科非法定影响

在许多社会学家和犯罪学家看来，犯罪标签理论无法解释越轨的起源，初犯行为的原因及其规律，但能很好地解释越轨的制度化和持存的

---

① ［美］克特·W. 巴克：《社会心理学》，南开大学社会学系译，南开大学出版社1987年版，第211页。

② Becker, The Outsider (New York: Free Press, 1963), p. 9.

③ Lermert, Social Pathology (New York, Mcgraw - Hill, 1951)。转引自刘强编著：《美国犯罪学研究概要》，中国人民公安大学出版社2002年版，第179页。

④ 社会学家塔尼鲍姆说过，决定一个严重的越轨发生的最终步骤不是当一个孩子违犯法律的时候，而是当他或她陷入刑事司法程序网络之中的时候，官方的步骤使得一个本来无意义的问题变成了一个严重问题。

机理,[①] 并在再犯的研究中存在精彩的论述。[②]

当未成年人因为犯罪而被司法机关发现并被公之于众，通过刑事司法程序这一“贬黜仪式”而受到惩罚，被贴上“犯罪”标签并被视为一名犯罪人，经过在特定场所的改造，通过国家强制力保证下的再社会化过程结束后，重新进入社会，但因为其在法律上所具有的前科记录并没有消失，因此，在其身上的犯罪标签并没有随着改造的完成而被揭去，在熟识的他人眼里，他依然是一个犯罪人，更为糟糕的是，根据我国刑法第 100 条的规定，依法受过刑事处罚的人，在入伍、就业的时候，应当如实向有关单位报告自己曾受过刑事处罚，不得隐瞒。因此，他还需时时向他人展示这种标签，在更大范围内让他人知晓他作为一个犯罪人的身份（或者曾经犯罪人的身份）。[③] 于是，在与他人的交往互动中，他所受到的耻辱将使他不断修正自我形象，影响他的自尊、自我价值和今后的行为；如果来自他人的反应，未成年犯罪人都将其解释为自己是一个犯罪人，那么最严重的后果是改变其固有个性和行为以适应这种新获得的称谓，融入犯罪文化，中断守法的角色，实现再次犯罪。[④]

因此，曾经被定罪量刑这一前科事实的存在，切断了未成年犯罪人

---

① ［美］马尔科姆·沃特斯著:《现代社会学理论》，杨善华等译，华夏出版社 2000 年版，第 25 页。

② 但有学者认为，该理论似乎经不起系统的检验，这大部分是因为 Lermert 没有回答以下两个问题；第一，该理论是否适用于所有初级越轨的类型和所有反应的种类？第二，假使初级越轨的一个有关类型和反应的一个有关种类被规定下来，那么，初级越轨的所有实例都能变成次级越轨吗？该理论的说服性将因对其中任何一个问题的肯定回答而受到削弱；而一种简单的“惊人”回答将使它变得不可证伪。见［美］杰克·P. 吉布斯:《越轨社会学和社会控制》，［美］莫里斯·罗森堡、拉尔夫·H. 特纳主编:《社会学观点的社会心理学手册》，孙非等译，南开大学出版社 1992 年版，第 514 页。

③ 笔者自然赞同处罚的非刑事化和非监禁化，但在这些都不可避免的情况下，我们则应着重于揭去犯罪标签的工作。

④ 当然，笔者并不是说存在前科即会导致再犯。如果我们坚持犯罪学上的这一观点，即犯罪是人格对情景的反应，那么我们也就不难理解，为什么有些前科者会再犯，而有些则没有。

回归社会的道路，断绝了行为人意图彻底悔过自新和回归正常社会生活的希望，使其被社会公众假定为永久的“反社会者”。可以说，无限期存在而不能消灭的前科记录对于未成年犯罪人的消极影响，主要还在于排除其回归社会的可能性从而增进其再次犯罪的可能性，而不是在其再次犯罪时所带来的定罪量刑等诸多负面影响。① 这一点正如标签理论所指出，社会以如此喧噪和引人注目的形式宣告犯罪人的前途，以致他和社会都承认判决是确定的记述，他意识到自己是犯罪人，而社会希望他生活得与其名声相配，如果他不按其名声生活，社会就不会信任他。②

三、未成年人前科消灭的必要性——以未成年人再社会化为中心

前科记录的存在对犯罪人有着诸多的消极影响，对于作为一个特殊群体的未成年犯罪人来讲，这种消极影响的作用更加明显，后果更为严重，因此，消除该类犯罪人的前科记录之必要性更为显著。

（一）前科消灭的一般理论及各国未成年人前科消灭制度

前科消灭在世界各国刑法典中，提法不尽一致，有称复权，或者刑罚失效，或者注销记录。前科消灭，从词义讲，是作为犯罪记录的前科被消灭，行为人在法律意义上被视为未实施过犯罪，行为人在法律上的虚拟地位不应遭受任何歧视性待遇。虽然各国立法不一，学者的观点各异，但对于前科消灭的一般条件则存在一致的看法。首先，从各国立法来看，前科消灭的先决条件都是行为人受到有罪宣告或刑罚已经执行完毕（包括因特赦刑罚得到免除或刑罚已经完成时效）。其次，必须经过一定的时间，即犯罪人在有罪宣告或服刑完毕或被赦免后，不能马上引起前科消灭的法律后果，而是要经过一定的时期。再次，注重个人表现，即前科消灭只能在法定的期限内具备法律所规定的个人表现条件时

---

① 本身已经是十分复杂的人，生活在这个更加复杂的社会大系统之中，法律出自人手，又由人手操作，越轨者究竟是自己走向“江湖”，还是被社会抛向“江湖”呢？参见吴革：《刑罚是社会与“江湖”之门》，载《当代刑罚价值研究》，人民法院出版社 2002 年版，第 129 页。

② ［美］D. 斯坦利·艾兹恩、杜格·A. 蒂默著：《犯罪学》，谢正权等译，群众出版社 1989 年版，第 52 页。

才能进行。

由于未成年犯罪人的特殊性，对未成年人犯罪前科消灭的做法正逐渐成为一个世界性趋势，并且与成年犯罪人相比，其前科消灭的条件更为宽松。《德国少年法院法》第 97 条规定：“一、少年法官确信，被判刑少年的行为无可挑剔证实已具备正派品行时，少年法官可依其职权，或经被判刑少年、其监护人或法定代理人的申请，宣布消除前科记录……二、上述消除前科记录命令只能在执行刑罚 2 年以后或刑罚被免除后作出，但消除前科记录对被判刑少年显得特别重要的，不在此限。刑罚执行期间或缓刑考验期间不得作出上述命令。”该法第 100 条规定：“被判处两年以下少年刑罚因刑罚或其余刑在缓刑届满后消灭的，法官应宣布前科记录视为消除。如涉及依普通刑法典第 174 条至第 180 条或第 182 条所为之裁判，不得宣布之。”日本 1948 年《少年法》规定了前科消除制度，该法第 60 条第 1 款规定：“少年犯罪执行完毕或免予执行，适用有关人格之法律规定时，在将来视为未受过刑罚处罚。”俄罗斯在刑法典里也规定了未成年人前科消灭制度。该法第 86 条第 3 款规定了满足如下条件，则前科消灭：“（1）被判缓刑的考验期满；（2）被判处比剥夺自由更轻刑罚的人服刑期满后 1 年；（3）因轻罪或中等严重犯罪而服剥夺自由刑的期满后过 3 年；（4）因严重犯罪而服剥夺自由刑的服刑期满后 6 年；（5）因特别严重的犯罪被剥夺自由的人，服刑期满后 8 年。”同时该法第 95 条规定，“对于犯罪时未满 18 周岁的人而言，本法典第 86 条规定的消灭前科的期限应当予以缩减，相应减为：（1）因犯轻罪或中等严重犯罪而被判处剥夺自由刑的，刑满后经过 1 年；（2）因犯严重的犯罪或特别严重犯罪而被判处剥夺自由刑的，刑满后经过 3 年。”其他诸如法国、瑞士、英国等国亦规定了相似的制度①。

前科消灭对未成年犯罪人的特殊重大意义，立足于犯罪标签理论，将其放入未成年犯罪人的再社会化过程之中进行考量将体现得至为显著。

---

① 参见《法国刑事诉讼法典》、《瑞士联邦刑法典》、《英国前科消灭法》相关条文。参见赵秉志著：《犯罪主体论》，中国人民大学出版社 1996 年版，第 125 页。

（二）未成年犯罪人再社会化的观点

作为一个社会学的专门术语，所谓社会化，是指个体的生物人成长为社会人，并逐步适应社会生活的过程，经由这一过程，社会文化得以积累和延续，社会结构得以维持和发展，人的个性得以形成和完善。① 从个人角度来讲，个人社会化是个人得以适应社会参与社会生活，在社会环境中独立生存的必要前提；从社会角度来讲，社会化是人类社会运行及人类文化不断延续和发展的前提条件。正如社会学家利维所指出的："如果一个个体被反复灌输了其社会行动结构的足够的一部分，从而有效地表演他在该社会的角色，那么该个体就是适当地受化了。如果适当的受化了个体的数量足够使一个社会的结构性要求发挥作用，那么，这个社会就有了适当的社会化。"② 个体的社会化是通过社会教化和个体内化实现的。其中社会教化是社会通过社会化的机构及其执行者实施社会化的过程。其具体内容包括传授社会知识，灌输行为规范，学习社会技能，培养价值观念，确立生活目标，获得社会角色等。而个体内化是个体经过一定方式的学习，接受社会教化，将社会目标、价值观、规范和行为方式等转化为其自身稳定的人格特质和行为反应模式的过程。

然而，当前我国正处于"转型时期"③，转型社会的异质性，形式主义和不稳定性注定了其本身的复杂性和不稳定性。于是各种道德观念和价值的对立和冲突又产生了"失范状态"④，而"功能的分化不可避免地

① 郑杭生著：《社会学概论新修》，中国人民大学出版社 1998 年版，第 105 页。

② ［美］莫里斯·罗森堡、拉尔夫·H. 特纳著：《社会学观点的社会心理学手册》，孙非等译，南开大学出版社 1992 年版，第 204 页。

③ 社会转型，是指社会结构和社会运行机制从一种形式向另一种形式转换的过程。社会转型表现为社会法律本身的转换、社会运行机制的转换、价值观念的转换。参见郑杭生、李强著：《社会运行导论——有中国特色的社会学基本理论的一种探索》，中国人民大学出版社 1993 年版，306 页。

④ 失范状态，是指旧有的价值观念和行为模式被普遍否定或遭到严重破坏，逐渐失去对社会成员的约束力，新的价值观念和行为模式未被普遍接受或尚未形成，不具有对社会成员的有效约束力，使得社会成员的行为缺乏明确的社会规范约束，形成社会规范真空这样的社会状态。

会带来道德的分化，两者是同时形成的，集体感情已经没有能力去限制分工所导致的离心倾向了”。[①] 未成年人处于这样一个时代，难免会经受不住物质的诱惑或外界的刺激，而无法制止自己的感情，抑止犯罪的意念，从而走上犯罪的道路。

未成年人走上犯罪的道路，说明先前的社会化失败，需要在此基础上进行再社会化。再社会化有广义和狭义两种解释。广义的理解指在生活急剧转变转变中，一个人放弃原来的生活方式而适应另一种对他来说全新的生活方式的过程。这种过程可以是自愿的，如所学专业的转变、国籍的变更等；它也可以是被迫的，被强制的，如罪犯的被改造。狭义的理解则专指强制的教化过程。本文所持的是广义的概念，因为如果说在监狱改造的完成或者非刑罚矫正的终结是未成年犯罪人狭义再社会化的结束，那么未成年犯罪人结束强制教化重新进入社会则是另一广义社会化的开始。此外，对未成年犯罪人仅作有罪宣告，也属于再社会化的开始，因为他要改变原有的社会规范价值观念和行为方式，接受社会规定的符合大多数人利益的社会规范。[②]

（三）前科消灭对未成年犯罪人再社会化的意义

根据符号互动论者的观点，由于未成年犯罪人自我形象尚未形成，因此自身可塑性强，这决定了其再社会化成功的可能，但另一方面也正是其自我形象尚未形成，故极易在再社会化过程中产生偏差。

在再社会化的背景中，有一个非常集中的焦点落在身份问题上。个体之所以被社会化，是为了获得一个新的身份，这个新的身份不仅不同于旧身份，而且典型地与旧身份相对立。在有关彻底的再社会化的文献中，人们发现的一个共同的主题是：在新的自我能够出现之前，旧的自我必须“死亡”——旧的和新的身份不可能共存。[③] 在前科消灭之后，

① ［法］埃米尔·涂尔干著：《社会分工论》，渠东译，生活·读书·新知三联书店2000年版，第301～322页。

② 本文探讨的正是在这一阶段，前科记录对未成年犯罪人的影响，故此，所持广义的再社会化概念。

③ ［美］莫里斯·罗森堡、拉尔夫·H. 特纳著：《社会学观点的社会心理学手册》，孙非等译，南开大学出版社1992年版，第204页。

未成年犯罪人将不存在犯罪标签，被社会视为一个正常的人，那么其一方面将接受社会规定的符合大多数人利益的社会规范，学习社会技能，培养社会主流价值观念，确立正确合理的生活目标，获得为社会所接受的角色；另一方面，在与他人的交往互动中，他所接受到的符号并没有将其作为一个犯罪人的意象，在这种机理的作用下，他原有的作为一个犯罪人的自我形象将逐渐让位于守法公民的角色，旧的身份逐渐逝去，新的身份继之出现，从而在心理上切断与过去犯罪的关系，所接受的社会教化内容渐次内化为其自身稳定的人格特质和行为反应模式。

更进一步来讲，未成年犯罪人前科消灭将会使其在再社会化过程中经受挫折的概率大为减少，从而降低再犯的可能性。由于前科记录的存在，未成年犯罪人在升学、就业时实际上将面临更多的挫折，挫折的存在将会导致攻击行为的产生，越轨的出现。社会心理学中的挫折—攻击理论认为，侵犯始终是挫折的一个后果，侵犯行为的发生总是以挫折的存在为先决条件，而挫折的存在也必然会导致某种形式的侵犯。① 根据该理论，未成年犯罪人在遇到挫折、期望落空、生活变故、失败的处境下，再加上青年期的阶段内，个人由于许多文化与社会上的限制与禁忌，使其不能达成的阻力增多，故其的性情亦会变得较为急躁，容易愤怒，以至于攻击错误对象，从而易于再犯。②

四、结论

与前科报告制度相配套，为消除前科对未成年犯罪人的不利影响，我国法律规定了对未成年犯罪人的前科保护制度，但如上文所述，由于犯罪标签的存在和前科报告制度的影响，这种前科保护制度基本上不能

---

① Dollard, Frustration and Aggression (New Haven: Yale University Press, 1939). 转引自周晓虹著：《现代社会心理学——多维视野中的社会行为研究》，上海人民出版社 1997 年版，第 221 页。

② 该结论的得出，基于以下试验：在一笼子白老鼠里，以实验控制法随机地给予老鼠电击（施以挫折经验），之后详细观察并记录老鼠的行为表现，发现原先老鼠的生态行为有了极大的转变，老鼠的性情变得急躁、睡眠时间减少、抢食物吃、活动量变大、彼此互咬的几率大幅度提高。

消除前科对未成年犯罪人的不利影响，并极可能导致未成年犯罪人再社会化的失败，从而使其重新走上再犯之路。因此，本文得出的结论是：明确消除未成年犯罪人的前科记录。①

（原载《法学论坛》2008 年第 1 期）

① 对于未成年人的前科消灭制度的构建，笔者的观点是，未成年犯罪人刑罚执行完毕或免予执行，在将来视为未受过刑罚处罚（日本 1948 年《少年法》的规定）。也就是说，未成年犯罪人只要执行对其适用的刑罚或免予刑罚处罚措施，则其前科记录自然消失。这一观点因为文章的论证重点所限而无法在此展开，但读者亦可通过文章中作者所持的立场而得出。

论宽严相济刑事司法政策视野下前科消灭制度的构建

付永伟

一、对我国前科终身制法律规定的检讨

犯罪前科作为一个学理上的术语，在我国现行法律法规中并没有专门规定。关于前科之定义，一种观点认为：“所谓前科，是由于法院因行为人实施犯罪而对其判处刑罚且刑罚已经执行完毕或者被赦免后在一定期间内的一种法律地位。”① 另一种观点则认为：“前科是指曾被宣告犯有罪行或被判处刑罚的事实。被宣告犯有罪行可以是人民法院进行的，也可以是人民检察院进行的，至于被宣告犯有何种罪行或者被判有何种刑罚及刑罚是否执行，均不影响前科的成立。”②

笔者赞同后一种观点，因为依据我国刑事诉讼法第 142 条、第 143 条的规定，人民检察院对于犯罪情节轻微，依照刑法规定不需要判处刑罚或者免除刑罚的，人民检察院可以作出不起诉决定。不起诉的决定，应当公开宣布，并且将不起诉决定书送达被不起诉人和他的所在单位。可见，人民检察院相对不起诉决定是以承认构成犯罪为前提的，且该种不起诉决定书亦须送达被不起诉人及其所在单位，与法院认定有罪的刑事判决书均具有终止刑事诉讼程序的实体性价值，故人民检察院作出相对不起诉决定的，亦应属于行为人之前科。

在我国对前科的规定散见于刑事、民事、经济等部门法，如我国刑法第 100 条规定：“依法受过刑事处罚的人，在入伍、就业的时候，应当

① 于志刚：《论前科概念界定及其内涵》，载《浙江社会科学》2002 年第 2 期，第 111 页。

② 马克昌：《刑罚通论》，武汉大学出版社 1999 年版，第 709 页。

如实向有关单位报告自己曾受过刑事处罚，不得隐瞒”，即学理上所称的“前科报告制度”。在刑事法领域以外，国家亦十分注重对行为人前科记录的管理。例如，在中央社会综合治理委员会等六部门于1994年颁发的《关于进一步加强对刑满释放、解除劳教人员安置和帮教工作的意见》中，亦明确规定劳改、劳教单位“向刑满释放、解除劳教人员户口所在地的公安机关、接收单位介绍情况，移交有关档案、材料”，便有将行为人前科记录放入档案的含义。根据我国档案一般终身跟随行为人转移的现实状况，可以说我国的前科是终身制的。

前科制度是有效预防犯罪人再次犯罪和维护社会秩序的必要手段之一，也是行为人为其犯罪行为承担责任的一种方式，其影响主要表现在：（1）刑事法上可能构成累犯或作为量刑情节考虑；（2）民事行政经济领域权利受限，如在入伍、就业的时候须如实汇报自己的犯罪前科：曾因犯罪受过刑事处罚的不得担任法官、检察官、人民警察。此外，《律师法》、《会计法》、《公司法》等法律中亦有类似的限制性规定。

我们在承认前科制度对行为人产生的上述影响具有一定合理性的同时，也不禁对此制度的消极影响进行反思。目前学界已基本达成共识：我国刑罚的目的不在于惩罚；刑罚不再以消灭犯罪为目的；刑罚的目的在于预防犯罪。[①] 而根据我国目前的法律，前科一直处于一种“有进无退”的境界，即一旦行为人触犯刑律受到了刑事处分，不管行为人之年龄、主观恶性及过错程度，该处分将会伴随其一生，即人们常说的“一日行窃，终生是贼”。行为人在被贴上“犯罪人”标签后，极易产生自卑和消极心理，难以再次融入社会的正常生活。从这个意义上讲，前科制度也有可能成为妨碍行为人积极自我改造、重新做人的一道屏障。

二、贯彻宽严相济刑事司法政策呼唤前科消灭制度

宽严相济刑事司法政策是国家在同违法犯罪分子长期斗争过程中形成的，包含了宽、严在内的双重含义：严，就是要毫不动摇地坚持“严打”方针，集中力量依法严厉打击严重刑事犯罪，对危害国家安全犯

---

① 参见杨春洗、杨敦先主编：《中国刑法论》，北京大学出版社2001年版，第133～140页。

罪、黑社会性质组织犯罪、严重暴力犯罪以及严重影响人民群众安全感的多发性侵财犯罪必须从严打击，决不手软；宽，就是要坚持区别对待，应依法从宽的就要从宽处理，对情节轻微、主观恶性不大的犯罪人员，尽可能给他们改过自新的机会，依法从轻减轻处罚。①

宽严相济刑事司法政策第一次出现在中央文件之中，是2006年10月11日中共中央十六届六中全会通过的《中共中央关于构建社会主义和谐社会若干重大问题的决定》（下简称《决定》），《决定》第6条之第6项"加强社会治安综合治理，增强人民群众安全感"明确提出："实施宽严相济的刑事司法政策，改革未成年人司法制度，积极推进社区矫正。"可见，宽严相济的刑事司法政策亦是中央为加强社会治安综合治理而作出的决策。

近14年来，我国年均判决有罪人数在持续上升，而法院最终判处5年以上有期徒刑、无期徒刑和死刑（包括死缓）判决所占比例有所下降；而判处5年以下有期徒刑、拘役、管制、免予刑罚处罚的判决在所有判决中所占的比例却在逐步增大。根据最高人民检察院历年的工作报告，自1998年至2006年9年间，检察机关决定不起诉的人数共170467人，② 其中，1998年至2002年决定不起诉106715人，2003年27957人，2004年21225人，2005年7366人，2006年7204人。当中无疑亦包含了相当数量以认定有罪为前提的"相对不诉"情形。不可忽略的一个时代背景是，从1983年到2001年将近20年的时间里，我国先后发动了三次全国性的"严打"斗争，虽然取得了一些成绩，但依然没能阻止犯罪率高发的总体趋势。上述统计数据已经清楚地表明：刑事犯罪分子持续增多、有犯罪前科的人不断增加，我国目前社会治安综合治理工作面临着巨大的刑事犯罪压力。若继续坚持现行的"有进无退"的前科终身制度，按照既有的增长幅度，③ 30年后（按犯罪分子犯罪时30周岁估算）

---

① 2006年全国政法工作会议：《政法工作会议：宽严相济刑事司法政策构建和谐》，载中国平安网，引文URL：http://www. Chinapeace. org. cn/Zfdt/2006—11/28/content—7341。htm（浏览日期：2007年3月3日）。

② 参见2003～2007年《最高人民检察院工作报告》。

③ 相关数据见上文所述。

我国存有前科的人数将新增3000万！这在一定程度上将大量的轻微刑事犯罪分子推向社会的对立面，不仅与“最大限度地增加社会和谐因素，最大限度地减少社会不和谐因素，最大限度地缓解社会冲突，最大限度地防止社会对立”① 的要求相违背，也给社会的和谐稳定发展带来了风险。所以，构建供行为人洗去前科的前科消灭制度，应当是贯彻宽严相济刑事司法政策的一个可选择方向。

三、国外前科消灭制度的发展及给我们的启示

所谓前科消灭，又称刑事污点取消、犯罪记录销毁，属刑罚执行体系，是指对曾经受过有罪宣告或者被判处刑罚的人具备法定条件时，由法定机关通过法定的程序注销其有罪宣告或者被处刑记录的制度，也就是将该人曾被国家司法机关依法宣告有罪或者判处刑罚的法律事实视为不再存在，即被视为未曾犯罪，将原定罪记载归零，成为“零犯罪记录”。前科消灭对行为人将产生一系列积极影响，包括：行为人法律地位发生改变，前科消灭后即被视为完全没有犯过罪的人；行为人因犯罪而丧失的政治权利、民事权利及其他合法权益也得到了恢复；在就学、就业、担任公职方面与其他公民享有同样的待遇。

前科消灭制度最初萌芽于大陆法系的法国、德国。早在18世纪末，法德两国的刑法中就有着“恢复权利”的规定，但最初仅针对以名誉服刑的罪犯，通过国家赦免或者法院裁定的形式对其剥夺的名誉权利予以提前恢复。随着历史的进步和时代的发展，前科消灭的对象不仅局限于处罚记录，同时还消除了犯罪登记。例如，《德意志联邦少年法院法》规定，德意志联邦中央犯罪登记簿中有关某人犯罪并被判处刑罚的记录，当一个有前科者被证明是保持良好品性的人，他有权请求法院予以裁决消除这种登记，并在以后的个人品性的证明中没有任何关于这方面的记载，且本人不负有告之他人的责任。

在当今世界大多数国家，确立或完善前科消灭已经成为一种潮流或

---

① 《解读六中全会决定：实施宽严相济的刑事司法政策》，载新华网，引文URL：http://news. xi nhuanet. com/l egal/2006 - 12/09/content _5459413. htm（浏览日期：2007年3月3日）。

者趋势，该制度的重要意义不言而喻。又如，《俄罗斯联邦刑法典》第86条规定在下列情况下前科消灭："（1）被判缓刑的人，考验期限届满；（2）被判处比剥夺自由刑更轻刑种的人，服刑期满后过1年；（3）因轻罪或中等严重的犯罪被判处剥夺自由的人服刑期满后过3年；（4）因严重犯罪被判处剥夺自由的人，服刑期满后过6年；（5）因特别严重的犯罪被判处剥夺自由的人，服刑期满后过8年。"此外，日本、韩国、瑞典、瑞士、意大利、英国、法国、加拿大、西班牙、蒙古、阿尔巴尼亚等国都设有类似前科消灭的规定。[①] 联合国《保护被剥夺自由少年规则》等国际性文件中，也确立了对青少年前科附条件予以消灭的制度。

前科消灭属国家刑罚权行使之表现。刑罚权作为国家统治权中最为严厉的权力之一，直接对立的权力是公民的人权，因此行使刑罚权应极慎重。用之得当，确能减少犯罪，保护社会利益；用之不当，则不但收不到减少犯罪的效果，有时甚至侵犯公民的权利，造成社会的混乱。[②] 笔者认为，通过构建前科消灭制度，给背负前科的行为人设定一种"脱罪"的激励机制，既能体现人道主义精神，也完全符合"有利于集中力量打击严重犯罪，有利于挽救失足者，有利于从根本上缓解社会冲突，减少社会对抗，实现法律效果和社会效果的有机统一"[③] 的基本要求，也有利于"在对严重犯罪依法严厉打击的同时，对犯罪分子依法能争取的尽量争取，能挽救的尽量挽救，能从宽处理的尽量从宽处理，最大限度地化消极因素为积极因素，为构建社会主义和谐社会服务"。[④]

---

① 值得注意的是，在这些国家中，有的国家将前科仅限定于法院判处刑罚的事实，因此前科消灭的内容也仅仅是刑罚记录。本文所探讨的前科则包括被宣告犯有罪行或被判处刑罚的事实。

② 杨春洗、杨敦先主编：《中国刑法论》，北京大学出版社2001年第2版，第131页。

③ 《解读六中全会决定：实施宽严相济的刑事司法政策》，载新华网，引文URL：http://news. xi nhuanet. com/l egal/2006 - 12/09/content _5459413. htm（浏览日期：2007年3月3日）。

④ 最高人民检察院：《关于在检察工作中贯彻宽严相济的刑事司法政策的若干意见》，2006年12月28日。

四、构建我国前科消灭制度的几点设想

我国构建前科消灭制度，应当从前科消灭的适用范围、适用条件、制度实施等三个方面着手：

1. 前科消灭制度的适用范围

笔者主张构建前科消灭制度，但并不赞同对所有的犯罪分子都适用前科消灭。必须承认，前科是国家对行为人作出的超出社会道德评判底线及其他民事、行政法律调控范畴行为的一种最严厉评价方式的记载，前科的特有属性决定了行为人承受有罪宣告或刑罚处罚后，其有罪宣告和刑罚处罚记录也不能被全部消灭。因此，对于可消灭的前科范围，必须予以限定。笔者认为，前科消灭制度的适用范围应当限于：人民检察院决定相对不起诉案件；未成年人犯罪案件；实际执行有期徒刑不超过5年的案件；被判处拘役、管制、独立适用附加刑的案件；宣告缓刑案件以及免予刑罚处罚案件。而对于累犯、执行刑超过5年的案件①、危害国家安全犯罪案件，则应保持现有前科登记及前科报告制度，不适用前科消灭。

2. 前科消灭制度的适用条件

尽管国外有以刑罚执行完毕超过法定期限前科即告消灭的范例，但笔者对此并不完全赞同。前科消灭制度的本意是通过良好的制度设计，为追求洗脱罪名回归社会的人提供一个自新的渠道，故在制度设计上不宜采用单一、简单的时间经过法，而应以同时满足法定的消极条件及积极条件为必要。

所谓法定的消极条件，即法律规定的行为人在被作出有罪宣告（包括：相对不起诉、免予刑罚处罚、缓刑执行完毕）或刑罚执行完毕后所

① 笔者认为，本着“能争取的尽量争取，能挽救的尽量挽救，能从宽处理的尽量从宽处理”的精神，宣告刑超过5年的犯罪分子在全部被宣告有罪的犯罪分子中所占比例较小，而实际执行中执行刑超过5年的则更少，故以5年作为衡量是否适用前科消灭制度的分界线较为合适。同时，以实际执行刑作为判定依据，还有利于激励在押的宣告刑高于5年的犯罪分子积极接受改造、争取减刑，并最终实现前科消灭。

经过的期限条件。行为人若申请消灭其犯罪前科，必须经过法定的期限后方可提出。例如，相对不起诉、免予刑罚处罚的，经过1年；缓刑执行完毕的再经过与考验期相同的另一个期限；刑罚执行完毕的再经过3~5年。

行为人除了满足上述法定的消极条件外，还应当具有追求自我改造、服务社会的积极条件，即行为人还应在考验期内积极参与社区矫正及有关社会公益活动，以自己的切实行动实现自我改造。当然，对行为人参与社区矫正及有关公益活动的指导与考评还需要相关部门及公益性团体的介入，从而实现司法机关对行为人的考察与行政、公益性机关的考评顺利衔接。

3. 前科消灭制度的实施

前科消灭制度的目的在于激励行为人通过认真改造、参与公益活动来“脱罪”，故该制度的启动应当具有被动性，原则上应当以行为人的自我申请为必要。只有当行为人因客观原因无法提出时，其亲属或其他利害关系人才可代为申请。

鉴于前科系以有罪宣告或判处刑罚而产生，前科消灭申请的受理机关应当是原作出生效法律文书的司法机关，即人民检察院或人民法院。行为人在具备法定的消极条件与积极条件后，向人民检察院或人民法院提出申请，受理机关应当在法定期限内作出决定或裁判，确认行为人前科消灭，同时将该生效的决定或裁判送达行为人本人及其所在单位。前科消灭后，行为人的犯罪记录将从相关人事档案中去除，权利得以全面恢复，不再履行前科报告等法定义务，亦不再受刑事、民事、行政、经济等领域其他有关前科规定的限制。

若人民检察院对行为人前科消灭的申请不予确认的，行为人依法可向受理申请的人民检察院的上级人民检察院申请复核，也可直接向人民法院提起诉讼；若人民法院对行为人前科消灭的申请不予确认的，行为人可依法向受理申请的人民法院的上级人民法院提起上诉，也可向同级人民检察院提出申请要求抗诉。

五、结语

前科消灭制度现阶段在我国仅限于学术层面的探讨，且多集中于未成年人犯罪领域，该制度的真正构建离不开学术界的广泛关注和司法实务界的积极探索。前科消灭属于刑罚执行过程中的问题，根据我国《立法法》第 8 条的规定，“犯罪和刑罚”事项只能制定法律，因此在全面推广之前，由全国人大首先制定法律对未成年人犯罪实施前科消灭制度应当是一种有益的探索。同时《人民法官法》、《人民检察官法》、《人民警察法》、《公务员法》、《律师法》、《公司法》、《证券法》等法律中均涉及与前科相关问题，因此前科消灭制度在我国的确立涉及国家法治的众多方面，需要稳步探索、有序展开。

（原载《犯罪研究》2007 年第 5 期）

附录　论著索引

一、著作

1. 于志刚著：《追诉时效制度比较研究》，法律出版社 1998 年版。
2. 于志刚著：《追诉时效制度研究》，中国方正出版社 1999 年版。
3. 于志刚著：《刑罚消灭制度研究》，法律出版社 2002 年版。
4. 郭金霞、苗鸣宇著：《大赦特赦：中外赦免制度概观》，群众出版社 2003 年版。
5. 陈东升著：《赦免制度研究》，中国人民公安大学出版社 2004 年版。
6. 阴建峰著：《现代赦免制度论衡》，中国人民公安大学出版社 2006 年版。
7. 王娜著：《刑事赦免制度》，法律出版社 2008 年版。
8. 陈春勇著：《赦免及其程序问题研究》，中国人民公安大学出版社 2010 年版。

二、论文

（一）刑罚消灭制度的基础性问题

1. 彭新林：《改革开放 30 年刑罚消灭制度研究述评》，载《甘肃政法学院学报》2009 年第 9 期。

（二）关于时效制度

1. 吴效先：《试论时效》，载《新疆社会科学》1987 年第 6 期。
2. 李希慧：《论刑法时效的立法完善》，载《法学家》1995 年第 5 期。
3. 吕义良：《巨额财产来源不明罪的追诉时效从何时起算》，载《新疆警官高等专科学校学报》1997 年第 2 期。
4. 王成祥：《论我国新刑法追诉时效制度的不足与完善》，载《常德师范学院学报》（社会科学版）2000 年第 1 期。
5. 陈大成：《论追述时效期满效力阻却》，载《江苏公安专科学校学报》

2000 年第 5 期。
6. 赵秉志、于志刚：《论追诉时效的停止制度》，载《法学评论》2001 年第 2 期。
7. 魏娟玲：《我国应该建立行刑时效制度》，载《检察实践》2001 年第 6 期。
8. 范德繁、于宏：《浅析巨额财产来源不明罪的行为要件及其追诉时效》，载《浙江省政法管理学院学报》2001 年第 4 期。
9. 冯英菊：《试析从旧兼从轻原则与追诉时效问题》，载《人民检察》2002 年第 5 期。
10. 郭召军：《追诉时效无限延长的适用条件探析》，载《中国律师》2002 年第 8 期。
11. 刘鹏：《关于犯罪追诉时效几个问题的研究》，载《甘肃政法学院学报》2002 年第 4 期。
12. 马启华：《建立我国行刑时效制度之思考》，载《当代法学》2002 年第 11 期。
13. 赖德亮：《我国应当设立行刑时效制度》，载《人民检察》2003 年第 1 期。
14. 王少臣：《犯罪追诉时效制度新旧刑法规定的比较与适用》，载《理论界》2003 年第 3 期。
15. 刘仁文、曾明生：《新旧刑法交替的法律适用与时效计算》，载《法学杂志》2003 年第 4 期。
16. 吴国毅：《确立并完善单位犯罪的追诉时效》，载《广东财经职业学院学报》2003 年第 1 期。
17. 彭剑鸣：《建议增设刑罚消灭时效》，载《贵阳金筑大学学报》2003 年第 1 期。
18. 姚国艳：《完善我国刑事时效制度初探》，载《安徽工业大学学报》2003 年第 6 期。
19. 孟庆华：《巨额财产来源不明罪的追诉时效问题探讨——兼与范德繁、于宏同志商榷》，载《杭州商学院学报》2004 年第 1 期。
20. 贾学胜：《行刑时效制度的立法建言》，载《福建公安高等专科学校学报》2004 年第 4 期。
21. 黄伯青：《从“执行迟到”谈我国行刑时效的设立》，载《社会观察》2004 年第 4 期。

22. 刘永前：《论单位犯罪的追诉时效》，载《孝感学院学报》2004 年第 2 期。
23. 张武举：《如何理解我国刑事追诉时效中的几个问题》，载《河北法学》2004 年第 4 期。
24. 商志超：《大陆与澳门刑法追诉时效比较研究》，载《西南农业大学学报》2004 年第 2 期。
25. 徐澜波：《明确国家机关的责任论设立行刑时效制度的根本——兼与黄伯青商榷》，载《社会观察》2004 年第 5 期。
26. 贾学胜：《行刑时效的根据研究》，载《山东公安专科学校学报》2004 年 11 月第 6 期。
27. 蒋兰香：《刑法时效延长制度质疑》，载《天津市政法管理干部学院学报》2004 年第 4 期。
28. 周振晓：《刑法应增设犯罪单位的追诉时效期限》，载《政治与法律》2005 年第 1 期。
29. 李双宇：《关于我国刑法追诉时效的思考》，载《成都行政学院学报》2005 年第 2 期。
30. 房清侠：《我国刑法时效制度之立法检视》，载《河北法学》2005 年第 7 期。
31. 赵丙贵、冯斌：《牵连犯追诉时效的计算》，载《法学》2005 年第 6 期。
32. 郊茂林：《单位犯罪追诉时效如何确定》，载《人民检察》2006 年 2 月(上)。
33. 丁志兰：《关于刑法中追诉时效制度的探析》，载《当代经理人》2006 年第 17 期。
34. 高庆盛：《量刑情节能否作为计算追诉时效期限的依据》，载《人民检察》2007 年第 7 期。
35. 陶汉文、吴剑：《滥用职权违法担保追诉时效怎样计算》，载《人民检察》2007 年第 20 期。
36. 廖学辉：《我国刑法中追诉时效制度的若干问题探析》，载《牡丹江教育学院学报》2008 年第 2 期。
37. 于志刚、韩轶、刘福谦：《未被列为立案对象是否受追诉时效期限的限制》，载《人民检察》2008 年第 23 期。
38. 张波：《论追诉时效的溯及力》，载《北京航空航天大学学报》（社会科学版）2008 年第 2 期。
39. 张燕：《对行刑时效制度法典化的思考》，载《河南公安高等专科学校学报》2008 年第 4 期。
40. 王康：《“批捕在逃”案件如何适用追诉时效》，载《人民检察》2009 年第 2 期。
41. 杨昌俊：《该案是否超过追诉时效》，载《中国检察官》2009 年第 3 期。
42. 王成祥：《追诉时效起算制度探析》，载《世纪桥》2009 年第 5 期。
43. 王成祥、邓伟艳：《追诉时效期限制度与法定刑设置协调研究》，载《前沿》2009 年第 8 期。
44. 刘文杰：《关于我国刑法追诉时效制度的利弊分析》，载《法制与社会》2009 年 6 月（上）。
45. 王成祥：《追诉时效无限延长制度的反思与重构》，载《网络财富》2009 年第 11 期。
46. 姚一敏：《挪用资金连续犯的认定及其追诉时效》，载《人民司法》2009 年第 12 期。
47. 黄南铨：《法释［1997］5 号追诉时效问题研究》，载《法制与社会》2009 年第 26 期。
48. 徐光华：《我国刑法追诉时效制度之检讨》，载《广州市公安管理干部学院学报》2010 年第 1 期。
49. 钱华：《如何正确认识刑事追诉时效》，载《思想政治课教学》2010 年第 3 期。
50. 邓君韬：《从 5 · 12 震后重大工程质量问题谈隔时过失犯追诉时效之起算》，载《四川行政学院学报》2010 年第 3 期。
51. 马济林、刘静：《从张某玩忽职守案看已立案案件之追诉时效的》，载《中国检察官》2010 年第 4 期。
52. 王凤涛、蒋华林：《刑法典第 89 条第 2 款“又犯罪”之检讨与修改》，载《江南大学学报》2010 年第 1 期。
53. 徐志坚：《追诉时效及其司法认定问题探讨》，载《华东刑事法论坛》2003 年第 3 期。
54. 高璟宏：《如何理解我国刑法的“时效延长”》，载《法学杂志》1990 年第 5 期。
55. 黄天伏：《时效原则与并罚原则发生“冲突”怎么办》，载《法学》1985

年第 2 期。
56. 金秋：《试论挪用公款罪的追诉时效》，载《法治论丛》1994 年第 3 期。
57. 杜利：《谈谈追诉时效期限的确定》，载《现代法学》1986 年第 2 期。
58. 李金声：《谈追诉时效的若干问题》，载《甘肃政法学院学报》1986 年第 3 期。
59. 杨湛湖：《试论民事诉讼时效的中止和中断》，载《甘肃政法学院学报》1987 年第 4 期。
60. 田少明、刘志成：《刑法追诉时效几个问题的探讨》，载《法学家》1988 年第 5 期。
61. 廖福浅：《正确理解和掌握追诉时效》，载《法学》1984 年第 3 期。
62. 赵茂荣：《重婚罪的追诉时效》，载《法学》1984 年第 3 期。
63. 周恩惠：《略论我国刑事追诉时效超期适用》，载《法学评论》1993 年第 2 期。
64. 黄龙照、姜福先：《追诉时效中断及延长问题初探》，载《山东审判》2001 年第 3 期。
65. 周强：《关于我国增设行刑时效制度的思考》，载《知识经济》2010 年第 12 期。
66. 王成祥：《追诉时效制度的价值考量与定位思考》，载《现代经济信息》2009 年第 12 期。
67. 谢望原：《论对犯罪单位的追诉时效》，载《法学杂志》2000 年第 4 期。
68. 侯国云、白岫云：《新刑法有关追诉时效的几个问题》，载《国家检察官学院学报》1998 年第 2 期。
69. 非弘：《追诉时效制度简介》，载《金融法苑》2001 年第 11 期。
70. 刘伟华、厉惠璋：《浅谈贪污数额的累计与追诉时效问题》，载《法律适用》1999 年第 6 期。

（三）关于赦免制度

1. 沈玉忠：《中国现实语境下赦免制度的适用分析》，载《汕头大学学报》2010 年第 3 期。
2. 郑超：《在我国构建死刑赦免制度的必要性及可行性》，载《法制与社会》2010 年第 13 期。
3. 何伟龙：《我国内地与澳门地区赦免制度之比较》，载《西部法学评论》2010 年第 4 期。

4. 顾旋、王秀玲：《死刑赦免制度探析》，载《安徽广播电视大学学报》2010 年第 2 期。
5. 徐彩炜：《试论我国现行赦免制度之困境》，载《法制与社会》2009 年第 28 期。
6. 伍操：《赦免制度的历史存在及其现实合理性刍议》，载《重庆师范大学学报》2009 年第 5 期。
7. 杨征军、李克：《赦免的践行》，载《北京政法职业学院学报》2009 年第 1 期。
8. 阴建峰：《赦免：因应腐败犯罪之良策?》，载《中国刑事法杂志》2009 年第 5 期。
9. 李佳穗：《浅谈赦免的法律规定性》，载《法制与社会》2009 年第 34 期。
10. 李秀勤：《浅论我国赦免制度的完善》，载《商丘师范学院学报》2010 年第 5 期。
11. 蒋娜：《宽严相济刑事政策下的死刑赦免制度研究》，载《法学杂志》2009 年第 9 期。
12. 申金杯：《基督教伦理视野下的赦免制度的探讨》，载《法制与社会》2009 年第 22 期。
13. 王娜：《从国际人权公约谈赦免的法制化》，载《江苏公安专科学校学报》2002 年第 2 期。
14. 赵静：《从我国古代赦免制度谈老年人刑事责任》，载《江苏警官学院学报》2004 年第 3 期。
15. 马树勇：《构建和谐社会应当完善现代赦免制度》，载《湖南公安高等专科学校学报》2008 年第 6 期。
16. 赵秉志、阴建峰：《和谐社会呼唤现代赦免制度》，载《法学》2006 年第 2 期。
17. 孙仁丕：《简论刑法上的豁免与赦免》，载《湖北三峡学院学报》1999 年第 3 期。
18. 王娜：《论赦免的本质》，载《武汉大学学报》2008 年第 5 期。
19. 阴建峰：《论赦免的概念及其属性》，载《法学家》2005 年第 4 期。
20. 阴建峰：《论赦免权的行使及其限制》，载《政治与法律》2006 年第 4 期。
21. 马振华：《论死刑赦免制度之激活》，载《安徽警官职业学院学报》2008

年第6期。

22. 王静:《论刑法中的赦免制度》，载《今日南国》2008年第7期。
23. 何为:《论刑法中的赦免制度》，载《法制与社会》2006年第17期。
24. 赖早兴:《美国行政赦免制度及其对死刑执行的限制》，载《河北法学》2006年第4期。
25. 林志强:《赦免制度的法理分析》，载《江西公安专科学校学报》2004年第4期。
26. 林志强、曾华丰:《赦免制度的理性》，载《成都理工大学学报》2004年第4期。
27. 利子平、竹怀军:《死刑赦免:限制死刑的一种新选择》，载《南昌大学学报》2004年第5期。
28. 方元:《死刑赦免制度初探》，载《邵阳学院学报》2008年第2期。
29. 蒋兰香、李昀:《死刑赦免制度构建的必要性和可行性分析》，载《时代法学》2007年第5期。
30. 常宁:《死刑赦免制度探析》，载《法学杂志》2008年第3期。
31. 刘健、赖早兴:《我国赦免制度的激活与完善——基于限制死刑的思考》，载《现代法学》2004年第4期。
32. 裴昱:《我国赦免制度的缺陷及立法完善》，载《河南司法警官职业学院学报》2008年第2期。
33. 张晶、陈京春:《我国赦免制度的实践困境与对策研究》，载《云南大学学报法学版》2007年第2期。
34. 王娜:《中外赦免程序比较》，载《法治论丛》2004年第3期。
35. 傅明:《论全球化视野下我国赦免权的二元化》，载《贵州警官职业学院学报》2009年第2期。
36. 欧阳晨雨:《关于赦免的前世今生》，载《民主与法制》2009年第14期。

（四）关于复权制度

1. 廖梅:《复权初探》，载《江苏公安专科学校学报》2002年第1期。
2. 于志刚:《复权制度适用问题研究》，载《法学》2002年第2期。
3. 刘德法、王冠:《论刑法中的复权制度》，载《河南师范大学学报》2003年第6期。
4. 彭新林:《略论刑法中的复权制度》，载《中国青年政治学院学报》2006年第2期。

5. 景阿锋:《建立我国复权制度的构想》,载《辽宁行政学院学报》2008 年第 6 期。

（五）关于前科消灭制度

1. 林维:《论前科的定罪价值》,载《中央政法管理干部学院学报》1995 年第 6 期。
2. 赵惠:《论前科消灭制度》,载《河北法学》2000 年第 5 期。
3. 于志刚:《论现行法制中关于前科制度的规定》,载《中共浙江省委党校学报》2001 年第 6 期。
4. 房清侠:《前科消灭制度研究》,载《法学研究》2001 年第 4 期。
5. 吕华红:《建议建立前科消灭制度》,载《黑龙江省政法管理干部学院学报》2001 年第 3 期。
6. 于志刚:《论前科制度的理论根据》,载《法学家》2001 年第 6 期。
7. 于志刚:《论前科制度的量刑价值》,载《山东公安专科学校学报》2001 年第 6 期。
8. 于志刚:《简论前科消灭的定义及其内涵》,载《云南南大学学报法学版》2002 年第 4 期。
9. 于志刚:《论前科的法律后果》,载《人民检察》2002 年第 1 期。
10. 于志刚:《论前科的概念界定及其内涵》,载《浙江社会科学》2002 年第 2 期。
11. 于志刚:《论前科效应的理论基础》,载《政法论坛》2002 年第 2 期。
12. 宁立标:《我国应建立青少年前科消除制度》,载《湖南公安高等专科学校学报》2002 年第 1 期。
13. 柴建国、张明丽:《关于我国未成年人前科消灭制度若干问题的探讨》,载《河北法学》2003 年第 3 期。
14. 申柳华:《论出狱人的社会保护——前科消灭与出狱人的社会保护》,载《重庆工商大学学报》2003 年第 6 期。
15. 李维娜:《论我国前科消灭制度的构建》,载《河北法学》2003 年第 4 期。
16. 张立兴、鲁昕:《前科消灭制度评析与我国立法构想》,载《齐鲁学刊》2003 年第 5 期。
17. 杨剑波:《试论前科报告制度的完善》,载《人民检察》2004 年第 7 期。
18. 常宁:《"标签理论"与"前科消灭"制度》,载《河南公安高等专科学校学报》2004年12月第6期。
19. 阎礼:《“前科消灭”让迷途少年回头有岸》,载《时代潮》2004年5月。
20. 管晓静、张惠芳:《“未成年人前科消灭”的理论与实践探讨》,载《山西警官高等专科学校学报》2004年第4期。
21. 周礼:《“勾销”前科》,载《法律与生活》2004年第6期。
22. 钱叶六:《前科消灭制度评析与设计》,载《内蒙古社会科学》2004年第5期。
23. 蒋建峰:《浅议前科的限定与消灭》,载《河南司法警官职业学院学报》2004年第1期。
24. 何承斌:《确立“前科消灭”制度之研究》,载《首都师范大学学报》2004年第6期。
25. 成戈:《未报真名和隐瞒前科的自首不构成累犯》,载《当代广西》2005年第3期。
26. 陈晶:《关于建构未成年人前科消灭制度的思考》,载《福建师范大学福清分校学报》2005年第1期总第67期。
27. 张平寿:《前科消灭的刑罚理论基础》,载《黑龙江省政法管理干部学院学报》2005年第4期。
28. 彭峰:《前科消灭制度及其在我国刑法中的构建》,载《孝感学院学报》2005年第5期。
29. 党日红:《前科制度研究》,载《河北法学》2006年第3期。
30. 张建伟、侯亚辉、杨新娥:《审查起诉期间发现犯罪嫌疑人前科判决有误如何处理》,载《人民检察》2006年第10期。
31. 张蓉:《我国前科制度与未成年人保护之理论探讨》,载《政法学刊》2006年第4期。
32. 李放:《有前科的公民能否成为公务员?——对〈中华人民共和国公务员法〉第6条的分析和建议》,载《广西政法管理干部学院学报》2006年第3期。
33. 吴平:《关于前科制度的两个问题的探讨》,载《河北法学》2006年第5期。
34. 陈攀、罗鹏:《关于在我国设立前科消灭制度的思考》,载《湖北成人教育学院学报》2006年第6期。

35. 侯静:《论前科消灭制度》, 载《法制与社会》2006 年第 19 期。
36. 付永伟:《宽严相济视野下的前科消灭制度》, 载《法治论丛》2007 年第 4 期。
37. 谢川豫:《对“劝离前科暂住者”事件的几点思考》, 载《中国人民公安大学学报》2007 年第 5 期。
38. 邹云翔:《从“曹操烧信”看“前科消灭”》, 载《人民检察》2007 年第 21 期。
39. 沈兵、刘宇:《构建我国未成年人前科消灭制度》, 载《法治论丛》2007 年第 5 期。
40. 马长生、彭新林:《关于我国刑事政策改革的一点构想——论社会主义法制理念下的前科消灭制度》, 载《法学》2007 年第 2 期。
41. 付永伟:《论宽严相济刑事司法政策视野下前科消灭制度的构建》, 载《犯罪研究》2007 年第 5 期。
42. 夏明圣:《论前科消灭》, 载《淮北煤炭师范学院学报》(哲学社会科学版) 2007 年第 6 期。
43. 吴平:《前科制度的理论根据探讨》, 载《浙江工商大学学报》2007 年第 1 期。
44. 刘玲:《浅谈“前科消灭制度”》, 载《法制与社会》2007 年第 6 期。
45. 储鹏飞、宋伟:《对“消灭前科”呼吁的思考》, 载《河南公安高等专科学校学报》2008 年第 5 期。
46. 邹郁卓:《对未成年人前科消灭制度的正当性辩护》, 载《南昌大学学报》2008 年第 3 期。
47. 刘海燕、林培晓:《建立前科消灭制度初探》, 载《法制与社会》2008 年第 34 期。
48. 钟黎、姚小丽:《建立未成年人前科消灭制度相关问题探讨》, 载《法制与社会》2008 年第 24 期。
49. 彭新林:《前科消灭功能论》, 载《理论观察》2008 年第 4 期。
50. 彭新林:《论前科消灭制度的正当性根据》, 载《北方法学》2008 年第 5 期。
51. 赵秉志、廖万里:《论未成年人犯罪前科应予消灭——一个社会学角度的分析》, 载《法学论坛》2008 年第 1 期。
52. 武晓红:《论我国未成年人前科消灭制度的构建》, 载《兰州交通大学学报》2008 年第 5 期。
53. 马长生、彭新林：《前科消灭的性质辨析》，载《安徽大学法律评论》2008 年第 2 辑。
54. 徐跃飞：《前科消灭制度的法理评析》，载《中南林业科技大学学报》2008 年第 6 期。
55. 肖萍：《前科消灭制度研究》，载《刑法论丛》2008 年第 3 期。
56. 王海侠：《社会防卫悖论：前科标签与预防犯罪》，载《法制与社会》2008 年第 28 期。
57. 彭新林：《中国前科消灭制度构建论纲》，载《西部法学评论》2008 年第 6 期。
58. 阮传胜：《建构未成年人轻罪前科消灭制度》，载《当代青年研究》2009 年第 12 期。
59. 欧阳晨雨：《前科消灭：制度构建应有新举措》，载《法治与社会》2009 年第 10 期。
60. 肖南：《对未成年犯“前科消灭”制度发展的思考》，载《法制与经济》2009 年第 6 期。
61. 黄莎：《对我国建立前科消灭制度的探讨》，载《法制与社会》2009 年第 31 期。
62. 德州市中级人民法院、乐陵市人民法院：《关于乐陵市失足未成年人“前科消灭”制度的调查报告》，载《山东审判》2009 年第 3 期。
63. 史志军：《规范与事实之间的断裂与弥合：试论我国未成年人前科保护制度的完善》，载《法律适用》2009 年第 11 期。
64. 吕金芳、郭林建：《宽严相济语境下未成年人前科消灭制度的改革与建构》，载《北京人民警察学院学报》2009 年第 5 期。
65. 王昕、黄维智：《累犯与前科制度问题研究》，载《西南民族大学学报》2009 第 11 期。
66. 崔英杰：《略论前科消灭制度》，载《法制与社会》2009 年第 30 期。
67. 王常青、陈志英、杨卫华：《论前科消灭制度》，载《网络财富》2009 年第 16 期。
68. 姚光银：《论我国前科报告制度的完善——以标签理论为视角》，载《法制与社会》2009 年第 16 期。
69. 张宇、吉艳：《论我国前科消灭制度的建立》，载《芜湖职业技术学院学报》2009 年第 4 期。

70. 宋英辉：《前科消灭，刑罚的理想目的》，载《检察风云》2009 年第 13 期。

71. 彭新林、毛永强：《前科消灭的内容与适用范围初探》，载《法学杂志》2009 年第 9 期。

72. 王彬、赵绘宇：《前科制度与就业歧视——对我国〈公务员法〉第 24 条第 1 项的学理反思》，载《政治与法律》2009 年第 8 期。

73. 李志鹏、俞颖：《实证解析与理论思辨：前科消灭制度中国化的质疑及他向路径》，载《濮阳职业技术学院学报》2009 年第 3 期。

74. 彭新林、杨维：《试论我国确立前科消灭制度》，载《学术交流》2009 年第 7 期。

75. 王晓杰：《探析前科消灭理论与制度设计》，载《法制与社会》2009 年第 9 期。

76. 章元珍：《未成年人犯罪前科消灭制度的构建与思考》，载《南京航空航天大学学报》（社会科学版）2009 年第 2 期。

77. 高亚男：《未成年人犯罪前科消灭制度研究》，载《中国刑事法杂志》2009 年第 11 期。

78. 夏莹：《未成年人前科消灭制度研究》，载《湖北广播电视大学学报》2009 年第 11 期。

79. 王斌：《我国限制有前科公民就业资格的立法例考察》，载《法学》2009 年第 10 期。

80. 王彬：《限制有前科公民就业资格的刑理分析》，载《学术探索》2009 年第 6 期。

81. 肖婷筠：《“前科”变“前途”——浅议未成年人轻罪消灭制度》，载《法制与社会》2010 年第 7 期。

82. 庞连华、陈扬：《论犯罪前科消灭制度》，载《法制与社会》2010 年第 28 期。

83. 罗高鹏、李春刚：《关于构建我国未成年犯罪人前科消灭制度的思考》，载《沈阳干部学刊》2010 年第 4 期。

84. 赵志林：《略论前科消灭制度在我国的构建》，载《法制与社会》2010 年第 11 期。

85. 古瑞华：《前科消灭制度在未成年人犯罪治理中的意义及其建构》，载

《信阳师范学院学报》2010年第4期。
86. 苗绘：《论未成年人犯罪前科消灭制度的构建》，载《教育探索》2010年第5期。
87. 颜超明、张训：《论我国前科消灭制度的现实化》，载《中国刑事法杂志》2010年第6期。
88. 颜超明：《论我国前科消灭制度现实化的限度——基于宽严相济刑事政策的思考》，载《黑龙江省政法管理干部学院学报》2010年第5期。
89. 付聪、涂遥：《我国应构建未成年人前科消灭制度》，载《江西公安专科学校学报》2010年第3期。
90. 裔双浩：《浅论未成年犯罪人前科封存制度》，载《法制与社会》2010年第16期。
91. 孙文彬、唐丹苹：《浅谈未成年人前科消灭制度的构建》，载《法制与经济》2010年第7期。
92. 甘晓辉：《试析未成年人前科的特殊消灭》，载《金卡工程》2010年第8期。
93. 尚秀云：《未成年人前科限制公开的理论及实践探索》，载《少年刑法》2010年第3期。
94. 刘莲莲：《未成年人前科消灭制度研究》，载《法制与社会》2010年第11期。
95. 赵国玲、李强：《我国未成年前科消灭制度的实证研究》，载《少年刑法》2010年第1期。
96. 侯淑芬、夏萍：《未成年犯罪人前科档案封存的实践与思考》，载《山东档案》2010年第3期。

三、学位论文

（一）博士学位论文

1. 于志刚：《刑罚消灭制度研究》，中国人民大学博士学位论文（2001）。
2. 陈东升：《赦免制度研究》，北京大学博士学位论文（2003）。
3. 谢桂华：《汉代赦免制度研究》，中国社会科学院研究生院（2003）。
4. 阴建峰：《现代赦免制度论衡》，中国人民大学博士学位论文（2005）。
5. 王彬：《就业中的前科歧视研究》，上海交通大学博士学位论文（2009）。
6. 覃剑峰：《论前科》，武汉大学博士学位论文（2010）。

（二）硕士学位论文

1. 雷咸财:《隔时犯追诉时效问题研究》，郑州大学硕士学位论文（2000）。
2. 宋军占:《论赦免制度》，中国政法大学硕士学位论文（2002）。
3. 黄德雄:《刑事追诉时效制度研究》，湘潭大学硕士学位论文（2003）。
4. 蒋来用:《新形势下我国前科消灭制度的建构》，中国政法大学硕士学位论文（2003）。
5. 申宏:《论刑法中的赦免制度》，郑州大学硕士学位论文（2004）。
6. 李昳周:《刑法时效制度研究》，中国政法大学硕士学位论文（2005）。
7. 胡静:《赦免制度研究》，中国政法大学硕士学位论文（2005）。
8. 唐卫：《我国追诉时效制度的若干检讨》，四川大学硕士学位论文（2005）。
9. 马珊珊:《刑法中的复权制度》，中国政法大学硕士学位论文（2006）。
10. 黄佳宇:《前科消灭制度研究》，吉林大学硕士学位论文（2006）。
11. 李宏珠:《延续的惩罚——“前科标签”效应问题研究》，西南政法大学硕士学位论文（2006）。
12. 高顽:《行刑时效研究》，郑州大学硕士学位论文（2006）。
13. 付嗣全：《单位犯罪追诉时效制度研究》，上海交通大学硕士学位论文（2007）。
14. 王庆华:《赦免制度研究》，中国政法大学硕士学位论文（2007）。
15. 杨东敏:《赦免制度探析》，中国政法大学硕士学位论文（2007）。
16. 蔡红莲:《刑法时效制度研究》，河南大学硕士学位论文（2007）。
17. 柳文山：《论我国追诉时效停止制度之完善》，厦门大学硕士学位论文（2007）。
18. 王方方：《单位犯罪的时效制度研究》，西南政法大学硕士学位论文（2007）。
19. 谷红进:《刑法上的复权制度研究》，厦门大学硕士学位论文（2007）。
20. 彭新林:《前科消灭论》，湘潭大学硕士学位论文（2007）。
21. 杜杰灵:《前科消灭制度研究》，西南政法大学硕士学位论文（2007）。
22. 李云华:《论前科消灭制度》，郑州大学硕士学位论文（2007）。
23. 鲁军华：《论单位犯罪的追诉时效》，对外经济贸易大学硕士学位论文（2007）。
24. 刘凌云：《论未成年人前科消灭制度》，华东政法大学硕士学位论文

（2007）。
25. 朱孟鑫：《赦免制度研究》，中国政法大学硕士学位论文（2008）。
26. 李建华：《论我国死刑赦免制度之构建》，中国政法大学硕士学位论文（2008）。
27. 宫贵钊：《论我国赦免制度的完善》，厦门大学硕士学位论文（2008）。
28. 赵晓彬：《赦免的法理》，苏州大学硕士学位论文（2008）。
29. 吴晓琳：《赦免制度研究》，内蒙古大学硕士学位论文（2008）。
30. 王清波：《论我国前科消灭制度的构建》，湖南大学硕士学位论文（2008）。
31. 谈峻红：《论前科制度的理论与实践》，华东政法大学硕士学位论文（2008）。
32. 丁艳：《行刑时效研究》，山东大学硕士学位论文（2009）。
33. 王林海：《现代赦免制度初论》，中国政法大学硕士学位论文（2009）。
34. 宗耀：《论前科消灭制度》，西南政法大学硕士学位论文（2009）。
35. 李双庆：《刑罚后遗效果消灭制度研究》，中国青年政治学院硕士学位论文（2009）。
36. 胡珊珊：《前科消灭制度研究》，河南大学硕士学位论文（2009）。
37. 倪艳芳：《前科消灭制度研究》，兰州大学硕士学位论文（2009）。
38. 吉晓勇：《论现代赦免制度》，山东师范大学硕士学位论文（2009）。
39. 王要霞：《论公民犯罪前科资料的隐私权保护》，西南政法大学硕士学位论文（2010）。
40. 王鹏鹤：《论前科消灭》，西南政法大学硕士学位论文（2010）。
41. 刘传稿：《前科消灭制度研究》，山东大学硕士学位论文（2010）。
42. 刘毅：《论未成年人犯罪前科消灭制度的构建》，山东大学硕士学位论文（2010）。
43. 陈明：《未成年人前科消灭制度研究》，中国政法大学硕士学位论文（2010）。
44. 候娅楠：《前科消灭制度研究》，河北师范大学硕士学位论文（2010）。
45. 刘潇恬：《在我国建立前科消灭制度的探讨》，吉林大学硕士学位论文（2010）。

北京师范大学刑事法律科学研究院

刑法学研究总整理文库书目

刑法哲学专题整理
中国刑事政策专题整理
刑法解释专题整理
刑事管辖权专题整理
刑法基本原则专题整理
犯罪构成专题整理
未成年人犯罪专题整理
刑法中行为专题整理
刑法因果关系专题整理
刑法中的错误专题整理
共同犯罪专题整理
罪数形态专题整理
刑事责任专题整理
量刑情节与量刑方法专题整理
累犯专题整理
数罪并罚专题整理
刑罚执行制度专题整理
社区矫正专题整理
中国区际刑法专题整理
国际刑法总论问题专题整理
国际刑事司法协助专题整理
国际刑事法院专题整理
恐怖主义犯罪专题整理
经济刑法专题整理
生产、销售伪劣商品罪专题整理
商业贿赂犯罪专题整理
证券期货犯罪专题整理
侵犯知识产权犯罪专题整理
合同诈骗罪专题整理
非法经营罪专题整理
故意伤害罪专题整理
非法拘禁罪、绑架罪专题整理
刑讯逼供罪专题整理
抢劫罪专题整理
诈骗罪专题整理
侵占罪专题整理
计算机与网络犯罪专题整理
妨害司法罪专题整理
医疗事故罪专题整理
环境犯罪专题整理
毒品犯罪专题整理
贪污罪专题整理
挪用公款罪专题整理
刑罚消灭制度专题整理
黑社会性质组织犯罪专题整理